FUNDAMENTE

Kursthemen

Der asiatisch-pazifische Raum

Von
Franz Xaver Heckl,
Paul Lindner und
Rolf Ziegler

Klett-Perthes Verlag
Gotha und Stuttgart

Fundamente Kursthemen
Der asiatisch-pazifische Raum

Von Franz Xaver Heckl, Wolnzach; Paul Lindner, Bretten, und
Rolf Ziegler, Oberschwarzach

Werkstatt

Dieses Buch erscheint internetbegleitet für Schüler und Lehrer. Der Zugang ist möglich über:
www.klett-verlag.de/geographie/fundamente-extra

Dieses Werk folgt der reformierten Rechtschreibung und Zeichensetzung. Ausnahmen bilden Texte, bei denen künstlerische, philologische oder lizenzrechtliche Gründe einer Änderung entgegenstehen.

→ kennzeichnet Original-Textquellen. Kursiv gedruckt sind Begriffe, die im Glossar erklärt werden und / oder in das Register aufgenommen wurden.

Titelfoto oben: Chemische Industrie im Hafenraum vor Japans „Heiligem Berg“, dem Fudschijama (Mauritius, Mittenwald / Vidler)
Titelfoto unten: China im Umbruch – älterer Chinese am Computer in seinem noch traditionellen Wohnumfeld (J. Müller, Würzburg)

9 783623 294209

1. Auflage A 1 5 4 | 2007

Alle Drucke dieser Auflage können im Unterricht nebeneinander benutzt werden, sie sind untereinander unverändert. Die letzte Zahl bezeichnet das Jahr dieses Druckes.

Internetadresse: www.klett.de

Redaktion: Dr. Klaus-Peter Herr
Produktion: Roland Rütten

Satz/Repro: TextBild Digitale Medien GmbH, Erfurt
Druck: W. Wirtz, Speyer
Karten: BITmap Kartografie und Infografik Mannheim (S. 45); Udo Beha, Düsseldorf (S. 171); Gudrun Reichert, Essen (S. 72, Nebenkarte); eCartoGraphics Remagen, Regine Spohner (S. 25)
Klett-Perthes: Dr. H. Waldenburger; B. Creutzburg; A. Krüger; Dr. M. Reckziegel; K. Schöbel (alle übrigen);
Zeichnungen: F. J. Domke, Hannover; B. Eckenfelder, Wenigenlupnitz; R. Hungreder, Leinfelden-Echterdingen
Umschlag: M. Muraro
ISBN 3-623-29420-9

Inhaltsverzeichnis

Vorwort

Im Vorwort zur Erstauflage dieses Unterrichtswerkes wurde der asiatisch-pazifische Raum als neuer Aktivraum auf der wirtschaftlichen Weltbühne vorgestellt. Seit der Erstauflage des Buches im Jahre 1992 kam es darüber hinaus auch weltweit zu dramatischen Veränderungen, die nicht nur eine Fortsetzung bereits damals absehbarer Entwicklungen darstellen, sondern zu einer heute unter dem Schlagwort „*Globalisierung*“ kontrovers diskutierten Umgestaltung der Weltwirtschaft führten, die nach Meinung Vieler eine neue Qualität darstellt. So tritt z.B. Fuchs (1998) in seinen didaktischen Überlegungen für den Geographieunterricht dafür ein, Globalisierung als Perspektive des Denkens und globales Denken als Unterrichtsprinzip zu entwickeln. Danach stehen nicht neue Themen im Vordergrund, sondern die Neubewertung von Themen unter dem Aspekt der Globalisierung. Die Autoren schließen sich dieser Meinung grundsätzlich an und legen Wert darauf, globale Interdependenzen aufzuzeigen. In einer einleitenden Übersicht werden deshalb die wesentlichen Elemente und Prozesse der globalen Wirtschaft aufgezeigt. Darüber hinaus kommen Aspekte der Globalisierung wie ein Leitfaden in allen Kapiteln des Buches zur Darstellung.
Im Abschlusskapitel „Japan und der asiatisch-pazifische Raum – Vorbild für die Welt? wird die Problematik an Beispielen vertieft.
Der vorliegende Band versteht sich als Arbeitsbuch. Das Hauptgewicht liegt daher bei den vorgelegten Materialien. Differenzierte Angebote an Texten, statistischen Daten, Grafiken und Bildmaterial, oft im Doppelseitenprinzip konzipiert, sollen ein vergleichendes Auswerten verschiedener Darstellungen ermöglichen. Das Buch ist handlungsorientiert. Dem Schüler ermöglicht es die Einübung verschiedener Arbeitstechniken wie Karteninterpretation oder Internetrecherche und der Lehrer erhält Material für verschiedene

Unterrichtsverfahren. Das Buch ist mehr als eine kommentierte Materialsammlung. Die Materialien stellen eine Auswahl für den Lehrer dar, wobei konkrete Raum- und Sachbeispiele im Vordergrund stehen. Mit ihnen kann exemplarisch gearbeitet werden. Tabellarische Übersichten dienen der Orientierung und der Zusammenfassung. Autorentexte stellen Zusammenhänge her und heben das Wesentliche hervor. Darüber hinaus bleibt genügend Spielraum für eine kreative Behandlung der Themen im Unterricht oder bei der häuslichen Vorbereitung. Dies wird unterstützt mit Aufgaben, die den Einsatz erdkundlicher Arbeitstechniken erfordern. So sind gezielte und bewusst auch themenübergreifende Arbeitsaufträge am Kapitelende mit den angebotenen Quellen zu lösen. Die Aufgaben dienen der Überprüfung des Gelernten, haben aber außerdem die Funktion, alle wesentlichen Aspekte eines Kapitels noch einmal anzusprechen, um so das Gelernte zu wiederholen, einzuüben und zu vertiefen.

Dieses Buch versucht, die innere Struktur und neuere Dynamik des asiatisch-pazifischen Raumes und dessen Bedeutung für die Weltwirtschaft vor dem Hintergrund einer globalen Gesamtentwicklung zu erfassen.

Neben Japan als wirtschaftlichem Innovationszentrum und Vorbild der Region brachten die enormen Wachstumsraten der so genannten *Tigerstaaten* die Welt ins Staunen. Auch im letzten Jahrzehnt des 20. Jahrhunderts kam es insgesamt gesehen zu einer rasanten Fortentwicklung der Volkswirtschaften im asiatisch-pazifischen Raum. So haben sich die *NICs* (Newly Industrialized Countries) der 1980er Jahre, Südkorea, Taiwan, Hongkong und Singapur, zu „großen Tigern", d.h. Industrienationen mit beachtlichen Wirtschaftsdaten gewandelt. Auf die Darstellung eines dieser Staaten wurde verzichtet, da sie heute nicht mehr als Schwellenländer gesehen werden. Dafür haben andere Staaten der Region begonnen den Status des Entwicklungslandes hinter sich zu lassen. Sie sind auf dem Weg in die Industrie- und Dienstleistungsgesellschaft.

In der neueren wissenschaftlichen Literatur hat man sich angesichts dieser Vorgänge von den „Tigersprüngen" getrennt und bevorzugt das „Fluggänsemodell", was auch in diesem Buch geschieht (M 4.1 auf S. 152). Als typisches Schwellenland der zweiten Generation nach dem *Fluggänsemodell* wird im vorliegenden Band Malaysia vorgestellt.

Besondere Beachtung findet die autozentrierte Entwicklung Chinas bis 1978 und der dann eingeschlagene Weg zu einer Volkswirtschaft mit allmählicher Öffnung zum Weltmarkt unter zunehmendem Verlust der sozialistischen Vorzeichen.

Unter dem Eindruck der Mitte der 1990er Jahre einsetzenden *Asienkrise* wurde allerdings deutlich, dass es in diesem Raum parallel zu den wirtschaftlich-technologischen Fortschritten auch zu folgenschweren gesellschaftlichen Fehlentwicklungen gekommen war. Diese führten u.a. zu katastrophalen Einbrüchen in einzelnen Volkswirtschaften. Über das „ostasiatische Wunder", wie die Weltbank es noch wenige Jahre zuvor bezeichnet hatte, verbreitete sich ein Schatten von Rezession und Inflation. So musste der Internationale Währungsfond *IWF* massiv eingreifen, um einige Schwellenländer der Region vor dem wirtschaftlichen Zusammenbruch zu retten, und das High-Tech-Land Japan, das Oberzentrum des asiatisch-pazifischen Raumes, kämpft mit Arbeitslosigkeit, Korruption und hoher Staatsverschuldung. Aus heutiger Sicht begann die japanische Wirtschaftskrise bereits am Anfang der 1990er Jahre, unmittelbar nach vielen Jahren der Hochkonjunktur. Wachsende Arbeitslosigkeit, Konkurse, Konsumverzicht und Preisverfall, die Symptome der „*Japanischen Krankheit*" werden heute zunehmend auch in Europa spürbar, vor allem in Deutschland. Auch von daher verdienen die Vorgänge im asiatisch-pazifischen Raum unser besonderes Augenmerk.

1. Pazifischer und asiatisch-pazifischer Raum im Überblick

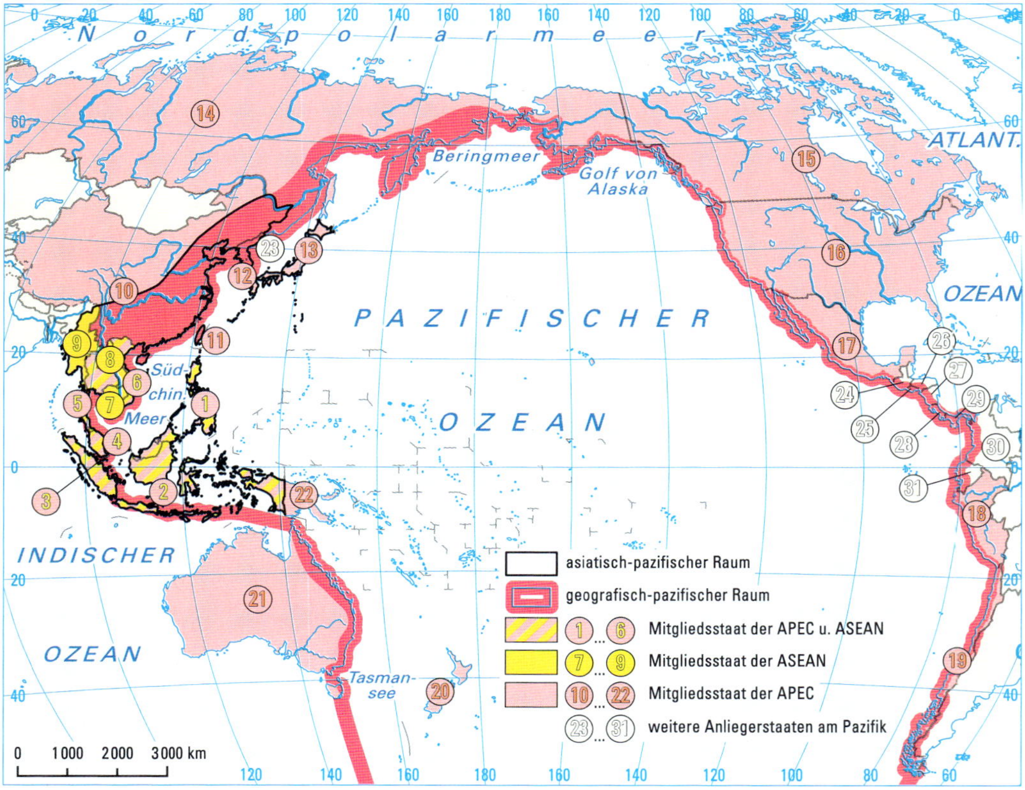

M 1.1 Der asiatisch-pazifische Raum im Kartenbild

Einheit und Vielfalt

Definitionen und geographische Abgrenzungen

Der pazifische Raum. Weil er weder naturgeographisch noch wirtschaftlich oder gar politisch eine erkennbare Einheit darstellt, ist es schwierig, diesen Raum zu definieren. Mit dem politischen Begriff „Pazifischer Staatenraum" bezeichnet man alle Anrainerstaaten des Stillen Ozeans und dessen Inselwelten. Diese politische Abgrenzung ist aber für wirtschaftsgeographische Analysen kaum brauchbar, da große Anrainerstaaten wie die USA, Kanada oder China nur mit ihren Küstenregionen pazifisch orientiert sind. Bestrebungen zu einer den Pazifik umspannenden Kooperation sind u.a. die Pacific Free Trade Area (*PAFTA*), die Organization for Pacific Trade and Development (*PECC*) oder die Asian Pacific Economic Conference (*APEC*). Die 21 APEC-Staaten, darunter so ungleiche Partner wie Japan, Papua-Neuguinea, USA, Peru oder Singapur und Chile einigten sich auf die Schaffung einer Freihandelszone bis 2020. Diese Bemühungen haben aber bisher außer Absichtserklärungen noch zu keinem erkennbaren Wirtschaftsraum mit eigenem Profil geführt. Es steht allerdings außer Frage, dass der Prozess wachsender wirtschaftlicher Verflechtungen im Pazifischen Raum an Bedeutung für uns zunehmen wird. Dabei richtet sich die Aufmerksamkeit der Europäer vor allem auf die Vorgänge in Ost- und Südostasien.

Asiatisch-pazifischer Raum. Wie schon beim pazifischen Raum sind auch Definition und geographische Abgrenzung dieser Region schwierig. Sie umfasst Länder stark unterschiedlicher Größe und Naturausstattung (Brunei, 5 765 km^2 und China, 9 572 419 km^2) bzw. mit großem Unterschied im Entwicklungsstand (BSP/Kopf in US-$, 1998: Kambodscha 260; Japan 32 350). Grob kann man gliedern in ein kontinentales (China, Kambodscha, Laos, Thailand, Myanmar, Vietnam) und ein insulares Ost-/Südostasien (Japan, Indonesien, Philippinen, Singapur, Malaysia, Brunei).

M 1.2 Der asiatisch-pazifische Raum – Vielfalt im Bild

Naturräumlicher Reichtum mit ethnisch-religiöser Vielfalt

Selbst ein nur flüchtiger Blick in den Atlas genügt, um Vielfalt und ungeheure Ausdehnung der Naturräume in Ost- und Südostasien zu erkennen. Der eng- und weiträumige Wechsel von Hochgebirgen, intramontanen Becken, Flusstälern, Schwemmlandebenen und schmalen Küstenstreifen ergibt im Zusammenspiel mit dem gemäßigt bis tropischen und kontinental bis ozeanisch variierenden Klima sehr unterschiedliche Nutzungsspielräume für den wirtschaftenden Menschen. Sie waren im Zusammenspiel mit jahrhundertelangen Wanderungsbewegungen (vgl. z. B. M 4.31 auf S. 165) Grundlage für die Entwicklung einer beispiellosen ethnischen und religiösen Vielfalt. Im kontinentalen Bereich und Japan dominiert der *Buddhismus*. Daneben spielen Hinduismus, *Islam*, Christentum, *Konfuzianismus* und *Taoismus* eine wichtige Rolle. Im insularen Südostasien überwiegt der Islam. Es gibt aber in vielen Staaten neben der jeweils dominierenden Religion bedeutende Enklaven, wie z. B. die Christen in Indonesien oder die Moslems auf den überwiegend katholischen Philippinen. Daneben existieren noch zahlreiche Stammesreligionen, die oft als animistische und mystische Elemente in den

Hochreligionen fortleben. Fast ein Drittel der Menschheit lebt im asiatisch-pazifischen Raum, ungleich verteilt und mit regional starkem Wachstum. Die Auseinandersetzung der oft eng zusammengedrängten Bevölkerung mit der jeweiligen Landesnatur hat besonders in China früh zu einer staatlichen Organisation geführt. In Südostasien und auf den Inseln haben stets neue Einwanderungswellen zu dem heute in allen Staaten der Region anzutreffenden ethnischen Pluralismus (vgl. M 3.12 auf S. 103) geführt. In den sechs Staaten des kontinentalen Teils Südostasiens leben mehr als 150 *Ethnien*. Je gebirgiger das Land, desto vielfältiger die ethnische Palette. In Indonesien gibt es nahezu 500 Sprachen und Dialekte. Die Zugehörigkeit zu unterschiedlichen Volksgruppen ist meist verbunden mit einer anderen religiösen Grundhaltung, die auch ein anderes Wirtschaftsverhalten bedingen kann. Daraus ergeben sich Probleme für die Integration *ethnischer Minderheiten*. Innenpolitische Spannungen (vgl. S. 166 – 167) und Unruhen sind häufig die Folgen.
In fast allen Staaten des asiatisch-pazifischen Raumes wird die für eine wirtschaftliche Entwicklung notwendige Stabilität durch die Armee gewährleistet. Gelegentlich greifen die jeweiligen Machthaber oder Regierungen zu repressiven Maßnahmen, indem sie die Armee gegen das eigene Volk einsetzen.

Dynamisches Wachstum

Hohe Innovationsbereitschaft und Lernfähigkeit brachte einigen Staaten der Region in den letzten Jahrzehnten des 20. Jahrhunderts enorme wirtschaftliche Wachstumsraten und den Anschluss an die Entwicklung der großen Industrienationen des Westens. Beginnend mit dem „*Japanischen Wirtschaftswunder*“ in den 1960er Jahren überschwemmte eine wachsende Flut billiger Exportwaren die Weltmärkte.
Der Untergang ganzer Industriezweige in Europa und den USA, die mit dem Angebot der Billiglohnländer nicht mithalten konnten, sorgte u. a. dafür, dass Wirtschaftsexperten für das 21. Jahrhundert ein „Pazifisches Zeitalter“ prognostizierten, eine Verlagerung des Schwerpunktes der Weltökonomie vom Atlantik in den Pazifik. In Formulierungen wie „*Japan-AG*“, „Modell Japan“ oder „Asienwunder“ kommen Anerkennung, aber auch Beklemmung westlicher Kommentatoren zum Ausdruck (vgl. S. 60 – 61).
Wer sind diese asiatisch-pazifischen Länder, die aus der Ferne gesehen, zu einer unheimlichen, schwer einzuschätzenden Wirtschaftsmacht verschmelzen? Trotz vieler Unterschiede sind es die Gemeinsamkeiten in der Entwicklung einiger Staaten, die unsere besondere Aufmerksamkeit einfordern.
In einigen Ländern verlief die wirtschaftliche Entwicklung vom Agrarland zur Industriegesellschaft nach japanischem Vorbild derart charakteristisch, dass der Eindruck einer gemeinsamen Entwicklungsdynamik entsteht.
So gesehen definiert sich bei einer primär ökonomischen Betrachtung der asiatisch-pazifische Raum vor allem über wirtschaftliche Merkmale.

Große regionale Disparitäten

Gemessen am allgemeinen wirtschaftlichen Entwicklungsstand und dem Beitrag der einzelnen Staaten zur Dynamik der Region gibt es große Unterschiede. Als Kernstaaten gelten solche Länder, die ein hohes Wirtschaftswachstum und eine globale Verflechtung ihrer stark entwickelten Exportindustrie aufweisen. Hierzu gehören das in jeder Hinsicht wirtschaftlich führende Entwicklungsvorbild Japan, die seit den 1980er Jahren zu Industrienationen herangewachsenen Newly Industrialized Economies (*NIEs*) oder auch *Großen Tiger* Südkorea, Singapur und Taiwan sowie die Schwellenländer oder *Kleinen Tiger* Malaysia, Thailand, mit einigem Abstand gefolgt von Philippinen und Indonesien. Hongkong (brit. Kolonie von 1843 – 1997), das bis 1997 zu den *NICs* zählte, ist heute wie Macau (port. Kolonie von 1557 – 1999) eine *Sonderverwaltungszone* der VR China. Der Kleinstaat Brunei ist eine islamische Monarchie, die ihren wirtschaftlichen Aufstieg reichen Ölvorkommen vor der Küste verdankt. Auf diese Staaten verteilt sich die Hauptwirtschaftsleistung der asiatisch-pazifschen Region. Eine Reihe von Staaten werden der Region zugerechnet, weniger wegen ihres wirtschaftlichen Beitrags, sondern mehr aus politisch-strategischen Gründen. Das sind die beiden

Indochinastaaten Laos und Kambodscha sowie Myanmar, die zu den Least Developed Countries (*LDCs*) gerechnet werden. Zu den ebenfalls armen Ländern der Region gehören das vor allem in der Kriegsphase (1965–75) schwer zerstörte Vietnam und Nordkorea. Schwer einzuordnen in die Region ist auch die VR China wegen der enormen räumlichen und gesellschaftlichen Disparitäten zwischen dem kaum entwickelten Westen und dem übervölkerten pazifischen Osten.

	BSP (ca.10^{12} US-$)	Fläche (Mio. km²)	Einwohner (Mio.)
USA	9	9,809	278,2
Japan	2	0,378	126,6
Deutschland	2	0,357	82,1
Frankreich	1,5	0,544	58,6
Großbritannien	1,4	0,243	59,5

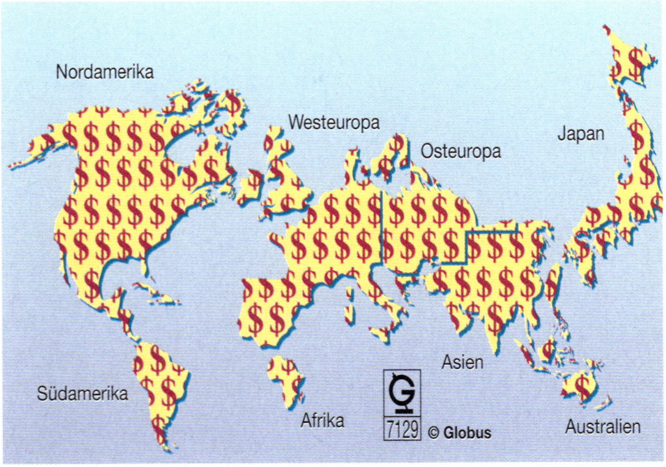

Die Größe der Fläche entspricht der Größe der Wirtschaftsleistung.

***M 1.3** Die Welt nach ihrer Wirtschaftskraft 2001*

Zahlenangaben nach M. v. Baratta (Hrsg): Der Fischer Weltalmanach 2002. Frankfurt: Fischer Taschenbuchverlag

Schwieriges historisches Erbe

Die Länder Südostasiens haben ein schwieriges Erbe zu tragen und aufzuarbeiten, z.B. ethnische Probleme und umstrittene Territorien. Mit Ende der Kolonialzeit, die teilweise blutig verlief (Indochinakriege) und der Übernahme kommunistischer Staatsideen kam es in einigen Ländern zu Bürgerkriegen (China, Korea, Vietnam, Laos, Kambodscha) und zur Etablierung von Partei- und Militärdiktaturen mit einem ausgeprägten *Nationalismus* und Ethnozentrismus, die häufig zu inneren und grenzüberschreitenden Spannungen führen. Auch gegenwärtig rüstet die Region gewaltig auf. Die großen ökonomischen Erfolge auf dem Weltmarkt und die damit verbundenen Devisengewinne haben auch geholfen, die Waffenarsenale aufzufüllen. Spektakuläre Militärmanöver dienen vor allem der Demonstration militärischer Schlagkraft vor den Nachbarländern. Eine besondere Krisenregion ist das Südchinesische Meer, das seit Jahrzehnten zu den umstrittensten Gebieten Ost-/Südostasiens zählt. Nicht weniger als sieben Staaten erheben territoriale Ansprüche auf 4 Mio. km² Meer, Atolle, Untiefen und Riffe. Neben den reichen Fischvorkommen werden dort, vor allem unter den *Spratly-Inseln* (vgl. S. 25), große Erdöl- und Erdgasvorkommen vermutet. Mit Ende des Kalten Krieges entstand in dieser auch militärstrategisch wichtigen Region ein Machtvakuum, in das vor allem die VR China vorzudringen versucht.

Innere Disparitäten

Zu den unbewältigten Konflikten der Vergangenheit kommen neue hinzu: Eine zunehmende *Polarisierung* der Gesellschaften in Arm und Reich, wachsende Arbeitslosigkeit, soziale Unsicherheit und *Korruption*. Ein stetig wachsendes Entwicklungsgefälle zwischen den meist an den Küsten liegenden Zentren und einem vor allem in China gewaltigen Hinterland, was zur Abwanderung (vgl. M 3.6 auf S. 98) und den damit verbundenen Problemen führt. Auch in heute wohlhabenden Staaten der Region gibt es zwischen den ländlich geprägten Binnenräumen und den vor allem in Japan zu *Megalopolen* fusionierenden Küstenstädten große Entwicklungsunterschiede.

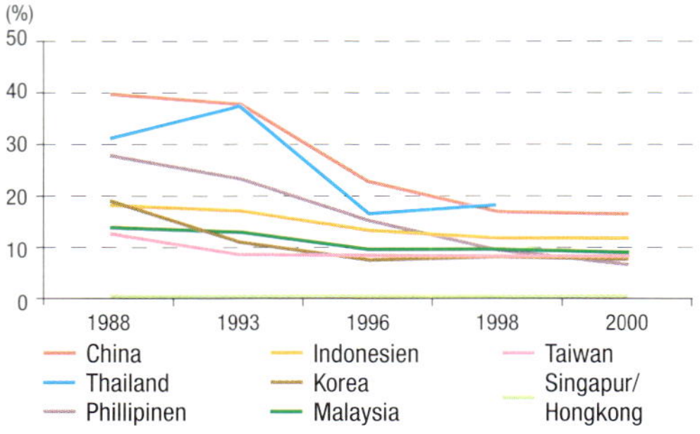

***M 1.4** Sinkende Zölle im ASEAN*

Manila Action Plan for APEC, IAPs (1996, 1998, 2000) (APEC)

Asiatisch-pazifische Integration?

1997 kommt es nach einer Phase überspannter Börsenspekulation (*Bubble-Economy*) zur Wirtschafts- und *Bankenkrise* (*Asienkrise* – vgl. S. 63–64, S. 178). Spätestens jetzt wurde deutlich, wie sehr die Volkswirtschaften der Region voneinander abhängen und wie wenig Kontrollorgane entwickelt sind, solche Fehlentwicklungen zu verhindern oder wirksam zu bekämpfen. Nur durch Intervention des Internationalen Währungsfonds (*IWF*) mit 117 Mrd. US-$ für die am härtesten betroffenen Länder Thailand, Indonesien und Südkorea konnte deren völliger Zusammenbruch und eine drohende Weltwirtschaftskrise verhindert werden.

Gegenwärtige Bestrebungen der regionalen Integration im asiatisch-pazifischen Raum sind die Association of Southeast Asian Nations (*ASEAN* vgl. S. 176–177) seit 1967, die Zone of Peace, Freedom and Neutrality (*ZOPFAN*) seit 1971, die Free Trade Area (*AFTA*) seit 1992 und die Southeast Asia Nuclear Weapon Free Zone (*SEANWFZ*) seit 1995.

Die ASEAN wurde gegründet als Krisenmanagement zwischen verfeindeten Staaten und diente primär der Friedenssicherung.

→ The Association represents the collective will of the nations of Southeast Asia to bind themselves together in friendship and cooperation and, through joint efforts and sacrifices, secure for their peoples and for posterity the blessings of peace, freedom, and prosperity. (The ASEAN Declaration, Bangkok, 8 August 1967)
ASEAN website

Nach dem Ende des *Kalten Krieges* entwickelte das Bündnis neue Ziele. So streben die zehn ASEAN-Staaten heute nach einem gemeinsamen Markt mit einer Währungsunion wie in Europa. Den Außenstehenden muss verwundern, dass der ASEAN so wichtige Staaten wie die VR China und Japan fehlen. Hierzu gibt es historische Gründe. Im Falle China verhinderte die Zugehörigkeit zum kommunistischen Lager unter Mao Zedong eine Integration und der Aufnahme Japans standen Vorbehalte der heutigen Mitglieder entgegen. Unter dem Deckmantel des „*Asianismus*", der Solidarität aller Asiaten gegenüber den Kolonialmächten, hatte das japanische Kaiserreich ab 1900 zahlreiche Nachbarländer (Russland, China, Korea, Philippinen u.a.) militärisch überfallen und ganz oder teilweise besetzt (vgl. M 3.2 auf S. 92–93). Auch nach der Niederlage Japans 1945 und seiner Demokratisierung gibt es in der Region Misstrauen und Angst vor neuer japanischer

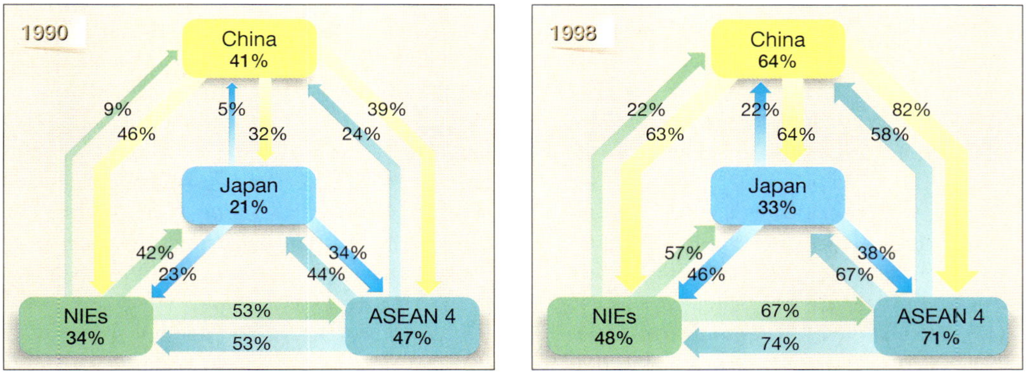

***M 1.5** Handel mit Maschinenteilen 1990–1998 in Ost-/Südost-Asien* *Nach METI, Internet, Dez. 2001*

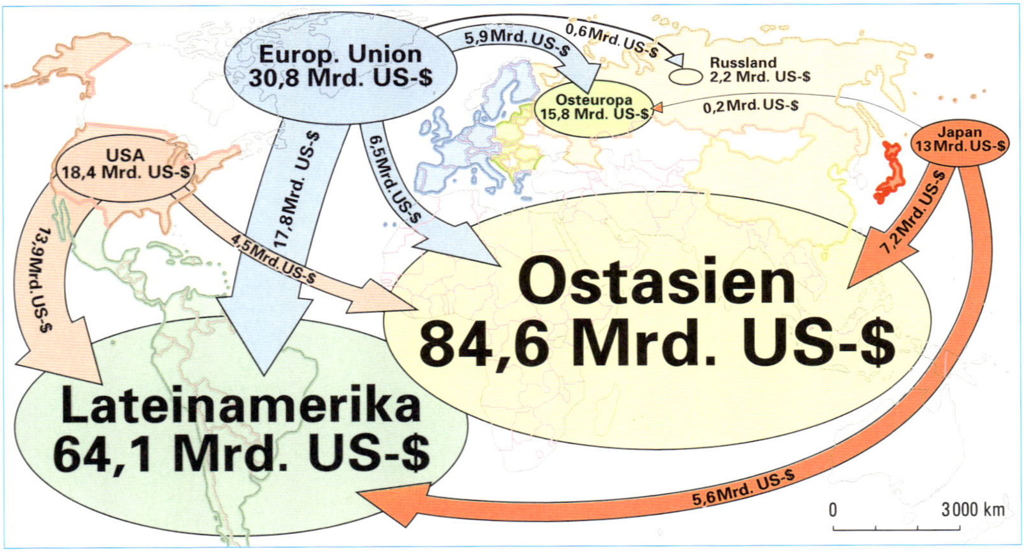

M 1.6 Direktinvestitionen nach Ostasien, Lateinamerika und Osteuropa 1998
Gesamtinvestitionen und deren wichtigste Herkunftsregionen aus globaler Sicht
Daten: Zusammenstellung aus verschiedenen Statistiken nach METI, Internet, Dez. 2001

Herrschaft, diesmal gegenüber einem gleichzeitig auch bewunderten Wirtschaftsgiganten und Vorbild. Trotz wachsender wirtschaftlicher Integration Japans mit den *ASEAN*-Staaten existiert aber kein asiatischer Wirtschaftsblock unter japanischer Führung.

Die wirtschaftliche Integration innerhalb der ASEAN kommt trotz der Bangkok-Deklaration nur schleppend voran. Im Gründungsjahr der ASEAN 1967 betrug der Handel zwischen den Gründerstaaten nur ca. 12–15 % ihres Gesamtaußenhandels. Fast 30 Jahre später, im Jahre 1998, erreichte er nur knapp 25 %.

Dem wirtschaftlichen Einigungsprozess Asiens entgegen wirkt vor allem auch die unterschiedlich starke Verflechtung seiner Staaten mit den Weltmärkten. Ob es gelingen wird, gegenüber NAFTA und EU eine gemeinsame Wirtschaftspolitik zu entwickeln, erscheint gegenwärtig eher unwahrscheinlich.

So liegt die größere Bedeutung der ASEAN bislang im politischen Bereich. Dieselbe globale Interdependenz der asiatischen Volkswirtschaften, die eine wirtschaftliche Integration erschwert, bringt selbst traditionelle Feindstaaten wie Nord- und Südkorea zu Dialog und Kooperation mit konfliktbegrenzenden Verhaltensregeln. Mit dieser „*Politik des Sonnenscheins*", wie es in Südkorea heißt, die US-Amerikaner nennen es „polycy of constructive engagement", wird versucht, über die wirtschaftliche Zusammenarbeit politische Spannungen kontrollierbar zu machen und abzubauen.

1.1 Stellen Sie mithilfe von M 1.1 und Atlaskarten die Staaten des asiatisch-pazifischen und geographisch-pazifischen Raumes tabellarisch zusammen und ordnen Sie diese dabei den Wirtschaftsblöcken ASEAN und APEC zu.

1.2 Bilden Sie nach M 1.3 den Quotienten aus BSP und Landesfläche für die angegebenen Staaten und vergleichen Sie dann unter Berücksichtigung der Einwohnerzahl.

1.3 Diskutieren Sie Vor- und Nachteile der in M 1.4 dargestellten Entwicklung vor dem Hintergrund der unterschiedlichen ökonomischen Phasen der angeführten Länder.

1.4 Beurteilen Sie auf der Basis von M 1.5 und M 1.6 die gegenwärtigen und langfristigen Chancen einer wirtschaftlichen Integration der asiatisch-pazifischen Staaten.

1.5 Beschreiben Sie Hemmnisse, die einer der EU vergleichbaren wirtschaftlichen und politischen Integration der ASEAN-Staaten entgegenstehen.

	Fläche[1] (1 000 km²)	Bevölkerung[2] 2001 (Mio.)	jährlicher Bevölkerungszuwachs[2] 1995–2001 (%)	Lebenserwartung bei Geburt[1] 2000 (Jahre)	Sterblichkeitsrate unter 5 Jahre[1] 2000 (‰)
Brunei	5,8	0,35	2,5	76,2	10,9
VR China	9 572,4[7]	1 271,9	0,9	70,3	39,5
Hongkong	1,07	6,9	1,8	79,8	5,0[6; d]
Indonesien	1 912,9[7]	213,6	1,6	66,0	51,4
Japan	377,8	127,1	0,2	80,7	5,3
Kambodscha	181,0	12,3	2,3	53,8	120,4
Nordkorea	120,5	22,4	–	60,7	90,0
Südkorea	99,3	47,6	1,0	73,2	10,3
Laos	236,8	5,3	2,5	53,7	143,0[6; d]
Malaysia	329,8	23,8	2,4	72,5	10,8
Myanmar (Birma)	676,7	48,3	1,4	56,1	126,2
Osttimor	14,5[7]	0,83	1,8[1; e]	57,0[2]	159,0[5; f]
Philippinen	300,0	77,0	2,0	69,3	39,2
Singapur	0,62	4,1	2,5	77,7	5,7
Taiwan	36,0[7]	22,6[7]	0,78[3; g]	76,7[3]	–
Thailand	513,1	61,2	0,7	68,8	33,2
Vietnam	331,7	78,7	1,5	69,1	34,2
Deutschland	357,0	82,2	0,1	77,4	6,0
USA	9 809,1[7]	284,0	1,2	77,1	8,7

	Bruttonationaleinkommen*/ Kopf 2001 (US-$)[4]		BIP-Wachstum[4] (%)		Anteil Wirtschaftssektoren am BIP[2] 2001		
	nominal	nach Kaufkraftparitäten	1990–1995	1995–2001	Landwirtschaft	Industrie	Dienstleistungen
Brunei	24 100	24 910	1,3	3,0	2,8[7; c]	39,1[7]	58,1[7; c]
VR China	890	4 260	12,5	8,0	15,2	51,1	33,6
Hongkong	25 920	26 050	5,5	2,7	0,1[1; b]	14,7[1; b]	85,2[1; b]
Indonesien	680	2 940	7,7	0,0	16,4	46,5	37,1
Japan	35 990	27 430	1,2	1,0	1,0[7; d]	32,0[7; d]	66,0[7; d]
Kambodscha	270	1 520	5,7	3,8	36,9	21,9	41,2
Nordkorea	–	–	–	–	–	–	–
Südkorea	9 400	18 110	7,1	4,3	4,4	41,4	54,1
Laos	310	1 610	6,5	6,0	50,9	23,4	25,7
Malaysia	3 640	8 340	9,4	3,4	8,4	49,6	41,9
Myanmar (Birma)	–	–	6,3	7,1	57,2[2; e]	9,7[2; e]	33,1[2; e]
Osttimor	470[2]	–	–	18,2[2; f]	25,4	17,5	57,1
Philippinen	1 050	4 360	2,2	3,2	15,2	31,2	53,6
Singapur	24 740	24 910	9,5	5,8	0,1[e]	34,3[e]	65,6[e]
Taiwan	14 200 **[7; e]	17 200 ***[3; f]	–	–2,2[3; f]	8,2[3; e]	32,0[3; e]	66,6[3; e]
Thailand	1 970	6 550	8,6	–0,1	10,2	40,0	49,4
Vietnam	410	2 130	8,3	6,3	23,6	37,8	38,6
Deutschland	23 700	25 530	1,4	1,7	1,2[e]	31,2[e]	67,6[e]
USA	34 870	34 870	2,6	3,9	1,6[7; b]	25,2[7; b]	73,2[7; b]

M 1.7 *Strukturdaten des asiatisch-pazifischen Raums*

[1] World Bank, Data Profil 2002; [2] World Bank, Countries at a glance 2002; [3] CIA World Fact Book 2002; [4] World Bank, ICT at a glance 2002; [5] Südostasien aktuell, Mai 2002. Hamburg: Institut für Asienkunde 2002, S. 278; [6] Südostasien aktuell, September 2002, a.a.O., S. 509;

Analphabetenrate Bevölkerung > 15 J.[6] 1999 (%)	Unterernährung bei Kindern < 5 J.[2] 1995 – 2001[1] (%)	Pro-Kopf-Einkommen >1 US-$/Tag[4] 2001 (% d. Gesamtbev.)
8[2; h]	–	–
17	10,0	18,8
7	–	–
14	24,0	12,9
< 5[7; c]	–	–
61	47,0	–
–	–	–
2	–	2,0[a]
53	–	26,3
13	20,0	<1,0[8; a]
16	28,2	–
52[5; f]	–	20,0[5]
5	32,0	–
8	–	–
6[3; c]	–	–
5	18,0	2,0
7	34,0	42,2[8; a]
< 5[c]	–	–
< 5[c]	–	–

vgl. S. 176 – 177: METHODE
„Auswertung komplexer Tabellen"

1.6 *Stellen Sie eine Rangfolge von jeweils fünf Ländern des asiatisch-pazifischen Raums mit der geringsten bzw. höchsten Lebenserwartung auf und vergleichen Sie das Ergebnis mit dem Merkmal „Sterblichkeitsrate unter 5 Jahre".*

1.7 *Stellen Sie Zusammenhänge zwischen dem „Bruttonationaleinkommen" und den Ergebnissen von 1.6 her. Fertigen Sie dazu eine thematische Karte zum „Bruttonationaleinkommen/nominal" an. Bilden Sie dabei Grenzwerte, durch die die einzelnen Länder in Gruppen zusammengefasst werden. Färben Sie die Karte entsprechend der Gruppierung ein.*

1.8 *Berechnen Sie mithilfe des Merkmals „Bevölkerung" Internetbenutzer/Kopf für China, Japan, Malaysia, Singapur, Vietnam. Vergleichen Sie die Ergebnisse mit den Aussagen aus der Beantwortung von 1.7. Beurteilen Sie die Aussagekraft des Merkmals „Internetbenutzer/Kopf" hinsichtlich wirtschaftlicher und gesellschaftlicher Entwicklungsunterschiede im asiatisch-pazifischen Raum.*

Außenhandel 2001 (Mio. US-$)[2]		Ausländische Direktinvestitionen[6] (ADI) 1999 (Mio. US-$)	Ausstattungsgrad	
Export	Import		Mobiltelefone[4] 2000 (Anzahl pro 1 000 Ew.)	Internetbenutzer[4] 2000 (Anzahl in 1 000)
3 727	1 030	–	289	30
266 155	243 610	38 753	66	22 500
190 676	202 252	–	809	2 601
57 365	31 328	–2 745	17	2 000
404 686	350 095	–	526	47 080
1 451	1 950	126	10	6
–	–	–	0	–
150 439	141 098	9 333	567	19 040
350	558	79	2	6
88 000	74 121	1 533	213	3 700
2 544	2 736	216	0	7
4	237	–	–	–
31 243	29 546	573	84	2 000
121 731	115 961	6 984	684	1 200
122 000	109 000[3]	–	–	11 600[3; f]
63 190	61 847	6 213	50	2 300
15 100	16 000	1 609	10	200
569 584	493 045	–	586	24 000
730 897	1 180 497	–	398	95 354

[7] Mario von Baratta Hrsg.: Der Fischer Weltalmanach 2003. a.a.O.; [8] Südostasien Handbuch 2000. München: C. H. Beck 2000, S. 610;
a – 1995; b – 1997; c – 1998; d – 1999; e – 2000; f – 2001; g – 2002; h – 1995 – 2001; i – bzw. jeweils letztes verfügbares Jahr
* Bruttonationaleinkommen umfasst BIP einschließlich des Saldos ausländischer Primäreinkommen (z. B. Vermögenseinkommen, Subventionen, Importabgaben; ** BSP; *** BIP

Der Naturraum

Der asiatisch-pazifische Raum ist reich an Naturräumen unterschiedlicher Prägung: tropische Inselwelten, Regenwälder und Vulkangebirge, schmale Küstentiefländer, schwer erschließbare Binnenräume und der alles verbindende Ozean mit Randmeeren und Buchten. Die geologischen Grundstrukturen decken sich nur teilweise mit den Oberflächenformen. So wurden nach Vorstellungen der Plattentektonik die Hochgebirge im gesamten asiatischen Raum zwar erst im Tertiär herausgehoben, bestehen jedoch aus teils sehr alten Gesteinen. Dies ist für die Verbreitung und Erschließbarkeit von Bodenschätzen sehr wichtig. Der tektonische Hebungsprozess ist noch nicht abgeschlossen. Teils verheerende Erdbeben sind die Folge (vgl. S. 36 – 38). Zwischen den Gebirgszügen liegen weiträumige Beckenlandschaften, Tafel- und Schichtstufenländer. Hinterindien wird durch die nach Süden abbiegenden Gebirgszüge in sehr unterschiedliche Naturräume gegliedert. Große Ströme haben an ihren Unterläufen ausgedehnte Schwemmlandebenen aufgeschüttet, die diesen Raum zur „Reisschüssel Asiens“ werden ließen.
Mittel- und Oberläufe von Flüssen bilden mit ihren Schluchten natürliche Hemmnisse für eine wirtschaftliche Erschließung. Die umschlossenen Plateaus und Bergländer dienten oft nur als Durchgangsräume für immer neue Völkergruppen. Die asiatisch-pazifische Inselwelt hat vergleichbare naturräumliche Strukturen: Gebirgszüge, von tätigen Vulkanen überragt, bilden das Rückgrat. Schmale Küstenstreifen und Schwemmländer der Flussmündungen sind für die Verteilung der Bevölkerung von großer Bedeutung. Die sumpfigen, teils amphibischen Ebenen Inselindiens sind siedlungsfeindlich im Vergleich zu den fruchtbaren Küstenebenen Japans, Javas, Balis und Luzons.

M 1.8 Landnutzung am Rand der Großen Ebene / China

Klima

Das Klima der Großregion (M 1.10) wird geprägt durch *monsunale Winde*. Dieses Windsystem mit halbjährlichem Richtungswechsel ist typisch für ganz Süd- und Ostasien. Es wird verursacht durch die jahreszeitliche Verlagerung der globalen Windsysteme, ITC, Passat- und Westwindzone und den damit verbundenen jahreszeitlichen Wechsel der Luftdruckverhältnisse im Inneren Asiens (sommerliches Hitzetief, winterliches Kältehoch – vgl. S. 22 mit M 1.25). Ob die Monsunwinde hohe Niederschläge bringen oder nicht, hängt hauptsächlich von der Luv- bzw. Leelage einer Landschaft ab, ebenso das Vorkommen ausgeprägter Trocken- und Regenzeiten. Dies zeigt sich besonders auf den Inseln Ost- und Südostasiens. Im nördlichen Ostasien wird der Jahresgang der Temperatur dadurch entscheidend beeinflusst. Die im Sommer häufigen tropischen Wirbelstürme (*Taifune* – M 1.9) verursachen vor allem auf den Philippinen und in Japan beträchtliche Schäden.

M 1.9 Taifun „Violet“ über Japan

Satellitenbild in Kombination mit Messdaten vom 20.9.1996. Südkorea und Küste Japans im NW. Die Pfeile kennzeichnen Windrichtung und -geschwindigkeit: von blau v = 2 m/s bis rot v => 20 m/s. Im Zentrum das windstille "Auge" mit extrem niedrigem Luftdruck.

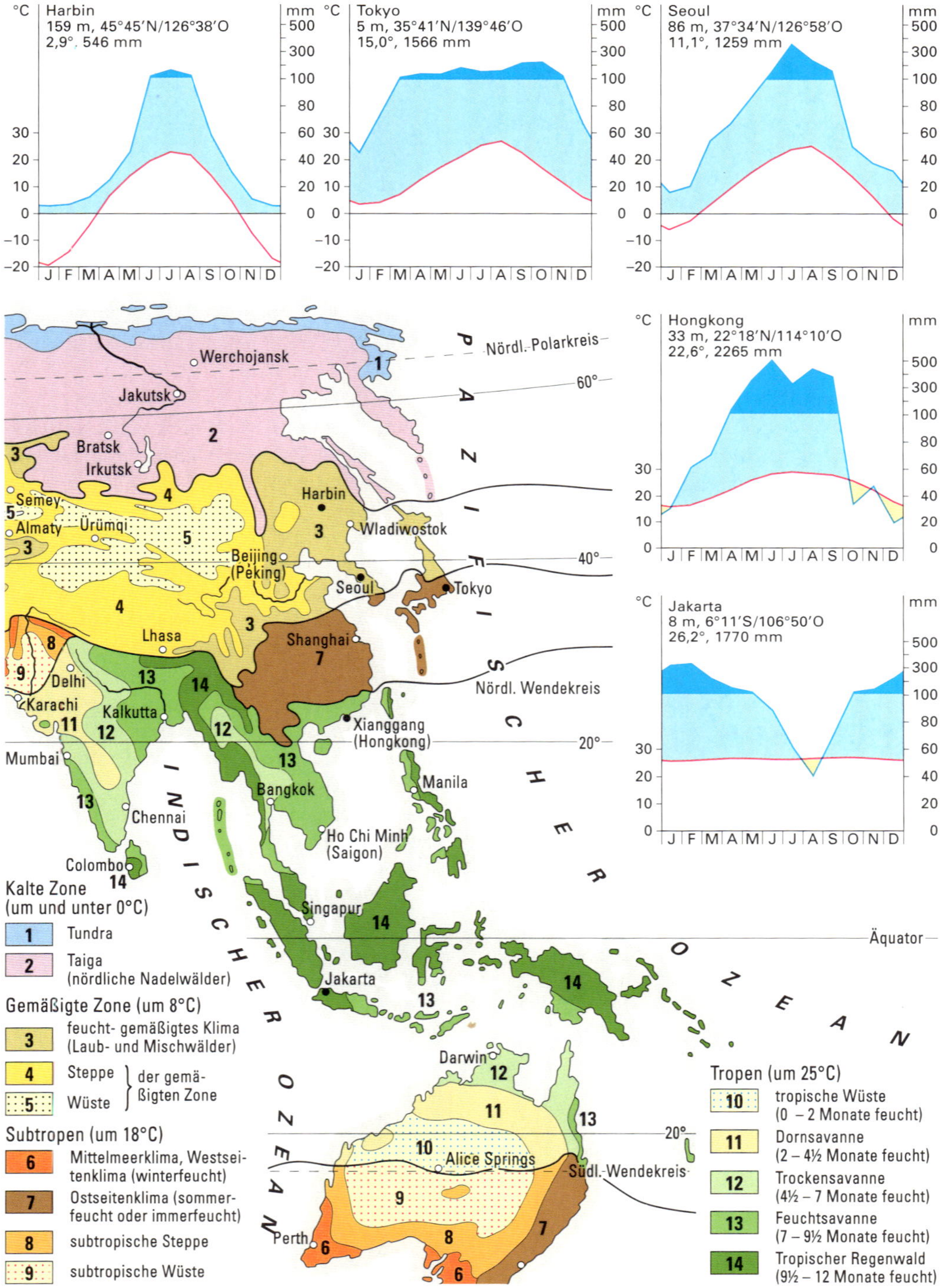

***M 1.10** Klima des asiatisch-pazifischen Raums in der Klassifikation von Troll und Paffen 1964*

Schulbearbeitung nach L. Buck und A. Schultze, aus Lehrwerk Terra, Stuttgart: Klett, leicht geändert

Naturrisiken

Nach einem Bericht des „Worldwatch Institute“ von 2001 verursachten in den 1990er Jahren 86 große Naturkatastrophen weltweit Gesamtschäden in Höhe von 608 Mrd. US-$. Mehr als zwei Mrd. Menschen waren mit ihrem Hab und Gut betroffen, 90 % von ihnen leben in Asien. Laut Versicherungsstatistiken kamen zwischen 1985 und 1999 insgesamt 561 000 Menschen durch die entfesselte Natur ums Leben, 77 % davon lebten in Asien. Unkontrollierbare und kaum vorhersagbare Naturkräfte, die sich teils in verhängnisvoller Weise in ihren Wirkungen gegenseitig verstärken, führen in vielen Regionen Ost- und Südostasiens zu verheerenden Verwüstungen: Sie kommen aus der Atmosphäre als tropische Wirbelstürme (*Taifune*, Gewitterstürme, und Starkregen, von den Ozeanen als Sturmfluten und gigantische Flutwellen (*Tsunamis*), aus dem Erdinneren als Erd- und Seebeben, als Vulkanausbrüche mit Ascheregen, Giftgaswolken und Lavaströmen. Hinzu kommen Folgewirkungen dieser Ereignisse wie Überschwemmungen, Bergrutsche und Schlammlawinen. Hierher gehören auch die Dürren und Flächenbrände durch den pazifischen Warmwasserstrom El Niño, der in den letzten Jahrzehnten stetig an Stärke zugenommen hat.

→ Tokio – Der gewaltige Taifun „Bart“ hat in Japan schwere Verwüstungen angerichtet und bis Freitag 26 Menschen das Leben gekostet. Meterhohe Wellen brachen über dem südjapanischen Fischerort Shiranuhi herein und rissen zwölf meist ältere Bewohner in den Tod. „Es war die Hölle“, schilderte ein Überlebender.

Rheinzeitung vom 24.9.99

***M 1.11** Weltweite Wanderrouten der tropischen Wirbelstürme*

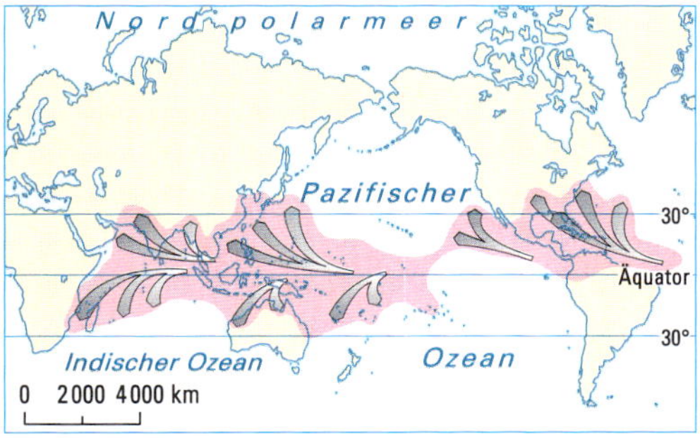

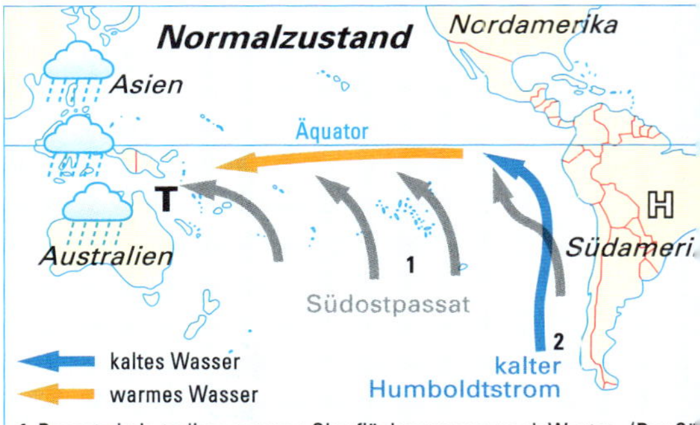

1 Passatwinde treiben warmes Oberflächenwasser nach Westen. (Der Sü ostpassat entsteht durch den Luftdruckunterschied und die Erdrotation.

2 Kaltes, nährstoffreiches Tiefenwasser steigt auf.

***M 1.13** El Niño – Entwicklung im Südpazifik*

El Niño (M 1.13). Alle 4–9 Jahre kommt es zur Weihnachtszeit an der südamerikanischen Pazifikküste zu einem Klimaphänomen, das die Klimatologen seit seinem massivsten Auftreten zum Jahreswechsel 1982/83 beunruhigt.
Durch eine noch nicht erklärbare Änderung im Passatregime, das die Meeresströmungen im Südpazifik beeinflusst, kommt es zu dramatischen Änderungen in der Wärmeverteilung des Ozeans. Die Temperatur des Oberflächenwassers im tropischen Südpazifik steigt um 6–8 K, der Wasserspiegel liegt um 30 cm über Normal, weil sich Wasser bei Erwärmung ausdehnt. Folgen sind Starkregen in Südamerika, Stürme in Nordamerika, in Australien und Südostasien dagegen Dürren, Missernten und ausgedehnte Wald- und Buschbrände.
Manche Wissenschaftler vermuten hier eine Folge der globalen Erwärmung durch den *Treibhauseffekt*. (Weiterführende Informationen und Materialien zum El Niño-Phänomen z.B. in der Internetbegleitung dieses Schulbuches unter www.klett-verlag.de/geographie/fundamente-extra.)

***M 1.12** Taifunschäden im japanischen Fischerort Shiranuhi*

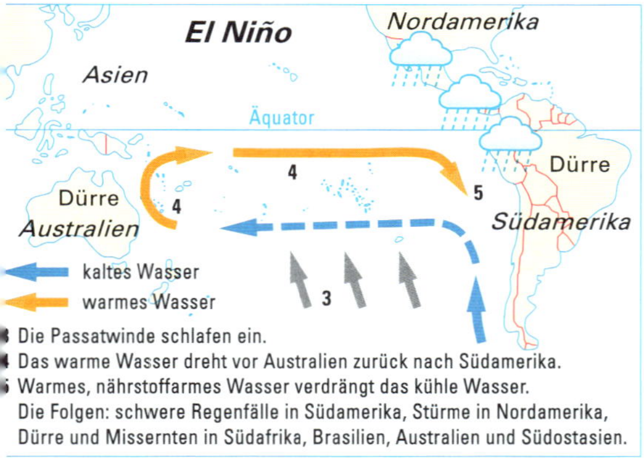

Nach Deutsches Zentrum für Luft- und Raumfahrt e.V. (Hrsg.): Schulinformation Raumfahrt. Erdkunde. Nr. 1/ 98. Köln 1998, S. 2

Pazifischer Feuergürtel (M 1.14). Südostasien ist nach Anzahl der Eruptionen die gefährlichste Vulkanregion der Erde. Sie ist Teil eines den ganzen Pazifik umfassenden Systems von Plattengrenzen und *Subduktionszonen*, die hunderte tätiger Vulkane erzeugen. In Südostasien ist dieser Feuergürtel erkennbar an den tertiären Vulkanen Mittel-Burmas und den noch tätigen Vulkanketten von Sumatra, Java, Bali, den Kleinen Sunda-Inseln und den Molukken bis in die Philippinen. Auch die nach Osten, nach Neuguinea und in den Bismarck-Archipel abzweigenden Ketten enthalten noch ein gutes Dutzend tätiger Vulkane. Die höchsten Kegel sind 2 000–3 800 m hoch.

Auf der Philippineninsel Luzon brach am 15. Juni 1991 nach 600-jähriger Ruhepause der Vulkan Pinatubo aus (M 1.15) und sorgte für die größte Eruption der letzten 50 Jahre. Die Aschewolke stieg bis in die Stratosphäre und legte einen Staubschleier um den ganzen Globus. 300 Menschen starben, Tausende verloren durch Schlammströme ihr zu Hause.

M 1.14 Pazifischer Feuergürtel

M 1.15 Eruption des Pinatubo 1991

Jahr	Land	Vulkan	Auswurf (km³)	Todesopfer
1500	Japan	Fudschijama	1	k. A.
1792	Japan	Unzendake	0,5	10 452
1815	Indonesien	Tambora	150	> 100 000
1883	Indonesien	Krakatau	18	37 000
1888	Japan	Bandai-san	1,2	461
1911	Philippinen	Taal	k. A.	1 400
1914	Japan	Sakurajima	1,5	140
1951	Philippinen	Hibok-Hibok	k. A.	2 000
1956	Sowjetunion	Bezymianny	1,5	
1963	Indonesien	Agung (Bali)	k. A.	3 870
1965	Philippinen	Taal	k. A.	200
1976	Sowjetunion	Plosky Tolbachik	> 1	
1991	Philippinen	Pinatubo	k. A.	300
1991	Japan	Unzen		37

M 1.16 Größte Vulkanausbrüche im asiatisch-pazifischen Raum seit 1500 *Nach www.g-o.de, gekürzt*

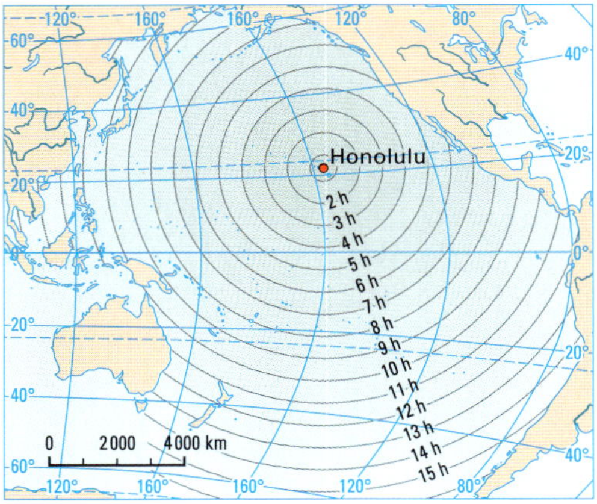

M 1.17 Tsunami-Laufzeiten (h) von Honolulu (Hawaii), ausgehend

Tsunamis. Die Plattenkollisionen erzeugen neben den gefürchteten Vulkanausbrüchen nicht weniger gefährliche Erdbeben, die auch die Ozeanböden erschüttern. Als *Tsunamis* bezeichnet man die Flutwellen, die dabei von Seebeben ausgelöst werden. Sie breiten sich als flache Wasserberge mit bis zu 600 km/h aus, können je nach Stärke des auslösenden Bebens mehrere Tausend Kilometer zurücklegen und türmen sich in den weniger tiefen Küstengewässern zu haushohen Wellen (M 1.18). Es wurden Tsunamis mit bis zu dreißig Metern Höhe beobachtet. Sie brechen mit ungeheurer Zerstörungskraft über die Küsten herein und können bis weit ins Landesinnere Tod und Verwüstung bringen. Am 3. März 1933 forderte ein solcher Tsunami an der Nordostküste der japanischen Hauptinsel Honshu 3 000 Menschenleben, in der Stadt Sanriku wurden 9 000 Gebäude zerstört, vor der Küste sanken 8 000 Schiffe aller Größen.

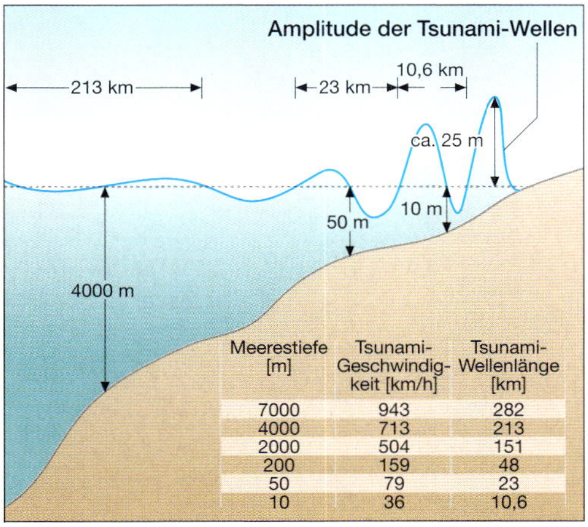

Meerestiefe [m]	Tsunami-Geschwindigkeit [km/h]	Tsunami-Wellenlänge [km]
7000	943	282
4000	713	213
2000	504	151
200	159	48
50	79	23
10	36	10,6

M 1.18 Tsunami-Entwicklung in Abhängigkeit von der Meerestiefe

M 1.19 Hangarmierung gegen Bergrutsch in Japan

Bergrutsche. Mit diesem Begriff bezeichnet man umfangreiche Massenbewegungen an Steilhängen. Im Gegensatz zum Bergsturz, bei dem Felsmassen losbrechen und abstürzen, gleiten beim *Bergrutsch* Hangpartien auf wasserstauenden, talwärts gerichteten Schichten ab. Die Ursachen können natürlich sein, oft sind aber Maßnahmen des Menschen wie Abholzung oder Straßenbau, mit denen die Geologie und Hydrologie einer Bergregion verändert wurden, als Auslöser beteiligt. In vielen Regionen Ost- und Südostasiens kommen mehrere Naturfaktoren zusammen, die sich in ihrer Wirkung gegenseitig verstärken.

Besonders betroffen ist der Binnenraum Japans: Engräumige Täler am Fuße steiler Berge, die aus relativ lockeren vulkanischen Massen bestehen, die sich bei den mit Gewitterstürmen und Taifunen einhergehenden Starkregen mit Wasser vollsaugen und so an Gewicht stark zunehmen. Befindet sich im Berg eine wasserstauende Schicht, so kann sie zur Gleitbahn der sich ablösenden Hangmassen werden.

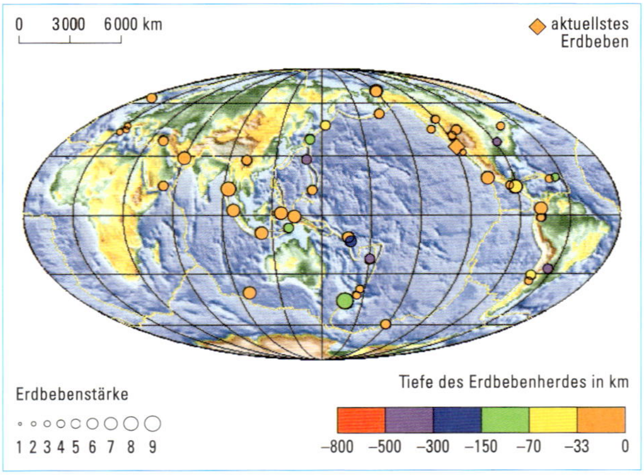

M 1.20 Weltweite Erdbebenstatistik am 26.8.2003
Nach http://neic.usgs.gov/neis/current/world.html

Jahr	Epizentrum	Stärke (Richter-Skala)	Zahl der Todesopfer
1999	Nantou	7,6	ca. 2200
1986	SW-Taiwan	7,7	13
1964	Tainan	6,5	106
1951	Taitung	7,3	17
1951	Hualien	7,3	68
1951	Chiayi	7,1	358
1946	Tainan	6,3	74
1935	Hsintschu	7,1	3276
1935	Miaoli	6,2	44
1906	Chiayi	7,1	1258
1904	Chiayi	6,3	145

M 1.21 Schwere Taiwanbeben im 20. Jh. *Nach www.kishou.go.jp*

Auch die in der Region häufigen Erdstöße können unmittelbare Auslöser eines *Erdrutsches* sein, vor allem dann, wenn sie nach längeren Regenzeiten in einer mit Wasser vollgesaugten Landschaft auftreten. Die Stabilisierung labiler Hänge (M 1.19) zum Schutze bedrohter Siedlungen verschlingt hohe Geldsummen.

M 1.22 Zerstörungen nach dem Beben von Nantou 1999

Erdbeben. Die Statistik vom 26.8.2003 zeigt deutlich, wie stark der asiatisch-pazifische Raum seismisch beansprucht wird (M 1.20).
Besonders betroffen sind Länder, die im Bereich des pazifischen Feuergürtels liegen. Zu ihnen gehört auch Taiwan – wie aus M 1.21 und 1.22 hervorgeht –, das immer wieder von Beben erreicht wird, deren Epizentren meist am Meeresboden vor der Ostküste liegen.

1.9 *Keine Region unserer Erde verliert so viele Menschenleben an gewalttätige Naturereignisse wie Asien. Geben Sie hierfür eine Erklärung.*
1.10 *Beschreiben Sie Kausalzusammenhänge zwischen Subduktionszone, Seebeben u. Tsunami.*
1.11 *Erklären Sie mögliche Ursachen eines Bergrutsches.*
1.12 *Geben Sie eine naturgeographische Beschreibung siedlungsfeindlicher und -freundlicher Räume im asiatisch-pazifischen Raum.*
1.13 *Informieren Sie sich über die chemischen und physikalischen Grundlagen des Treibhauseffektes (vgl. Biologie- und Chemieunterricht) und diskutieren Sie mögliche Folgen für Passatkreislauf und El Niño.*
1.14 *Informieren Sie sich im Internet z.B. unter der Adresse http://seismo.ethz.ch/redpuma/maps/worldmap.html über den aktuellen weltweiten Stand der gemessenen Erdbebenereignisse und vergleichen Sie diesen mit M 1.20.*

Böden

Der asiatisch-pazifische Raum erstreckt sich über ca. 60 Längen- und Breitengrade und reicht in der Vertikalen von Schwemmlandebenen auf Meereshöhe bis zu vergletscherten Hochgebirgen. Die Zugehörigkeit zu unterschiedlichsten Klimazonen (vgl. M 1.10 auf S. 15) bedingt groß- und kleinräumlich das Auftreten verschiedenster Bodentypen (Gliederung des Bodens nach dem Entwicklungszustand) und -arten (Gliederung des Bodens nach den Korngrößen).

Wichtige Bodenbildungsfaktoren sind das Ausgangsgestein, das Relief, die Zeit und bei großräumiger Betrachtung das Klima, das auch die Vegetationszonen bestimmt (vgl. S. 22 f.). Diese reichen von der Nadelwaldzone im Norden Chinas bis zum tropischen Regenwald auf Borneo. In West-Ost-Richtung umfasst der Betrachtungsraum die kontinentalen, ariden Klimate der innerasiatischen vegetationsarmen Wüsten bis hin zu maritimen Klimaten mit Mangrovenwäldern. Entsprechend der Vielfalt des geologischen Ausgangsmaterials sind auch alle Bodenarten im asiatisch-pazifischen Raum vertreten: so z.B. Sandböden in der Wüste Gobi, Tonböden im tropischen Regenwald Sumatras. Böden auf Löss sind typisch für die nordchinesische Lössebene (vgl. S. 107 – 108).

Podsole. Dieser Bodentyp dominiert die Nadelwaldzone. Der Podsol (Boden von bleicher grauer Farbe) ist nährstoffarm und sauer und ist charakteristisch für Gebiete mit winterkaltem humiden Klima, also für das nördliche China und die japanischen Nordinsel Hokkaido.

Braunerden. Diese schließen sich in südlicher Richtung an die Podsole an. Sie sind der Bodentyp im feuchtgemäßigten Klima der Laubwaldzone. Verbreitungsgebiet sind der Nordosten Chinas aber auch der nördliche Teil der Insel Honshu.

Schwarzerden. Tschernoseme sind typische Steppenböden, sie bilden sich auf dem Löss Nordchinas. Diese fruchtbaren, hochwertigen Ackerböden unterliegen in China einer starken Erosion (vgl. M 3.17 auf S. 108). Aufgrund der Kontinentalität bilden sich auf ihnen keine größeren Waldbestände.

Schwemmlandböden. Auf den Ebenen im Bereich der Mündungsgebiete der großen Flüsse Chinas dominieren Alluvialböden mit schwach ausgeprägtem Bodenprofil, da ständig neues Feinmaterial bei den periodisch auftretenden Überschwemmungen abgelagert wird. Sie werden vorwiegend zum Reisanbau genutzt und sind von wesentlicher Bedeutung für die Ernährung.

Rote bzw. gelbe Podsolböden. Große Teile des südchinesischen Berglandes und des Roten Beckens weisen diese Böden auf, sie sind typisch für warm gemäßigte Zonen. Im Vergleich zu den weiter südlich anzutreffenden Latosolen sind sie nicht so stark verwittert und basischer. Auch sie sind deshalb für die Landwirtschaft bedeutsam.

Latosole bzw. Laterite und Ferrallite sind die dominierenden Böden im südostasiatischen Raum und Hinterindien. Sie sind auf den silikatischen Gesteinen in den wechselfeuchten Subtropen bzw. wechselfeuchten und immerfeuchten Tropen anzutreffen. Latosole sind Ergebnis starker chemische Verwitterung. Laterite entstehen bei hohen Temperaturen und hohen Niederschlägen. Die Pflanzennährstoffe werden ausgewaschen, in der oberen Bodenschicht reichern sich Eisen (darum auch die Bezeichnung Ferrallite) bzw. Aluminium an. Deshalb ist die Kruste der oberen Bodenschicht schwer zu bearbeiten.

Latosole und Roterden des tropischen Regenwaldes. Das Ausgangsgestein liegt hier relativ tief, sodass die flach wurzelnden Pflanzen bei mächtigen Bodenhorizonten es nicht erreichen. Es besteht ein geschlossener Nährstoffkreislauf dergestalt, dass das abgestorbene organische Material aufgrund starker chemischer Verwitterung (hohe Temperaturen bei hohen Niederschlägen) sehr schnell zersetzt wird. Die dabei anfallenden Pflanzennährstoffe werden durch Mykorrhizen (Wurzelpilze) an die Pflanzen abgegeben. Insgesamt ist in den tropischen Regenwäldern nur eine geringe Fruchtbarkeit gegeben, sodass nach Rodungen (z.B. bei *Shifting-Cultivation* oder bei Anlage von Plantagen) nur wenige Jahre hohe Erträge erwirtschaftet werden. Anders ist dies bei Vorhandensein von vulkanischem Ausgangsmaterial, z.B. auf Java.

Seroseme. Diese Böden der ariden bzw. halbariden Zone treten in China häufig in Gemeinschaft mit Salzböden auf, so etwa in den Wüsten Gobi oder Taklimakan. Die landwirtschaftiche Nutzung dieser Böden beschränkt sich auf Oasen.

Kastanoseme. Im Übergangsgebiet zwischen den ariden bzw. halbariden Gebieten Chinas, z.B. in den Steppengebieten der Inneren Mongolei, sind

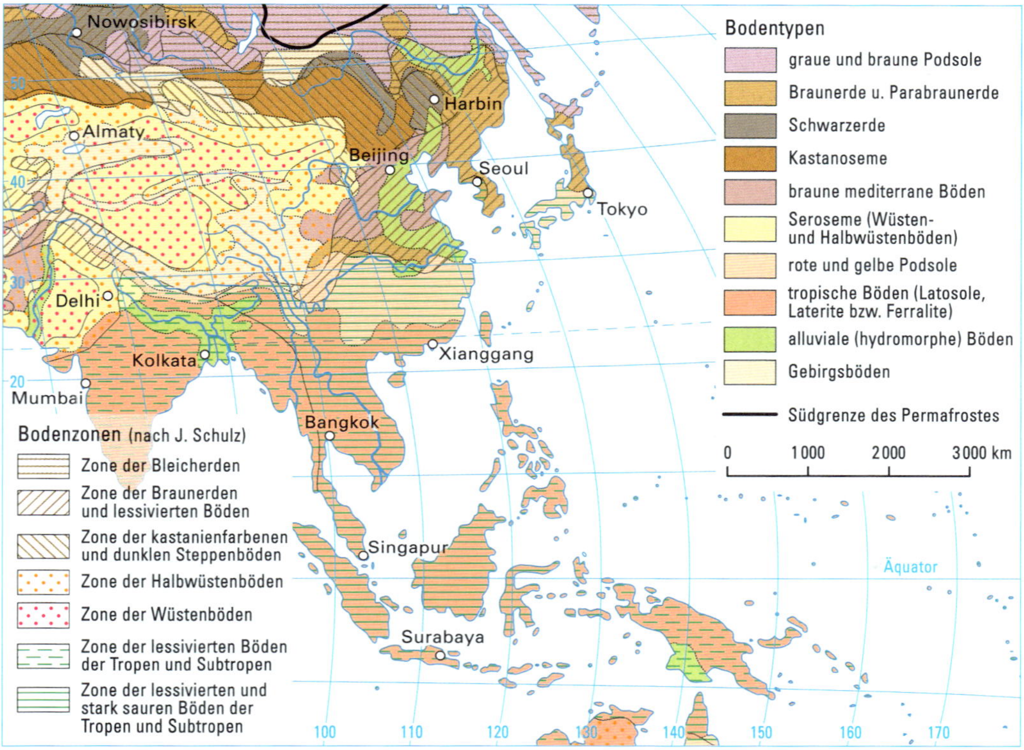

M 1.23 Bodentypen im asiatisch-pazifischen Raum (stark generalisiert)

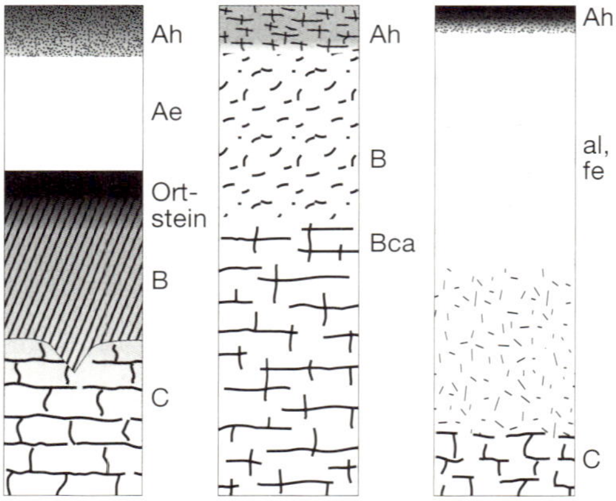

A = Oberboden
B = Unterboden
C = Ausgangsgestein

h = humushaltig
e = ausgewaschen, gebleicht
t = Tonanreicherung

al, fe = Aluminium oder Eisenanreicherung
ca = Kalkanreicherung

M 1.24 Typische Bodenprofile im asiatisch-pazifischen Raum

diese kastanienfarbigen Böden anzutreffen. Bei kontinentalem Klima mit geringen Niederschlägen ist die Auswaschung gering. Die meist auf Löss entwickelten Böden im Norden Chinas (Übergangsgebiet zwischen Gobi und den Böden der Laubwaldzone im Nordosten) sind sehr kalkhaltig. Sie werden sowohl weidewirtschaftlich als auch ackerbaulich genutzt.

Gebirgsböden. Sie unterliegen einer starken kleinräumlichen Differenzierung. Ranker bilden sich auf verwitterungsresistenten Gesteinen bzw. an erosionsgefährdeten Steilhängen. Von bestimmten Höhen an lassen bodenfreie Schuttzonen und direkt anstehendes Gestein eine Nutzung nicht mehr zu.

1.15 *Böden unterschiedlicher Klimazonen oder unterschiedlicher Ausgangsgesteine zeigen eine typische Horizontabfolge. Ordnen Sie die Bodenprofile von M 1.24 drei Bodenzonen der Karte M 1.23 räumlich zu.*

1.16 *Stellen Sie einen Zusammenhang zwischen den Vegetationszonen des asiatisch-pazifischen Raums und den Bodentypen her (M 1.24).*

Potenzielle natürliche und reale Vegetation

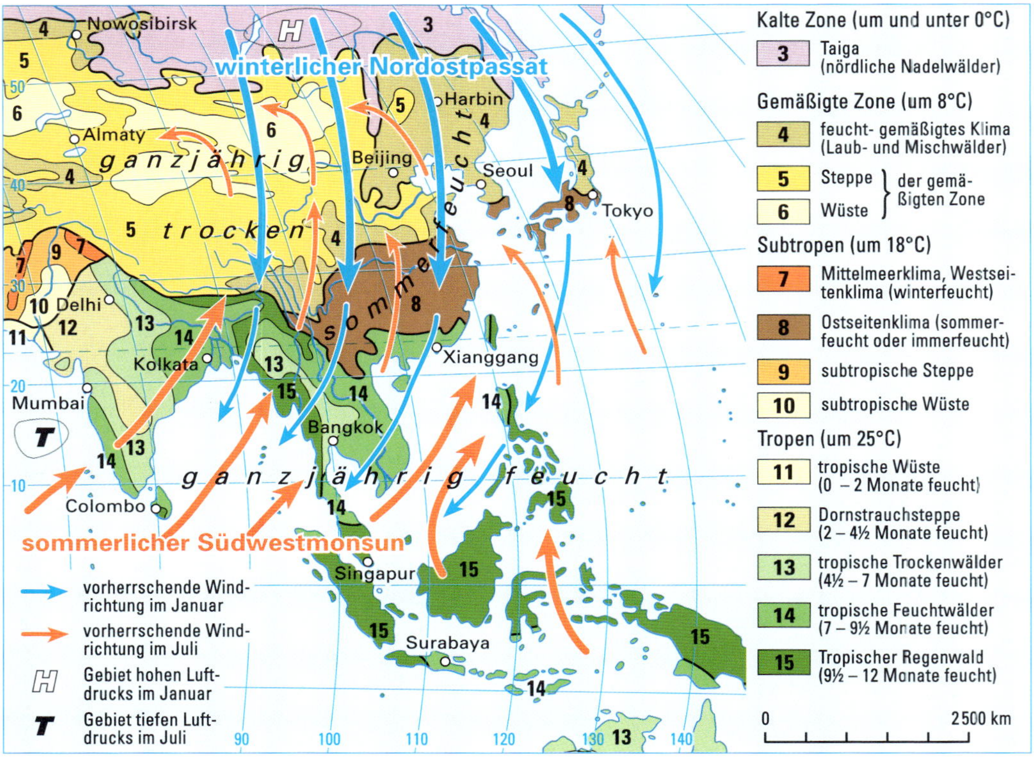

M 1.25 Vegetationszonen im asiatisch-pazifischen Raum in Abhängigkeit von den Strömungsverhältnissen

Vielfalt des Wärme- und Feuchtangebots

Die Spannweite klimatischer Bedingungen, an die sich die Vegetation des asiatisch-pazifischen Raums anpasst, reicht von extremer Aridität bis zu voller Humidität. Wärme- und Feuchteverfügbarkeit für die Pflanzen werden großräumig durch das jahreszeitlich wechselnde Strömungssystem zwischen der *ITC* und winterlichem Hochdruck bzw. sommerlichem Tiefdruck über der sibirischen Landmasse gesteuert: den zumeist trockenen Nordostpassat im Winter und den feuchtigkeitsbeladenen Südwestmonsun im Sommer. Die gewaltige Ausdehnung des Raums umfasst extrem kontinentale und maritime Regionen. Die Land-Meer-Verteilung und das Relief wirken zusammen mit den jahreszeitlich wechselnden Strömungssystemen modifizierend auf die Vegetation.
Ein jahreszeitlich wechselndes Wärmeangebot (vgl. M 1.10) für die Pflanzen herrscht außerhalb der Tropischen Zone. Die Temperaturamplitude nimmt dabei generell von Süden nach Norden bzw. von der Küste in den Binnenraum zu. Das jährliche Gesamtwärmeangebot verringert sich – vor allem durch die dortigen niedrigen Wintertemperaturen – in kontinentalen Bereichen der Gemäßigten Zone so stark, dass nur noch Steppen- und Halbwüsten-/Wüstenvegetation gedeihen kann (M 1.26). Ein jahreszeitlich wechselndes Feuchteangebot tritt dagegen auch innerhalb der Tropischen Zone auf, z.B. in Vietnam, Thailand oder Ostjava. Die jährliche Gesamtfeuchte fällt vom tropischen Süden nach Norden zur Gemäßigten Zone bzw. von der Küste ins Binnenland. Jedoch gedeihen auch außerhalb der Tropen noch immergrüne Baumarten bis in den Süden Chinas und Japans. Umgekehrt reicht Laubwurf als Indikator für Feuchtemangel von der Gemäßigten Zone bis in die Region der wechselfeuchten Tropen.

M 1.26 *Natürliche Vegetation im asiatisch-pazifischen Raum*

Wüstenvegetation in der Taklimakan

Natürlicher Mischwald der gemäßigten Zone im mandschurischen Bergland

Reale Vegetation, Vegetationsnutzung und -zerstörung

Flächenhaft ist die *potenzielle natürliche Vegetation* nur noch in vorwiegend gebirgigen Regionen erhalten geblieben. Hoher Bevölkerungsdruck erforderte eine Umwandlung der Wälder in landwirtschaftliche Nutzfläche wie z.B. in der Mandschurei, der Großen Ebene (M 1.8), in den Beckenlandschaften Südchinas oder auf Java. Die Eingriffe in die Pflanzenbestände der Tropischen Zone Südostasiens reichen seit dem Eintreffen der europäischen Kolonialmächte von der Gewürzpflanzen-Kultivierung über die Anlage von Plantagen mit Produkten für den Weltmarktexport bis zur z.T. hochintensiven Inanspruchnahme der Ressource „Holz", z.B. als Bau- oder Edelholz. Das traditionelle flächenintensive landwirtschaftliche Nutzungssystem der *Shifting-Cultivation* wird dagegen nur noch relikthaft betrieben. Aufgrund dieser vielfältigen Nutzung ist der Tropische Wald kaum noch in seinem Urzustand. Insbesondere durch Umwidmung der Wälder in Landwirtschaftliche Nutzfläche und die Holznutzung (M 1.27) schrumpft die tropische Waldfläche Südostasiens jährlich um mehrere 10 000 km². Für einige Regionen ist die Holzwirtschaft allerdings ein wichtiger wirtschaftlicher Schwerpunkt, z.B. in den malaysischen Provinzen Sarawak und Sabah (Nordborneo). In jüngster Zeit gehen die Mangrovenbestände drastisch zurück. Ursache ist die zunehmende Nutzung der Küsten für *Aquakulturen*.

1.17 *Erläutern Sie den Zusammenhang zwischen dem jahreszeitlich wechselnden Strömungssystem und der Verbreitung der Vegetation im asiatisch-pazifischen Raum. Ziehen Sie hierzu auch die Klimadiagramme aus M 1.10 von S. 15 heran.*

1.18 *Halten Sie ein Referat zu folgenden Themen:*

- *Die Plantagenkulturen Südostasiens mit dem Fallbeispiel der Ölpalmenpflanzungen.*
- *Die besondere ökologische Bedeutung des Tropischen Regenwaldes und die heutige Nutzung der Wälder in Südostasien.*
- *Gewürzpflanzen als Auslöser für die europäische Kolonisation Südostasiens.*

M 1.27 *Abholzung des tropischen Regenwaldes in Malaysia*

Bodenschätze

Bodenschatz	Land	Förderung	Weltrang
Kohle	China	1005 Mio. t	1
	Indonesien	68 Mio. t	9
Erdöl	China	162,6 Mio. t	7
	Indonesien	70,6 Mio. t	17
	Malaysia	35,6 Mio. t	25
Eisenerz	China	116,9 Mio. t	3
Bauxit	China	9 Mio. t	5
Zink	China	1,35 Mio. t	2
Zinn	China	111 000 t	1
	Indonesien	46 000 t	2
	Malaysia	6 000 t	7

M 1.28 *Rangplatz nach der Förderung von Ländern des asiatisch-pazifischen Raums bei ausgewählten Bergbauprodukten 2000*

Nach Mario von Baratta (Hrsg.): Der Fischer Weltalmanach 2003, a.a.O.

Neben den Energieträgern Steinkohle und Erdöl/Erdgas liefert der asiatisch-pazifische Raum wichtige Erze wie Eisen, verschiedene Leicht- und Buntmetalle sowie *Stahlveredler*. Ein räumlicher Überblick über Förderstätten verschiedener Bodenschätze (Atlas und M 1.28) verdeutlicht, dass jedes Land der Region ein spezifisches Angebot an Bodenschätzen aufweist. Das Spektrum reicht von den rohstoffarmen Industrie- bzw. Schwellenländern Japan, Südkorea und Taiwan über spezialisierte Anbieter wie z. B. Indonesien bis zu China mit der größten Spannweite verschiedener Rohstoffe. Nicht jeder vorhandene Bodenschatz wird tatsächlich abgebaut, es entscheidet die Wirtschaftlichkeit. Diese wird u. a. bestimmt durch Förderkosten, Rohstoffmenge und -qualität, Nachfragesituation und Preisentwicklungen. Solche Kriterien bestimmen die tatsächlichen Investitionen in die Förderung. Politisch-ideologische Faktoren wie z. B. in China, insbesondere bis zum Beginn der Politik der „Vier Modernisierungen“ (vgl. S. 124 – 125), treten hinzu. Die Prospektion, Förderung und Verarbeitung der Rohstoffe erfolgt in der Regel unter ausländischer Beteiligung (vgl. S. 162). Der Zufluss von Investitionen aus dem Ausland verschafft selbigem neben Zugriff auf Rohstoffvorkommen auch eine Ausweitung der Kontrolle über den globalen Markt des jeweiligen Rohstoffs.

Der Zinn-Gürtel existiert nicht mehr

Erster für die Weltwirtschaft bedeutender Rohstoff des asiatisch-pazifischen Raums war Zinn. Dieses zwischen dem Shan-Plateau Myanmars (Birma) und dem südlichen Ende der Malakka-Halbinsel lagernde Erz hat seine Bedeutung aus wirtschaftlichen Gründen weitgehend eingebüßt. Städtegründungen wie die Kuala Lumpurs oder Ipohs sowie eine umfangreiche Arbeitskräftezuwanderung vor allem aus China (vgl. S. 165) gehen allerdings auf den Zinnbergbau zurück.

Erdöl/Erdgas

Neben der Steinkohleförderung in Nord- und Nordostchina (M 1.29) stellen die Erdöl- und Erdgasreserven die wirtschaftsstrategisch bedeutendsten Energierohstoffe des asiatisch-pazifischen Raums dar. Neben China sind Indonesien, Malaysia und Brunei die Hauptförderländer. In Südostasien befinden sich die landwärtigen Lagerstätten vornehmlich in den Tiefländern Sumatras, Kalimantans und Javas, die zum Südchinesischen Meer, zur Malakka- und Makassar-Straße sowie zur Javasee orientiert sind. Seit Beginn der 1970er Jahre erfuhr die *On-shore-Förderung* durch die Erschließung des Schelfbereichs vor allem des Südchinesischen Meeres und der Makassar-Straße eine erhebliche Ausweitung.
Chinas Bedarf an *Erdöl* wird seit längerem nicht mehr durch die Eigenförderung (ca. 4 % der Welt-

M 1.29 *Energieeinsatz im Eisenbahnverkehr Chinas: Datong (Nordchina)*

fördermenge) gedeckt. Für die Zukunft wird wegen dem prognostizierten Wirtschaftswachstum ein weiterer enormer Anstieg des Energiebedarfs im bevölkerungsreichsten Land der Erde erwartet. Vor allem das Sultanat Brunei (99 % des Exportwerts), aber auch Indonesien (2001 Exportanteile von 17,3 %) und Malaysia, setzen Erdöl/Erdgas als Exportprodukt ein. Einer der Hauptabnehmer ist Japan (vgl. S. 44 und S. 162).

Die südostasiatische Fördermenge an Erdöl/Erdgas beträgt zwar nur ca. 2,5% der Weltförderung, betont werden müssen jedoch ihre wirtschaftlichen Folgewirkungen innerhalb des asiatisch-pazifischen Raums. So bietet sich für die rohstoffarme Industrienation Japan eine Importdiversifizierung bei Erdöl/Erdgas. Singapur tätigte auf der Basis importierten Rohöls umfangreiche Investitionen in den Aufbau von Raffinerien und Chemischer Industrie und erzielte auf diese Weise wichtige Exportgewinne aus der Rohstoffveredlung (vgl. S. 173). Auch Indonesien und Malaysia gelang durch den Aufbau von petrochemischen Verarbeitungsstätten eine Diversifizierung ihrer Industrie (vgl. S. 162).

Der Streit um die Spratly-Inseln

Der besondere Erfolg der off-shore-Förderung im Schelf des Südchinesischen Meeres hat Hoffnungen auf Förderung aus größeren Meerestiefen östlich von 110° ö. L. genährt. Hieraus resultieren Territorialansprüche der verschiedenen Meeresanrainer. Insbesondere China beansprucht ein Gebiet des Südchinesischen Meeres, das in südlicher Richtung die *Spratly-Inseln* umfasst. Eine Zugehörigkeit dieses Territoriums zu China würde bedeuten:

- Besitz erdöl-/erdgashöffiger Gebiete mit geschätzten Reserven von 25 Mrd. m^3 Erdgas und 105 Mrd. Barrel Erdöl,
- Zugriff auf schätzungsweise 370 000 t mariner Phosphor-Lagerstätten,
- Kontrolle über die artenreichsten Fischgründe weltweit mit geschätzten Fangmengen von 2,5 bis 30 Mio. t jährlich,
- Kontrolle über die Tanker-Hauptrouten zwischen Nahem Osten/Südostasien und Taiwan, Japan und Südkorea.

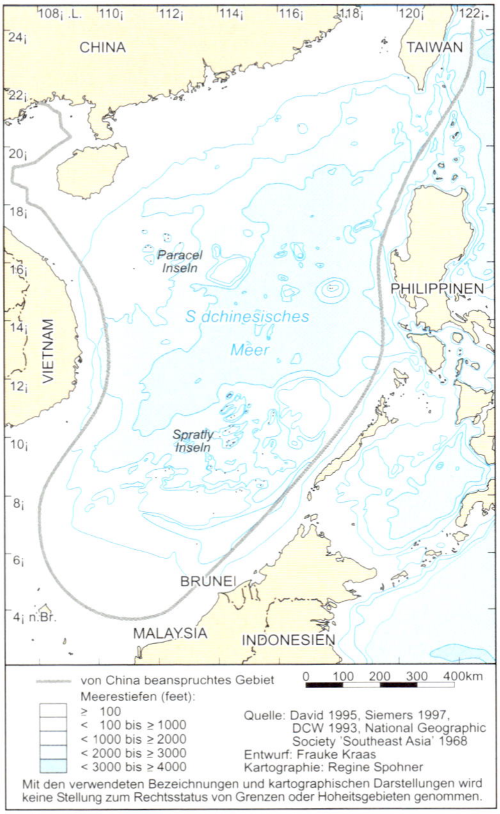

***M 1.30** Chinas Territorialansprüche im Südchinesischen Meer*

***1.19** Verschaffen Sie sich mit dem Atlas einen Überblick über Rohstoffvorkommen im asiatisch-pazifischen Raum.*

***1.20** Was sind „Stahlveredler"?*

***1.21** Beurteilen Sie die Aussagekraft des Weltrangplatzes (M 1.28) bei verschiedenen Rohstoffen bezüglich des wirtschaftlichen Entwicklungsstandes eines Landes.*

***1.22** Schätzen Sie über eine Internetrecherche (z. B. www.fischer-weltalmanach. de) das Rohstoffpotenzial des Südchinesischen Meeres ab, indem Sie Weltfördermengen für Erdgas/Erdöl und Phosphor ermitteln und vergleichen.*

***1.23** Diskutieren Sie die mögliche künftige wirtschaftspolitische Stellung Chinas im asiatisch-pazifischen Raum vor dem Hintergrund seiner Rohstoffverfügbarkeit. Berücksichtigen Sie dabei den Eigenbedarf und den anderer Länder der Region als potenzielle Abnehmer.*

Der asiatisch-pazifische Raum in einer globalisierten Wirtschaft

Global heißt so viel wie umfassend. Zum Prozess erhoben bezeichnet es Vorgänge, die sich weltumspannend entwickeln: „Globalisierung“ ist ein Begriff , der sich seit Anfang der 1980er Jahre in zahllosen Publikationen und in vielen Sprachen auszubreiten begann. Heute sind Gebrauch und Auslegung inflationär. Ursprünglich eine Wortschöpfung amerikanischer Managementschulen erreicht „Globalisierung“ heute als Beschreibung und Erklärungsmodell für Prozesse unterschiedlichster Art nahezu alle Bereiche gesellschaftlichen Lebens. Inzwischen gibt es Befürworter und Globalisierungsgegner.
Der Begriff steht gleichermaßen für große Hoffnungen auf eine Welt ohne Grenzen und voller neuer Möglichkeiten wie auch für Ängste vor weltweit unkontrollierbaren Entwicklungen.
Was ist Globalisierung und wie kam es dazu?

Wichtige Impulse für diese Entwicklung waren auch politische Weichenstellungen, wie die Gründung des Internationalen Währungsfonds (*IWF*), der Weltbank, der Welthandelskonferenzen (*UNCTAD*), des Welthandelsabkommens *GATT*, der Welthandelsorganisation (*WTO*) und des *G-8*-Wirtschaftsgipfels. Sie sorgten für den Abbau von Handelsschranken und den weltweiten Fluss von Kapital. Diese Bemühungen wurden getragen von der Idee, dass weltweiter *Wettbewerb* und Arbeitsteilung, die Konzentration der Volkswirtschaften auf das, was sie am besten können, zum wachsenden Wohlstand für alle führen werden. Die zunehmende Liberalisierung des *Welthandels*, vor allem nach den beiden Weltkriegen, brachte der Weltbevölkerung im 20. Jahrhundert insgesamt einen mächtigen Entwicklungsschub, von dem vor allem auch die asiatischen Staaten profitierten.

Welthandel

Unter *Globalisierung* verstand man anfangs vor allem die weltweite Expansion der Märkte, die sich in einer rasant anwachsenden globalen Mobilität von Waren, Geld, Personen und Information bemerkbar machte.
Die Weltproduktion hat sich seit 1950 versechsfacht und das Welthandelsvolumen (M 1.31) ist heute zwanzigmal größer als vor 50 Jahren.

***M 1.31** Handel – Motor der Weltwirtschaft*
Reale Entwicklung (Index 1950 = 100)

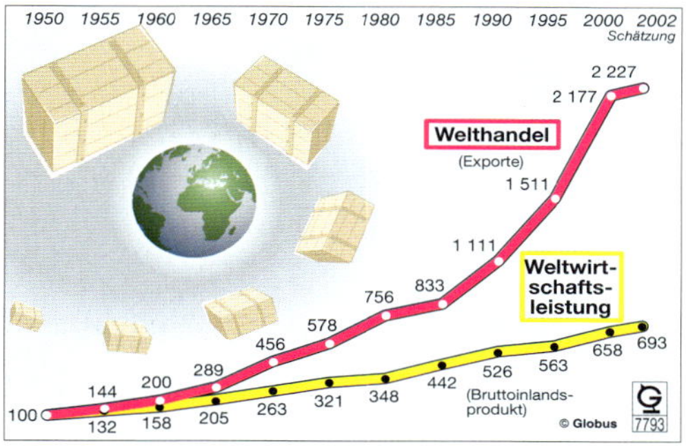

Funktionaler Wandel

Die Globalisierung der Märkte führte über einen Funktions- und Bedeutungswandel auch zu neuen Strukturen ihrer Akteure. Mit „*Global Player*“ und „*Global City*“ sind Unternehmen und Städte gemeint, die ihre Funktionen gegenüber den älteren Bezeichnungen als „multinationaler Konzern“ (*MNC*) bzw. „Weltstadt“ beträchtlich erweitert haben. Waren sie früher nationale Zentren mit internationaler Aktivität und Ausstrahlung, werden sie heute mehr und mehr zu internationalen Zentren mit übernationalem Charakter. Finanzmetropolen wie New York, London, Tokyo und Frankfurt am Main sind Schaltzentralen eines globalen Wirtschaftsgeschehens, das sich zunehmend den nationalstaatlichen Kontrollen entzieht. Konzerne wie Siemens oder Toyota sind Motoren der Weltwirtschaft, die für ihre Entfaltung von den Regierungen Deregulierung fordern, d. h. Rückzug des Staates aus traditionellen Aufgaben wie Schutz der nationalen Wirtschaft durch Zölle, Umweltschutz oder der sozialen Absicherung, die mit hohen Lohnnebenkosten verbunden ist. Durch ihr Bestreben nach Profitoptimierung zugunsten

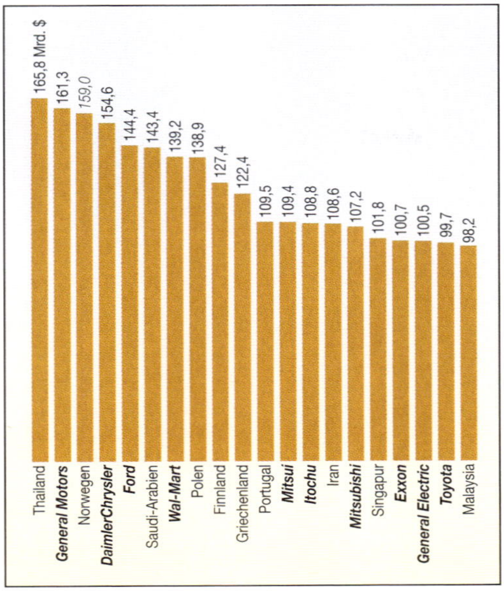

M 1.32 Unternehmen – so groß wie Länder

(Bruttoinlandsprodukt BIP1997 – Länder; Umsätze 1998 – Unternehmen; beides in Mrd. US-$); Nach Globus-Infografik 5747

von Aktionären (*Shareholder-Value*) sind sie weltweit auf der Suche nach optimalen Standortfaktoren für ihre Produktion oder Dienstleistungen.

Transnationale Konzerne. Entscheidende Akteure dieser Entwicklung waren exportorientierte Industrien, die sich zu multinationalen und transnationalen Konzernen (*TNC*) entwickelten. Nach UNCTAD (United Corporation of Trade and Development) hat sich in nur 20 Jahren, von 1970 bis 1990, die Zahl solcher TNCs von 7000 auf 24000 gesteigert, 1997 waren es bereits 44000 mit mehr als 280000 Tochtergesellschaften. Die größten unter ihnen erzielen jährliche Umsätze, die das BIP kleinerer Industrieländer übersteigen (M 1.32). Die kapitalintensive Dynamik ihrer vielfältigen Aktivitäten wurde zum Schrittmacher der Globalisierung. Insbesondere eine ganze Reihe von Staaten des asiatisch-pazifischen Raumes hat es verstanden, an dieser Entwicklung zu partizipieren. Nach dem Vorbild Japans bauten sie mithilfe der TNCs und einer staatlich gelenkten Kapitalwirtschaft hinter hohen Schutzzöllen rasch expandierende Exportindustrien auf (vgl S. 158–159).

Globale Techniken. Entscheidenden Anteil am Globalisierungsprozess haben auch technologische Entwicklungen. Globale Wirtschaftsprozesse haben meist frühe historische Wurzeln. Der russische Wirtschaftswissenschaftler Kondratieff stellte anfang des 20. Jahrhunderts die These auf, dass die Weltkonjunktur in langen Wellen verläuft (M 1.34). Den Anschub für eine Woge geben jeweils neue Technologien. So gesehen ist die Globalisierung eine weitere Woge der Weltkonjunktur auf einem wissenschaftstechnologisch höheren Niveau. Ihre Schubkraft bezieht sie vor allem über die revolutionären Neuerungen im Bereich der Mikroelektronik und Telekommunikation.

*M 1.33 Schrittmacher der Globalisierung**

Ursprungsdaten: Internationaler Währungsfonds, OECD; Institut der deutschen Wirtschaft Köln (aus http://www.iwkoeln.de/WuU/WuU01-00/1.gif)

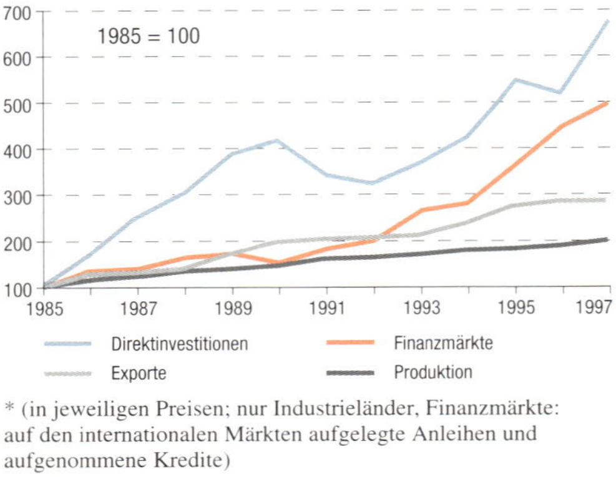

* (in jeweiligen Preisen; nur Industrieländer, Finanzmärkte: auf den internationalen Märkten aufgelegte Anleihen und aufgenommene Kredite)

M 1.34
Die langen Wellen der Weltkonjunktur

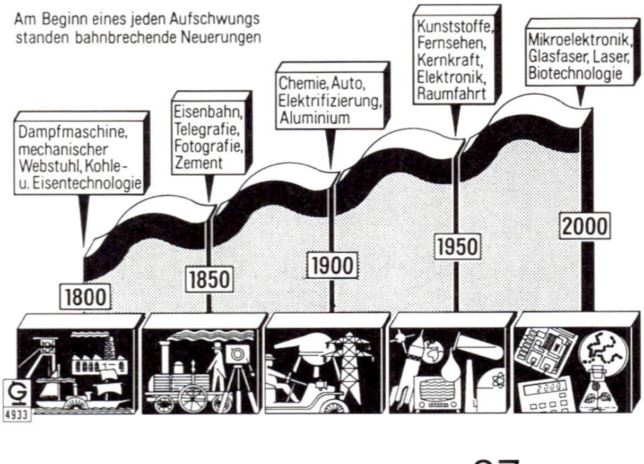

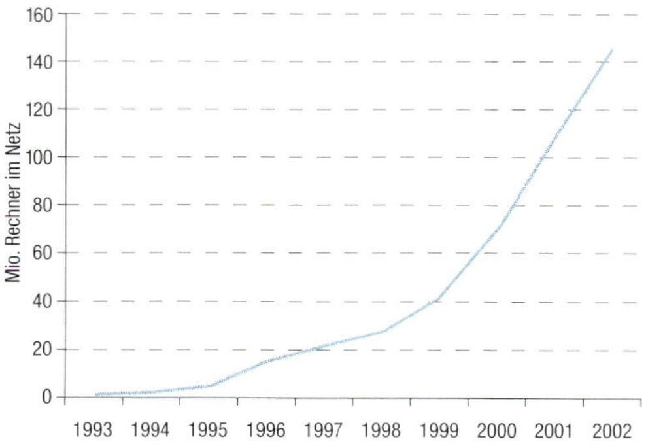

M 1.35 *Entwicklung Hosts weltweit*

Nach http://www.internet-manual.de/statistik.htm

Weltinformationsgesellschaft. Der herausragendste Aspekt der global ablaufenden Prozesse sind die neuen Möglichkeiten der individualisierten Informationsbeschaffung, Datenverarbeitung und Datenverbreitung über Multimedia, vor allem dem Internet in Kombination mit dem PC (Personal Computer).

Internet. Stärker als jeder andere Bereich der Wirtschaft wächst mit Beginn der 1980er Jahre das Internet, gemessen nach der Zahl der angeschlossenen Computer und ihrer Online-Aktivitäten (M 1.35)

M 1.36 *Weltaußenhandel nach Wirtschaftsregionen (Anteile in %)*

Nach IWF, World Economic Outlook, Mai 2000, Handelsströme, aus http://www.imf.org/external/np/exr/ib/2000/deu/041200g.htm

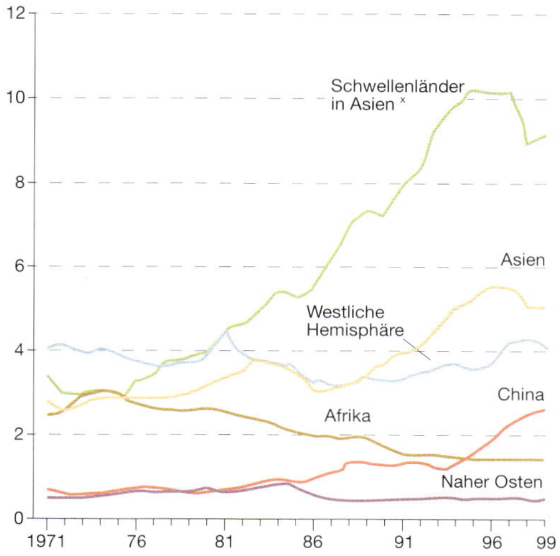

* gemeint sind in diesem Falle die Sonderverwaltungszone Hongkong, Südkorea, Singapur und Taiwan

Region	1969–70	1970–80	1980–90	1997/98
Welt	2,6	2,8	3,0	0,1
Industrieländer	4,6	2,9	1,9	1,1
OECD	4,3	2,6	2,0	1,0
Osteuropa und GUS	5,2	5,2	1,3	11,5
Entwicklungsländer	2,0	2,8	3,5	3,3
Arabische Staaten	2,0	3,6	−0,8	−1,9
Ostasien	2,0	4,3	7,2	−2,2
Lateinamerika/ Karibik	2,9	3,7	−0,7	0,8
Südasien	1,8	0,7	3,3	3,9
Südostasien/ Pazifik	2,1	4,1	2,8	5,5
Afrika/ südl. Sahara	1,4	0,9	−1,0	−0,4
am wenigsten entwickelte Länder	0,8	−0,1	−0,1	2,1

M 1.37 *Jährliches Wachstum des Pro-Kopf-Einkommens 1960–1997/98 nach Regionen (in %)* *Karl Engelhard (2000): Welt im Wandel, Omnia: Köln*

Gewinner und Verlierer der Globalisierung. Hauptgewinner im globalen Konkurrenzkampf sind Japan und die großen Volkswirtschaften des Westens. 15 % der Weltbevölkerung produzierten im Jahr 2000 75 % der exportierten Waren und erwirtschafteten fast 60 % der Weltwirtschaftsleistung. Einige Staaten des asiatisch-pazifischen Raumes beschleunigten mit staatlich gelenkter Exportorientierung nach Japans Vorbild den Globalisierungsprozess und vollzogen den Übergang vom Entwicklungsland zur Industriegesellschaft. Die so genannten Tigerstaaten der ersten und zweiten Generation konnten durch geschickte Nutzung ihrer *komparativen Kostenvorteile*, wie geringes Lohnniveau und kaum entwickelter Sozialgesetzgebung große Kapitalmengen ins Land locken, was rasch Arbeitsplätze, *Technologietransfer* und wachsenden Wohlstand brachte. *Bubble-Economy* und *Asienkrise* (vgl. S. 33–34 und S. 178), in die auch das wohlhabende Japan hineingezogen wurde, machten allerdings deutlich, dass auch für Südostasien gilt: Was man produziert, muss man auch verkaufen können.

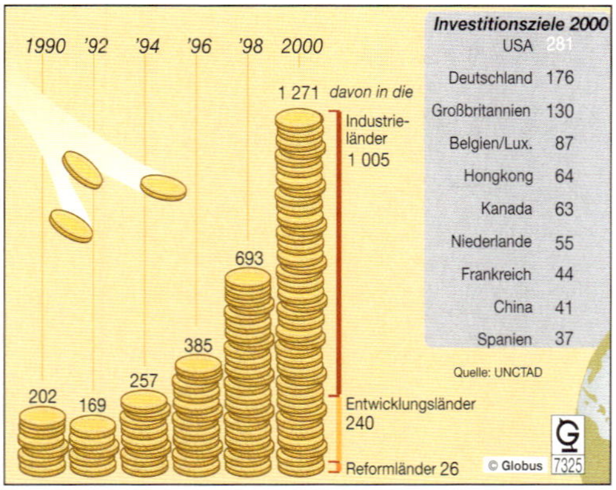

M 1.38 *Global-Kapital – weltweite Direktinvestitionen (Mrd. US-$)*

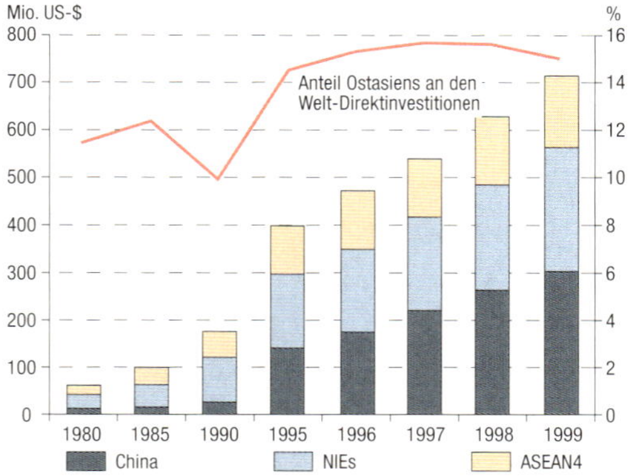

M 1.39 *Direktinvestionen nach Ostasien und deren Anteil an weltweiten Direktinvestionen*

WIR (UNCTAD)

ASEAN 4:Thailand, Indonesien, Malaysia und Philippinen

Direktinvestitionen. Nach UNCTAD-Angaben haben sich seit Anfang der 1990er Jahre die *Direktinvestitionen (Auslandsinvestitionen)* innerhalb von 10 Jahren versechsfacht. Wichtigste Zielländer waren die USA und Deutschland. Die *Asienkrise* führte für einige Jahre bei den internationalen Anlegern zu einem starken Vertrauensschwund in diese Region, was im starken Rückgang der Direktinvestitionen zum Ausdruck kommt.

Containerverkehr (vgl. S. 172–173). Die Einführung des Containers in den 1960er Jahren revolutionierte das Transportwesen. Die Kosten sanken drastisch durch die rationelle Abwicklung beim Umladen zwischen Bahn/Schiff/LKW und die Frachtraten stiegen gewaltig. Waren es 1967 noch 8 Mio. *TEU* (Twenty Feet Equivalent Units), so wuchs deren Zahl bis 2000 auf geschätzte 235,5 Mio.

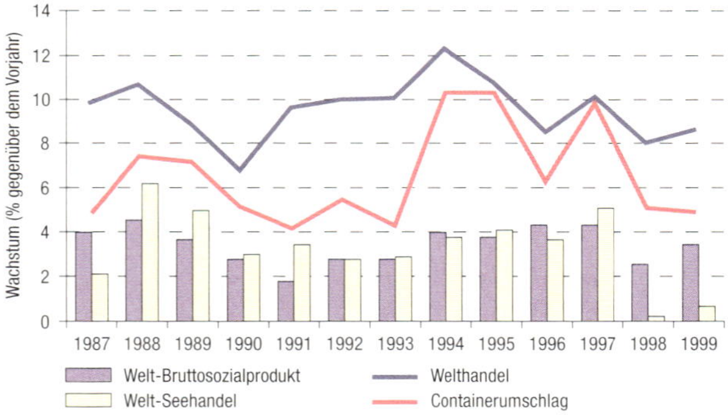

M 1.40 *Jährliches Wachstum von Welt-Bruttosozialprodukt, Welthandel, Welt-Seehandel und Welt-Containerhafenumschlag*

WF/OECD Economic Outlook 1999, Feamley´s Review 1999 nach http://www.tis-gdv.de/tis/vortraege/zachcial/1.jpg

1.24 *Suchen sie nach Ursachen für das seit den 1980er Jahren gegenüber der Weltwirtschaftsleistung viel rascher wachsende Welthandelsvolumen.*

1.25 *Informieren Sie sich im Internet über die globalen Funktionen von IWF, UNCTAD und WTO und diskutieren Sie deren Einfluss auf den Globalisierungsprozess.*

1.26 *Erläutern Sie das Abflachen der Direktinvestitionskurve für Asien ab 1997 in der Grafik M 1.39.*

1.27 *Beschreiben Sie die Rolle der transnationalen Konzerne im Globalisierungsprozess: Verschaffen Sie sich hierzu Klarheit über die Begriffe: Deregulierung, Outsourcing, Intraindustrial Trade, Risikokapitalströme, Shareholder-Value und Direktinvestitionen.*

1.28 *Beschreiben Sie nach M 1.40 kausal die Beziehungen zwischen Weltbruttosozialprodukt und Welt-Containerumschlag.*

1.29 *Beurteilen Sie die Bedeutung des asiatisch-pazifischen Raumes im Globalisierungsprozess.*

2. Japans Aufstieg zur bedeutenden Industrienation

M 2.1 Alltagsszene in einer japanischen Großstadt

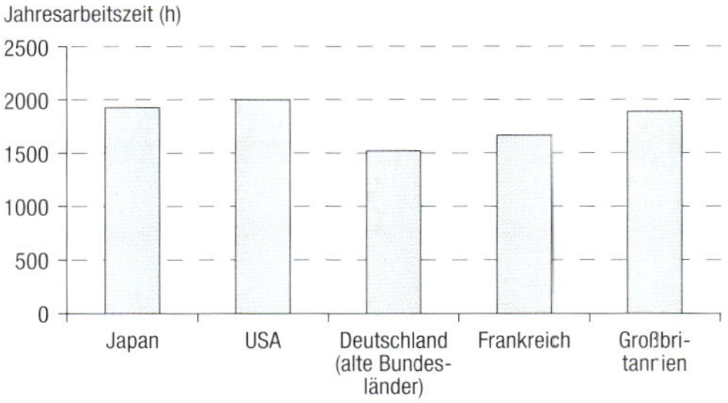

M 2.3 Arbeitszeiten im internationalen Vergleich Ende der 1990er Jahre

http://jin.jcic.or.jp/stat/stats/images/09lab42.gif

Japan heute – Wohlstand und Krise

M 2.2 Japan in Klischee und Wirklichkeit

Klischees sind eingefahrene Vorstellungen, mit der die Wirklichkeit auf wenige Aspekte reduziert wird. Sie entstehen aufgrund eines Mangels an Information. Ein weit verbreitetes Klischee von Japan ist beispielsweise das eines Arbeitsstaates. In Japan wird emsig gearbeitet. Weniger bekannt ist, dass die Arbeitszeiten in den USA heute länger sind als in Japan. Die hohe Bevölkerungsdichte setzt sehr viel Disziplin für ein funktionierendes Zusammenleben voraus. Damit die Gesellschaft überhaupt funktionieren kann, ist es wichtig, einen Grundkonsens zu finden, der das Zusammenleben regelt und bestimmt. Über diesen gesellschaftlichen Konsens ist in Europa nur wenig bekannt. Man kennt Japan in erster Linie als Exporteur von Autos und Unterhaltungselektronik, in letzter Zeit auch zunehmend als Exporteur von Populärkultur, etwa Computerspielen, Karaoke, Tamagochi, Pokemon usw. Ein weiteres, oft strapaziertes Klischee ist das Bild vom alten, traditionellen Japan, dem Japan der Tempel, der Kirschblüten, der Samurai und Geisha. Es ist ein verklärendes Bild, das mit dem gegenwärtigen Japan nur wenig zu tun hat.

Nach Roland Domenig, Japanspezialist am Institut für Japanstudien in Wien, auf http://www.arte-tv.com/societe/japan2000/dtext/domenig.htm

Japan ist heute ein moderner Staat mit einer wohlhabenden Bevölkerung. Jahrzehntelang hat das Land durch weltweite Ausdehnung seiner Handels- und Produktionsnetze zur grenzenlosen Mobilität von Waren, modernen Technologien und Kapital beigetragen und ist damit zu einem Wegbereiter der *Globalisierung* geworden. Nach langem Nutznießen wird das Land nun zusehends auch mit den Risiken dieser Entwicklung konfrontiert.

M 2.4 Entwicklungen (inflationsbereinigt) von Bruttosozialprodukt und Pro-Kopf-Einkommen in Japan 1983–2000

http://jin.jcic.or.jp/stat/stats/05ECN24.html

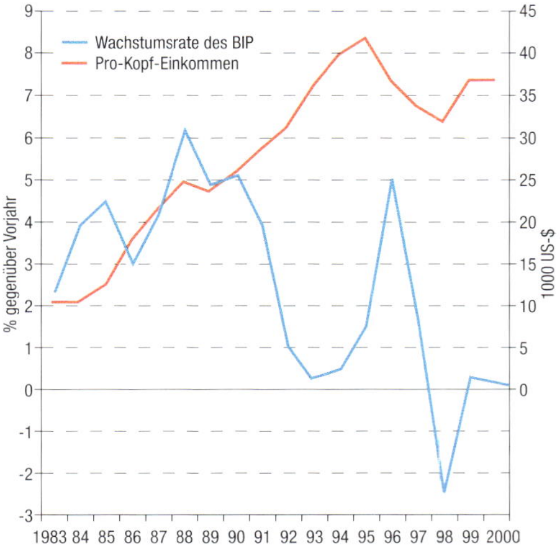

M 2.5 *Die reichsten Länder der Welt 2000*
Berechnet nach Mario von Baratta (Hrsg.): Der Fischer Weltalmanach 2003, a.a.O.

	BIP / Kopf (US-$)
Luxemburg	43 132
Japan	38 192
Norwegen	34 520
USA	34 940
Schweiz	33 393
Dänemark	30 401
Island	30 338
Schweden	25 631
Irland	24 740
SVZ Hongkong	24 245

	BIP / Kopf (US-$)
Großbritannien	23 679
Finnland	23 449
Österreich	23 343
Singapur	22 960
Niederlande	22 914
Deutschland	22 800
Kanada	22 381
Belgien	22 108
Australien	20 324
Italien	18 620

Widersprüchliche Fakten

Die Beschäftigung mit Japan führt schnell zu Widersprüchen, z.B. beim Vergleich bestimmter Wirtschaftsdaten. So ist das Land im globalen Wettbewerb ein Wirtschaftsgigant. Auch nach der offiziell seit Jahren herrschenden Krise lag Japan im Jahr 2000 mit einem BSP von 4,3 Billionen US-$ hinter den USA auf Platz 2 in der Weltrangliste der Volkseinkommen. Seine Bevölkerung lebte zur Jahrtausendwende mit einem *Pro-Kopf-Einkommen* von über 38 000 US-$ (Deutschland: rund 23 000 US-$) in einer der reichsten Gesellschaften unserer Erde (M 2.5).

M 2.6 *Wettbewerbsfähigkeit der Industrieländer 2000*

Land	Kriterienindex
USA	100
Singapur	75,2
Finnland	74,0
Niederlande	72,1
Schweiz	68,5
Luxemburg	68,1
Irland	64,8
Deutschland	64,5
Schweden	63,9
Island	63,5
Kanada	63,4
Dänemark	63,4
Australien	63,1
Hongkong	60,5

Land	Kriterienindex
Großbritannien	59,4
Norwegen	57,8
Japan	57,4
Österreich	57,2
Frankreich	54,3
Belgien	53,3
Neuseeland	52,8
Taiwan	51,1
Israel	50,3
Spanien	47,3
Malaysia	41,1

IMD-World Competitiveness Yearbook 2000; nach Globus Infografik 6 284, Hamburg 2000

M 2.7 *Zunahme der öffentlichen Verschuldung (in % des BIP) im internationalen Vergleich ausgewählter Staaten* *Zentralregierung
Nach OECD-Daten auf:www.oecd.org

	1992	1994	1996	1998	2000
Belgien	127,8	132,7	130,5	119,8	110,9
Deutschland	43,1	49,4	59,8	60,7	60,2
Finnland	40,7	58,3	57,1	48,8	44,0
Frankreich	39,0	47,6	57,1	59,7	58,0
Irland	89,7	87,7	74,3	55,0	39,1
Italien	107,7	123,8	122,1	116,2	110,2
Luxemburg	4,8	5,4	6,2	6,4	5,3
Niederlande	76,4	74,0	75,2	66,8	56,3
Österreich	58,0	65,8	69,1	63,9	62,9
Portugal	58,4	62,2	62,8	55,3	53,8
Spanien	46,5	60,5	68,1	64,7	60,6
Dänemark	66,3	73,5	65,1	55,8	47,3
Griechenland	97,5	107,9	111,3	105,5	103,9
Großbritannien	41,0	49,6	52,7	48,1	42,9
Schweden	64,8	77,6	76,0	71,8	55,6
USA*	48,0	49,4	48,7	42,7	34,8
Japan	58,0	67,1	78,8	94,1	108,8

M 2.8 *Entwicklung von Außenhandel und Pro-Kopf-Verschuldung* Japans*
Nach Weltbank auf: http://www.worldbank.org/data

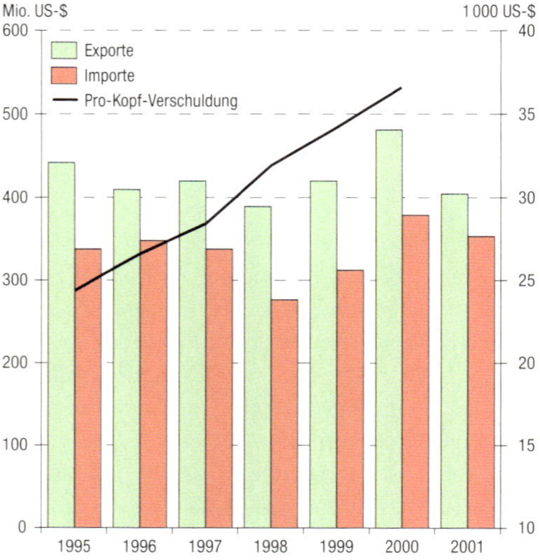

* Umrechnung auf den Devisenmittelkurs von Ende 2000

Nach *OECD*-Angaben waren Japans Beschäftigte 1998 mit 65 050 US-$ die produktivsten der Welt, vor Luxemburg (64 740 US-$) und den USA (62 210 US-$). Die deutschen Arbeitnehmer lagen mit 55 000 US-$ auf Platz 7 in der Weltrangliste.
Im Widerspruch zum gesamtwirtschaftlichen Erfolg steht aber die Beurteilung der *Wettbewerbsfähigkeit* Japans (M 2.6): Ermittelt wird anhand von 250 Kriterien zu allen Bereichen gesellschaftlichen Lebens wie z. B. politische und soziale Stabilität, Staatsfinanzen und Bürokratie, Kapitalmarkt und Infrastruktur, Arbeitskosten und Steuerlast, Effizienz des Managements und Qualifikation der Arbeitnehmer.
Japan erwirtschaftet zwar Jahr für Jahr große Handelsüberschüsse, ist aber im Jahr 2000 nach Einschätzung von Fachleuten eines der Länder mit der höchsten *Staatsverschuldung* (M 2.7).
Die hohe öffentliche Verschuldung bedeutet, dass die japanischen Beschäftigten ein Jahr und 66 Tage arbeiten müssten, um alle Schulden abzuarbeiten, d.h. die Staatsverschuldung ist höher (118 %) als das *Bruttoinlandsprodukt*.
Die hohe Verschuldung geht auf staatliche *Konjunkturprogramme* der 1990er Jahre zurück, die durch öffentliche Aufträge und Steuerentlastungen die erlahmte Wirtschaft wieder ankurbeln sollten. Der größte Teil der Gelder blieb bisher wirkungslos. Viele Japaner haben das Vertrauen in die seit mehr als 50 Jahren regierende konservative Liberaldemokratische Partei (LDP) verloren. Nach ausufernden *Korruptionsskandalen* bis in die höchsten Kreise von Regierung, Staatsverwaltung und großen Konzernen waren weniger als 50 % Wahlbeteiligung ein deutliches Zeichen für die allgemeine Politikverdrossenheit. Da heute ein beträchtlicher Teil der Steuereinnahmen für Zins und Tilgung verbraucht werden, schrumpfen die Gestaltungsspielräume für staatliche Aufgaben.
Für den westlichen Beobachter sind solche Daten widersprüchlich und verdeutlichen eines: Es ist für Außenstehende schwer durchschaubar, was in Japan vor sich geht. Die uns fremde Mentalität der Japaner, ihr Verhältnis zur eigenen Tradition, die besondere Form emotionaler Bindung an Firma und Staat, die kaum durchschaubare *Verflechtung* von Wirtschaft, Bürokratie und öffentlicher Hand erschweren ein tieferes Verständnis. Eines der markantesten Merkmale der japanischen Arbeitswelt war eine verlässliche Garantie auf den Arbeitsplatz, die jahrzehntelang hohe Beschäftigungsraten ermöglichte und im Ergebnis eine relativ breite *Streuung des Volkseinkommens* brachte. Jahrzehntelang war man in Japan stolz auf diesen gesellschaftlichen Konsens zwischen Politik, Arbeitgebern und Gewerkschaften. Er sorgte für ein ruhiges Arbeitsklima und ließ Japan zu dem werden, was man heute eine *Mittelstandsgesellschaft* nennt. Zur japanischen Krise gehört heute eine zunehmende *soziale Polarisierung* der Bevölkerung (vgl. S. 52–54).
Viele Kommentatoren stimmen nun darin überein, dass sich Japan heute in einem tiefgreifenden strukturellen Wandel seiner Arbeitswelt befindet. Hierzu der japanische Historiker Heita Kawakatsu:

→ „In den [19-]siebziger und [19-]achtziger Jahren haben westliche Experten unser System studiert. Zu Recht wunderten sie sich, warum wir die Ölkrise Anfang der [19-]siebziger Jahre mit weniger als zwei Prozent Arbeitslosen bewältigt haben. Dadurch ist in Japan ein gewisser Stolz auf dieses System entstanden. Auch jetzt kann man das System nicht einfach abschaffen. Vor allem die über 40-jährigen wollen daran festhalten. – Jüngere sind eher bereit, flexiblere Arbeitsformen zu akzeptieren."

Der Spiegel 1998, H.4. Hamburg: Spiegel-Verlag, S. 86

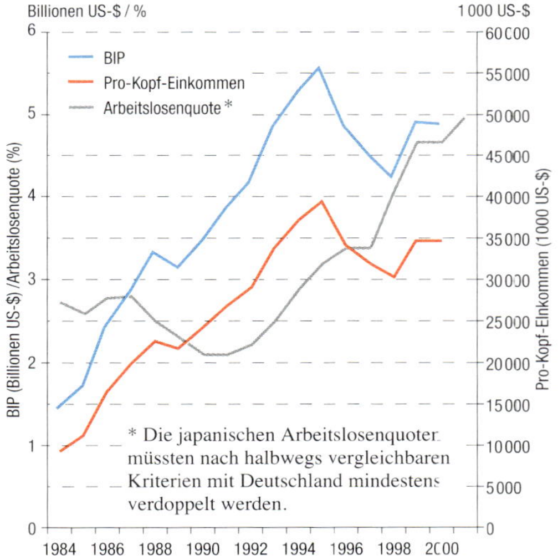

***M 2.9** Entwicklung von Arbeitslosigkeit, Bruttosozialprodukt und Pro-Kopf-Einkommen in Japan*

Nach http://jin.jcic.or.jp/stat/stats/09LAB31.html und http://jin.jcic.or.jp/stat/stats/images/05ECN22.gif

M 2.10 Obdachloser in der Tokyoer Untergrundbahn

„Bubble-Economy" und Bankenkrise

Mit Höhepunkt und jähem Ende der so genannten *Bubble-Economy* (Seifenblasen-Wirtschaft), einer durch überhitzte Konjunktur des Kapital- und Immobilienmarktes ausgelösten *Finanzkrise*, begann 1989 für Japan eine Phase der *Stagnation* und *Rezession*, aus der sich das Land trotz großer staatlicher Anstrengungen bis heute nicht lösen konnte. Seit 1992 steckt Japan in seiner schwersten Wirtschaftskrise seit Ende des Zweiten Weltkriegs. Der Abwärtstrend wurde in der 1997 einsetzenden *Asienkrise* noch beschleunigt. Das bei oberflächlicher Betrachtung Unverständliche an dieser Entwicklung ist, dass trotz immer noch wachsendem *Volks- und Pro-Kopf-Einkommen* die Zahl der Beschäftigten sinkt und in einer Zeit wirtschaftlicher Blüte die Schatten von Arbeitslosigkeit und sozialer Instabilität heraufziehen. Offiziell liegt die Zahl der Arbeitslosen heute bei ca. 4 Mio. Kenner des japanischen Arbeitsmarktes weisen aber darauf hin, dass diese Zahl geschönt ist. In Wahrheit sollen es heute ca. 10 Mio. sein. Eine hohe Zahl von Beschäftigten im mittleren Management der Großunternehmen sitzt auf unkündbaren Positionen ohne wirklich Arbeit zu haben. Wenn man all jene hinzufügt, die früher in geringfügigen Dienstverhältnissen ihren Lebensunterhalt verdienten, erhöht sich die Zahl der Arbeitsuchenden beträchtlich. Gerade am unteren Ende der Lohnskala wirkt sich die Krise am stärksten aus. So verwundert es nicht, dass in der Weltpresse die Bilder von *Obdachlosen* aus dem reichen Japan zunehmen (M 2.10).

Die Krise erreicht aber auch Bevölkerungskreise, die noch nicht in Not geraten sind. Sie reagieren z.B. mit einem vorsichtigeren Konsumverhalten. So fällt auf, dass es im wohlhabenden Japan einen Preisverfall gibt (M 2.11).

Kritische Beobachter sehen darin die Folge einer schwächeren Nachfrage, die ihrerseits als eine Reaktion auf die unsichere Lage am Arbeitsmarkt verstanden wird. Die Arbeitsplatzgarantie, ein bewährter Konsens der japanischen Gesellschaft, der gesicherte Arbeitsplatz bis zum Ruhestand innerhalb eines als große Familie gesehenen Betriebes, das *Senioritätsprinzip* und andere für die japanische Arbeitswelt der Großunternehmen traditionellen Werte werden zunehmend in Frage gestellt. Zum ersten Mal seit Jahrzehnten haben im Wohlstandsland Japan viele Menschen Angst vor der Zukunft. Viele Familien kämpfen mit hohen Hypotheken für Häuser und Grundstücke, die sie auf der Höhe des Immobilienbooms in den 1980er Jahren mit günstigen Krediten zu überhöhten Preisen angeschafft haben. Arbeitslosigkeit ist in Japan problematischer als z.B. in Deutschland, weil vergleichbare staatliche

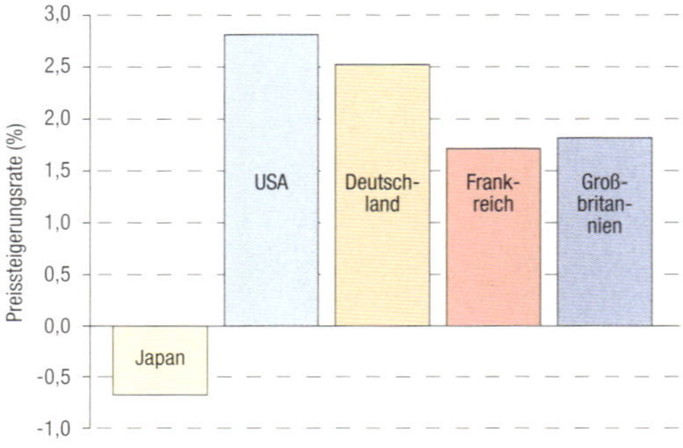

M 2.11 Internationaler Vergleich von Preissteigerungsraten 2001
http://jin.jcic.or.jp/stat/stats/05ECN32.html

Sozialleistungen fehlen. Die Arbeitsplatzsicherheit war im *Wirtschaftswunderland* Japan über Jahrzehnte in erster Linie Sache der Großunternehmen. Umfassende staatliche Sicherungssysteme erschienen nicht notwendig. Da viele Firmen immer weniger bereit sind, die kostspielige soziale Absicherung zu finanzieren, geraten die Betroffenen relativ schnell in Not. Nach Polizeistatistik wurden im Jahre 2001 in Japan durch finanzielle Probleme 3 556 Personen in den Selbstmord getrieben. 2 600 hiervon waren über 40 Jahre alte Männer, die ihre Arbeit verloren hatten.

Hintergründe der japanischen Krise

Was sind die Ursachen für die *Stagnation* der japanischen Wirtschaft? Der allmähliche wirtschaftliche Rückgang und der damit verbundene Sozialabbau in einer so erfolgreichen und lange Zeit als Vorbild für ganz Asien geltenden Gesellschaft muss beunruhigen. Handelt es sich um ein hausgemachtes Problem oder ist es die als Erklärungssystem oft strapazierte *Globalisierung*? Als Ursache lassen sich mehrere Entwicklungen anführen, die sich zum Teil gegenseitig bedingen und in ihren Wirkungen verstärken:

– Konzernpolitik: Verlagerung lohnintensiver Arbeit in Niedriglohnländer (*outsourcing*), Automatisierung und Robotereinsatz, Bedeutungsrückgang des *Senioritätsprinzips*, der Betriebsfamilie und der Arbeitsplatzgarantie.

– *Demographischer Übergang*: Die Japaner haben mit 41,2 Jahren das weltweit höchste Durchschnittsalter und die höchste mittlere Lebenserwartung (bei den Frauen 84 Jahre!). Bei gleichzeitig sinkender Geburtenrate führt das zur wachsenden Überalterung der Bevölkerung und Problemen bei der Alterssicherung, für die ausreichende staatliche Konzepte fehlen.

– *Politikverdrossenheit*: Das Vertrauen der japanischen Bevölkerung in die durch *Korruption* unglaubwürdig gewordene Politik des Landes und deren Fähigkeit, mit der Krise fertig zu werden, schwindet.

– zunehmende *soziale Polarisierung*: Der Unterschied zwischen Arm und Reich wächst. Die breite Streuung des Volksvermögens, auf die Japan jahrzehntelang stolz war, geht mehr und mehr verloren.

– Bedeutungsrückgang japanischer Tugenden: die traditionellen japanischen Werte wie Fleiß, Genügsamkeit, Ehrlichkeit verschieben sich bei der jetzigen „Internet-Generation" zu Gunsten einer mehr nach Freizeit, Spaß und schnell verdientem Geld (Börsenspekulation) orientierten Lebensauffassung.

– weltwirtschaftliche Einflüsse: Ein exportorientiertes und rohstoffabhängiges High-Tech-Land wie Japan reagiert sensibel auf alle Entwicklungen am Weltmarkt und kann sich dessen Forderungen, wie z.B. Öffnung des eigenen Marktes für ausländische Waren oder Kapital nicht entziehen.

→ Junichiro Koizumi, japanischer Ministerpräsident, kann am 30. April umziehen. Nach sechsjähriger Bauzeit ist am Montag die neue High-Tech-Residenz des Ministerpräsidenten eingeweiht worden. Das fünfstöckige, 43,5 Milliarden Yen (rund 376 Millionen Euro) teure Gebäude in Tokio verfügt über schusssichere Fenster, einen Schutzbunker und einen Hubschrauberlandeplatz auf dem Dach. Es hat eine Fläche von 25 000 Quadratmetern.

Mainpost vom 23.04.2002, Würzburg: Mainpresse Verlagsgesellschaft 2002

***M 2.12** Neuer High-Tech-Wohnsitz des japanischen Ministerpräsidenten, 2003*

Japan auf dem Weg zur nachindustriellen Gesellschaft?

	Vorindustrielle Gesellschaft	Industrielle Gesellschaft	Postindustrielle Gesellschaft		
Wirtschafts-Sektor	primär: Landwirtschaft, Bergbau, Fischerei, Waldwirtschaft	sekundär (Güterproduktion): Verarbeitung, Fertigproduktionen	tertiär (Dienstleistungen): Verkehr, Erholung	quartär (Dienstleistungen): Banken, Versicherungen	quintär (Dienstleistungen): Gesundheit, Bildung, Forschung, Regierung
Technologie-Grundlage	Rohstoffe	Energie	Information		

M 2.13 *Die nachindustrielle Gesellschaft nach D. Bell*

Nach http://www.schepart.ch/mho/Economy/Wirtschaftstheorien/Wirtschaftstheorien.htm

Es gibt eine weitere Betrachtungsweise, die zur Erklärung der gegenwärtigen Entwicklungsphase Japans beitragen kann.

Der Wirtschaftswissenschaftler Daniel Bell prägte 1973 den Begriff der „Postindustrial society", deren Entstehung mit einem tiefgreifenden Wandel der Produktions- und Verteilungsstrukturen der Industriegesellschaft einhergeht. Bell gilt auch als Mitbegründer der Theorie der „*Informationsgesellschaft*". In ihr kommt es zu einer wachsenden Bedeutung des Informationssektors gegenüber der Güterproduktion, was sich vor allem auch in der Beschäftigungsstruktur zeigt.

Der rasante Vormarsch intelligenter Maschinen (Robotertechnik) vernichtet Arbeitsplätze im Produzierenden Gewerbe. Im Dienstleistungssektor sind es vor allem die Computer, mit denen vormals arbeits- und lohnintensive Prozesse eingespart werden können. Ob die *postindustrielle Gesellschaft* im gleichen Tempo neue Arbeitsplätze zur Verfügung stellen kann, steht noch aus.

M 2.14 *Entwicklung der japanischen Beschäftigungsstrukturen nach Wirtschaftssektoren (in %)*

Nach Mario von Baratta (Hrsg.): Der Fischer Weltalmanach '87, '94 und 2003: Frankfurt am Main: Fischer Taschenbuchverlag 1986, 1993 und 2002

	primär	sekundär	tertiär
1981	12	39	49
1991	6,1	34,4	59,5
1999	5,2	31,9	62,9

2.1 *Ein Land, das wie Japan gegenwärtig eine hohe Arbeitslosenquote hat, kann versuchen ausländische Investoren ins Land zu locken und neue Arbeitsplätze zu schaffen. Welche staatlichen Maßnahmen halten Sie für geeignet, dieses Ziel zu erreichen?*

2.2 *In Japan wächst das Durchschnittsalter der Bevölkerung. Nennen Sie mögliche Ursachen und erläutern Sie mögliche Folgen.*

2.3 *Diskutieren Sie Möglichkeiten des japanischen Staates, die Geburtenrate im eigenen Land zu steigern.*

2.4 *Erklären Sie den Widerspruch zwischen wachsendem Pro-Kopf-Einkommen und zunehmender Arbeitslosigkeit.*

2.5 *Beurteilen Sie das „neue Zuhause" des japanischen Ministerpräsidenten (M 2.12 und Quellentext auf S. 34) vor dem Hintergrund der Entwicklungen in der japanischen Gesellschaft.*

2.6 *Diskutieren Sie nach Daniel Bells Theorie mögliche Chancen für die Japanische Wirtschaft, die gegenwärtige Stagnation zu überwinden.*

2.7 *Erstellen Sie je eine Liste von Berufen, die beim Übergang von der Produktions- zur Informationsgesellschaft verloren gehen bzw. neu entstehen.*

2.8 *Nennen Sie Arbeitsgänge im sekundären und tertiären Bereich, die durch intelligente Technik revolutioniert werden, wobei Arbeitsplätze verloren gehen.*

2.9 *Diskutieren Sie Möglichkeiten der Schaffung von Arbeitsplätzen unter den Bedingungen der postindustriellen Gesellschaft.*

Die industrielle Entwicklung Japans

M 2.15 Firmenlogos bedeutender japanischer Industriekonzerne

Entwicklungsbedingungen

Als wichtige Rahmenbedingungen für die industrielle Entwicklung eines Landes gelten u.a. seine geographische Lage und Erreichbarkeit, die vorhandenen Siedlungsräume und Erschließungsmöglichkeiten, verfügbare Rohstoffe und Energiequellen, die Ernährungssicherung der Bevölkerung sowie Organisation und Entwicklungsstand seiner Gesellschaft.

Für Japans industrielle Entwicklung gab es eine Reihe günstiger Voraussetzungen, vergleichbar denen Großbritanniens im 18. Jahrhundert: Insellage vor dem euro-asiatischen Kontinent, amerikanische Gegenküste und Hafenpotenziale.
Deutliche Unterschiede zu Großbritannien waren die in Japan ungünstigere Landesnatur mit wenig Siedlungsraum, einem ganzen Arsenal von *Naturrisiken* und die Armut an Bodenschätzen. Auch die historisch-geopolitischen Voraussetzungen waren völlig anders. In der Weltmacht Großbritannien begann die Industrialisierung um 1750 auf der Basis eines wachsenden, weltumspannenden Kolonialreiches. Japan dagegen startete erst nach 1850 aus einer mehrhundertjährigen selbst gewählten geopolitischen Isolation in das Industriezeitalter und übernahm dessen neue Möglichkeiten wirtschaftlicher Entwicklung innovativ aus westlichen Vorbildern.

Japans Natur- und Lebensraum

Häufiger als Berichte über die außerordentlichen Naturschönheiten des Landes erreichen uns Nachrichten über die Auswirkungen seiner Naturrisiken, wie z.B. vom verheerenden *Erdbeben* von Kobe 1995 (M 2.16).

M 2.16 Zerstörung in Kobe nach dem großen Hanshin-Awaji-Erdbeben 1995

M 2.17 *Naturrisiken gefährden Japan – hier auf Kyushu der Vulkan Unzen*

Ein gefährlicher Archipel. Wie kaum ein anderes Land der Erde wird Japan von Naturkatastrophen heimgesucht (vgl. S. 14 – 19). Flutwellen (*Tsunamis*) an den Küsten, mehr als ein Dutzend aktive *Vulkane* und über 1 000 spürbare *Erdbeben* pro Jahr sind eine ständige Bedrohung für die Bevölkerung. Japan ist nach Vorstellung der Plattentektonik ein kleiner Kontinent, entstanden aus einem vulkanischen Inselbogen an einer Plattengrenze. Der Archipel wächst entlang ausgedehnter *Subduktionszonen* zwischen pazifischer und eurasischer Platte. Hier liegen die erdinneren Ursachen für die hohe seismische Aktivität der Region mit ihren Folgewirkungen an der Oberfläche.

Zu den Bedrohungen aus dem Erdinneren kommen solche aus der Atmosphäre hinzu. Japan liegt noch im Bereich der Zugstraßen tropischer Wirbelstürme (*Taifune*).

Neben der zerstörenden Kraft hoher Windgeschwindigkeiten sind die dabei auftretenden Starkregen gefürchtet. An steilen Hängen im Landesinneren fließen die Wassermassen rasch ab und führen zu Überschwemmungen in den Küstentiefländern. Manche Naturereignisse können sich gegenseitig in ihrer zerstörerischen Kraft verstärken. So bestehen z. B. Japans Berge aus vulkanischem Lockermaterial. Nach starken Regenfällen und/oder Erdbeben können ganze Hänge in Bewegung geraten (M 2.19; vgl. auch M 1.19 auf S. 18) und mit Geschwindigkeiten bis zu 400 km/h zu Tal stürzen.

Trifft Kaltluft aus Innerasien auf warmfeuchte Luftmassen der Japansee, versinkt die Nordwestküste unter meterhohen Schneedecken.

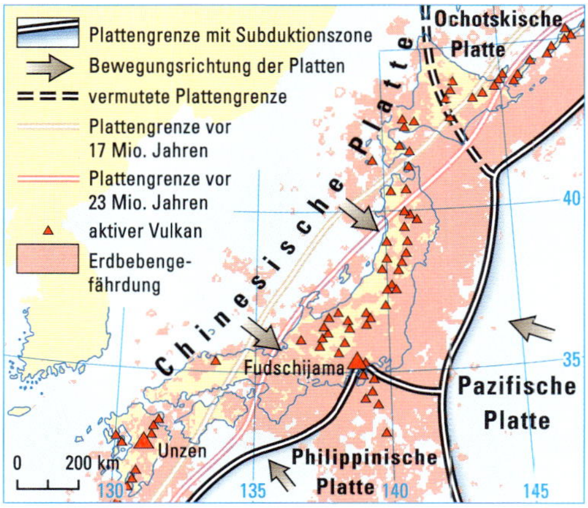

M 2.18 Räumliche Verteilung der jährlich registrierten Erdbeben am japanischen Archipel

M 2.19 Naturgefahren in Japan
Entwurf Dr. Rolf Ziegler

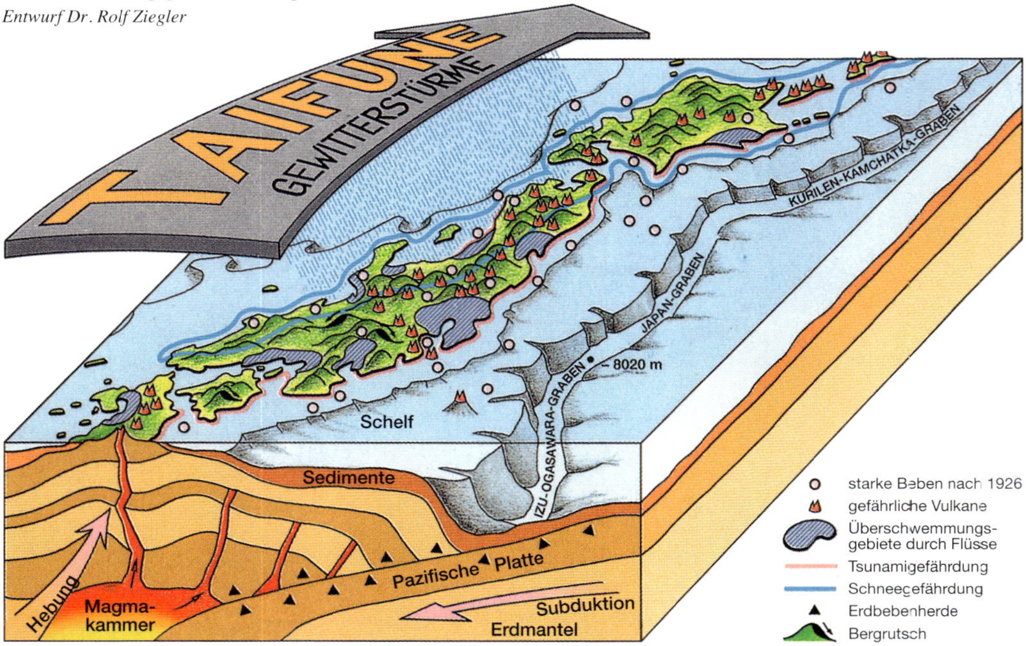

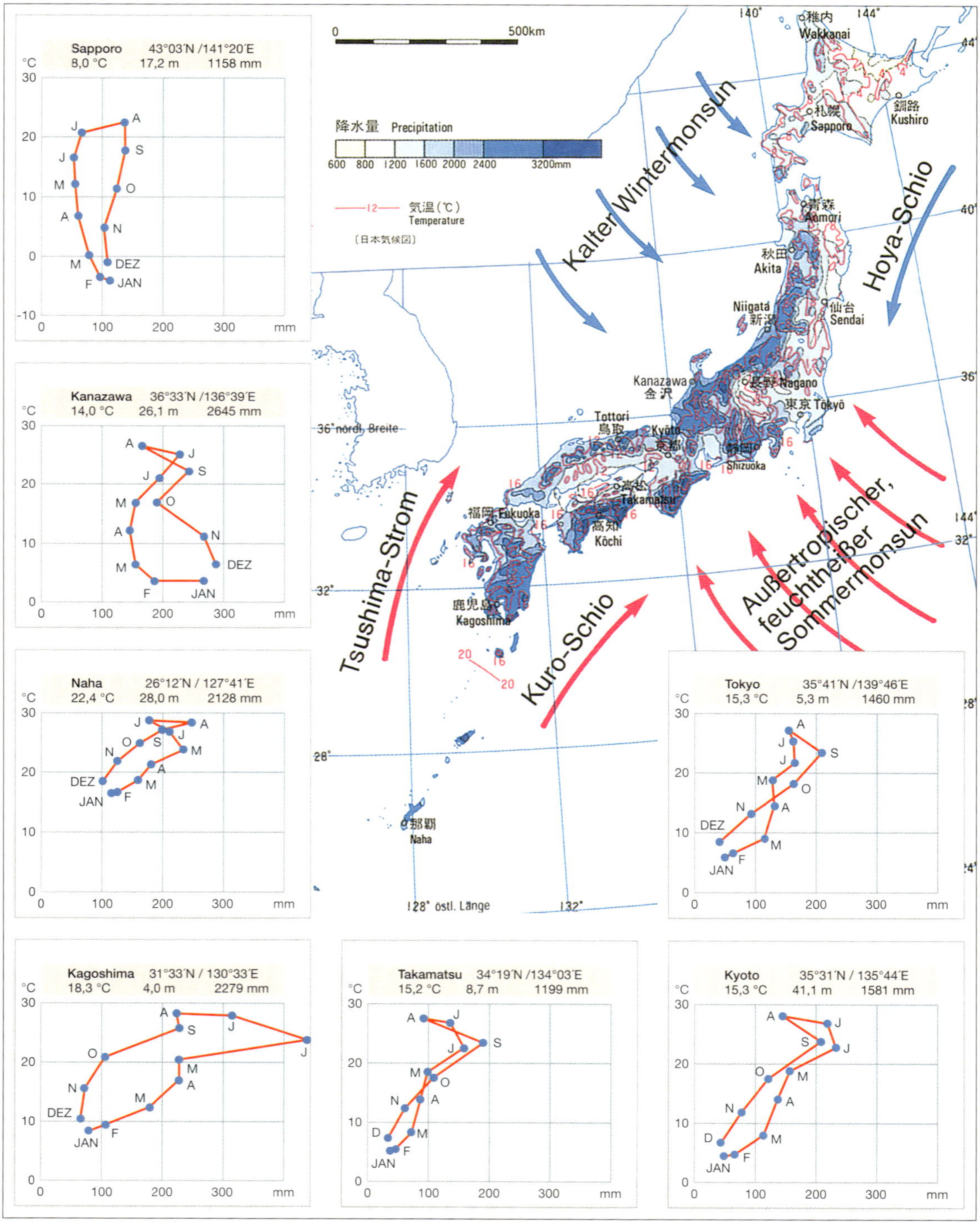

***M 2.20** Durchschnittliche Jahrestemperatur und Niederschläge in Japan*

Atlas Japan, Tokyo: Teikoku-Shoin, 1989, S.22, ergänzt; Klimadiagramme für 1971–2000 aus http://www.stat.go.jp/english/data/handbook/img/fig1_3.gif

Extreme Raumnot

Japan ist mit seiner Landesfläche von 377 837 km² etwas größer als Deutschland (356 945 km²). Auf die vier Hauptinseln Hokkaido, Honshu, Shikoku und Kyushu entfallen ca. 99 % des Staatsgebietes. Der Rest verteilt sich auf 3 900 Inseln.

Japan ist mit einer Bevölkerungsdichte von 336 Ew./km² an sich ein dicht besiedeltes Land. Für die heute 127 Mio. Japaner steht allerdings nur ein Bruchteil der Landesfläche als Siedlungsraum zur Verfügung, sodass die tatsächliche Besiedlungsdichte in den bewohnten Regionen wesentlich höher liegt. Den Hauptlebensraum bieten die Tiefländer, die mit 90 000 km² nur ca. ein Viertel des Territoriums ausmachen. Diese Fläche verteilt sich reliefbedingt auf 800 größere und 1 000 kleinere Siedlungskammern. Davon beansprucht heute die Landwirtschaft ca. 54 000 km². Auf den verbleibenden 36 000 km² leben 76 % der Bevölkerung, was einer mittleren *Bevölkerungsdichte* von 2 592 Ew./km² entspricht (zum Vergleich: Hamburg 2 257 Ew./km²).

M 2.21 Bevölkerungsdichte Japans und Entwicklung des Städtenetzes

Städtenetz nach Atlas Japan, Tokyo: Teikoku-Shoin, 1989, S. 128

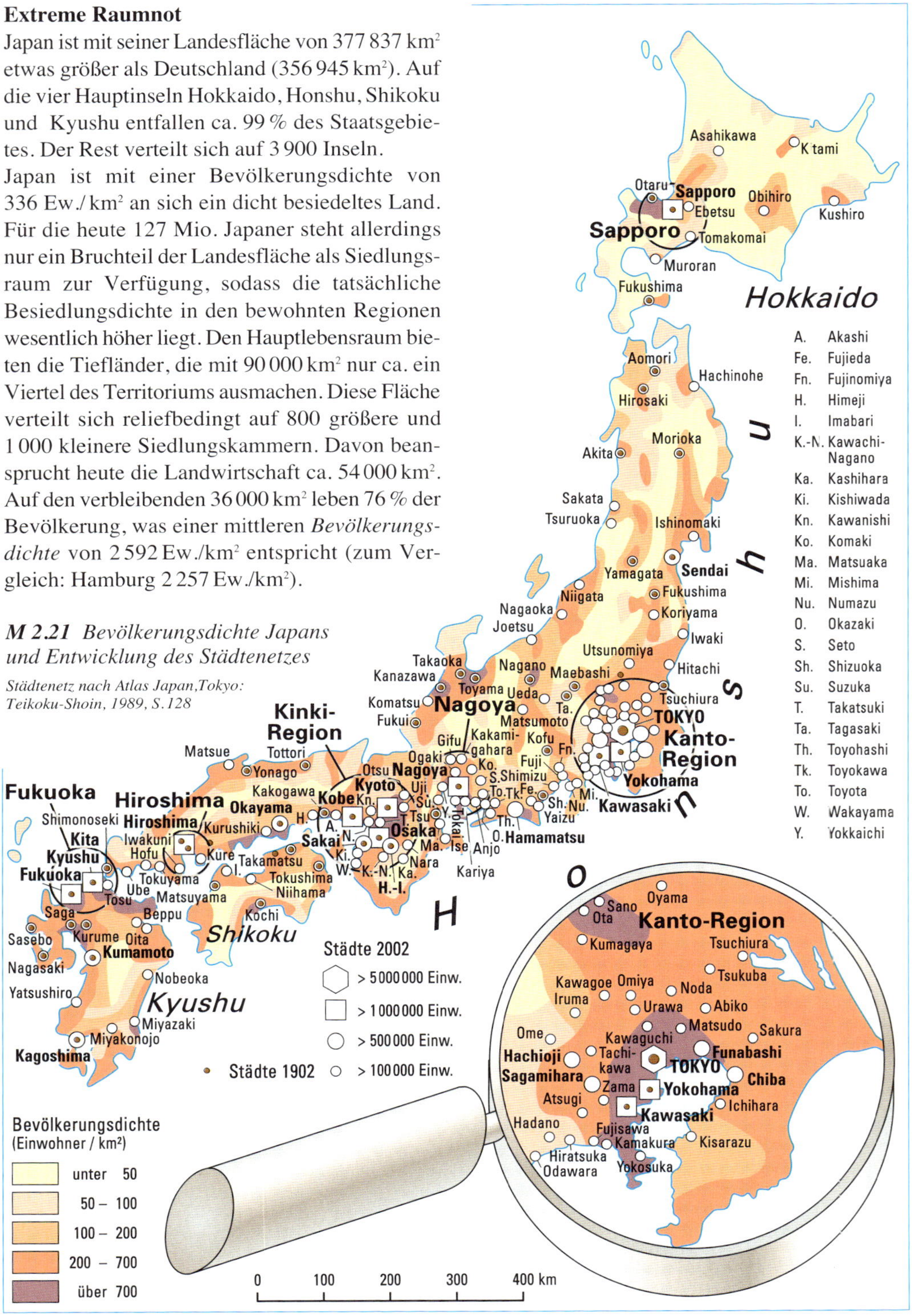

Die Masse der japanischen Bevölkerung lebt in städtischen Agglomerationen der Tieflandsgebiete, die an die Küsten anschließen und entlang der Flusstäler ins Landesinnere vordringen. Auf den oft nur wenige km breiten Küstenstreifen kommt es zu einer starken räumlichen Konkurrenz zwischen Wohnbebauung, Industrieanlagen, Verkehrswegen und landwirtschaftlicher Nutzung (M 2.22).

Die naturbedingte *Raumknappheit*, die Expansionsprozesse der Industriegesellschaft sowie nicht zuletzt der Drang der Japaner nach einem Eigenheim ließen Grund und Boden in Japan zum begehrten Spekulationsobjekt werden (vgl. Entwicklung der *Bodenpreise* in Japan: S. 68 mit M 2.62).

Der Bau von Siedlungen und Verkehrswegen erfordert hohe Aufwendungen (M 2.24). Besonders der Ausbau von Fernverkehrswegen wird durch Kleinkammerung des Landesinneren behindert und ist durch die Archipelsituation außerordentlich kostspielig.

M 2.22 *Dicht besiedelter Küstenstreifen bei Osaka (Honshu) aus etwa 1500 m Höhe (vgl. M 2.67 auf S. 73)*

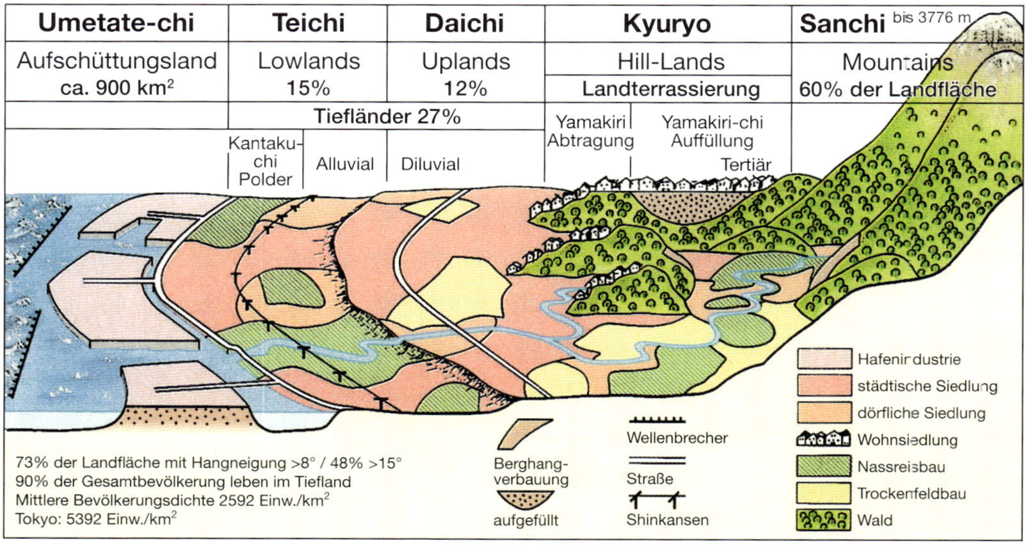

M 2.23 Siedlungsräume an Japans Küsten – Typisches Küstenprofil, das mit vergleichbarer Struktur beiderseits der größeren Flüsse entlang der Täler ins Landesinnere vordringt *Entwurf Dr. Rolf Ziegler*

M 2.24 Brückenverbindung von Honshu nach Shikoku

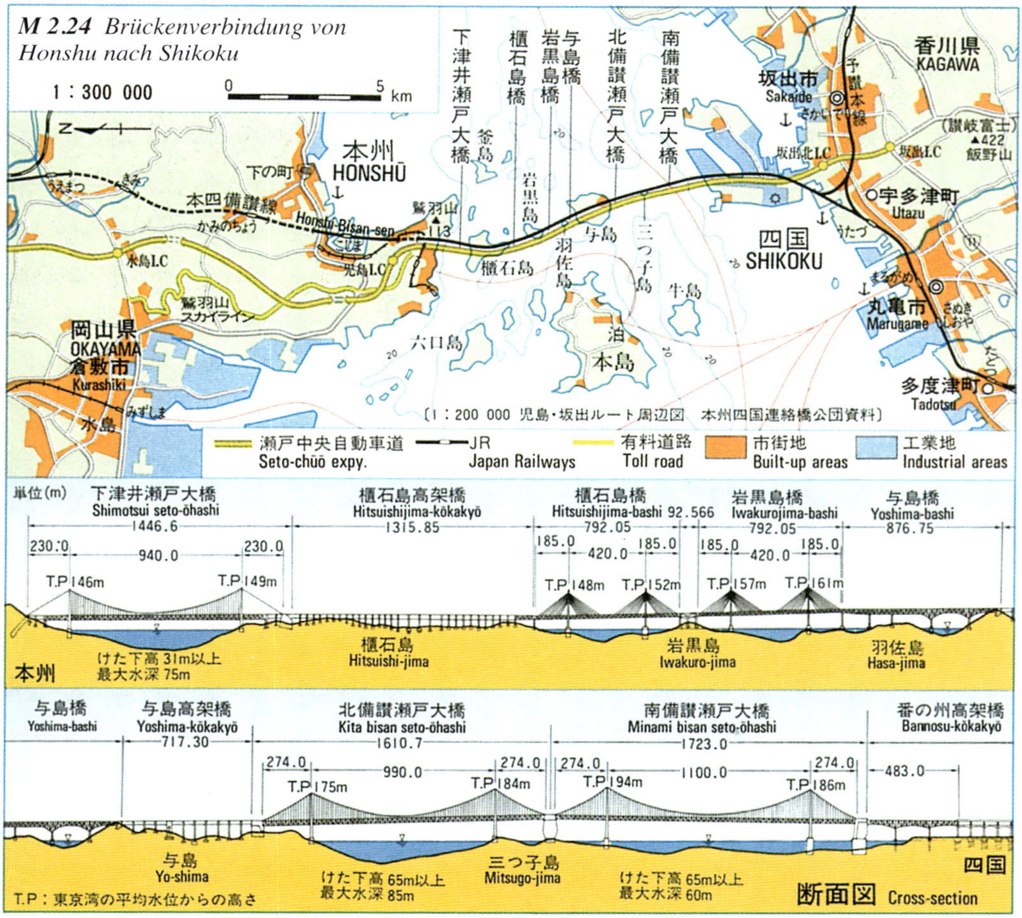

Atlas Japan. Tokyo: Teikoku-Shoin, 1989, S.127

Bevölkerung und Ernährungssicherung

Die Bevölkerung Japans besteht zu 99 % aus Japanern, darunter max. 10 000 Ureinwohner (Ainu). Japaner haben mit über 80 Jahren die höchste Lebenserwartung auf der Erde (vgl. a. M 2.61 auf S. 68).

Der im 18. Jahrhundert von England ausgehende und heute weltumspannende Industrialisierungsprozess setzt neben der Rohstoffsicherung auch ein ausreichend großes Arbeitskräftepotenzial und dessen Ernährung voraus. Die Menschen folgen dem höheren Lohnangebot der Industrie und verlassen den primären Wirtschaftsbereich. Eine Folge ist der Verstädterungsprozess, die Konzentration von Industrieanlagen und Verkehrswegen. Die rasch wachsende Stadtbevölkerung muss von einer schrumpfenden Landbevölkerung mit Grundnahrungsmitteln versorgt werden. Dies ist nur möglich durch eine technische Revolutionierung der Agrarproduktion.

Typisch für erfolgreiche Industrieländer ist daher eine leistungsfähige Landwirtschaft, die mit relativ wenigen Menschen die schnell wachsende Industriegesellschaft versorgen kann. Das gelingt mit der von der Industrie bereitgestellten Technologie – hochwertige Maschinen, Chemikalien, Energien, heute zunehmend mit Elektronik, Biotechnologie – und durch die Ergebnisse einer intensiven Landwirtschaftsforschung.

Auch Japan betreibt diese Coevolution von Landwirtschaft und Industrie. Trotzdem liegt der derzeitige *Selbstversorgungsgrad bei der Ernährung* auf Kalorienbasis nur bei 41 %. Ursache sind u. a.

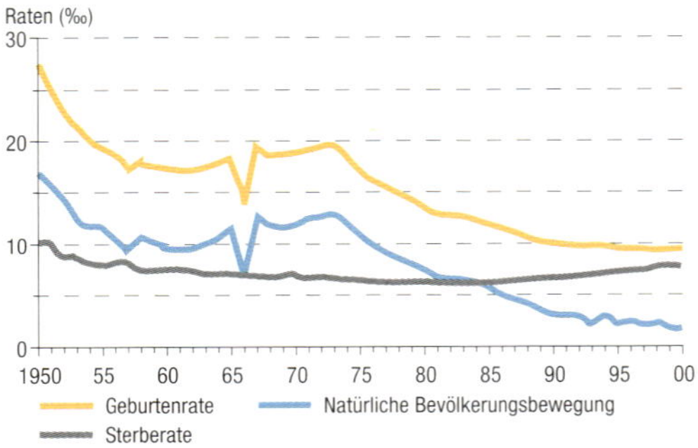

M 2.25 *Natürliche Bevölkerungsentwicklung Japans*

Nach http://www.stat.go.jp/english/data/handbook/img/fig2_5.gif

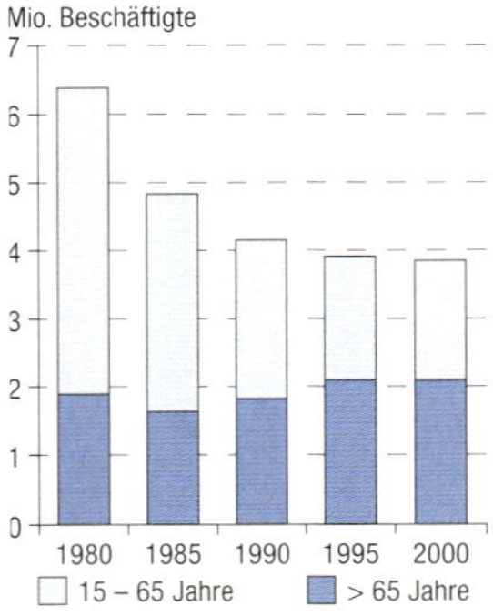

Nach http://www.stat.go.jp/english/data/handbook/img/fig5_1-2.gif

M 2.27 *Veränderung von Zahl und Altersstruktur der landwirtschaftlichen Beschäftigten Japans*

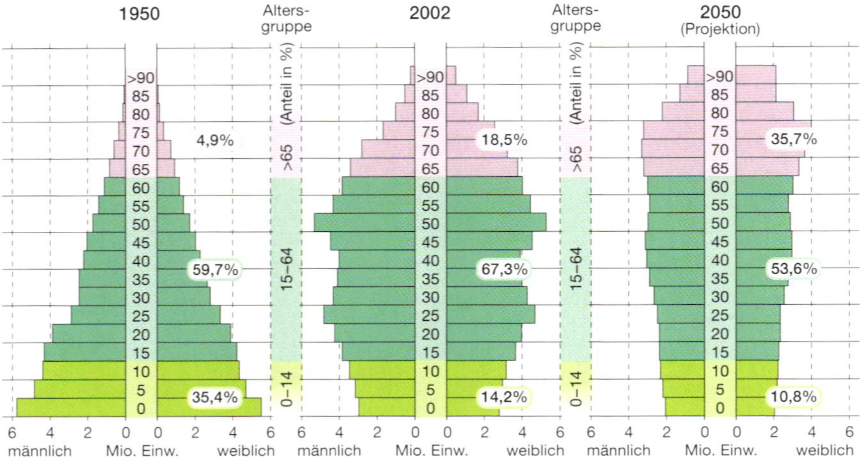

M 2.26 *Veränderung der japanischen Bevölkerungspyramide*

Nach http://www.stat.go.jp/english/data/handbook/img/fig2_3.gif

starke natürliche Schranken. Es mangelt an ausreichend großen Produktionsflächen. Der Einsatz großer Maschinen ist wegen der bergigen Oberflächenstruktur weiter Teile des Landes oft nicht möglich oder wegen zu kleiner Betriebsflächen unrentabel. 60 % der Höfe hatten 1998 weniger als einen Hektar Land als Betriebsfläche. Das macht die Landwirtschaft mühsam und äußerst arbeitsintensiv. Für die Ernährung einer Familie reicht sie meist nicht aus. Im Jahre 1998 wurden gut 2 Mio. der insgesamt 2,5 Mio. Betriebe im Neben- und Zuerwerb geführt. Heute ist die Produktion insgesamt rückläufig. Die Gründe sind in einer veränderten Situation am Arbeitsmarkt, im Wandel der Nachfrage sowie nicht zuletzt im starken Importdruck zu sehen.

Rohstoffe und Energiequellen

Rohstoff	Einheit	Eigenproduktion			Import			
		1986	1993	1999	1986	1993	1999	2000
Kohle	Mio. t	15,2	7,2	3,7	89,5	110,2	135,7	149,4
Rohöl	Mrd. l	0,736	0,911	0,730	194,5	255,1	250,4	250,5
Erdgas	Mrd. m³	2,1	2,2	2,3	22,9	30,8	38,7	42,5
Eisenerz	Mio. t	15,5	11,2	10,2*	90,6	96,2	109,2*	–
Kupfer	Mio. t	0,96	1,19	1,37	0,26	0,37	0,23	–
Aluminium (unverarbeitet)	Mio. t	0,11	0,02	0,01	1,19	2,44	2,84	–
Zink	Mio. t	0,7	0,69	0,64	0,1	0,08	0,06	–
Blei	Mio. t	0,28	0,26	0,23	0,03	0,04	0,01	–

*1997

***M 2.28** Mineralische Rohstoffe für Japans Wirtschaft – Eigenproduktion (Förderung und Nutzung von Sekundärrohstoffen) und Importe*

Nach http://www.jin.jcic.or.jp/stat/stats/07IND35.html; http://www.jin.jcic.or.jp/stat/stats/07IND36.html; http://www.jin.jcic.or.jp/stat/stats/07IND38.html

Die eigenen mineralischen Vorkommen und fossilen Brennstoffe können den Bedarf der japanischen Industrie nicht annähernd decken (M 2.28). Trotz des ungeheuren Eigenbedarfs an Rohstoffen ist der Beitrag von Japans Bergbau zum *BSP* gering. Er lag im Jahre 2000 bei 0,2 %. Hohe Löhne, sich verschärfende Umweltauflagen und geringe Ausbeute machen diesen Wirtschaftszweig immer unrentabler.

Japan deckt heute über 35 % seiner Stromenergie aus 51 kommerziellen Kernkraftwerken. Bis 2010 sollen bis zu 20 weitere Atommeiler ans Netz gehen. Vor allem wegen menschlichen Versagens kommt es immer wieder zu Störfällen.

Trotz der relativ gut ausgebauten *Kernenergieversorgung* kann Japan nicht einmal ein Fünftel seiner *Primärenergie* mit eigenen Reserven decken.

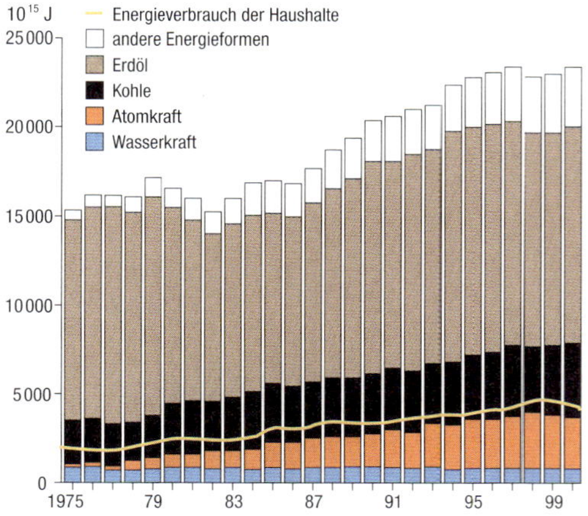

***M 2.29** Entwicklung der japanischen Primärenergieversorgung* *Nach http://www.stat.go.jp/english/data/handbook/img/fig7_1.gif, ergänzt*

M 2.30 Atomstandorte in Japan zur Jahrtausendwende

Mario von Baratta (Hrsg.): Der Fischer Weltalmanach 2001. Frankfurt am Main: Fischer Taschenbuchverlag 2000, Sp. 409/410

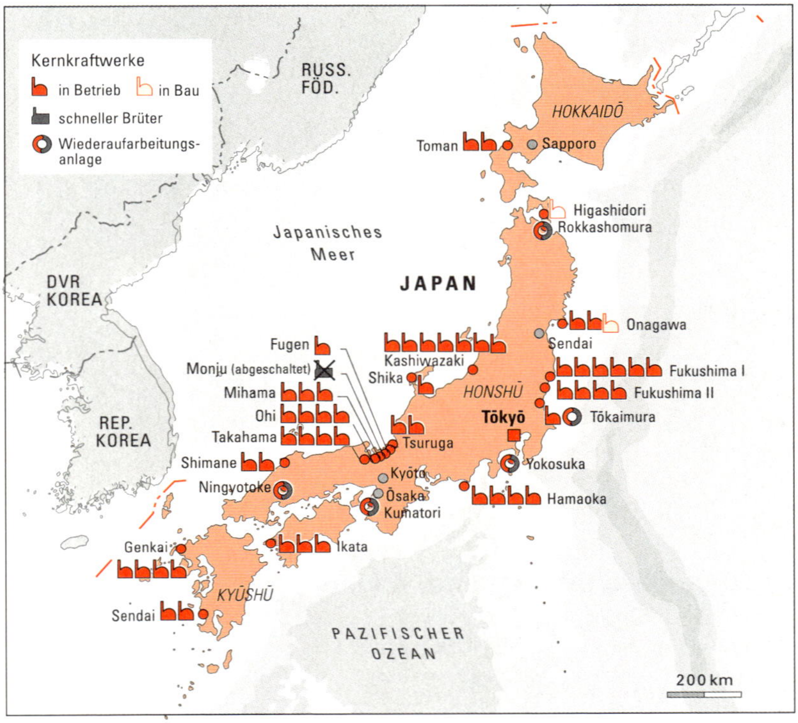

→ **Atomunfall von Tokaimura:** In der Wiederaufbereitungsanlage und Brennelementefabrik Tokaimura, rund 160 km nordöstlich von Tokio, kommt es durch Bedienungsfehler am 30.9. 1999 zum bisher schwersten Atomunfall in der Geschichte Japans ...[M 2.30]. Die unkontrollierte Kettenreaktion kann erst nach 20 Stunden unter Kontrolle gebracht werden. Nach ersten offiziellen Angaben sind 49, nach weiteren Untersuchungen 439 Menschen radioaktiv verstrahlt, zwei Arbeiter sterben an den Folgen der Strahlenbelastung. Anfang Oktober entzieht die staatliche Atomaufsichtsbehörde der Nuklearfirma wegen Missachtung von Sicherheitsvorschriften zunächst vorläufig, am 28.3. 2000 endgültig die Betriebslizenz. Nach einer Vielzahl von Unfällen in japanischen Atomanlagen – allein 14 meldepflichtigen, darunter sechs größere seit 1997 – geraten die unzureichende öffentliche Kontrolle von Atomanlagen und das Atomenergieprogramm der Regierung in die Kritik. Angesichts neuer Energiebedarfsprognosen und des verstärkten regionalen Widerstandes gegen neue Atomkraftwerke revidiert Industrieminister *Takashi Fukuya* am 10.3. 2000 die Zielvorgaben: Bis zum Jahr 2010 sollen 13 statt 16 bis 20 weitere Atomkraftwerke ans Netz gehen. Derzeit bezieht Japan über 35 % seiner Stromenergie aus 51 kommerziellen Atomkraftwerken. – Nach einem schweren Erdbeben in der Region Fukushima kommt es Ende Juli 2000 in den Kernkraftwerken Fukushima I und II, 240 km nordöstlich von Tokyo, zu drei weiteren Störfällen.

Mario von Baratta (Hrsg.): ebenda

2.10 *Informieren Sie sich mithilfe von Internetseiten über die Produktpalette der in M 2.15 aufgeführten japanischen Firmen.*

2.11 *Beschreiben Sie nach Atlaskarten und Buchtexten für die Städte Kumamoto, Kofu und Mijasaki Naturgefahren, denen die Bevölkerung in diesen Regionen ausgesetzt ist.*

2.12 *Erklären Sie den geringen Anteil der Hydroenergie aus der japanischen Landesnatur.*

M 2.31
Sumo-Ringer
(Japaner sind anders)

Traditionelles Denken und Modernisierung

Stärker als in anderen Gesellschaften mit vergleichbarem wirtschaftlichen Entwicklungsstand existieren in Japan traditionell geprägte Denkweisen und Verhaltensmuster mit nachhaltiger Wirkung auf das Wirtschaftsleben. Viele Beobachter suchen auch in ihnen Erklärungen für die vergleichsweise großen Erfolge auf den Weltmärkten.

Traditionelle japanische Werte

Trotz der Kriegsschäden (1941 – 45) und der teils ungünstigen natürlichen Entwicklungsbedingungen hat sich Japan zu einer der führenden Industrienationen emporgearbeitet. Über mögliche Gründe ist schon viel geschrieben worden. „Vom Mythos der Unbesiegbaren“, nennt Karel von Wolferen (1989) sein Buch, in dem er sich ausführlich mit dem Geheimnis japanischer Wirtschaftserfolge auseinandersetzt. Der Titel ist bezeichnend für Literatur, die sich kritisch mit Japan beschäftigt. Er bezeugt einmal mehr, wie schwer es westlichen Beobachtern fällt, japanisches Denken und Tradition zu verstehen. In Japan selbst gibt es eine Literaturgattung „*Nihonjinron*“ = Theoretisieren über Japan, in der die völlige Einzigartigkeit japanischer Kultur betont wird.
Zu deren Kernaussagen gehört: Japaner sind unvergleichlich anders, japanische Seinsauffassung, Lebensweise und Wertvorstellungen sind allen anderen überlegen und daher vorzuziehen.
Traditionelle japanische Tugenden sind u.a.: Die hohe Bedeutung der Familie mit einer durch Tradition geregelten Rangordnung, in der Eltern und Kinder in Harmonie zusammenleben, was bedeutet, dass sich die Jüngeren unterordnen und die älteren Familienmitglieder verehren. Die im Elternhaus erlernten Regeln des Familienlebens wie Gehorsam, Höflichkeit und Einordnung wirken im gesellschaftlichen Leben fort. Sie kommen auch dem Betrieb, in dem man arbeitet, zugute, z.B. durch Unterordnung, Teamgeist und Respekt gegenüber älteren Arbeitskollegen oder Vorgesetzten. Die Wurzeln dieser japanischen Wertvorstellungen sind in Religion, Geschichte und staatlicher Organisation zu suchen:
Der *Shintoismus*, Sammelbegriff für die ältesten religiösen Vorstellungen in Japan, erwuchs aus der Verehrung uralter Naturgottheiten. Seine Werte sind naturnahe Schlichtheit, Anspruchslosigkeit, Ahnenverehrung und Treue zu Kaiser, Volk und Vaterland. Im so genannten Staats-Shinto erfuhr der Kaiser (*Tenno*) bis 1946 göttliche Verehrung. Der alte Shinto ist eine lebensbejahende Religion für das Diesseits mit praktischem Hintergrund. Gebete an die Götter dienen der unmittelbaren Verbesserung der Lebensumstände.

M 2.32 Japanische Hochzeitsgesellschaft vor einem Shinto-Schrein

→ „... knapp die Hälfte aller Japaner (49 %) glaubt an die Existenz der in Shinto-Schreinen verehrten Gottheiten, ... 62 % wenden sich bei Sorgen jedweder Art in Gebeten an eben diese Gottheiten ... (Spitzenwerte bei 20 bis 24 Jahren: Aufnahmen in Universitäten und Firmeneintritt). Die Zahl der Schreinbesucher zu Neujahr beträgt bei vielen Shinto-Kultstätten mehrere Millionen und ist im Steigen begriffen.
Schließlich ist für die allgemeine Einstellung zur Religion charakteristisch, dass 72% aller Japaner Ziel und Inhalt aller Religionen mehr oder weniger als identisch empfinden. Diese Aussage spiegelt ganz deutlich das gegenwärtige religiöse Leben des Durchschnittsjapaners wider: Da Shinto keine Bekenntnisreligion ist, sondern als Volksglaube eher als ‚Brauchtum' empfunden wird, gibt es keine Schwierigkeiten selbst für Bekenntnischristen oder Anhänger von ‚Neuen Religionen', am Shinto-Kult als Teil des sozialen Gemeinschaftslebens teilzunehmen."

Josef Kreiner: Religion in Japan. In Manfred Pohl: Japan. Stuttgart, Wien: Thienemann 1986, S. 389

Charakteristisch für Japans Religionsgeschichte ist die Aufnahme der jeweils neuen Lehre, ihre Japanisierung, d.h. Verschmelzung und Harmonisierung mit älteren Vorstellungen zu einer japanischen Ausdrucksform. Da bei diesem Prozess auch das produzierende Gewerbe eine tragende Rolle spielte, stellt sich die Frage nach den besonderen Merkmalen der japanischen Industrieentwicklung vor dem Hintergrund japanischer Tradition.

M 2.33 Zur japanischen Religionsgeschichte

Die einheimische religiöse Tradition Japans ist der Shinto, eine *animistische* Naturverehrung mit Elementen von Ahnenkult und Verehrung einer Lokalschutzgottheit. Diese regional sehr verschiedene Volksreligion war nicht schriftlich fixiert.
Von China über Korea kommend, erreichte Mitte des 6. Jh. n. Chr. der *Buddhismus* Japan in der Form des Mahayana: „Großes Fahrzeug" (Erlösung durch Hilfe heiligmäßiger Mönche und Boddhisattvas). Im 12. Jh. entwickelten sich im Kontakt mit China weitere Schulen, wie z.B. Shin (Erlösung durch Glaube und Anrufung Amida Buddhas) oder Zen (Erlösung durch Meditation – Sôtô-Schule – oder durch plötzliches Erleben – Rinzai-Schule, wichtig für den Samurai-Stand).
Der *Konfuzianismus* wurde bereits im 7. Jh. bekannt, erhielt aber erst im 16. Jh. große Bedeutung als Staatsideologie des *Tokugawa-Shogunats* (stellt die Treue des Untertans bzw. Vasallen gegenüber dem Fürsten über das Verhältnis von Vater/Sohn).
Der *Taoismus* hat vielerlei Gemeinsamkeiten mit dem Shinto und bildet eine Basis der Zen-Lehre. Auf der Ebene von Volksreligion und Brauchtum sind taoistische Vorstellungen (Yin-Yang-Lehre, Feng-shui) bis heute wirksam.
Das Christentum kam mit portugiesischen Jesuiten Mitte des 16. Jhs. nach Japan, wurde aber verboten und wirkte bis ins 19. Jh. im Untergrund, als eine neue Mission (Katholiken, Protestanten, Russisch-Orthodoxe) einsetzte. *Josef Kreiner, gekürzt*

Japanische Akzente der Industrialisierung

Japans Industrie, das sind heute über 1,4 Mio. Betriebe aller Größenordnungen mit mehr als 20 Mio. Beschäftigten. Im historischen Überblick (M 2.35) werden Phasen des industriellen Entwicklungsprozesses in Japan erkennbar, die sich hinsichtlich der Zielsetzung und der Raumwirksamkeit unterscheiden. Sie fanden statt im Spannungsfeld zwischen den Forderungen einer wachstumsorientierten Wirtschaft und dem Gebot einer räumlich und sozial ausgeglichenen Entwicklung.
Neben diesen auch für andere Industrienationen zutreffenden Konstellationen gibt es deutliche japanische Akzente:
Einige der noch heute wirkenden Akteure und Strukturen der japanischen Wirtschaft werden bereits im 19. Jahrhundert erkennbar. So z. B. die großen Handelshäuser (*Sogo Shosha* – vgl. S. 84 bis 85) und das Fortbestehen zahlreicher Klein- und Mittelbetriebe der traditionellen Gewerbe neben hochmodernen Großbetrieben (*Dualstruktur* – vgl. S. 82 – 83).
Die traditionellen Handelshäuser, die mit Seide, Tee, Textilien oder Keramik reich geworden waren, agierten damals zu günstigen Bedingungen in staatlichen Pilotprojekten und kamen so in den Besitz von Landmaschinenfabriken, Schiffswerften, Spinnereien, Zuckerfabriken oder Brauereien. Über ihre weit verzweigten Handelsnetze konnten sie die nunmehr industriell erzeugten Massengüter schnell zum Verbraucher bringen.
Der Staat sicherte aber mit *Fördermaßnahmen* auch das Überleben traditioneller Gewerbe, sodass am Ende der Industrialisierungsphase (1920) neben wenigen modern ausgestatteten, kapitalstarken und rationell arbeitenden Großbetrieben eine große Zahl von arbeitsintensiven Kleinbetrieben existierte.
Längst hat sich daraus eine Abhängigkeitsstruktur entwickelt. Die Kleinbetriebe sind stark spezialisiert und produzieren meist nicht für den Markt, sondern liefern Halbfertigwaren an Großhändler oder direkt an einen bestimmten Großbetrieb.
Im 19. Jahrhundert entstanden auch die *Zaibatsu*, Familien, die riesige Unternehmensgruppen aufbauten und eine beherrschende Machtstellung in der japanischen Wirtschaft erlangten. Es waren u. a. diese Familien-Holdinggesellschaften mit ihren verzweigten personellen Netzwerken, die für eine kaum noch durchschaubare *Verflechtung*

***M 2.34** Beschäftigung und Betriebsstrukturen in Japan*
Japan Statistical Yearbook 2003

	Insgesamt	davon im Produzierenden Gewerbe
1970	50,94	13,77
1975	52,23	13,46
1980	55,36	13,67
1985	58,07	14,53
1990	62,49	15,05
1995	64,57	14,56
1999	64,62	13,45
2000	64,46	13,21
2001	64,12	12,84

***M 2.34.1** Beschäftigtenentwicklung (in Mio. Personen; alle Betriebsgrößen)*

	Anzahl
1990	435 997
1991	387 776
1998	373713
1999	345 457
2000	341 421

***M 2.34.2** Entwicklung der Betriebszahl in der Industrie (Betriebe ≥ 4 Beschäftigte)*

Betriebsgrößengruppe (Beschäftigte)	Anzahl der Betriebe	Anzahl der Beschäftigten (Mio.)
4 – 9	186 698	1,111
10 – 19	67 724	0,938
20 – 29	35 565	0,870
30 – 49	19 179	0,746
50 – 99	17 818	1,229
100 –199	8 518	1,162
200 –299	2 531	0,614
300 –499	1 778	0,680
500 –999	1 081	0,737
1 000 und mehr	529	1,097

***M 2.34.3** Betriebszahl und Beschäftigte in der Industrie nach Betriebsgrößengruppen im Jahr 2000*

von Wirtschaft, Politik und Verwaltung sorgten (vgl. S. 79). Für ausländische Konkurrenten entsteht der Eindruck, als stünde das ganze Land hinter den japanischen Firmen. Diese gefürchtete, aber nur vermeintlich realistische Situation, die Japan wie eine einzige große Firma erscheinen lässt, kommt in dem Schlagwort „*Japan-AG*" zum Ausdruck (Erich Pauer in: Manfred Pohl, a.a.O.).

***M 2.35** Entwicklungsphasen der japanischen Industrie und Industrieförderung im Überblick*

Ab 1850	Frühphasen der Industrialisierung: Hüttenwerke und Schiffswerften nach europäischen Vorbildern
Um 1870	Meiji-Regierung forciert die industrielle Entwicklung mithilfe so genannter Pilotfabriken. Produktion mit ausländischen Maschinen und Fachkräften vor allem im Textilbereich
1885–1905	Gründerphase – Privatisierung staatlicher Pilotfabriken, Handelshäuser erwerben Industriebetriebe, staatliche Förderung der Eisenindustrie und der traditionellen Hausindustrie (Seide, Keramik)
1905	Wandel vom Agrar- zum Industriestaat vollzogen
1905–1920	Herausbildung der „Dualen Struktur" der japanischen Industrie: Neben modern ausgerüsteten Fabriken gibt es eine große Zahl von arbeitsintensiven Mittel- und Kleinbetrieben
1920–1932	Konjunkturelle Entwicklungsschübe vor allem für die Schwerindustrie durch den Ersten Weltkrieg und das schwere Erdbeben von 1923 (Zerstörung Tokyos). Textilindustrie mit 65% Exportanteil (1929) immer noch führend, zunehmende Konzentration der Industrie in den Küstenstädten
1932–1945	Starke Förderung der Schwerindustrie im Zuge der Kriegsvorbereitungen, Schutz der heimischen Industrien durch staatliche Maßnahmen wie Einfuhrzölle, große Zerstörungen durch Bombenkrieg
1945–1955	Wiederaufbauphase – starke Expansion der Grundstoffindustrie, 1951 „Plan zur umfassenden Entwicklung bestimmter Regionen", Gründung des MITI = Ministry of International Trade and Industry (vgl. S. 61 – 62)
Um 1955	Neue industrielle Entwicklungsphase auf zwei Standorttypen: 1. Großstadtbezogene Konsum- und Ausstattungsgüterindustrie; 2. Küsten- und hafenbezogene Schwer- und Petrochemische Industrie auf Neuland
1956	Betritt Japans zum GATT = General Agreement on Tariffs and Trade
1960	Ikeda-Plan, sah die Verdoppelung des Volkseinkommens vor
1962	Erster „Plan zur umfassenden Entwicklung des ganzen Landes" Ziel: Dezentralisierung der Industrie durch Förderung regionaler Wachstumspole, Umweltbelastung wird zum Problem, starkes Wachstum der Metropolregionen: Tokyo, Osaka, Nagoya
1969	Zweiter Plan: Projektierung sog. Großindustriebasen, Phase der „symbolischen Umweltpolitik", Harmonieklausel
1972	Tanaka-Konzeption: „Umwandlung des japanischen Archipels", Dezentralisierung und Schutz der Umwelt
1973	Gesetz zum Ausbau von Umweltsystemen, Grundlage einer „technokratischen Umweltpolitik", Ölkrise erzwingt neue Energiepolitik
1977	Dritter Plan: Abkehr von den grundstofforientierten, umweltbelastenden Küstenindustriekomplexen, Neubewertung sog. Schlüsselindustrien
1980	„Technopoliskonzept": Zentren umweltverträglicher, forschungsintensiver High-Tech-Branchen, Binnenlandorientierung, japanische Managementmethoden finden weltweit Nachahmer: Lean Production, Kanban, Just-in-time u.a.
1987	Vierter Plan: Weitgestreute Entwicklung von Wachstumspolen, zunehmend Investitionen und Firmengründungen im Ausland, Überhitzung der Wirtschaft (Bubble-Economy)/Japan reichste Nation
1989	Beginnende Stagnation, Rezession und größte Wirtschaftskrise seit 1945, verstärkt durch Asienkrise 1997
1991	Recycling-Gesetze
1994–1996	Staatliche Konjunkturprogramme gegen wachsende Arbeitslosigkeit und Rezession, hohe Staatsverschuldung
2001	Reorganisation des MITI zum METI mit 6 Strategien zur Förderung der Industrie (vgl. S. 64–65)

Die Anfänge der Industrialisierung im 19. Jahrhundert. Nach dreihundertjähriger selbst gewählter Isolation kehrte Japan am 8. Juli 1853 unfreiwillig in die Weltgeschichte zurück:
Eine kleine US-Kriegsflotte unter Commodore M. Perry wirft Anker in der Tokyo-Bucht und im Auftrag des amerikanischen Präsidenten Fillmore wird dem Kaiser ein Schreiben überreicht. Es enthält die Forderung, Japan über vertraglich festgelegte Häfen für den internationalen Handel zu öffnen. Mit dieser erzwungenen Öffnung beginnt die industrielle Entwicklung Japans. Die Rohstoffarmut lenkt die räumliche Entwicklung der Industrie von Anfang an zur Pazifikküste. Diese „Fensterseite" Japans wird zum Umschlagplatz der heimischen Exportgüter. Es sind zunächst traditionelle Erzeugnisse wie Seide, Tee und Keramik, denen die Produkte der rasch expandierenden Textilindustrie folgen. Damit wächst auch das wirtschaftliche Übergewicht des pazifischen „Vorderseiten-Japan" mit seinen Naturhäfen, Küstenebenen und milden Wintern gegenüber dem „Rückseiten-Japan", der klimatisch benachteiligten Westküste am Japanischen Meer.

Die industriellen Lehrjahre (1853–1885). Von Anfang an ist die industrielle Entwicklung Japans gekennzeichnet von zwei Konstanten, die ihr bis heute eine enorme Dynamik ermöglichten: Zum einen hohe Innovationsbereitschaft und Lernfähigkeit der Bevölkerung, zum anderen das Ziel der politischen Führung, im eigenen Land den technologisch-wirtschaftlichen Fortschritt der führenden Industrienationen zu erreichen und zu übertreffen. Da anfangs private Kapitalgeber fehlten, wurden mit staatlicher Hilfe so genannte Pilotfabriken vor allem im Textilsektor errichtet. Sie dienten der Importsubstitution und als Vorbild für private Unternehmensgründungen. In ihnen wurden Fachkräfte herangebildet, die dann in die Privatwirtschaft abwanderten. In diesen staatlichen Betrieben kamen modernste ausländische Maschinen zum Einsatz, zu deren Bedienung und Wartung auch europäische Fachleute angeworben wurden. Gleichzeitig wurde das gewerbliche Schulwesen ausgebaut und darüber hinaus schickte man fähige Studenten zum Studium ins westliche Ausland. Von ihnen wurde erwartet, dass sie mit ihrem dort erworbenen Technikwissen in die japanischen Betriebe zurückkehren und deren Modernisierung vorantreiben. Die Regierung sorgte auch für den raschen Ausbau des Transportwesens, vor allem der Seeschifffahrt und des Eisenbahnnetzes. Mit dem Ausbau der Infrastruktur und der Schaffung einer Zentralbank 1882 waren die Weichen für einen raschen wirtschaftlichen Aufschwung gestellt.

Als 15-jähriger kommt Mutsushito 1867 auf den Thron und nennt sich Meiji (wörtlich: erleuchtete Regierung). In seiner Regierungszeit vollzieht das feudale Japan den Wandel zu einem modernen Industrieland und wird die erste asiatische Großmacht.

M 2.36 *Kaiser Meiji (1852–1912)*

Wirtschaftswunder made in Japan. Im Krieg gegen die USA (1941 – 45) verlor Japan fast seine gesamte Flotte und Rohstoffreserven in Südostasien. Zahlreiche Städte lagen nach verheerenden Luftangriffen in Schutt und Asche, dennoch überschritt in den rasanten Aufbaujahren 1945–59 Japans BSP bereits 1951 das Vorkriegsniveau und wuchs mit geringen Schwankungen fast 40 Jahre lang.
Innerhalb von 20 Jahren arbeitete sich die japanische Industrieproduktion in vielen Bereichen zu den oberen Rängen der Weltranglisten empor. Die Tagungen von *Weltwährungsfonds IWF* und *Weltbank* 1964 und im gleichen Jahr die Olympischen Spiele, beides in Tokyo, sowie die Weltausstellung in Osaka 1970 waren ein deutliches Zeichen für die wachsende Bedeutung Japans in der Welt.
Auf die schnelle Wachstumsperiode 1960–1969 mit dem Aufbau moderner Grundstoffindustrien folgte seit der Erdölkrise 1973 / 74 eine Periode der qualitativen Konsolidierung, d.h. eine Abkehr von den Schornsteinindustrien und die Hinwendung zu technologisch anspruchsvollen Produkten der Elektronik. Seit 1980 werden modernste Verfahren der Hochtechnologie entwickelt.

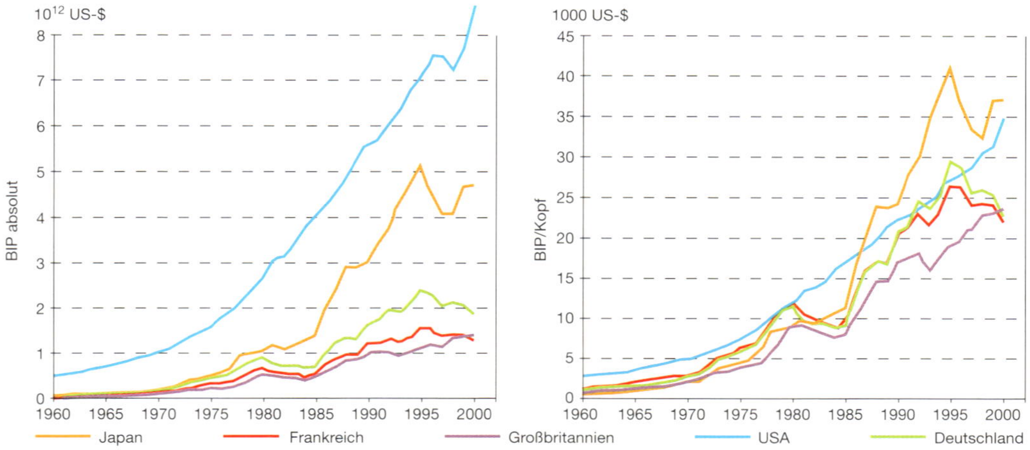

M 2.37 *Entwicklung des japanischen BSP und Pro-Kopf-Einkommens im internationalen Vergleich*

Nach http://www.stat.go.jp/english/data/handbook/img/fig3_1.gif

Die japanische Industrieentwicklung verlief mit starker Orientierung auf die Weltmärkte. Gestützt auf den großen eigenen Binnenmarkt und genügsame, fleißige Arbeitskräfte baute man hinter Schutzzöllen Exportindustrien auf, die mit ihren Überkapazitäten die Welt mit einem stetig wachsenden Strom preisgünstiger Waren belieferten. Mit diesem erfolgreichen Konzept wurde Japan zu einem der Motoren der *Globalisierung* des Weltmarktes und zu einem Vorbild für die wirtschaftliche Entwicklung anderer Staaten Asiens.

2.13 *Nennen Sie die Grundlagen der industriellen Entwicklung Japans. Gliedern Sie hierzu nach natürlichen, historischen und sozialen Faktoren.*

2.14 *Beschreiben Sie die Einflüsse der westlichen Industriestaaten auf die industrielle Entwicklung in Japan.*

2.15 *Nennen Sie Gründe für das japanische Wirtschaftswunder der 1950er bis 1970er Jahre.*

2.16 *Nennen und beschreiben Sie die religiösen Wurzeln in den traditionellen japanischen Tugenden.*

M 2.38 *Japans Platz in der Weltproduktion*

Nach Bundeszentrale für politische Bildung (Hrsg.): Informationen zur politischen Bildung. Japan, Heft 147, S. 17, Bonn 1971

	Produktion 1950	Platz in der Welt	Produktion 1970	Platz in der Welt
Elektr. Strom (Mio. kWh)	46 300	6.	ca. 341 000	3.
Erdölraffinierung (1000 t)	1 350	21.	ca. 180 000	3.
Roheisen (1000 t)	2 235	9.	58 000	3.
Rohstahl (1000 t)	4 800	6.	93 300	3.
Aluminium (1000 t)	28	8.	728	4.
Zement (1000 t)	4 465	6.	57 200	3.
Papiermasse (1000 t)	1 140	8.	13 000	3.
Plastik (1000 t)	?	?	ca. 4 480	2.
Fernsehgeräte (1000 St.)	–	–	12 400	1.
Pkw (1000 St.)	1,6	9.	3 180	3.
Lkw (1000 St.)	30	7.	2 112	1.
Schiffsbau (1000 BRT)	350	4.	9 900	1.

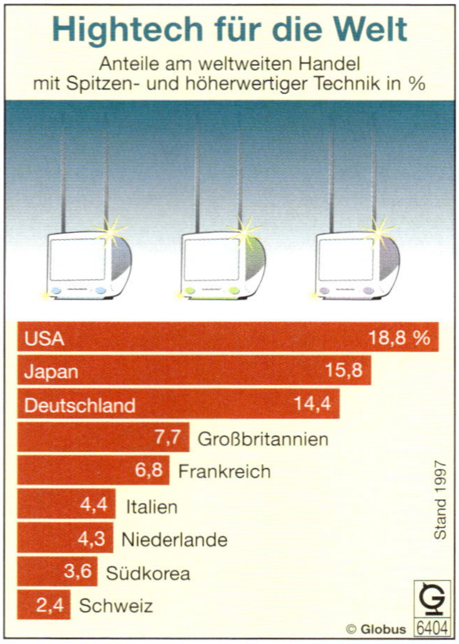

Ausbildungs- und Arbeitswelt: Harmonie zwischen Tradition und Moderne

M 2.39 Arbeiterinnen eines japanischen Großbetriebes bei der Pausengymnastik

Seit den 1970er Jahren liefern westliche Beobachter zahlreiche Berichte über bienenfleißige, genügsame Arbeitnehmer in japanischen Großfirmen, die in einer nahezu militant erscheinenden Disziplin an ihr Tagewerk gehen.

→ Toyota-Hymne

„Wünsche für überfließenden Sonnenschein und Grün. Wir eröffnen das neue Zeitalter mit Mumm und einem ewig wachsenden Netzwerk … Wir wachsen morgen weiter, mit einigem Sinn und beständigem Streben, Unser, Unser, Unser Toyota … Wir formen unsere Geschichte mit einem Traum der Welt, Weisheit und reicher Technologie, Lichte Zukunft, mit einigem Sinn und neuen Schritten, Unser, Unser, Unser Toyota."

Karel van Wolferen: Vom Mythos der Unbesiegbaren: Anmerkungen zur Weltmacht Japan. München: Droemer Knaur 1989, S. 254

→ Arbeitsbeginn auf Japanisch

„Der Rhythmus fängt morgens vor Arbeitsbeginn an: ein paar Minuten Gymnastik zu Lautsprechermusik. Danach aber erlebten wir das, wovon alle ausländischen Industriebosse schwärmen, wenn sie von ihren Japanbesuchen zurückkommen. Sofort nach der Gymnastik in Toride sprinteten die verschiedenen Teams an ihre Produktionsstätten am Band, stellten sich im Kreis auf und gelobten mit ausgestreckt übereinandergelegten Armen, die Fäuste kraftvoll geballt: ‚Kyo mo zero sai! Yoshi!' – Auch heute wieder ohne Fehler! Auf geht's! …
Überhaupt scheint das Leben eines Beschäftigten bei Canon durch Schildchen reguliert zu sein. Wem etwa am Band schlecht wird, der geht nicht weg, sondern dreht ein entsprechendes Schildchen um und wartet, bis es der Vorarbeiter bemerkt und sich um ihn kümmert. In Toride sah ich eine Scheibe mit Zeiger an einem Materialregal, die die Uhrzeit bestimmte, zu der das Regal gereinigt werden sollte: 13.00 Uhr. Über jedem Arbeitsplatz hängen Schilder, die mit grafischen Kurven Auskunft geben: über die tägliche Arbeitsleistung der betreffenden Person, die das Wohl der Firma mehrt, über das Produktionsziel des Bandes, über den Materialbestand …
Auf einem Schild ist festgehalten, wer in der Gruppe heute was zu reinigen hat: Kimiko die Arbeitsplätze, Yasuko den Boden, Emiko die Müllkästen – sie müssen genau rechtwinklig zur Werkbank stehen." *Peter Crome: Konfuzius & Co., In: Geo, H. 10/1985. Hamburg: Gruner + Jahr 1985, S. 83–84*

Was für Außenstehende an solchen japanischen Betriebshymnen pathetisch klingt, hat nach v. Wolferen (1989, a. a. O.) einen ganz nüchternen Hintergrund: Die intensive Bindung des Angestellten an die Firma benötigt eine beruhigende Symbolik, die bestätigt, dass man Zeit und Energie einer würdigen Sache opfert. Es geht nicht nur um den eigenen Job und Autos, es geht um weit größere Ziele: nicht weniger als um Harmonie für die Zukunft der ganzen Welt! Solchen hohen Idealen fielen nach einer Schätzung aus den 1990er Jahren Zehntausende Japaner zum Opfer. Bis zu 30 000 Japaner sterben nämlich jährlich an Überarbeitung (jap. Karoshi). Ob diese Einsatzfreude und Loyalität der Arbeitnehmer gegenüber ihrer Firma und ihrem Land vor dem Hintergrund politischer Skandale und wachsender Arbeitslosigkeit fortbestehen wird, beschäftigt viele Kommentatoren. Jahrzehntelang war der wirtschaftliche Erfolg Maßstab und Beleg für die Richtigkeit der Überlegenheit des japanischen Wertesystems (*Nihonjiron-These*). Für ihre Loyalität gegenüber dem Betrieb erfuhren vor allem die Stammbelegschaften zahlreiche Vergünstigungen, wie innerbetriebliche Sozialleistungen, einen allmählichen Aufstieg (*Senioritätsprinzip*) und eine Arbeitsplatzgarantie. Dieses System war so effektiv, dass sich der Staat kaum um die soziale Absicherung, Gesundheitswesen oder Altersvorsorge kümmern musste. Mit Einsetzen der wirtschaftlichen *Rezession* zu Beginn der 1990er Jahre und den damit verbundenen Massenentlassungen, die auch vor den Stammbelegschaften nicht Halt machten, schwand das Vertrauen der Arbeitnehmer.

Heute ist für viele die Firma nicht mehr die zweite Familie, der man die Treue hält. Bietet sich ein Job mit besseren Aufstiegsmöglichkeiten, wechselt man den Betrieb. Höhere berufliche Flexibilität, mehr individuelle Freiheit und Entfaltung der eigenen Persönlichkeit gewinnen für junge Japaner an Attraktivität gegenüber einer lebenslangen Unterordnung in ein und derselben Firma. Hinzu kommt, dass die junge Generation im materiellen Wohlstand der Eltern herangewachsen ist. Viele haben auf Auslandsreisen oder über die Medien erfahren, wie Jugendliche in den USA oder in Europa auch ohne strenge Tradition auskommen. Sie sind nicht mehr ohne Weiteres bereit, nach dem Vorbild der Väter, der beruflichen Karriere und dem materiellen Erfolg zuliebe, sich lebenslang unterzuordnen und abzurackern. Die Auflehnung beginnt heute aber bereits in den Schulen, denn strenge Führung, Unterordnung, Leistungsorientierung und Selbstdisziplin, wie sie in den Betrieben anzutreffen ist, finden sich auch hier.

Bildung in Japan. Die japanischen Schulen bereiten die Jugendlichen gezielter und härter auf die Anforderungen der Berufswelt vor als das hierzulande geschieht. Wettbewerb, Pauken und Prüfungsdruck werden groß geschrieben.

M 2.40

Trotz Schuluniform – die Zeichen der „Rebellion" japanischer Schüler gegen traditionelle Fesseln sind nicht zu übersehen

Bildung genießt in Japan einen hohen Stellenwert. Etwa 90% aller Schüler erreichen einen Oberschulabschluss. Die Schulen sind vorbildlich ausgestattet. Der Umgang mit dem Computer ist Standard von der ersten Klasse aufwärts, ebenso Ganztagsschulen. Zusätzlich besuchen vor allem die älteren Schüler so genannte Paukschulen, „Jukus". Das sind private Nachhilfe-Institute, in denen in Nachmittags- und Abendkursen der Schulunterricht wiederholt und das Lernprogramm eingeübt werden kann. Japanische Schulexperten beklagen zwar die Überbetonung des reproduktiven Lernens, aber das hervorragende internationale Abschneiden der japanischen Schüler in der *PISA-Studie 2000*, einem internationalen Vergleich der Leistungsfähigkeit, unterstreicht die Effektivität des japanischen Schulsystems. Bei den untersuchten Disziplinen erreichten japanische Schüler Platz eins bei den mathematischen Fähigkeiten (Deutschland: Platz 20), nach Korea Platz zwei in den Naturwissenschaften (D.: 19) und Platz acht beim Textverständnis (D.: 21). Freilich wurden in Japan und Korea vornehmlich Schüler aus relativ leistungsstarken Schulen getestet.
Das japanische Schulsystem hat allerdings auch seinen Preis: Nirgendwo in der Welt ist die Selbstmordrate unter Schülern so hoch und auch die Zahl der Schulverweigerer wächst. Sie wollen oder können aus psychischen Gründen am Unterricht nicht mehr teilnehmen. In vielen Schulen sind heute Berater tätig, die den ratlosen Eltern beistehen sollen.

→ Die Züge dort kommen immer pünktlich. Fünf Minuten Verspätung würde schon laute Proteste provozieren. Nur im März üben die Fahrgäste Nachsicht. Sie ahnen: Wahrscheinlich hat sich wieder jemand vor den Zug gestürzt. Im März kommt das öfter als sonst vor, denn es ist die Zeit der Abschlussprüfungen an den Unis.
ZDF.de vom 25.7.2002

Ursachen liegen auch im Wandel der japanischen Familien, die wegen der langen Schul- und Arbeitszeiten ihre traditionellen Erziehungsaufgaben nicht mehr so wie früher wahrnehmen. Jugendliche stellen die Wertvorstellungen der Elterngeneration zunehmend infrage. In Zeiten der *Rezession* mit steigender Arbeitslosigkeit erscheint es vielen jungen Japanern nicht mehr sinnvoll, sich in der Schule bis zur Universität hoch zu plagen, um nach dem Studium in einem Unternehmen klaglos für das Wohl der Firma und zum Ruhme Japans zu arbeiten. (Nach Wissen und Bildung, Internet vom 14.7. 2002, OECD-Pisa-Studie, Internet vom 14.7. 2002).

Altwerden in Japan. Mit mehr als 80 Jahren haben die Japaner die weltweit höchste Lebenserwartung. Im Ruhestand müssen Japans Arbeitnehmer im Schnitt noch 25 Jahre versorgt werden. Das *Rentensystem* wurde 1986, also noch zu Zeiten der Hochkonjunktur, grundlegend reformiert. Danach steht jedem Arbeitnehmer ab dem 65. Lebensjahr eine einheitliche Grundrente von 65 000 Jen = 420 Euro zu. Wachsende Arbeitslosigkeit, sinkendes Steueraufkommen und hohe Staatsverschuldung stellen die Alterssicherung heute vor große Probleme.

→ Für Selbstständige oder nichterwerbstätige Ehefrauen ist [die staatliche Grundrente] die einzige gesetzliche Rente. Die abhängig Beschäftigten (das heißt Angestellte) haben eine zusätzliche gesetzliche Rentenversicherung über ihren Arbeitgeber, deren Beiträge und Auszahlungen einkommensabhängig gestaffelt sind (der Beitragssatz beträgt seit Oktober circa 17,4 Prozent). Diese Rente kann ab dem 60. Lebensjahr bezogen werden, ab 2001 wird das Bezugsalter schrittweise auf 65 Jahre angehoben. Große Unternehmen bieten außerdem – freiwillig – Betriebsrenten, die mit der Betriebszugehörigkeit steigen und bei Firmenaustritt entweder als Abschlagzahlung oder anschließend als monatliche Zusatzrente ausgezahlt werden.
Patrick Köllner: Aufbau des politischen Systems. In: Japan. Informationen zur politischen Bildung, H. 255. Bonn: Bundeszentrale für politische Bildung 1997, S. 20

2.17 *Beurteilen Sie die Wirkungen der Meiji-Regierung für die Entwicklung Japans zum Industriestaat.*
2.18 *Beschreiben Sie Beziehungen zwischen traditionellen Wertvorstellungen und Verhaltensnormen in Japans Arbeits- und Lebenswelt von heute. Analysieren Sie dafür insbesondere auch die Quellentexte auf den S. 52 und 54.*

Japans Abhängigkeit vom Weltmarkt

Die Interaktion einer Volkswirtschaft mit den globalen Märkten bedeutet Geben, Nehmen und dadurch Abhängigwerden vom komplexen Wirkungsgefüge der Weltwirtschaft. Sie ist nicht gleichzusetzen mit *Welthandel*. Immer größere Bedeutung gewinnt auch die politische Dimension der globalen Verflechtung von Rohstofflieferanten, Produzenten, Kapitalgebern und Absatzmärkten, wobei die meisten Staaten alle diese Funktionen in unterschiedlicher Gewichtung gleichzeitig wahrnehmen. Während früher bilaterale Abkommen und Handelsbeziehungen dominierten, wächst seit Jahrzehnten die multilaterale Zusammenarbeit und immer mehr Staaten schließen sich zu regionalen und überregionalen Organisationen zusammen. Gleichzeitig wächst der Einfluss transnationaler Unternehmen, die ihre eigenen, nicht national orientierten Wirtschaftsziele verfolgen. Eine große Zahl internationaler Zusammenschlüsse und Handelsabkommen versucht heute regulierend auf das komplexe Weltmarktgeschehen einzuwirken.

Welthandel-Wettbewerb mit Regeln

Die Beteiligung am *Welthandel* birgt Chancen und Risiken, öffnet fremde Märkte, bringt aber auch Konkurrenten in den eigenen Markt. Daher expandiert der internationale Warenaustausch im Spannungsfeld zwischen *Liberalisierung* und *Protektionismus*. Staaten, die ihre Wirtschaftsbeziehungen intensivieren, geraten in gegenseitige Abhängigkeit, die heute globale Formen angenommen hat. Die politische Dimension erhielt 1944 mit dem Abkommen von Bretton Woods eine übernationale Basis. Damals wurden mit den Institutionen *IWF* (Internationaler Währungsfond) und Weltbank Steuerungsinstrumente der internationalen Währungs- und Finanzpolitik beschlossen. 1947 folgten *GATT* (General Agreement on Tariffs and Trade) zum Abbau von Handelshemmnissen, seit 1.1. 1995 abgelöst von der *WTO* (World Trade Organization), 1961 *OECD* (Organization for Economic Cooperation and Development) und 1964 *UNCTAD* (United Nations Conference on Trade and Development), um nur die wichtigsten zu nennen.

Die Handelsnationen bekunden mit ihrem Beitritt zu überstaatlichen Organisationen ihr Interesse an einem möglichst reibungslosen Ablauf des globalen Flusses von Waren, Informationen und Kapital. Auch Japan ist Mitglied zahlreicher Organisationen, wie z.B. UNCTAD, WTO, IWF und OECD. Diese Verflechtung in die globale Wirtschaft führt naturgemäß zu Abhängigkeiten in verschiedenen Bereichen:

- bei der weltweiten Sicherung von Rohstoffen (Erze, Energieträger),
- in der Zusammenarbeit mit ausländischen Zulieferfirmen (*Outsourcing, Lean Production*),
- beim Erschließen von Absatzmärkten,
- beim Import lebenswichtiger Güter (z.B. Technologien, Nahrungsmittel),
- gegenüber den internationalen Kapitalströmen (Börsenkurse, ausländische Anleger in Japan, japanische Investitionen im Ausland),
- bei Aktivitäten transnationaler Konzerne (*TNC*) in Japan oder
- bei Auslandsbeteiligungen japanischer Firmen (*Joint Ventures*).

M 2.41 *Abhängigkeit vom Welthandel im Vergleich im Jahr 2000 (Anteil der Warenausfuhr am BIP in ausgewählten Staaten)*

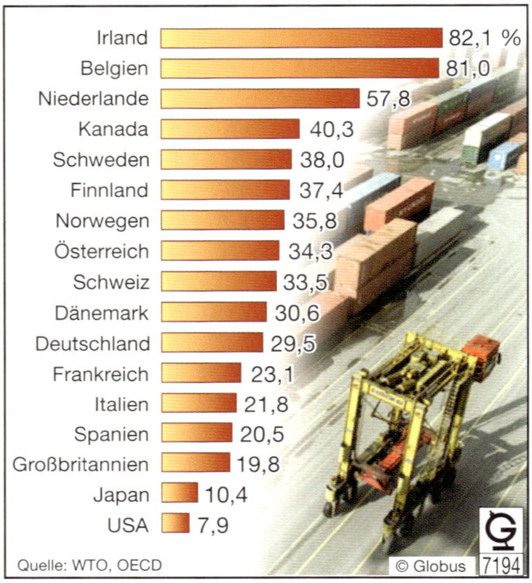

Synoptische Auswertung von Diagrammen –

M 2.42 Warenstruktur des japanischen Außenhandels nach Ziel bzw. Herkunft 2002

M 2.42.1 Export

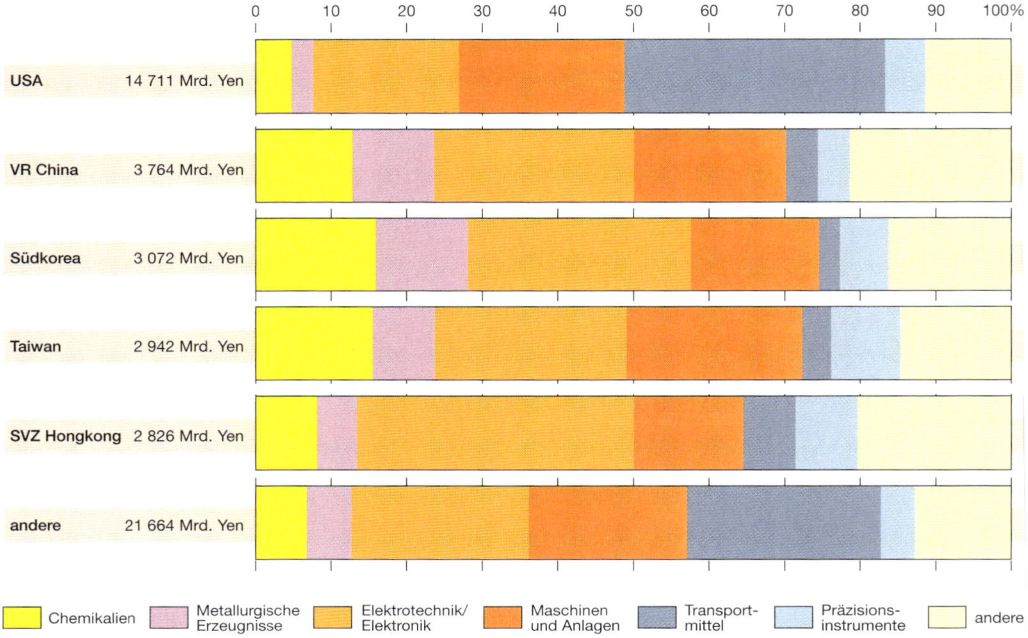

M 2.42.2 Import

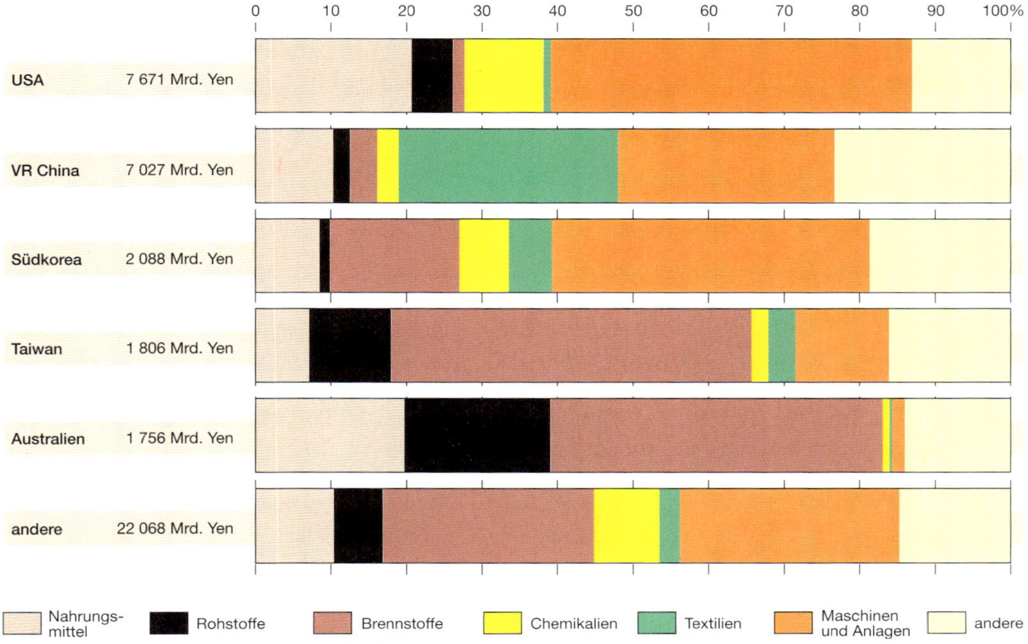

Nach http://www.stat.go.jp/english/data/handbook

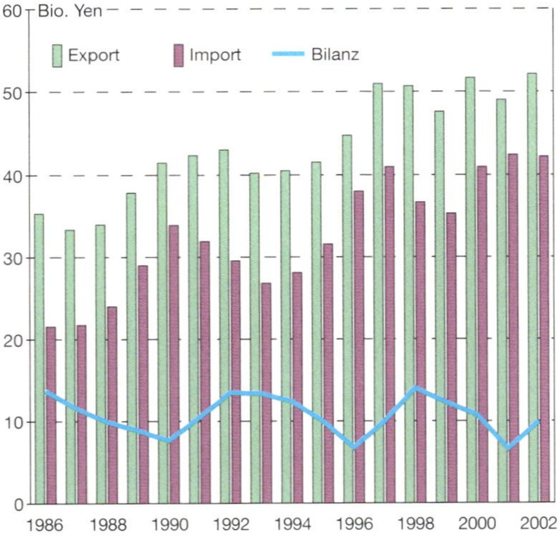

M 2.43 *Entwicklung des japanischen Außenhandels* *M 2.43 – M 2.46 nach http://jin.jcic.or.jp/stat/stats*

Synopse (nach griech.: synopsis) bedeutet Zusammenschau, Überblick. Sie ist i.e.S. ein Arbeitsverfahren der Literaturwissenschaft, bei der verwandte Textstellen miteinander auf Gemeinsamkeiten und Unterschiede hin untersucht werden. Diese Methode lässt sich auch auf geographisches Informationsmaterial anwenden. So ermöglicht z.B. die gleichzeitige Auswertung von Diagrammen Erkenntnisse, die mehr sind als die Summe aus Einzelbetrachtungen. In der Synopse werden Zusammenhänge erkennbar, die aus keiner der Einzeldarstellungen allein abgeleitet werden können. Dies soll ein Beispiel aufzeigen:

M 2.42.1 zeigt, dass die USA Japans Hauptabnehmer für Waren, hauptsächlich technische Produkte, sind. M 2.42.2 zeigt, dass Japan aus den USA in großem Umfang Rohstoffe bezieht und überdies die Handelsbilanz stark zu seinen Gunsten ausfällt. Diskutieren Sie diese Fakten in ihrer Bedeutung für die Rolle der beiden Länder auf dem globalen Markt. Berücksichtigen Sie dabei die japanische Außenhandelsbilanz insgesamt (M 2.43).

Versuchen Sie durch Synopse ähnliche Beobachtungen zu machen und entsprechende Schlussfolgerungen zu ziehen, z.B . beim Investitionsverhalten japanischen Kapitals und von Auslandskapitals gegenüber Japan (M 2.44 – M 2.46).

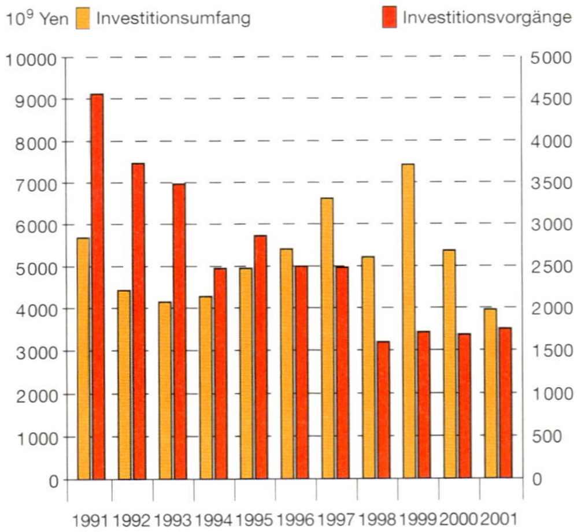

M 2.44 *Entwicklung der japanische Auslandsdirektinvestitionen*

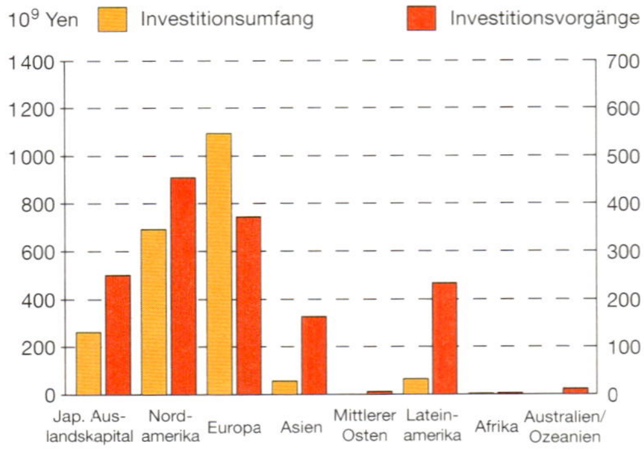

M 2.45 *Auslandsdirektinvestitionen in Japan 2002 nach Herkunftsregionen*

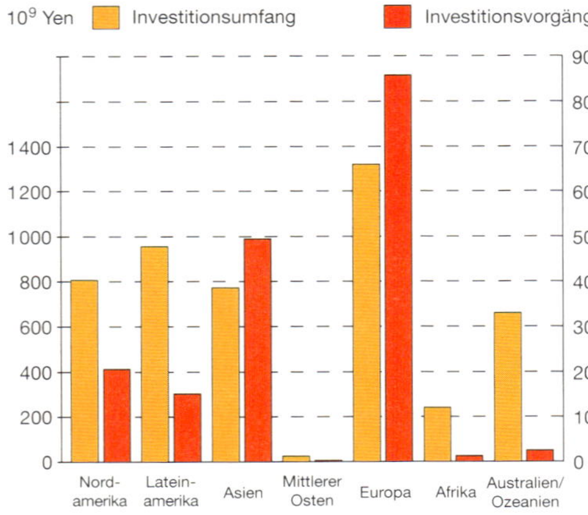

M 2.46 *Japanische Auslandsdirektinvestitionen 2001 nach Zielregionen*

Globaler Kapitalmarkt

Verflechtung und Abhängigkeit Japans von seinen asiatischen Nachbarn zeigten sich sehr deutlich in der *Asienkrise* der späten 1990er Jahre, die in erster Linie durch Fehlentwicklungen an den südostasiatischen Kapitalmärkten ausgelöst worden war. Globalisierungskritiker sehen die Ursache der Krise, u.a. darin, dass in vielen Ländern im harten *Wettbewerb* um Aufträge, Märkte und Kredite manche Regierungen und Führungsetagen großer Unternehmen zu eng zusammenarbeiten. Als besonders undurchsichtig gelten seit jeher die Verhältnisse in Japan (*Japan-AG*, vgl. S.48–49 und S.79). Das Land konnte mit seinem Konzept einer engen Zusammenarbeit staatlicher Institutionen (vgl. *MITI/METI*, S.61–62 und S.64–65) mit der Privatwirtschaft jahrzehntelang hohe Wachstumsraten der Volkswirtschaft erzielen. Heute zeigen sich aber auch die Risiken dieses Systems. Personelle Verfilzung zwischen Politik und Unternehmen (Aufsichtsrat, Beraterposten) und die Anfälligkeit für Bestechung (Schmiergeldzahlungen) führten zu folgenschweren Fehlentscheidungen. So flossen im Vorfeld der *Asienkrise* („*Bubble-Economy*“, vgl. S.33 und S. 178) riesige Kreditsummen ohne genügende Absicherung in riskante Unternehmen, vor allem im Immobiliensektor. Dies führte zum Konkurs zahlreicher Banken und zu einer allgemeinen Vertrauenskrise an den Aktienmärkten. Dabei war auch in Japan bekannt, dass gut informiert zu sein über die neuesten Trends auf den internationalen Finanzmärkten heute höchste Priorität hat.

→ „Alle großen Banken beschäftigen in Kompaniestärke so genannte Researchteams, die börsennotierte Unternehmen auf ihre Rentabilität hin abklopfen und professionellen Anlegern wie den milliardenschweren Pensionsfonds oder Versicherungsgesellschaften detaillierte Ratschläge geben, wo sie ihr Geld möglichst gewinnbringend parken können – gegen ordentliche Provision natürlich ... Der größte Teil der Arbeitszeit geht in die so genannte Zahlenpflege. Da gilt es, die neuesten Geschäftsberichte zu sezieren und in Verbindung zu Preisentwicklungen und Kursschwankungen zu bringen. Alle großen Wirtschaftszeitungen und -dienste müssen auf brauchbare Informationen ausgewertet werden... Wenn sich die Anlagestrategen in ihrem Urteil irren, wird es vor allem für die Investoren schmerzhaft teuer.

J. Fleischhauer: Wir handeln die Zukunft. In: Der Spiegel 12/1997. Hamburg: Spiegel-Verlag 1997

***M 2.47** Research-Team von „Morgen Greefell“ (Deutsche Bank Gruppe) in Singapur*

In seinem Buch „Globalisierung verstehen" beschreibt der US-Wirtschaftsjournalist T.L. Friedman (1999) die weltweit virtuell flotierenden Kapitalströme als ein Werk der „elektronischen Herde", wie er sie nennt, und meint damit die Summe der Anleger.
Dazu zählen einerseits alle, die kurzfristig Kapital anlegen in Aktien, Anleihen und Devisen. Per Mausklick wandern täglich astronomische Summen im Cyberspace (M 2.48).
Dahinter stehen andererseits Devisenhändler, Pensions- und Investmentfonds, Versicherungsgesellschaften und Banken. Über Lebensversicherungen, Aktienfonds und Bankguthaben sind auch Kleinanleger am „Milliardenpoker" beteiligt. Zu den Anlegern gehören aber auch die *„Global player"*, transnationale Konzerne, die sich mit langfristigen Projekten (Bau von Produktionsstätten, Forschungsinstituten etc.) engagieren. Sie werden von den Regierungen besonders umworben, weil sie Arbeitsplätze und Infrastruktur schaffen. Dies gilt heute im besonderen Maße auch für Japan.
Die Regierung geriet in der *Asienkrise* zunehmend unter finanziellen Druck durch Steuerflucht, Konsumrückgang und Preisverfall, wachsende Arbeitslosigkeit und dadurch geringeres Steueraufkommen bei höheren Sozialleistungen. Staatliche *Konjunkturprogramme*, um die Wirtschaft wieder in Schwung zu bringen, verschlangen riesige Summen. Noch 1996 besaß Japan mit 161 Mrd. US-$ die höchsten Währungsreserven aller Staaten. Nur drei Jahre später litt es unter einer Staatsverschuldung, die höher war als sein BIP (vgl. M 2.7 und M 2.8 auf S. 31). Als Ausweg aus der Schuldenmisere empfahlen Wirtschaftsfachleute zum einen die Verringerung der Kreditaufnahme durch die beim Wähler unpopuläre Kürzung von Sozialleistungen, zum anderen Maßnahmen, die das Land für in- und ausländische Anleger attraktiv machen (vgl. METI-Strategien in M 2.55 auf S. 65).
Friedman (a.a.O.) nennt das Maßnahmenpaket, um Kapital ins Land zu locken, die „Goldene Zwangsjacke": Privatisierung, *Deregulierung*, Einfuhrzölle abschaffen, Subventionen streichen, Binnenkonkurrenz fördern, Korruption bekämpfen, alle Bereiche der Wirtschaft dem freien *Wettbewerb* öffnen, den Spitzensteuersatz senken,

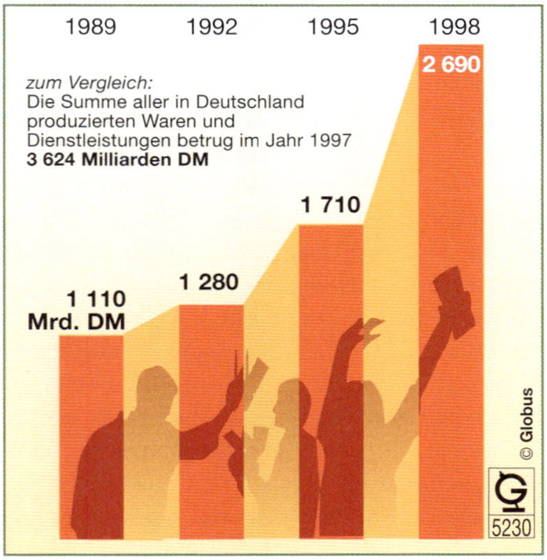

M 2.48 Tägliche Umsätze im weltweiten Handel mit Währungen (in Mrd. DM)

Umsatzsteuern senken, Steuerfreiheit für Spekulationsgewinne, für politische Stabilität sorgen, also Liberalisierung und Demokratisierung vorantreiben. Je enger und vertrauenserweckender die „Goldene Zwangsjacke" getragen wird, desto zahlreicher strömt, nach Friedman, die „elektronische Herde", sprich das Kapital für Investitionen ins Land.
Im internationalen Vergleich genießt Japan gegenwärtig nur eine geringe Attraktivität für Investoren (vgl. M. 1.38 auf S. 29 und M. 2.6 auf S. 31).

2.19 *Nennen Sie Wirtschaftsbereiche, in denen für Japan eine deutlicke Abhängigkeit vom Weltmarkt besteht und vergleichen Sie mit Deutschland.*
2.20 *Beurteilen Sie die Maßnahmen der so genannten „Goldenen Zwangsjacke" nach Friedman hinsichtlich ihrer Wirkungen auf die wirtschaftliche Entwicklung Japans.*
2.21 *Erläutern Sie an Beispielen die Abhängigkeit der japanischen Wirtschaft vom Weltmarkt.*
2.22 *Beschreiben Sie am Beispiel Japans Möglichkeiten der Zusammenarbeit zwischen Regierung und Unternehmen der Privatwirtschaft.*
2.23 *Nennen Sie Vor- und Nachteile einer engen Zusammenarbeit zwischen Regierung und Privatwirtschaft.*

Einflussnahme des Staates

Die industrielle Entwicklung europäischer Staaten im 19. Jahrhundert vollzog sich im Zeichen eines weitgehend unbegrenzten Wirtschaftsliberalismus. Sie ermöglichte ein nie da gewesenes Wirtschaftswachstum und führte zur Entstehung eines innovativen Unternehmertums. Es kam aber auch zu folgenschweren Fehlentwicklungen, z.B. zur ökologischen Zerstörung ganzer Landschaften und zur Verelendung des Industrieproletariats. Es hat seither nicht an Entwürfen gefehlt, den Industrialisierungsprozess staatlicherseits zu steuern, um der Entstehung von ökonomischen, ökologischen und sozialen Ungleichgewichten entgegenzuwirken. Dies kann die Regierung eines Landes auf vielfältige Weise tun. Wie weit der Einfluss des Staates dabei geht, hängt ab vom Gesellschaftssystem und reicht von totaler Kontrolle (*Planwirtschaft*) bis hin zu einer weitgehend privatwirtschaftlichen Organisation, in die der Staat auf der Basis einer Gesetzgebung (Raumordnung) regulierend eingreift.
Von Anfang an gab es in Japan eine staatliche Lenkung der Wirtschaft, die den Unternehmen aber auch Freiräume ließ, eine Art „gelenkter Kapitalismus". Mit der Entwicklung seiner Industrie im 20. Jahrhundert bekam die staatliche Lenkung der japanischen Wirtschaft eine auch stark auf den Warenexport gerichtete Dimension. Damit wurde Japan zu einem der Motoren des *Welthandels* und dessen, was wir heute *Globalisierung* nennen.

Das „Japanproblem"

Japan entwickelte nach dem Zweiten Weltkrieg eine Volkswirtschaft, die nicht nur Wachstum im Inneren, sondern vor allem auch die Expansion in die europäischen und US-amerikanischen Märkte zum Ziel hatte. Hinter einem Wall aus Schutzzöllen baute das Land eine gewaltige Exportindustrie auf, die mit Billigprodukten die Konkurrenz das Fürchten lehrte und für die Handelspartner zum Problem wurde. Der asiatische Konkurrent wollte den Warenmarkt nicht mit anderen teilen, sondern ihn erobern. Japanische Hersteller suchten nicht die Marktlücke, sondern stießen mit billigen Waren in schon vorhandene Märkte vor. Mit dieser Strategie handelten sich die japanischen Unternehmer den Ruf als Wirtschaftskrieger ein.

→ „Eine wahre Flut von japanischer Exportprodukten überschwemmte in den [19-] Siebzigern die Märkte Amerikas und Europas. Viele Industriezweige wurden in den Ruin getrieben, einige Millionen Arbeitsplätze vernichtet. Es erwischte die amerikanischen Hersteller von Unterhaltungselektronik und deutsche Kameraproduzenten, Schweizer Uhrenfirmen, britische Büromaschinen-Konzerne und Motorradhersteller, die gesamte Schiffsbau-Branche und weltweit die Automobilindustrie."

Der Spiegel. H. 45, 1989 Hamburg: Spiegel-Verlag, S. 174

Die Exportoffensive der 1970er Jahre war erst ein Vorgeschmack auf den „Feldzug" in den 1980ern. Opfer waren diesmal vor allem die Hersteller von Bürozubehör wie z.B. Computerdruckern, Fotokopiergeräten und elektronischen Schreibmaschinen. Innerhalb weniger Jahre kontrollierten die Japaner auch diese technisch anspruchsvollere Ebene. Zu Beginn der 1990er Jahre ging es dann um grundlegende Technologien auf den modernen *High-Tech-Feldern*, z.B. in der Chip-Produktion. Auch hier übernahmen japanische Hersteller die Marktführung. Die Verdrängung ganzer Industriezweige ließ in den USA das Schlagwort von der Japanangst (*Nippophobia*) aufkommen und initiierte ein intensives Nachdenken über die Hintergründe der japanischen Erfolge. Sie beruhten nach Meinung vieler u.a. auf der für Japan typischen, engen personellen *Verflechtung* zwischen Regierung, Bürokratie und Privatwirtschaft. Sie haben dem Land den Ruf der *Japan-AG* oder Japan Inc. (incorporated) eingebracht. Nach diesen Vorstellungen sei das ganze Land eine einzige große Firma, die wegen ihrer beispiellosen Dimension jeden Konkurrenten auf dem Weltmarkt niederwalzen könne. Dahinter steht aber keine zentrale Macht, sondern ein für Außenstehende nur schwer durchschaubares Beziehungsgeflecht zwischen Personen aus der Ministerialbürokratie, dem Parteienapparat der regierenden Liberaldemokraten, dem Bankenwesen und dem Firmenmanagement. Wer in

Japan Macht und Einfluss gewinnen will, baut unermüdlich an seinem Netzwerk aus Beziehungen (jap.: *jinmyaku* = persönliche Ader). Es entsteht durch gegenseitige Gefälligkeiten, persönliche Bekanntschaft aus gemeinsamen Lebensabschnitten wie Universitätszeit oder Firmenzugehörigkeit und entscheidet z.B. im konkreten Fall darüber, ob ein staatlicher Bankkredit an ein Unternehmen geht oder ein heimischer Produktionszweig durch ein Gesetz vor der ausländischen Konkurrenz geschützt wird.

Das Schwerkraftzentrum für die Einflussnahme des Staates auf die Außenwirtschaft war lange Zeit das *MITI* (Ministry of International Trade and Industry), seit 2001 reorganisiert unter dem veränderten Namen: *METI* (Ministry of Economy, Trade and Industry).

Mit dem MITI auf Erfolgskurs

Das Ministerium für internationalen Handel und Industrie wurde 1951 gegründet. Es war jahrzehntelang Nervenzentrum der japanischen Industrieentwicklung. Die zeitweise mehr als 10 000 Beamten kamen durchweg von Eliteuniversitäten und entwarfen – gestützt auf eigene Forschungsinstitute – zusammen mit Spitzenvertretern aus Regierung und Wirtschaft Japans Industriepolitik. Das *MITI* nutzte so genannte Verwaltungsempfehlungen für neue Erfolg versprechende Produktionsziele (Innovationen), woran sich private Industrieunternehmen nicht unbedingt halten mussten. Taten sie es aber, war mit massiver staatlicher Unterstützung zu rechnen. Mit dieser indirekten Lenkung koordinierten

***M 2.49** Japanische Wirtschaftsstrategien*
Entwurf Dr. Rolf Ziegler

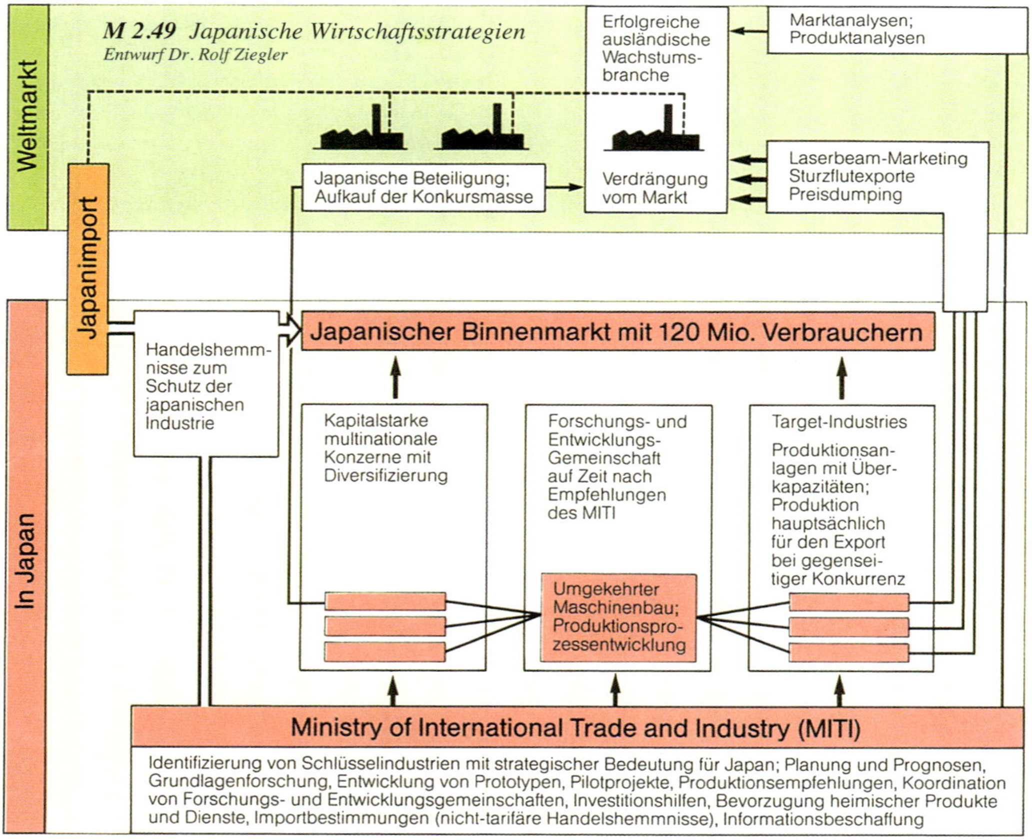

Laserbeam-marketing: „laserstrahlartige" Konzentration auf spezielle Produkte mit großem Markt und Gewinnen nach präziser Marktanalyse
Target-industries: Aufbau großer Produktionskapazitäten (Zielindustrien)weit über den heimischen Bedarf hinaus, die den aktivierten Markt mit Massenware zu Preisen weit unter denen der Konkurrenz überschütten
Preis-Dumping: Verkaufstrategie mit Preisbildung nach taktischen Erwägungen, Verkauf oft unter Herstellungskosten, die Kalkulation von Materialkosten, Lohnkosten usw. negierend

die Beamten des MITI die vielfältigen Aktivitäten der japanischen Wirtschaft, u. a. durch Förderung einer effizienten unternehmensübergreifenden Forschung.

Die Rolle des MITI als Zentrum der Informationsbeschaffung, Koordination und langfristigen Planung betraf auch die globale Vermarktung der japanischen Waren. Das Ministerium gab auf den internationalen Märkten Starthilfen für japanische Firmen. Es sorgte dafür, dass Unternehmen, die sich anschickten, neue Märkte zu erschließen, so lange steuerlich begünstigt wurden, bis sie schwarze Zahlen schrieben. Von daher bekam es die ausländische Konkurrenz mit japanischen Unternehmern zu tun, die ihnen gegenüber massive Wettbewerbsvorteile genossen. Gestützt durch eine Mixtur verschiedener Strategien in den Bereichen Marktanalyse, Produktforschung, Produktion (umgekehrter Maschinenbau und Produktionsprozessentwicklung – s. u.), Handelspolitik (*nichttarifäre Handelshemmnisse*), Investition (staatliche Kredite, Steuererleichterungen) und Marketing (*Dumpingpreise*) setzten Japans Exportunternehmen neue Maßstäbe im Weltmarkt (M 2.49).

Sie machten Japan zu einem der reichsten Länder der Welt, lieferten Anschauungsmaterial für westliche Managementschulen und fanden in den so genannten *Tigerstaaten* erfolgreiche Nachahmer.

Vom umgekehrten Maschinenbau zum Vorbild

In den 1960er und 1970er Jahren mussten sich Japans Ingenieure den Vorwurf des Ideenklaus gefallen lassen, z. B. in Bezug auf den so genannten *umgekehrten Maschinenbau*. Hierbei wird ausländische Technologie aufgrund genauer Studien ohne die Originalpläne nachgebaut. Dabei kann gleich der gesamte Produktionsprozess mitentwickelt werden. Produkt- und Produktprozessentwicklung behandelt man als integrierte Einheit. Sie werden in vielen kleinen Verbesserungen aufeinander abgestimmt und optimiert (*Japanisierung*). Die Fabrik wird zum Forschungslabor, in dem Arbeiter, Produktions- und Entwicklungsingenieure auch räumlich eng zusammenwirken. In Westeuropa und den USA litt das Innovationsmanagement vielfach unter mangelhafter Kooperation und schlechtem Informationsfluss zwischen Forschung, Entwicklung, Produktion und Marketing.

Der Beitrag japanischer Grundlagenforschung am allgemeinen Wissensgut der Menschheit galt damals als gering. So hatte Japan bis 1985 gerade einmal fünf Nobelpreisträger im Bereich Naturwissenschaften (USA 142, Großbritannien 64, Deutschland 54).

Grundlagenforschung, d. h. Forschung ohne marktwirtschaftliche Zielsetzung, betrachtete man im Westen als wichtigste Voraussetzung für technologischen Fortschritt. Japan belehrte die Welt eines Besseren. Forschung vollzog sich hier schwerpunktmäßig im Bereich angewandter Technologie. Bei der Entwicklung marktfähiger Produkte erwiesen sich Japans Techniker als äußerst einfallsreich. So kam es, dass nicht unbedingt der Erfinder den Profit machte. Die amerikanischen Firmen Ampex und RCA entwickelten in den 1960er Jahren das Videosystem, Philips (Niederlande) machte daraus das Heim-Video mit Kassetten und die Japaner mit preisgünstigen Geräten ein Milliardengeschäft.

Seitdem haben sich die Dinge grundlegend gewandelt und zwar sowohl auf japanischer Seite als auch bei der westlichen Konkurrenz (M 2.50 – 2.52).

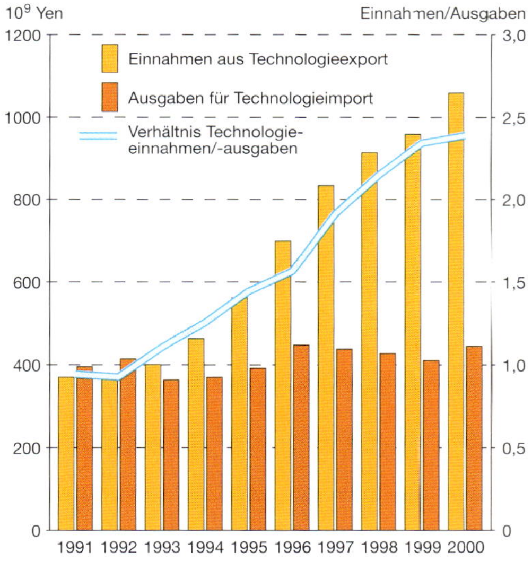

***M 2.50** Entwicklung der Kosten des Technologietransfers von und nach Japan*

Nach http://www.stat.go.jp/english/data/kagaku/1531.htm

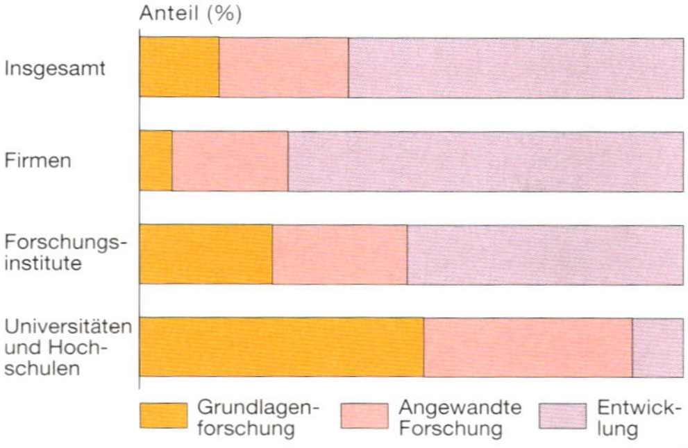

M 2.51 Anteile Grundlagenforschung, angewandte Forschung und Entwicklung in Japan 2001

Nach http://www.stat.go.jp/english/data/kagaku/1531.htm

→ „Zähneknirschend hat die Konkurrenz des Inselreiches auch erkennen müssen, dass die Japaner nicht länger als bloße Nachahmer verschrien werden können ... Mitte der [19-]60er Jahre kam erst 1 Prozent der beim Bundespatentamt in München angemeldeten Patente aus Japan. Anfang der [19-]80er Jahre stammte jedes zehnte Patent von dort."

Theo Sommer: Japan – ein westliches Land? In: Manfred Pohl: a.a.O., S. 23

Im Jahr 2000 lag Japan mit 399 013 inländischen Patentanmeldungen deutlich vor seinen großen Konkurrenten USA mit 163 699 und Deutschland mit 53 521. Diese drei Länder lieferten 70 % der *Patente* weltweit, Japan alleine 64 %! Gegenwärtig ist Japan die Erfindernation Nr. 1 (M 2.52). Ein Blick in den Jahresbericht 2001 des Deutschen Patentamtes macht darüber hinaus deutlich, dass sich japanischer Erfindergeist auf praktisch allen Technologiebereichen an die Weltspitze gesetzt hat. Japanische Managementmethoden fanden vor allem in der konjunkturellen Hochphase des Inselreiches weltweite Nachahmung und gehörten zum Ausbildungsprogramm westlicher Managementschulen, z.B. die

– „*Lean Production*": Zerlegung der Produktion in zahlreiche Teilschritte. Unrentable Schritte, die sich schlecht automatisieren lassen, werden an Klein- oder Mittelbetriebe (Duales System) vergeben. Das spart Arbeitskräfte und Gebäude.

– In Kombination mit dem „*Just-in-time*"-System (jap.: *Kanban*) reduzieren sich auch noch die Kosten für Transport und Lagerhaltung durch die pünktliche Anlieferung von Bauteilen, die sofort verarbeitet werden. Die Zulieferer sind vom Großabnehmer stark abhängig und tragen auch die Risiken der rechtzeitigen Anlieferung.

– *Ringi-System*: Wichtige Entscheidungen werden nicht allein in der Chefetage getroffen, sondern alle am Produktionsprozess Beteiligten, d.h. auch die Arbeiter, werden in den Entscheidungsprozess miteinbezogen. Ziel ist es, bei allen Beschäftigten ein Gefühl der Mitverantwortung zu erzeugen, was auch mit dem „Lean-management" (Verlagerung von Verantwortung auf untere Ebenen) erreicht werden soll. Am Ende steht das Ziel „zero defect", die fehlerfreie Produktion. Wenn jeder sich selbstverantwortlich kontrolliert, spart die Firma kostenintensive Kontrollen.

M 2.52 Patentanmeldungen inländischer Anmelder nach Ländern 2001

Japan	399 013
USA	163 699
Deutschland	53 521

Jahresbericht 2001. München: Deutsches Patent- und Markenamt, 2002, S. 20

Ein Vorbild in der Krise

Trotz erfolgreicher Strategien und lang andauernder ökonomischer Höhenflüge geriet das wohlhabend gewordene Japan zu Beginn der 1990er Jahre unerwartet in eine wirtschaftliche Krise, die trotz immenser staatlicher Konjunkturprogramme auch nach der Jahrtausendwende anhält.

M 2.53 Weltweite Wirtschaftsentwicklung (in %)

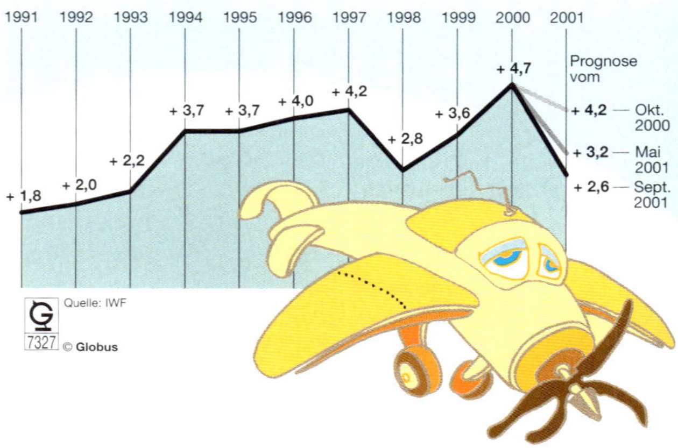

	1997	1998	1999	2000	2001	2002
Wachstum BIP (% des Vorjahres)	1,8	−1,1	0,7	2,4	−0,4	−0,7
Privater Konsum (% des Vorjahres)	0,8	0,1	1,2	0,6	0,4	−0,4
Nettoneuverschuldung (% des BIP)	3,7	5,5	7,1	7,4	7,1	8,0
Arbeitslosenquote (%)	3,4	4,1	4,7	4,7	5,0	5,8

***M 2.54** Die japanische Krankheit – Daten einer labilen Konjunktur*

Nach Japan: Die Misere der zweitgrößten Industrienation. In: Der Spiegel. H. 30/2002. Hamburg: Spiegel-Verlag 2002, S. 100

Die Ursachen liegen teils außerhalb Japans (M 2.53), weil die Weltwirtschaft zu diesem Zeitraum insgesamt schwächelt, vor allem aber sind sie hausgemacht, bedingt durch die Bubble-Economy und die Unfähigkeit zu grundlegenden Reformen.

→ Februar 2002: Hitachi und Toshiba, zwei der größten japanischen Firmen werden weltweit fast 40 000 Jobs in ihren Unternehmen streichen. Sie reagieren damit auf einen dramatischen Preisverfall auf dem Halbleitermarkt. Die Preise für DRAM-Chips (Dynamic Random Access Memory) sanken von 9 US-$ im Vorjahr auf heute teilweise unter einen US-$. Branchenkenner sehen die Ursache hierfür in den Überkapazitäten der Halbleiter-Hersteller, die auf die Auslagerung (Lean Production) von Kapazitäten an Drittproduzenten in den Boomjahren 2000/2001 zurückgehen. *www.MarkteinstiegUSA.de*

Hinter dem stagnierenden privaten Konsum verbirgt sich nicht die Geldnot der Japaner, sondern Angst vor der Zukunft. Sie haben mit umgerechnet 12 Bio. US-$ die höchsten Spareinlagen der Welt, horten das Geld aber und entziehen es so dem Wirtschaftskreislauf. Die Einbrüche am Aktienmarkt und zahlreiche Bankenpleiten ließen das Vertrauen bei vielen so weit sinken, dass sie ihr Geld zu Hause aufbewahren. Die volkswirtschaftlichen Folgen sind verheerend. Umsatz und Steueraufkommen gehen zurück, Arbeitsplätze werden vernichtet, Soziallasten steigen und die Staatskassen leeren sich.
Redakteure des „Spiegels“ stellten in einem Interview dem amtierenden japanischen Ministerpräsidenten Koizumi die Frage:
→ „Bis vor gut einem Jahrzehnt genoss Japan den Status einer wirtschaftlichen Supermacht. Manager im Westen wetteiferten, das japanische Modell zu übernehmen. Heute hingegen scheint sich Japan nicht vom Fehlschlag dieses Modells erholen zu können. Warum kann das Land sich nicht aus seiner Wirtschaftskrise befreien?“
Koizumis Antwort: „Es ist doch gerade der Erfolg der Vergangenheit, der uns heute an Reformen hindert. Gerade wegen des Erfolgs der Nachkriegsjahre wollen viele den Status quo erhalten, so lang es geht … Die eigentliche Schwierigkeit ist, ein System zu reformieren, das für 50 Jahre den Erfolg garantiert hat. Als ich damit anfing, die Verkrustungen aufzubrechen, gab es viele, die sagten: ‚Wir haben die Ölkrise erfolgreich überstanden, wir haben die verschiedenen Yen-Aufwertungen überstanden, wir sind eines der reichsten Länder geworden. Warum sollen wir uns ändern?‘“

Spiegel-Gespräch: Premier Junichiro Koizumi über Japans Erstarrung und den Zwang zu Reformen. In: Der Spiegel, a.a.O., S. 102

Mit einer ersten großen Reformmaßnahme ist Koizumi aber bereits am eigenen Parteiapparat gescheitert. Er wollte die staatliche Postbank privatisieren. Diese größte Bank der Welt pumpt weiter riesige Summen in kranke Branchen, weil die bewährten „*jinmyaku*“ (S. 60–61) noch immer wirksamer sind als ökonomische Vernunft.

METI – altes Konzept unter neuem Namen

2001 wurde das *MITI* (s.u.) zum *METI* (Ministry of Economy Trade and Industry) umorganisiert und umbenannt, wobei man Kompetenzbereiche beträchtlich erweiterte.
→ „The history of METI reflects the history of Japan itself. From the time when you were born to the future which you will create, METI will be steadily working beside you.“ *Hompage METI: about METI*

Das neue Ministerium verfolgt sechs Strategien, mit deren Hilfe das Land aus der Krise finden und Japans Industrie ihre Konkurrenzfähigkeit zurückerhalten soll (M 2.55).

Strategie 1: Förderung technologischer Innovation. In Drei- bis Fünfjahresplänen sollen neue Märkte angekurbelt werden, darunter Medizin- ‚Bio- und Nano'-Technologie.
Strategie 2: Förderung gemeinschaftlicher Neuordnung durch Auslese und Konzentration der Betriebe.
Strategie 3: Steigerung der Mobilität von Arbeit und Mehrung der Arbeitsplätze im Dienstleistungsbereich.
Strategie 4: Bemühung um ausländische Direktinvestitionen und Fachkräfte durch eine attraktive Steuergesetzgebung und Hilfen bei der Ansiedelung.
Strategie 5: Frühestmögliche Einrichtung einer Ostasien-Freihandelszone mit einer allgemeinen Liberalisierung des Handels- und Personenverkehrs.
Strategie 6: Schaffung neuer Märkte für die neuen Technologien des 21. Jahrhunderts durch Steigerung der Kaufkraft.

M 2.55 *Die neuen METI-Strategien*

Hier einige Beispiele, wie diese Strategien in die Praxis umgesetzt werden:

– Finanzielle Unterstützung

Das *METI* hat einen umfassenden Plan zur finanziellen Förderung von Unternehmensgründungen in expandierenden Branchen, wie der Nanotechnik und der Biotechnologie verabschiedet. Damit soll z.B. Hochschulprofessoren die Gründungen von Unternehmen zur Verwertung ihrer Forschungsergebnisse erleichtert werden.

– Neuformation von Universitäten:

12 der insgesamt 99 staatlichen Universitäten Japans werden sich zu 6 neuen Einheiten zusammenschließen.

– Universitätsranking für die Industrie:

Das METI erfasst und evaluiert (bewertet) die Anzahl der gemeinsamen Forschungsprojekte der Universitäten mit der Industrie und der Patentanträge im natur- und ingenieurwissenschaftlichen Bereich. Ziel ist es, die Zusammenarbeit von Hochschule und Industrie sowie die von Universitäten ausgehende Gründung von Venture-Unternehmen zu unterstützen.

– Impulse für die kranke Chip-Industrie:

Die japanischen Chiphersteller wollten nach den Ertragseinbrüchen 2002 den Chip-Markt aufgeben und sich auf profitablere Produkte konzentrieren.

USA	153	Großbritannien	50	Niederlande	36
Japan	108	Deutschland	45	Mexiko	33
Singapur	74	Malaysia	44	Frankreich	32
Taiwan	58	China	44	Irland	25
Hongkong	50	Südkorea	43	Philippinen	24

M 2.56 *Export von Telekommunikationsausrüstung und Büromaschinen im Jahre 2000 (in Mrd. US-$)* *Nach WTO-Daten aus Globus-Infografik 7529, 2001*

→ „Neuentwicklungen sind zu teuer. Toshiba hat seine Speicherchips bereits an den US-Spezialisten Micron verkauft. Japans Regierung sieht das anders. Für Japan, den nach den USA größten Hersteller und Exporteur von Mikroelektronik hat die eigene Chip-Herstellung eine industriestrategische Bedeutung. Das Land soll in diesem so wichtigen Technologiebereich nicht ausschließlich von ausländischen Herstellern abhängig werden. Das METI kauft daher für rund 270 Mio. Euro Maschinen zur Entwicklung der nächsten Chip-Generation. Der Staatsplan sieht vor, dass die fünf japanischen Halbleiterhersteller Toshiba, NEC, Hitachi, Mitsubishi Electric und Fujitsu ein Gemeinschaftsunternehmen gründen und zusammen den 100-Nanometer-Chip entwickeln. Damit soll Japans künftige Präsenz auf dem globalen Elektronikmarkt gesichert werden.“ *www.ftd.de vom 25.7.2002*

2.24 Nennen Sie Möglichkeiten staatlicher Einflussnahme auf die wirtschaftliche Entwicklung eines Landes mit freier Marktwirtschaft.

2.25 Erläutern Sie das so genannte Japanproblem hinsichtlich seiner Bedeutung für die Weltwirtschaft in den 1970er bis 1990er Jahren.

2.26 Beschreiben Sie die Rolle des MITI für die Entwicklung der japanischen Industrie nach dem Zweiten Weltkrieg.

2.27 Erläutern Sie japanische Industrie-Managementmethoden mit heute weltweiter Anwendung.

2.28 Nennen Sie Ursachen für die um 1990 begonnene und bis heute anhaltende japanische Wirtschaftskrise.

2.29 Nennen Sie Strategien, mit denen das METI die japanische Industrieentwicklung fördert und zeigen Sie an Beispielen, wie das in der Praxis aussehen kann. Berücksichtigen Sie dabei auch obigen Quellentext.

Strukturen und Probleme

M 2.57
Tokyo – metropolitan bis zum Horizont, mit 33 Mio. Ew. (2002) die größte Metropolregion der Welt

Räumliche Konzentration

Nirgendwo ist die großflächige *Bevölkerungsdichte* so hoch wie in Japan, wobei die Statistiken mit ihren Durchschnittswerten das Gedrängel in den *Metropolregionen* noch verschleiern.

Metropolregionen (vgl. M 2.21 auf S. 40)

Ursachen für die enorme Bevölkerungskonzentration in Japan sind die allgemeine Raumknappheit und die hohe Attraktivität der Wirtschaftszentren.

Allen voran steht Tokyo, die Landeshauptstadt, seit Jahrzehnten mit der Bedeutung einer Weltstadt. Gegenwärtig erfüllen drei Städte die Bezeichnung „*Global City*“: New York, London und Tokyo. Ihr Rang bemisst sich nach der Anzahl an niedergelassenen Weltunternehmen und der Hochrangigkeit von Dienstleistungen, die angeboten werden (Börsen, Versicherungen, Unternehmens- und Anlageberatung etc.). Sie werden als Kommandozentralen der globalisierten Wirtschaft beschrieben, als Schlüsselstandorte quartärer Serviceleistungen, als Knotenpunkte globaler Netzwerke der Information und Innovation (vgl. S. 174 – 175 mit M 4.56).

Ballungsgebiet	darin enthaltene Städte	Ew. (Mio.)	Anteil an der Gesamtbevölkerung Japans (%)
Kanto-Region*	Tokyo, Yokohama, Kawasaki, Chiba, Omiya, Urawa, Funabashi, Fujisawa, Yokusuka u.a.	rd. 44,0	rd. 36,0
darunter Tokyo u. direkt angrenzende Umlandstädte		rd. 34,0	rd. 27,0
Kinki-Region*	Osaka, Kobe, Kyoto, Wakayama, Nara, Otsu, Amagasaki	rd. 14,5	rd. 12,0
Nagoya-Region*	Nagoya, Gifu, Toyota Okazaki, Yokkaichi	3,7	3,0
Fukuoka	Kita Kyushu, Fukuoka, Shimonoseki, Tosu	4,92	4,0
Sapporo	Sapporo, Tomokomai, Otaru	2,4	rd. 2,0
Hiroshima	Hiroshima, Kure, Iwakuni	1,5	1,2
Summe		rd. 71,0	rd. 56,0

M 2.58
Die Metropolregionen Japans und weitere bedeutende Agglomerationsräume zur Jahrtausendwende in Zahlen*

Nach http://www.tabibito.de/tokyoba.html

M 2.59 Shinkansen – Hochgeschwindigkeitszüge für den Fernverkehr

M 2.60 Ringzentrum Shinjuku in Tokyo (mit Komplex der Präfekturverwaltung)

Tokio – „Last und Lust" einer Global City

Tokyo ist Japans größte Stadt und Regierungssitz. Es besteht aus 23 Stadtbezirken mit ca. 8 Mio. Einwohnern. Die *Tokyo Metropolitan Area* expandiert durch *Suburbanisierung* unaufhörlich in die umgebenden Präfekturen und ist gegenwärtig Lebensraum von ca. 44 Mio. Menschen. Tokyos Siedlungsstruktur ist großräumig monozentrisch. Verkehrsinfrastruktur und Pendler sind auf den Kern der Hauptstadt ausgerichtet. Dieser allerdings ist in sich polyzentrisch strukturiert. Zahlreiche bedeutende innerstädtische Bahnhöfe verknüpfen das Nahverkehrsnetz mit dem Fernverkehrsnetz des Hochgeschwindigkeitszuges Shinkansen, einem der leistungsfähigsten Verkehrssysteme der Welt. Tokyo ist das absolute Oberzentrum Japans und ein Zentrum der Weltwirtschaft: Auf 4 % der Landesfläche wohnen hier 26 % der Bevölkerung, die 32 % des Bruttosozialproduktes erwirtschaften. Hier studieren 41 % der japanischen Studenten und arbeiten 46 % aller in der Forschung Tätigen. 59 % der japanischen Konzerne haben in Tokyo ihre Hauptverwaltung und 89 % aller in Japan vertretenen ausländischen Firmen sind mit Büroflächen präsent.

Biografie einer „Global City". Die Bedeutung Tokyos für Japan setzt erst um 1600 ein, als der *Tokugawa Shogun* unmittelbar nach der Reichseinigung seinen Herrschaftssitz in das damalige Edo verlegt. Bereits wenige Jahre später erreicht die Einwohnerzahl fast schlagartig die Millionengrenze. Mit Beginn der Industrialisierung um 1850 sind Industrie- und Stadtentwicklung nicht mehr zu trennen, wird die Stadtregion durch Bauten und funktionale Forderungen der Industrie geprägt. 1868 macht der japanische Kaiser (*Tenno*) Tokyo zur Hauptstadt seines streng zentralistisch regierten Reiches. 1910 hat die Stadt 2 Mio. Ew. Das schwere *Erdbeben* von 1923 (140 000 Tote) und die Bombenangriffe im Zweiten Weltkrieg (200 000 Tote) zerstören durch Flächenbrände große Teile der hölzernen Bausubstanz. Die Kriegswirtschaft ab 1937 und der Wiederaufbau der 1950er Jahre bringen starke Impulse für die Stadtentwicklung. Seitdem expandiert Tokyo in alle Richtungen des Raumes: ins Um- und Hinterland, ins Meer hinaus (*Umetate-chi*, 280 km^2 – vgl. S. 70), in den Luftraum (Hochbauten – M 2.57 und M 2.60) und in die Tiefe („*Geospace*", ab 50 m Tiefe). Der Ballungsraum Tokyo ist Japans größte Industrieagglomeration mit gewaltigen Industriekomplexen auf Neuland in der Tokyo-Bucht. In der nachindustriellen Wirtschaft lösen sich Unternehmen auf in flexible Netzwerke mit globaler Orientierung, was auch ihre räumliche Entwicklung verändert. Einzelne Unternehmensbereiche werden selbstständige operative Geschäftseinheiten mit Konzentration auf ihre Kernkompetenzen, wie Produktion, Marketing oder Logistik. Sie fusionieren mit ausländischen Partnern, gründen *Joint Ventures* und betreiben *Outsourcing*.

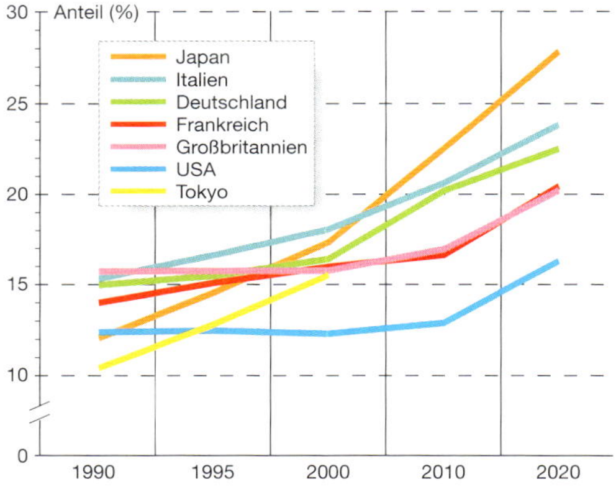

M 2.61 Lebenserwartungen im internationalen Vergleich (Anteil der >65-jährigen an der Gesamtbevölkerung)

M 2.61 nach: http://jin.jcic.or.jp/stat/stats/01CEN2C.html

M 2.62 nach http://www.stat.go.jp/english/data/nenkan/1431-15.htm

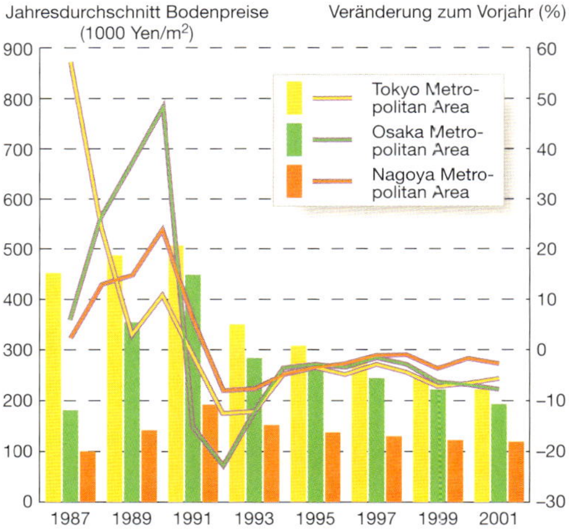

M 2.62 Veränderung der Bodenpreise in den drei größten japanischen Metropolregionen (Säulen: absolut; Kurven: Veränderung)

Die global-räumliche Dynamik der transnationalen Unternehmen bestimmt auch die städtische Entwicklung von Tokyo. Der ungebrochene Drang zur Konzentration auf engstem Raum in der Hauptstadt hat auch psychologische Hintergründe. In der Geschäftswelt sind es Prestigedenken und Fühlungsvorteile durch die besonders in Japan gepflegten „*Face-to-face*“-Kontakte zur Informationsbeschaffung, Entscheidungsfindung und die berufliche Karriere (jinmyaku!; vgl. S. 60 – 61). Für die Masse der Bevölkerung sind es das unvergleichlich hohe Angebot an Ausbildungs- und Arbeitsplätzen, Einkaufs- und Freizeitmöglichkeiten. Japans Einwohner haben heute und für die nahe Zukunft die höchste mittlere Lebenserwartung (M 2.61; vgl. a. S. 54), ein Erfolg auch der ausgezeichneten medizinischen Versorgung in der Metropole.

Für die Vorteile der Agglomeration müssen andererseits schwere Belastungen in Kauf genommen werden. So sind die japanischen Städte Osaka und Tokyo die teuersten Orte der Welt. Es kostete im Extremfall 2002 in Tokyo eine Taxifahrt vom Flughafen ins Stadtzentrum umgerechnet 261 Euro und für ein Zwei-Gänge-Menü für zwei Personen mussten rund 210 Euro bezahlt werden. In der Phase der „*Bubble-Economy*“ erreichten die *Bodenpreise* im Zentrum Tokyos Extremwerte von 500 000 US-$ / m². Damit waren die 581 km² Tokyos so teuer wie der Rest Japans (377 819 km²). Ein wesentlicher Effekt der Wirtschaftskrise seit 1991 / 92 sind die vor allem auch in den Metropolen sinkenden Bodenpreise (M 2.62). Für viele ist Baugrund auch heute noch unerschwinglich. Die Quadratmeterpreise liegen in den *Metropolitan Areas* noch immer zwischen umgerechnet 1 000 und 1 500 US-$. Auch die Baukosten sind enorm. Jährlich werden in Japan ca. 1,25 Mio. Häuser gebaut. 90 % der Einfamilienhäuser liefern Multis wie Mitsubishi, Toyota oder Panasonic im so genannten Western Style. Das sind Baukasten-Fertighäuser (M 2.63) mit einfachen Grundrissen, meist in Würfelform, die im Meterabstand an den Suburb-Straßen aufgereiht werden (M 2.63).

→ Im weltweit größten Ballungsraum Tokyo sind die Agglomerations-Nachteile dermaßen gravierend, dass von ihnen erhebliche dezentralisierende Wirkungen ausgehen müssten. Diese sind jedoch im Hinblick auf die Metropolitanregion Tokyo bisher nicht wahrnehmbar … Bei näherem Hinsehen relativiert sich die Leidensfähigkeit der Millionen-Masse „kleiner‘ Akteure durch die – bewusste oder unbewusste – Erfahrung, dass im Saldo die Agglomerations-Vorteile letztlich überwiegen. Die Teilhabe am weltstädtischen Leben mit seinen faszinierenden Möglich-

M 2.63 Einfamilien-Baukasten-Fertighaus

128 m² Wohnfläche, Baukosten 450 000 US-$. Bei einer angenommenen Grundstücksgröße von 200 m² muss eine Familie heute dafür in der Tokyo „Metropolitan Area" ca. 1 Million US-$ bezahlen. (Aufnahme in Osaka; Architekt: FOBA)

keiten für Beruf und Aufstieg, Begegnungen und Geselligkeit, Lebensgenuss und Zerstreuung bedeuten summa summarum: mehr „Lust" als „Last".

Winfried Flüchter: Tokyo quo vadis. Auf: http://www.uni-duisburg.de/Institute/OAWISS/download/doc/paper15.pdf

Die unipolare Konzentration des Landes auf die Hauptstadt birgt für Japan aber auch Risiken in noch ganz anderer Hinsicht. So befürchtet man eine „Vereinödung der Kultur" durch „*Vertokyoisierung* des Landes". Was passiert im Falle einer Zerstörung Tokyos durch ein großes *Erdbeben*? Schlagartig wären die Schaltzentralen der Macht außer Funktion. Solche Überlegungen haben zu einer Diskussion über *Dezentralisierung* durch Verlagerung von Hauptstadtfunktionen geführt und inzwischen konkrete Planungsformen angenommen. So sind z.B. die Internationalen Flughäfen von Osaka und Nagoya (vgl. S. 71), beide auf *Umetate-chi* errichtet, Ansätze zur Entlastung Tokyos als Oberzentrum. Eine solche Umorientierung im Luftverkehr ist besonders wichtig für die Ansiedlung von *High-Tech-Branchen*.

→ Am 14.12. 1995 schlug ein Regierungsausschuss angesichts des Verlagerungsprojekts vor, dass die neue Hauptstadt zwischen 60 und 300 Kilometern von Tokyo – oder ein bis zwei Fahrstunden mit dem Zug – liegen sollte. Es wurden noch einige zusätzliche Bedingungen aufgeführt. Ein internationaler Flughafen mit Direktflügen nach den USA und Europa sollte in einer Fahrzeit von höchstens 40 Minuten erreichbar sein, gleichzeitig sollte die neue Hauptstadt aber nicht zu nahe an anderen großen Städten liegen. Das Gutachten forderte, dass sie in einem Gebiet mit einer ausreichenden Wasserversorgung errichtet werden und ein starkes Erdbeben heil überstehen sollte. Die Empfehlung ging dahin, den Bau der neuen Hauptstadt vor dem Ende des Jahrhunderts zu beginnen, sodass man im Jahre 2010 die ersten Sitzungen im neuen Parlamentsgebäude abhalten kann. Da man die Kosten für den Bau auf 14 Billionen Yen ansetzte, sind einige Kommunen ganz gierig darauf, die Hauptstadt in ihrer Stadt anzusiedeln.

Aus: http://www.heise.de/tp/deutsch/special/sam/6011/2.html

2.27 *Erklären Sie am Beispiel Tokyos den Zusammenhang zwischen räumlicher Konzentration und Verflechtung.*

2.28 *Erklären Sie die unipolare Konzentration Japans auf seine Hauptstadt Tokyo.*

2.29 *Nennen Sie Vor- und Nachteile räumlicher Konzentration in den Metropolregionen.*

2.30 *Beschreiben Sie die funktionale Bedeutung Tokyos für Japan.*

2.31 *Diskutieren Sie Notwendigkeit und Folgen einer Verlagerung von Hauptstadtfunktionen von Tokyo in andere japanische Städte. Berücksichtigen Sie dabei auch das Verlagerungsprojekt eines japanischen Regierungsausschusses (Quellentext auf dieser Buchseite).*

2.32 *Nennen Sie allgemeine Ursachen für die Entstehung von Metropolregionen in Japan.*

2.33 *Beurteilen Sie die Auswirkungen einer Dezentralisierung der Funktionen Tokyos für Japan.*

2.34 *Diskutieren Sie mögliche Folgen einer Naturkatastrophe für Tokyo und daraus resultierend für Japan und die gesamte Weltwirtschaft.*

2.35 *Erläutern Sie unter Auswertung statistischer Angaben in M 2.25 – 2.27 (S. 43) und M 2.61, warum Japan durch die wachsende Überalterung der Bevölkerung vor großen sozialen Problemen steht (vgl. auch S. 52 – 54).*

Umetate-chi: Land aus dem Meer

Der Wiederaufbau Japans nach dem Zweiten Weltkrieg setzte u.a. auf eine starke Betonung des Wirtschaftswachstums (*Ikeda-Plan* 1960). Dies verschaffte der Industrie große Spielräume bei der Standortwahl. Ihre Neigung zur räumlichen Konzentration führte zum explosionsartigen Wachstum der Küstenmetropolen Tokyo, Osaka und Nagoya. Wegen der Überlastungserscheinungen dort und Mangelerscheinungen in Abwanderungsgebieten begann man staatlicherseits bereits in den 1960er Jahren mit Überlegungen, wie dieser Entwicklung zunehmender infrastruktureller Ungleichgewichte zu begegnen sei. So hatten der „Erste ..." und „Zweite Plan zur Entwicklung des ganzen Landes" zum Ziel, durch Entwicklung peripherer Räume die Metropolregionen zu entlasten. Dabei spielte die Neulandgewinnung aus dem Meer (Umetate-chi) eine wichtige Rolle. Mit massiver staatlicher Förderung schufen periphere Kommunen (M 2.64) so kostengünstiges Neuland für die Industrieansiedlung. Japans Aufstieg zum Industrie- und Exportgiganten war eng verknüpft mit dem aufwändigen Ausbau seiner Häfen und Hafenindustrien auf Landflächen, die dem Meer abgerungen wurden (M 2.18 auf S. 37, M 2.66 und M 2.67).

***M 2.64** Landgewinnung seit Jahrhunderten – Kurashiki-Mizushima (SW-Honshu, Region Okayama)*

Nach Winfried Flüchter: Neulandgewinnung und Industrieansiedlung vor den japanischen Küsten. Paderborn: Schöningh 1975, S. 7; erg.

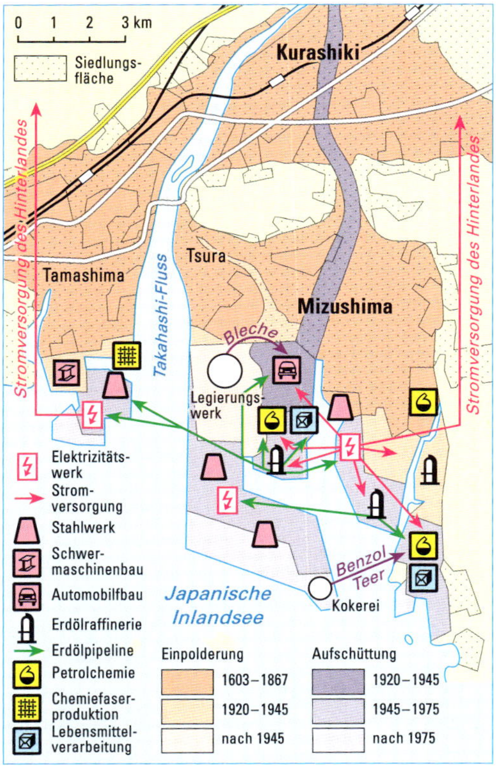

Landgewinnung aus dem Meer hat allerdings in Japan schon eine jahrhundertealte Tradition, beginnend mit Einpolderungen (Kantaku-chi) ab etwa 1600. Bei der traditionellen Poldertechnik, die auch an Europas Küsten angewendet wird, beschleunigt man durch *Lahnungen* die Anlandung von Schlick im Wattenmeer. Steht dieser ca. einen Meter über dem Niedrigwasserstand, folgen Eindeichung und allmähliche Trockenlegung.

Im 20. Jahrhundert begann in Japan, gestützt auf höheren Kapital- und Technikeinsatz, die Landgewinnung durch Aufschüttung (Umetate-chi). Hierzu wird in seichte Buchten durch Seewälle aus Zementblöcken, versenkbaren Stahlkästen o.Ä. das künftige Neuland gegenüber dem Meer abgetrennt und dann aufgeschüttet. Das benötigte Füllgut gewinnt man durch Abtragung von Hügelkuppen in Küstennähe (Yamakiri – M 2.23 auf S. 42), in geringerem Maße durch Einbringung von Bauaushub oder sogar Müll. Das meiste Material wird jedoch inzwischen durch Ausbaggern im benachbarten Hafenraum und vor allem durch die Aufspülung küstennaher Meeresbodensedimente gewonnen. Seit 1999 kommen dabei auch Pumpen mit höchster Förderleistung zum Einsatz. So lieferte eine deutsche Firma für das Nagoya-Airport-Projekt drei Großpumpen, mit denen Schlämme mit Grobkorneinschlüssen bis 80 mm abgepumpt werden können. Die Fördermenge einer Pumpe geht bis 500 m^3/h. Für die 470 ha große Flughafen-Insel werden rund 56 Mio. m^3 Material gebraucht. Die Großpumpe wird auf ein Gewässer-Entschlammungsschiff montiert (M 2.65). Der geförderte Schlamm wird grob entwässert, mit Zement vermischt und als Mörtel zum Verfüllort gepumpt, wo er mit der Zeit aushärtet. Ein solches Verfahren ist im Erdbebenland Japan sicherer, denn feuchtes, ungebundenes Material kann sich bei Erschütterungen schlagartig labilisieren und zu Bodenverflüssigung und Landsenkungen führen.

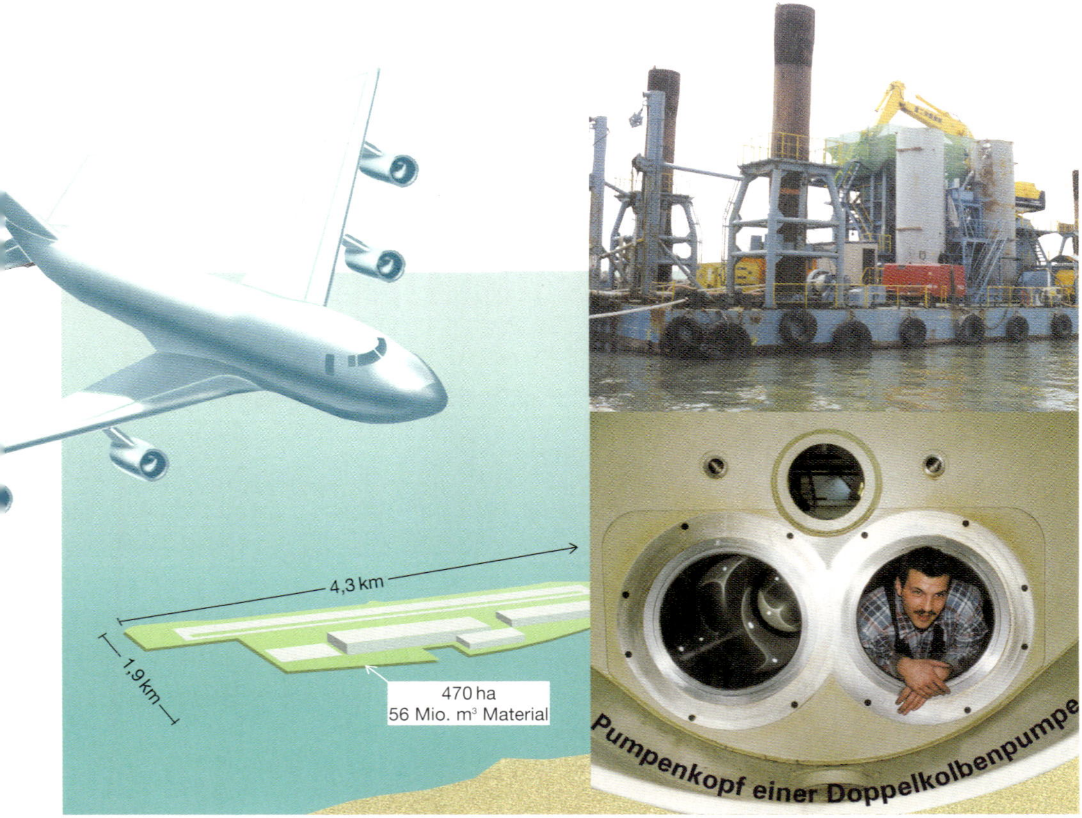

M 2.65 Großprojekt Central Japan International Airport Nagoya – Großpumpen eines deutschen Herstellers im Einsatz bei der Landaufschüttung

Hafenindustrien und Raumordnung

Seit 1955 wuchsen die Neulandflächen (Umetate-chi) an Japans Küsten auf heute weit über 1 000 km². Es waren vor allem Industrie und Hafenbetreiber, welche die Landgewinnung aus dem Meer forcierten. Die naturbedingte Raumknappheit, verstärkt durch örtliche Konkurrenz zwischen Landwirtschaft, Siedlung und Verkehr zwangen die Industrie aufs Meer. Die hohen Erschließungskosten für Umetate-chi amortisieren sich rasch angesichts der extremen Bodenpreise auf dem Festland (vgl. S. 68 mit M 2.62). So stehen Japans Grundstoffindustrien meist auf Neuland. Superfrachter holen die Rohstoffe dort, wo sie auf der Welt am billigsten sind. Sie löschen über Förderbänder ihre Ladungen an tief ausgebaggerten Werkpiers gleich neben den Verarbeitungsstätten und transportieren von dort die Produkte an Bestimmungsorte innerhalb Japans und weltweit. Auf Neuland stehen auch zahlreiche Großkraftwerke in Standortgemeinschaft mit Großraffinerien, die den Brennstoff liefern. So wurde die Küste auch ein Attraktivraum für alle energiesuchenden Industriebranchen. Die räumliche Nähe gegenüber Zulieferbetrieben verliert heute zwar in einigen Industriezweigen an Bedeutung, in den vergangenen Jahrzehnten spielte sie jedoch eine große Rolle (vgl. S. 80 – 81). Daher wuchs das Neuland vor allem an den dicht bevölkerten Meeresbuchten, und dies, obwohl die Regierung versuchte, durch Bereitstellung günstiger Neulandflächen in wirtschaftlich benachteiligten peripheren Regionen raumordnerisch einzugreifen. Dabei musste vielerorts die ansässige Bevölkerung einen totalen Umbau ihrer heimatlichen Umgebung erleben. Hunderte Kilometer Sandstrände, Korallenbänke und Fischgründe wurden zugeschüttet und verbaut. Solches Vorgehen führte außerdem zu ökologischen Folgeschäden wie Landabsenkungen und hydrologischen Veränderungen (M 2.66 – Nebenkarte).

→ „Das integrierte Hüttenwerk Nippon Kokan wurde im Gebiet von Fukuyama (östlich von Hiroshima) auf einem 923 ha großen Aufschüttungsgelände errichtet. Günstig für die Aufschüttung war die geringe Tiefe des Küstengewässers (bis zu 5 m), ungünstig für die Fundamente der riesigen Hochöfen, Stahlkonverter, Walzwerke etc. ‚eine über 12 m dicke Alluvialschicht aus weichem Ton und Schlick' … Die Fundamente für diese schweren Fabrikanlagen mussten deshalb in den darunter liegenden Schichten verankert werden, die in 14–30 m Tiefe aus Sand, Kies und festem Ton bestehen. Das umetate-chi wurde in nur drei Jahren (1962–65) von der Präfektur Hiroshima gebaut. Dafür mussten zunächst 20 Mio. m³ Schlick ausgespült und danach 80 Mio. m³ Aufschüttungsmaterial abgelagert werden. Davon sind 47 Mio. m³ Grobsand, den man in unmittelbar benachbarten Meeresgebieten nach Abspülung des Schlicks gewann und damit gleichzeitig die Voraussetzung für einen Tiefwasserhafen schuf. Die übrigen 33 Mio. m³

***M 2.66** Industriegebiete Japans und Aufschüttungsflächen* *Detailkarte Tokyo nach Dieter Kelletat: Atlas of coastal geomorphology and zonality. Journal of Coastal Research, Special Issue 13, Fig. 349. Aus Helmut Brückner: Küsten – sensible Geo- und Ökosysteme unter zunehmendem Stress. In: Petermanns Geographische Mitteilungen, 143. Jg., Pilotheft 2000. Gotha: Perthes 2000, S. 8*

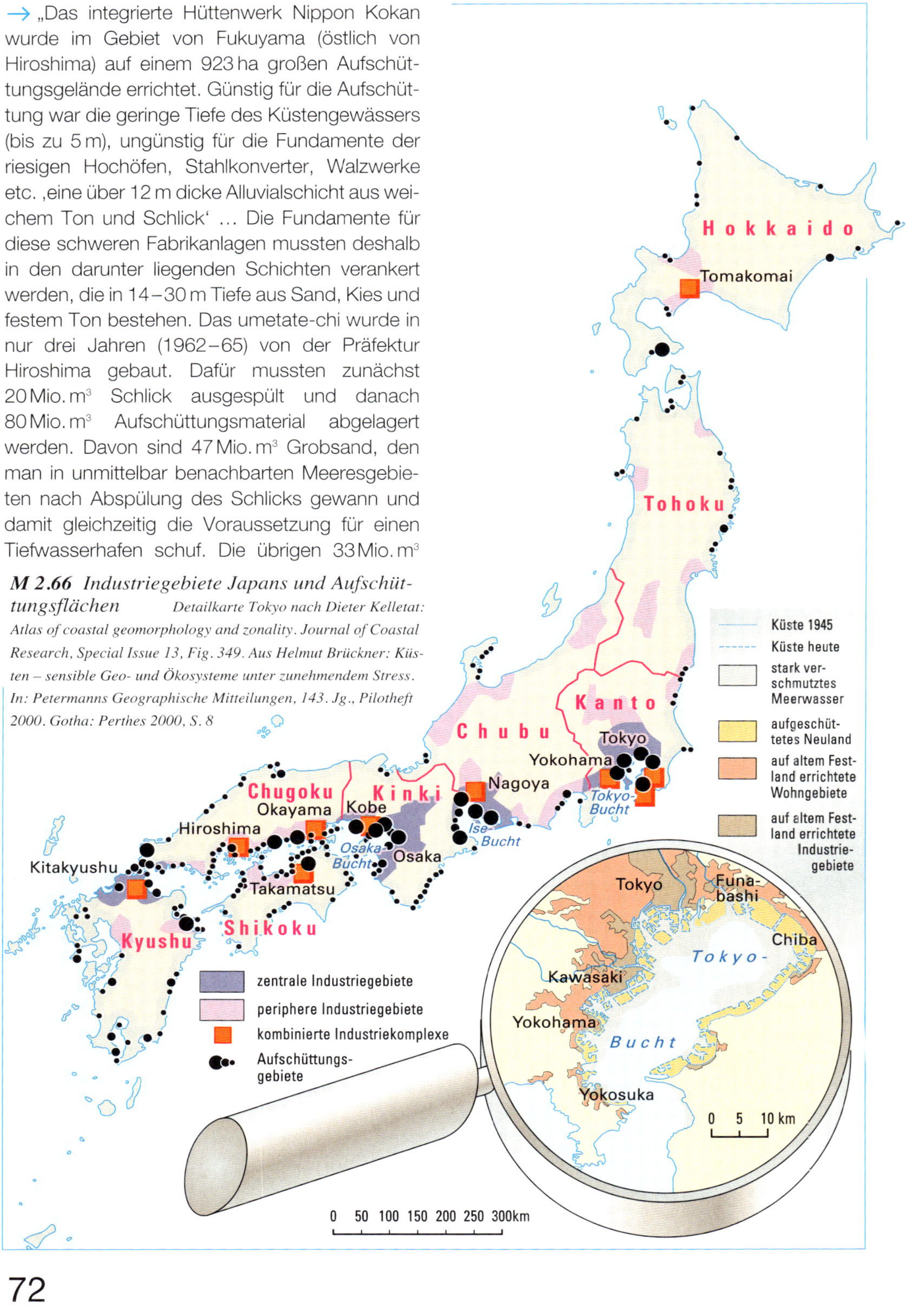

M 2.67 Port-Island im Hafen von Kobe

Nach Atlas Japan. Tokyo: Teikoku-Shoin 1989, S. 14–15, aktualisiert

sind verwitterter Granit, der bei der Abtragung von Hügeln in der Umgebung anfiel. Dort wurde stellenweise Material in einer Mächtigkeit von 50 m abgetragen. Auf den planierten Flächen hat man Werkswohnungen und Sportanlagen errichtet. Der Bau des umetate-chi kostete 110 Mio. DM. Außerdem mussten 9 Mio. DM an Abfindungsgeldern an die Fischereigenossenschaft gezahlt werden. Damit ergab sich ein außerordentlich günstiger Preis von 15 DM/m². Auch das Gelände für die Werkssiedlungen wurde zu einem sehr günstigen Preis erworben (ca. 5 DM/m²). Ferner erhielt das Werk Steuer- und Finanzierungserleichterungen. Der Bau der erforderlichen Straßen und Schienenverbindungen wurde weitgehend von der Präfektur Hiroshima und der Stadt Fukuyama übernommen. Mit einem Aufwand von 5 Mrd. DM errichtete Nippon Kokan ein modernes integriertes Hütten-Stahlwerk, das über 20 000 Arbeitsplätze bietet und eine Rohstahlkapazität von 16 Mio. t aufweist. Die erforderlichen Erze werden von Australien, die Kohle aus Kanada eingeführt. Die großen Massengutfrachter (bis zu 200 000 dtw) löschen ihre Ladung in dem zusammen mit dem Bau des umetate-chi errichteten Tiefwasserhafen (18 m Wassertiefe). Nur der im Produktionsprozess benötigte Kalk kommt aus Japan. Auch der Versand der Erzeugnisse geschieht zu rund 90 % per Schiff, 30 % davon werden exportiert."

Günter Niemz: Siedlungsland aus Bergen und Meer. Frankfurter Beiträge zur Didaktik der Geographie, Bd. 6. Frankfurt: Selbstverlag des Geographischen Instituts 1983, S. 160

Das Wirtschaftswachstum der 1960er und 1970er Jahre übertraf alle Erwartungen. Von daher gesehen war die Industrieansiedlung auf Neuland vor der Küste erfolgreich, im Hinblick auf eine auch regional ausgewogene Entwicklung allerdings fraglich. Nur wenige der ausgewiesenen Förderungsgebiete entwickelten sich im Sinne der Zielsetzung, wie z. B. Fukuyama. Wegen ihrer Verbundwirtschaft und Meeresorientierung brachten die neu angesiedelten Küstenindustrien den peripheren Regionen nicht die erhofften Impulse für die wirtschaftliche Entwicklung in ihrem jeweiligen Hinterland. Außerdem bevorzugte die Industrie auch in dieser Phase Umetate-chi in den ohnehin überlasteten *Metropolregionen* (vgl. das Beispiel der Osaka Bucht – M 2.67).

Technopole, Researchpark und Teleport

In diesen Organisationsformen der High-Tech-Welt werden auch in Japan die verschiedensten Aktivitäten öffentlicher Institutionen und privater Unternehmen in den Bereichen Forschung, Lehre, Entwicklung und Telekommunikation zum Zwecke enger Zusammenarbeit räumlich konzentriert. Gegen Ende des 20. Jahrhunderts signalisieren sie den radikalen Umbau und die Neuorientierung, mit der sich die japanische Industrie an die Bedingungen des globalen *Wettbewerbs* anpasst. Wie schon in den vorangegangenen Phasen der industriellen Entwicklung versucht Japan auch diese neuen Strukturen raumordnerisch zu nutzen, um der nach wie vor andauernden Konzentration in den *Metropolregionen* entgegenzuwirken.

Technopole. 1962 wurde 70 km nördlich von Tokyo mit dem Bau der Wissenschaftsstadt Tsukuba begonnen, die sich seit ihrer Fertigstellung 1981 zu einem der umfassendsten Forschungszentren der Welt entwickelte. Die erfolgreiche Konzentration von Forschung, Technik und Lehre in Tsukuba stand damals Pate für die räumliche Vision einer landesweiten Technologieentwicklung, mit der Japans Raumplaner einen erneuten Versuch starteten, die schon in den 1980er Jahren expandierenden *Metropolregionen* zu entlasten, diesmal durch ein landesweit gestreutes Technologie-Entwicklungsprogramm, das so genannte Technopolis-Konzept.
Ökonomische Veränderungen, technologische Fortschritte und eine wachsende Sensibilisierung der Bevölkerung für Umweltfragen begünstigten einen *Strukturwandel*. Im „Dritten Plan zur umfassenden Entwicklung des ganzen Landes" (1977) wurde diese Veränderung deutlich, z. B. bei der Bewertung der so genannten Schlüsselindustrien. Es kam zu einer Abkehr von der grundstofforientierten, umweltproblematischen Schwer- und Petrochemischen-Industrie an der Küste hin zu mehr binnenlandorientierten, feintechnologischen, forschungsintensiven und ökologisch verträglichen Branchen. Der Wandel vollzog sich auch vor dem Hintergrund einer wachsenden Konkurrenz der *Tiger-Staaten*, die in Bereichen einfacherer Technologien Japans

M 2.68 *Finanzierung naturwissenschaftlicher Forschung in Japan in den 1980er Jahren*

Nach Foreign Press Center: Facts and Figures of Japan, 1989 Edition. Tokyo, S. 87

	Gesamtaufwendungen (%)		
	Grundlagenforschung	Angewandte Forschung	Entwicklung
Universitäten	54,2	37,4	8,4
Private Forschungsinstitute	14,1	27,8	58,1
Staatliche Forschungsinstitute	13,6	27,3	59,1
Privatunternehmen	6,1	21,6	72,3
Durchschnitt	13,3	24,4	62,3

Nachfolge auf den Weltmärkten antraten (vgl. *Fluggänsemodell* M 4.1 auf S. 152). Man erkannte früh, dass Japans Exportindustrien nur durch Entwicklungen im High-Tech-Bereich ihre Erfolgsstory fortsetzen können und forcierte staatlicherseits die diesbezügliche Forschung.
Die Technopole (M 2.70) war geplant als Forschungs- und Produktionsstätte höchster Zukunftstechnologie von städtischen Ausmaßen in landschaftlich reizvoller Lage mit Ausrichtung auf eine „Mutterstadt" mit mehr als 150 000 Einwohnern und einen Regionalflughafen. Auf engstem Raum sollten sich dort öffentliche und private Forschung, Lehre, Entwicklung, Produktion und Vertrieb modernster Technik konzentrieren.
Das Technopolis-Planungskonzept bedeutete nicht nur ein *Dezentralisierungspotenzial*, sondern auch Abwendung von der bislang erfolgreichen Küsten- und Hafenorientierung. Es war eine Neuorientierung auf Inlandstandorte mit Anschluss an den Luftfrachtverkehr, der Japans *High-Tech-Produkte* schnell und preisgünstig zu den Märkten bringen sollte. Insgesamt 26 Technopolen wurden mit Inkrafttreten der entsprechenden Gesetze ab 1983 ausgewiesen und eingerichtet. Die lokalen Behörden versuchten, Forschungseinrichtungen der Hochtechnologie-Branchen durch lukrative Vorleistungen (Baugrund, Verkehrsanbindung, reizvolle Landschaft) in ihrer Technopole anzusiedeln.
Keines der Technopole-Projekte entwickelte sich zu dem erwarteten Regionalzentrum der High-Tech-Forschung, allenfalls zu einem der High-Tech-Produktion. Das lag zum einen an der zunehmenden Abwanderung der High-Tech-Firmen, die das Billiglohnangebot in den Ländern der asiatischen Nachbarschaft suchten. Zum anderen war der Misserfolg mancher Technopole auch hausgemacht, weil die Zentralregierung wegen ihrer Dezentralisierungsziele primär versuchte, *High-Tech-Branchen* aus den *Metropolregionen* in die strukturschwachen Gebiete zu holen und dabei versäumte, die lokal bereits vorhandenen Industrien technologisch zu fördern.
Wenn auch die raumordnerischen Ziele der Technopolen nicht immer im gewünschten Umfang erreicht wurden, sind sie mancherorts zu Innovationszentren für kommunale und private Unternehmen geworden.

M 2.69 *Anzahl der Forscher 1999 im internationalen Vergleich*

Aus: http://jin.jcic.or.jp/stat/stats/15RED22.html

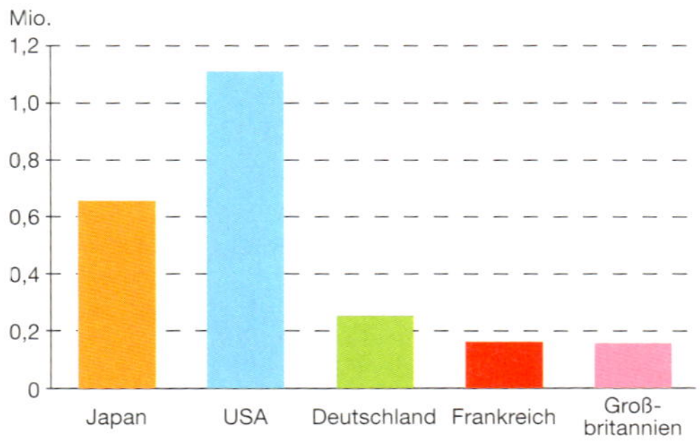

Research Parks.
Erfolgreicher waren dagegen manche der primär durch private oder kommunale Betreiber initiierten „Research Parks", von denen zur Jahrtausendwende mehr als 150 existierten bzw. sich in Planung befanden.
Das Erfolgsrezept der privat getragenen Research Parks besteht darin, bei strenger Profitorientierung in enger Zusammenarbeit mit den kommunalen Behörden die technologischen Standards der bereits etablierten regionalen Industrie zu steigern.

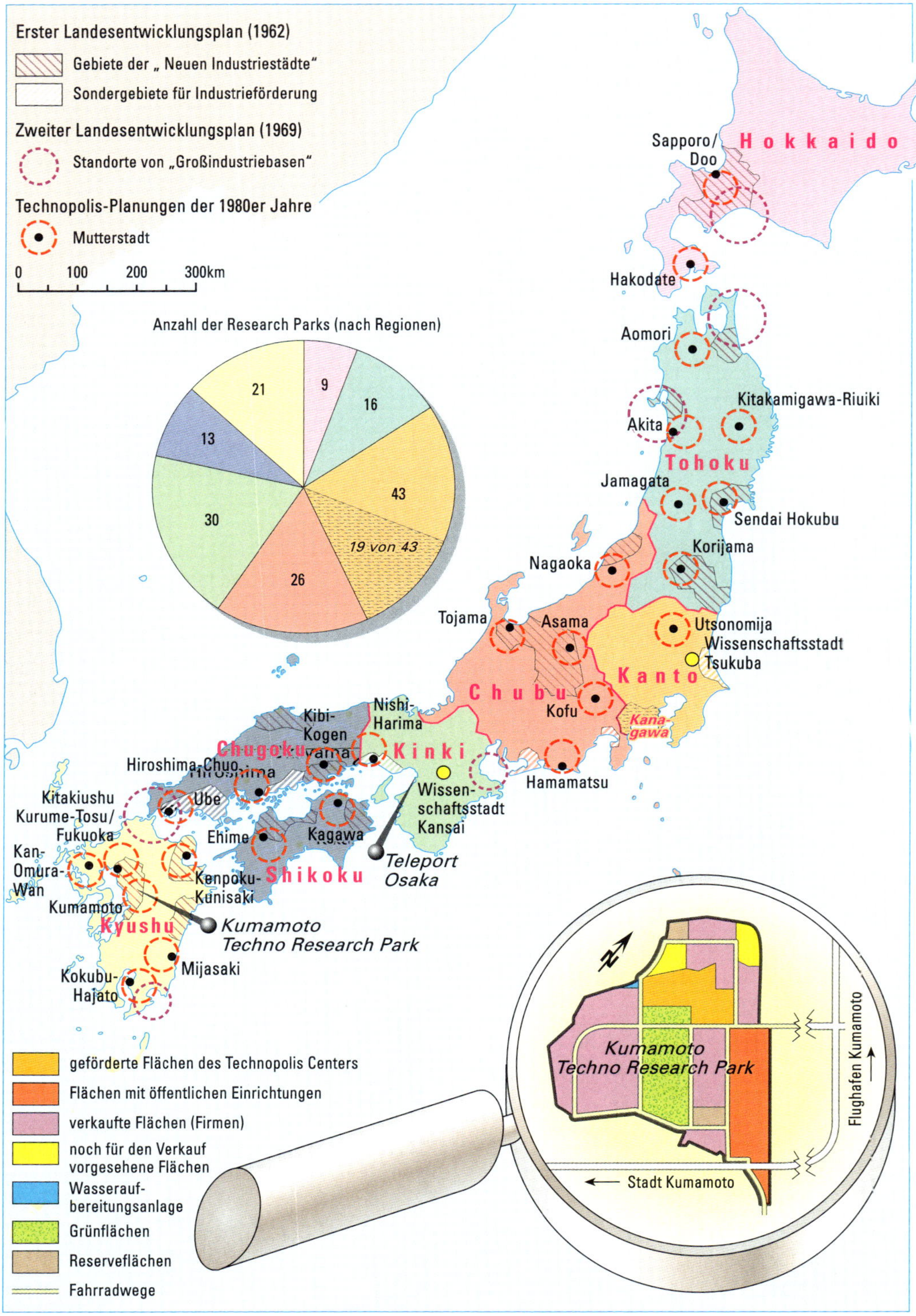

***M 2.70** Landesplanung und Technologieentwicklung in Japan*

Nach: Winfried Flüchter, ebenda; ders: Japan, die Landesentwicklung im Spannungsfeld zwischen Zentralisierung und Dezentralisierung. In: Geographische Rundschau, H. 4, 1990. Braunschweig: Westermann, S. 191; Masuda Project of TIT 1998; http://www.k-faz.co.jp/tech/park.html

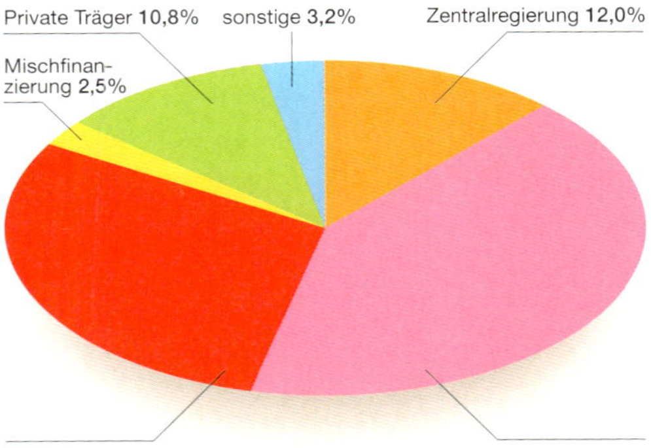

M 2.71 Trägerschaft der japanischen „Research Parks" *Nach http://www.k-faz.co.jp/tech/tech.html*

Ein Beispiel für einen erfolgreichen kommunalen und privaten Research Park ist der in der Technopole Kumamoto entstandene (M 2.70, M 2.72 und 2.73).

Kumamoto Techno Research Park.

→ The Kumamoto Technopolis Project was launched in 1984 to promote the development of local high technology capabilities through the cooperation of industrial, academic, and administrative fields as a part of the "Affluent Community" concept. From the time of its establishment the project has received enthusiastic support and promotion from leaders in all three fields. Thirteen cities, towns, and villages centering around Kumamoto City have been targeted as sites for the Kumamoto Technopolis Project for a total area of 96,000 hectares.

Kumamoto City serves as the heart of the project and the source for the dissemination of information and data to the surrounding "Techno Corridor" base of both high-tech enterprises and residential communities.

The four target fields – the "High-Tech ABCDs" – being Center, and the Kumamoto promoted by the Technopolis are A-automation, B-biotechnology, C-Computers, and D-data processing. Steady progress has been made in the concentration of advanced technologies through the construction of Kumamoto Techno Research Park as the core of the project and the establishment and improvement of such facilities as the Applied Electronics Research Center, the Kumamoto Technopolis University Cooperative Research Center – all of which, together with an increasing number of newly located quality enterprises, from the hub of the Technopolis Project.

New plans are being made for the construction of Kumamoto Second Technopark for the promotion of entrepreneurial activities that, while pioneering new products and new fields of technology, will enhance the technological levels of local businesses and business areas.

Aus: http://www.k-faz.co.jp/tech/tech.html

M 2.72 Kumamoto Technopolis

M 2.73 Kumamoto Technopark II

Teleports. Die Entwicklung der großen Städte wird allgemein stark beeinflusst vom Standortwettbewerb um Unternehmen und Investoren. Dabei spielen der Aufbau lokaler, regionaler, nationaler und globaler Kommunikationssysteme und deren Vernetzung eine immer größere Rolle. Informiert sein über die neuesten Entwicklungen und Fühlung halten mit den Entwicklungszentren ist gerade für *High-Tech-Branchen* von größter Bedeutung. Die telekommunikative Erreichbarkeit auf allen Distanzen ist daher ein Standortvorteil, der die Attraktivität einer Stadt maßgeblich mitbestimmt. Nach dem Vorbild der Wissenschafts- und Technologiestädte, wie z. B. Tsukuba, werden Japans Großstädte technisch aufgerüstet, etwa mit Verkehrsleitsystemen und Telekommunikationsnetzen. Eines der neuen Entwicklungskonzepte dieser „intelligenten Städte" ist der so genannte Teleport.

In New York entstanden, wurde das Teleport-Konzept rasch auch für andere Metropolen attraktiv. Eindeutig definiert ist der Begriff Teleport allerdings noch nicht. Er steht heute für ganz unterschiedliche Organisationsformen, die komplexe Serviceleistungen unterschiedlichster Art anbieten, wie z. B. die gleichzeitige Bereitstellung von Büroräumen, Lagerflächen oder auch Wohnraum mit der entsprechenden telekommunikativen Vernetzung. Der Osaka-Teleport (M 2.74) z. B. bietet mit mehreren großen Parabol-Antennen eine zuverlässige 24-stündige nationale und globale Telekommunikation über Satellit an.

Teleports werden von eigenen Betreibergesellschaften verwaltet. Die Träger können Kommunen, private Unternehmen und – wie in Japan – verschiedene Ministerien sein. Die privaten Teleports konzentrieren sich in den Zentren, während Japans Raumordner versuchen auch auf diese Entwicklung zur Entlastung der *Metropolregionen* Einfluss zu nehmen, indem sie Teleports in peripheren Regionen mit öffentlichen Mitteln fördern.

***2.36** Berechnen Sie, nach welcher Zeit die drei in Nagoya im Einsatz befindlichen Großpumpen die Flughafen-Insel aufgefüllt haben werden (pausenloser Betrieb vorausgesetzt).*

***2.37** Diskutieren Sie Vor- und Nachteile einer Industrieansiedlung auf Neuland für alle beteiligten und tangierten Bevölkerungsgruppen.*

***2.38** Nennen Sie Ursachen für das starke Wachstum der Küstenmetropolen Tokyo, Osaka, Nagoya.*

***2.39** Beschreiben Sie Ursachen, Ziele und Wirkungen des „Ersten und Zweiten Plans zur Entwicklung des ganzen Landes".*

***2.40** Erläutern Sie den grundsätzlichen Wandel in Japans Raumordnungspolitik zwischen dem „Zweiten" und „Dritten Plan zur Entwicklung des ganzen Landes".*

***2.41** Diskutieren Sie Ursachen für das teilweise Scheitern des Technopolis-Konzepts.*

***2.42** Ermitteln Sie Unterschiede und Gemeinsamkeiten bei den raumordnerischen Maßnahmen der japanischen Regierung in den verschiedenen Phasen der Industrialisierung.*

***2.43** Diskutieren Sie die Wirkungen von Researchpark und Teleport für die künftige Entwicklung der japanischen Industrie.*

***2.44** Vergleichen Sie die Entwicklung von Verkehrsnetzen wie Straße und Schiene mit derjenigen von Kommunikationssystemen.*

***M 2.74** Satellitenkommunikaton vom Osaka-Teleport aus* *Nach www.omp.co.jp/english/service/sat4.html*

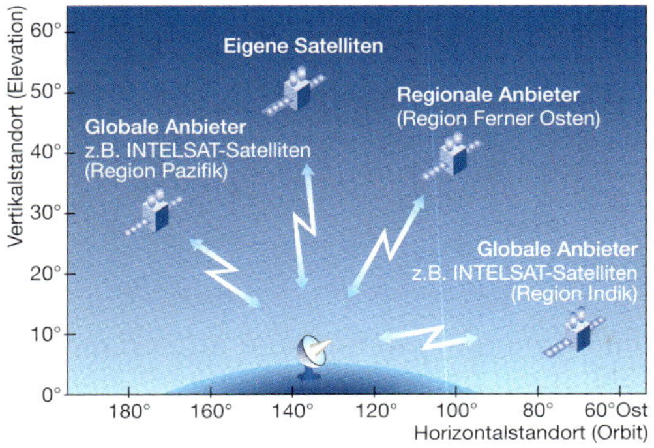

Verflechtungen

Die von außen wahrgenommene und gefürchtete „*Japan-AG*“ (vgl. S. 60 – 61) ist das Ergebnis einer intensiven *Verflechtung* von Politik, Behörden und Unternehmensgruppen. Zu ihnen gehören Banken, Industriebetriebe und transnationale Konzerne, wie die Universalhandelshäuser (jap.: *Sogo Sosha* – vgl. S. 84 – 85). Sie alle arbeiten eng zusammen mit staatlichen Einrichtungen, wobei das *METI* (vgl. S. 64 – 65) weit reichende Koordinationsfunktionen ausübt.

Das „Eiserne Dreieck“

Den Kern der „Japan-Inc.“ bilden drei Personengruppen, die als Schlüsselakteure gelten: die Vertreter der politischen Parteien, der Ministerialbürokratie und der Privatwirtschaft. Zwischen ihnen besteht ein Netz wechselseitiger Beziehungen (*Face-to-face-Kontakte*). Das eiserne Dreigestirn ist im Kern der Metropole Tokyo lokalisiert (M 2.75), wo es auf wenigen Quadratkilometern auch räumliche Dimension annimmt und eine ungeheure Sogwirkung ausübt auf alle, die im Zentrum der japanischen Wirtschaft agieren wollen.

→ „Keine andere Branche prägt das Zusammenspiel der Akteure im „Eisernen Dreieck“ so eindrucksvoll wie die Bauwirtschaft. Führende Parlamentarier (LPD-„Stammesabgeordnete“ des Bauwesens), Ministerialbürokraten (des heutigen Ministeriums für Raum, Infrastruktur und Verkehr) sowie Vertreter der Wirtschaft (Bau- und Immobilienimperien) gehen durch ein ausgeklügeltes System gegenseitigen Gebens und Nehmens gezielt ihren Eigeninteressen nach … Das Schlüsselwort der Branche heißt dangô (kartellartige Preisabsprachen), ein bei öffentlichen Ausschreibungen übliches Verfahren, bei dem die Bieter sich im Voraus darüber abstimmen, wer zu welchem Preis unter Ausschaltung des Wettbewerbs das Angebot erhält.“ *Quelle wie M 2.75*

Dieserart Baulobbytätigkeit und Verschwendung öffentlicher Gelder erklären eine Fülle überflüssiger bzw. überproportionierter Bauprojekte wie Hochbrücken, Tiefttunnels, Shinkansen-Trassen, Flughäfen und Neulandgewinnung.

***M 2.75** „Eisernes Dreieck“ in der City von Tokyo*

Nach Winfried Flüchter: Eine neue Hauptstadt für Japan? Geographische Rundschau 54, H. 6. Braunschweig: Westermann 2002, S. 40

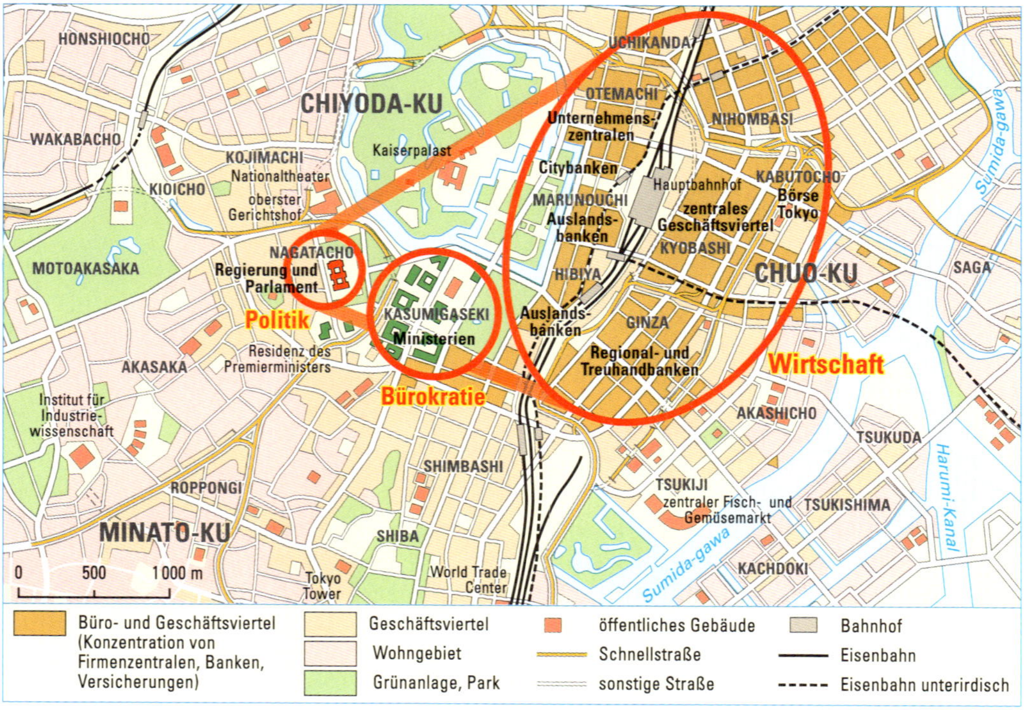

Dynamik der Industriecluster am Beispiel der Autoindustrie

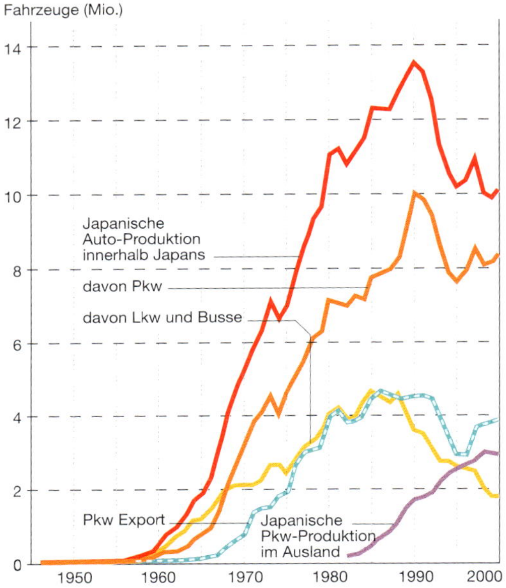

Trotz deutlichen Rückgangs der Produktionszahlen (M 2.76) beschäftigt Japans *Automobilindustrie* insgesamt noch immer 5,5 Mio. Menschen, das sind 9 % aller Beschäftigten des Landes. 1999 erwirtschaftete sie 65 % der Nettogewinne in Japans *Welthandel*.

Das als Ausbeutungssystem für Kleinbetriebe vielkritisierte Zuliefererwesen der 1960er und 1970er Jahre (vgl. S. 82–83) hat sich seither erheblich gewandelt. Das inländische Verteilungsmuster der elf japanischen Autohersteller zeigt eine funktionsräumliche Verteilung. Man bezeichnet die räumliche Konzentration funktional verflochtener Betriebe als *Industriecluster*, die bei Toyota und Honda (M 2.77) besonders deutlich sind.

***M 2.76** Entwicklung der japanischen Automobilproduktion*

Nach Nihon jidôsha kôgyôkai 1988; Nikkan jidôsha shinbunsha 2001; aus Winfried Flüchter: Automobilindustrie in Japan. Geographische Rundschau 54, H. 6. Braunschweig: Westermann 2002, S. 18

***M 2.77** Standorte der Autohersteller Toyota und Honda auf Mittel-Honshu* *Nach Winfried Flüchter: ebenda, S. 19*

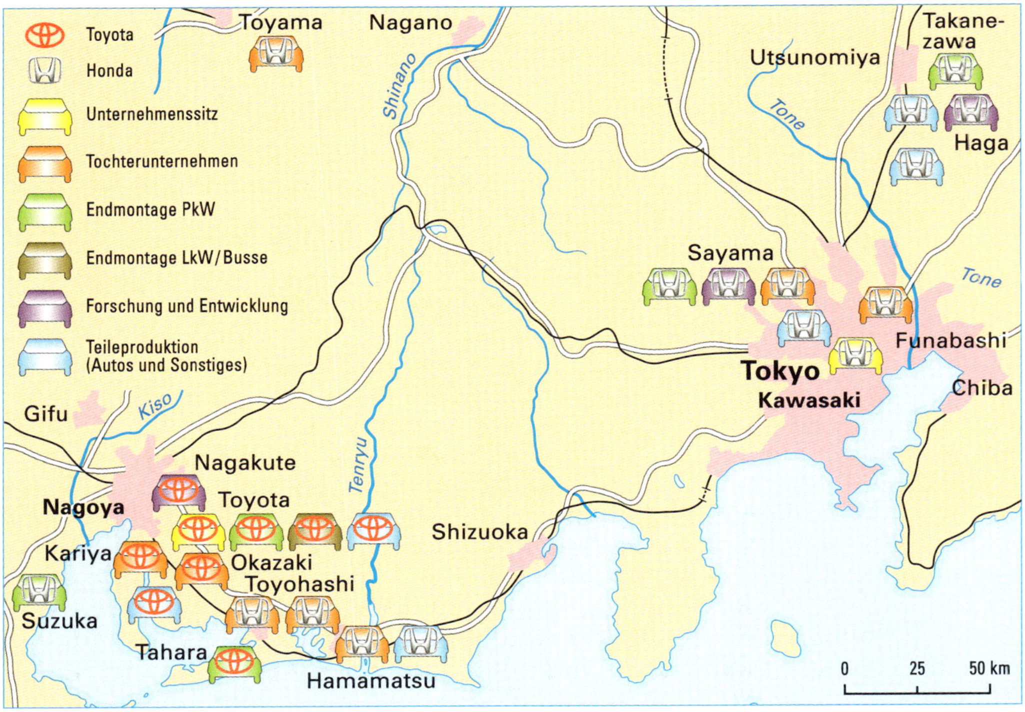

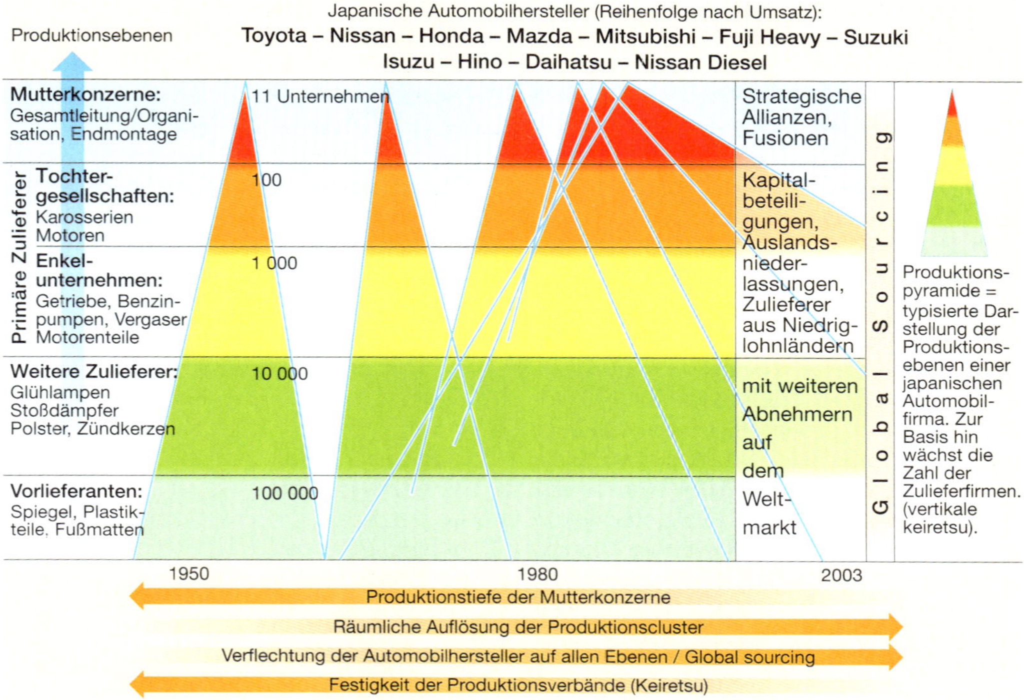

***M 2.78** Strukturwandel in der japanischen Autoindustrie* *Nach ebenda, S. 18–26 Entwurf Dr. Rolf Ziegler*

Grundlage ist eine Produktionspyramide (M 2.78), deren zwischenbetriebliche Organisation als vertikale „Keiretsu“ (jap.: Reihe / Verbundgruppe) bezeichnet wird.

Ein japanischer Autohersteller hat im Durchschnitt etwa ein Dutzend Tochterunternehmen und deren Töchter (Enkelunternehmen). Diese Unternehmen der ersten Reihe sind in Zuliefervereinigungen oder Kooperationsverbänden organisiert und beliefern überwiegend ihr Mutterunternehmen. Die Erstzulieferer (ca. 200 – 300) arbeiten mit mehreren Tausend Vorlieferanten der zweiten Stufe zusammen. Das Ende der Zulieferkette bildet eine fünfstellige Zahl von Zulieferern der dritten und höheren Stufen.

Das Bild der Pyramide wird aber heute zunehmend dadurch aufgebrochen, dass die Mitglieder der Zuliefervereinigungen nicht nur einen, sondern mehrere Hersteller beliefern. Dadurch verringert sich ihre Abhängigkeit gegenüber den oberen Stufen der *Produktionspyramide*. Das heißt, die Ausrichtung der Zulieferer auf einen Hersteller weicht einer flexibleren Anpassung, was zu einer räumlichen Streuung der Niederlassung führen kann, also der Clusterbildung entgegenwirkt.

Die einst als Toyotismus gerühmte lokal-regionale Einbettung der Produktion mit all ihren Vorteilen, wie z. B. Senkung der Transportkosten, weicht einer dynamischen Anpassung, die im Extrem „*Global Sourcing*“ bedeutet und von mehreren Ebenen der Produktionspyramiden aus erfolgt. Die weltweite Suche nach den attraktivsten Bezugsquellen sowie strategische Allianzen mit ausländischen Konkurrenten verstärken diesen Trend von der Spitze her (z. B. Toyota / Peugeot / General Motors). Globale Suche nach Lieferanten aus Niedriglohnländern und Abnehmern in anderen Industriestaaten von den mittleren und unteren Ebenen her verringert die vertikalen Abhängigkeiten innerhalb der Produktionspyramide. Diese neuere Entwicklung erhöht zwar die Konkurrenz, führt aber zu einer noch flexibleren Anpassung an den Markt und noch geringerer Produktionstiefe.

„Duale Beschäftigungsstrukturen“ und das „China-Syndrom“

Japans Industriestruktur wurde früher in der Literatur vielfach als *„Duales System“* beschrieben, in dem eine relativ kleine Zahl großer, multinationaler Konzerne wie Toyota oder Mitsubishi mit einer Vielzahl mittlerer und kleiner Betriebe in einer Art *Produktionspyramide* miteinander verknüpft ist (vgl. M 2.78). Es besteht eine Hierarchie von kleineren Zulieferern und größeren Abnehmern (vgl. S. 80–81). Vor diesem Hintergrund entwickelten Japans Industriemanager ein ausgefeiltes System unterschiedlichster Beschäftigungsformen, z. B. Anstellung auf Lebenszeit, Teilzeitarbeit, befristete Mitarbeit, Arbeit in Subunternehmen oder Leiharbeit. Die Kritik daran richtete sich vor allem gegen die großen Unterschiede bei Arbeitsbedingungen, Einkommen und sozialer Absicherung der Beschäftigten in den unterschiedlichen Betriebsgrößen und Beschäftigungsverhältnissen. Von diesem System profitierten vor allem die Großbetriebe, die einen Teil ihrer Produktionskosten auf die kleinen Zulieferbetriebe abwälzen konnten.

→ „Eine Autofabrik in Japan hat bei weitem nicht die Fertigungstiefe (30 %) wie eine in Deutschland (70 %). In Japan werden 70 % der Teile von Subunternehmern zugeliefert, die die Lieferverträge nach Zeit, Sortiment und Qualität genauestens erfüllen: An den dafür bestimmten Einfahrtstoren der Autowerke sind ständig die Klein-Lkws zu sehen, die die Komponenten anliefern. Sind sie nicht pünktlich oder erfüllen sie nicht die Anforderungen, so werden die Verträge gekündigt und viele werden zahlungsunfähig (so genanntes Kanban-System, von kanban = Firmenschild).

Dieses System bietet viele Vorteile:

a) Die Lagerhaltung ... kann kostensparend auf ein Minimum herabgesetzt werden.

b) Die Produktion kann der Nachfrage flexibel angepasst werden – keine Produktion auf Halde wie früher in der deutschen Autoindustrie vor der Frühjahrssaison.

c) Die Lohnkosten in den Zulieferbetrieben sind erheblich niedriger, weil die Angehörigen dieser Betriebe meist nicht gewerkschaftlich organisiert sind und es Tarifverträge nur für die einzelnen Großunternehmen, nicht aber für ganze Industriezweige gibt. So werden die Ergebnisse der Frühjahrslohnkämpfe (Shuntõ) keineswegs automatisch auf die Zulieferunternehmen ausgedehnt.

d) Die Löhne in den Subunternehmen sind bis zu 45 % niedriger als in den Großunternehmen. Die Bonuszahlungen ... sogar bis zu 80 % ...

***M 2.79** Duale Beschäftigungsstrukturen in Japans Industrie 2000*

Zahlen nach Japan Statistical Yearbook 2003 auf http://www.stat.go.jp/english/data/nenkan/zuhyou/b0706000.xls

e) Die Zulieferbetriebe beschäftigen häufig über 55 Jahre alte Arbeitnehmer, deren Arbeitsverhältnis in den Großunternehmen wegen ... der Altersgrenze geendet hat. Das Senioritätsprinzip, das die Löhne nach der Dauer der Betriebszugehörigkeit steigen lässt, gilt für sie nicht.

Im Ganzen verleiht das duale System den japanischen Großunternehmen eine hohe Flexibilität und senkt die Betriebskosten erheblich.

Hans-Dieter Scheel: Die Charakteristika der japanischen Wirtschaft. In: Manfred Pohl, a.a.O., S. 286/287

Heute vollzieht sich auch in diesem System ein Wandel, ausgehend sowohl von den Großbetrieben als auch von der kleinbetrieblichen Basis der *Produktionspyramide*. So wandert Japans *High-Tech-Industrie* zunehmend nach Ost- und Südostasien ab. Der Monatslohn eines Arbeiters dort entspricht dem Tagesverdienst seines japanischen Kollegen. Der Billiglohnstandort China, wo Japans Global Player heute Milliarden investieren, bietet noch weitere Vorteile: keine Rücksicht auf lebenslange Arbeitsplatzgarantie, kein Senioritätsprinzip, keine Verpflichtungen gegenüber langjährigen Zulieferern und der größte Abnehmermarkt der Erde vor den Werkstoren. Es begann mit Kühlschränken und Fernsehern, deren Fertigung Japans Topfirmen nach China auslagerten. Heute folgen die *High-Tech-Waren*. Der Elektronikgigant NEC plant ca. 70 % seiner PC in China zu bauen, der Kamerahersteller Olympus verlegt einen Großteil seiner Produktion nach Shenzhen und einige Firmen bringen bereits *Forschungs- und Entwicklungslabore* nach China. Dies vernichtete nach vorläufigen Schätzungen seit 1993 ca. 3 Mio. Arbeitsplätze und zahlreiche Unternehmen in Japan. Dieser Industrie-Exodus und seine Folgen (M 2.80), als „*China-Syndrom*" gefürchtet, schüren in Japan tiefe Ängste und tragen wesentlich zur heutigen Wirtschaftskrise bei. Viele japanische Zulieferer im Bereich der Mittel- und Kleinbetriebe verlieren durch die chinesische Konkurrenz ihre Hauptabnehmer und müssen Mitarbeiter entlassen. Überlebenschancen gibt es für Betriebe, die sich aus der Bindung und Umklammerung nur eines Großabnehmers lösen können, flexible und kostengünstigere Beschäftigungsformen entwickeln (M 2.79) und ihre Abnehmer nicht mehr nur in Japan suchen (*Global Sourcing*). Diese Entwicklung führt zu einem Aufbrechen der lange Zeit erfolgreichen, traditionellen Verbundsysteme und Produktionsketten (*keiretsu*), was auch räumliche Veränderungen zur Folge hat, wie das Beispiel der japanischen *Automobilindustrie* zeigt (vgl. S. 80–81).

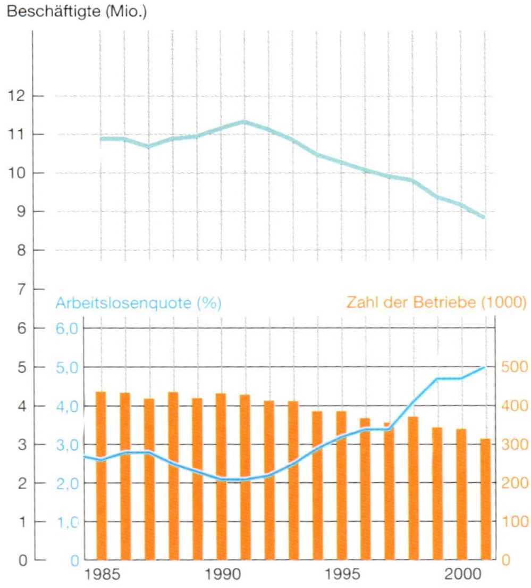

***M 2.80** Betriebszahlen (Betriebe ab 4 Beschäftigte) und Beschäftigung in Japan zum Vergleich*

Nach: http://jin.jcic.or.jp/stat/stats/09LAB31. bzw. IND41.html

***2.45** Vergleichen Sie japanische Raumordnungspolitik und die Interessen der japanischen Konzerne nach ihren Zielsetzungen.*

***2.46** Beurteilen Sie das Aufbrechen der Verbundsysteme (keiretsu) in ihrer Wirkung auf Japans Binnen- und Außenwirtschaft.*

***2.47** Erläutern Sie Vor- und Nachteile der dualen Struktur für Abnehmer, Zulieferer und Arbeitnehmer am Beispiel der Automobilindustrie (M 2.79 und Quellentext S. 82 / 83).*

***2.48** Diskutieren Sie unterschiedliche Entwicklungspotenziale für Japans Groß-, Mittel- und Kleinindustrie im „Global Sourcing".*

***2.49** Beschreiben und erklären Sie die Veränderungen bei der Zahl der japanischen Betriebe und der Beschäftigten von 1985 bis 2001. Stellen Sie dabei einen Zusammenhang zwischen der Änderung der Beschäftigtenzahl in Abhängigkeit von der Betriebsgröße her und diskutieren Sie mögliche Ursachen.*

Sogo Sosha – Flechtwerk im Wandel

Am Beispiel der traditionsreichen japanischen *Universalhandelshäuser (Sogo Sosha)*, die mit ihren national und global verzweigten logistischen Netzwerken entscheidend zu Japans wirtschaftlichem Aufstieg nach dem Zweiten Weltkrieg beigetragen haben, soll gezeigt werden, wie auch diese typisch japanische Organisationsform durch den globalen Wandel der Wirtschaft bedroht ist und nach neuen Aufgabenfeldern suchen muss. Nur 8 von 16 dieser multinationalen Unternehmen haben die globalen Umwälzungen der vergangenen zwei Jahrzehnte überstanden und die Umsätze sind weiter rückläufig (M 2.81).

Die Gründe des Rückgangs sind teilweise fremdbestimmt, aber auch hausgemacht: Da zum Sogo-Sosha-Netzwerk auch eigene Banken gehören, konnten große Summen in riskante Projekte fließen, die durch die Yen-Aufwertung und die *Asienkrise* wie Seifenblasen platzten (*Bubble-Economy*). Vor allem die Umgehung der Handelshäuser in ihrer Funktion als Mittler zwischen den Produzenten und den Käufern macht den Sogo Sosha zu schaffen. Handelshäuser produzieren nicht, sondern leben davon, dass sie Waren kaufen und wieder verkaufen. Ihre Dienstleistung, für die der Kunde letztlich bezahlen muss, besteht in Transport und Marketing mit Angeboten für Finanzierung und Werbung. Will ein Handelsunternehmen überleben, muss es sowohl auf der Seite des Lieferanten als auch auf der Seite des Abnehmers glaubhaft machen, dass seine Funktion einen Marktwert hat. Gelingt dies nicht, suchen die Abnehmer den direkten Kontakt zum Produzenten und umgekehrt. Der „Verkauf ab Werk“ verheißt günstige Preise und dadurch mehr Abnehmer!

Solche großen Unternehmen wie z.B. Toyota und Sony organisieren inzwischen weltweit eigene Vertriebsnetze, um den teuren Zwischenhandel zu umgehen. Die Sogo Sosha mit ihren traditionellen Vertriebswegen und Funktionen im Binnen-, Außen- und Dritthandel verlieren für sie an Bedeutung.

Mit unterschiedlichen Strategien versuchten sich die Sogo Sosha deshalb neue Aufgabenfelder zu erschließen, z.B. durch Allianzen und Fusionen untereinander, die Aufgabe unprofitabler Bereiche und die Spezialisierung. Gegenwärtig steht die Informationsbeschaffung an führender Stelle in der Rangliste ihrer künftigen Dienstleistungsfunktionen, gefolgt von der Finanzierungs-, Risikovermeidungs-, Logistik-, Entwicklungs- und Organisationsfunktion. Heute wollen die Universalhandelshäuser keine Sogo Sosha im früheren Sinne mehr sein. Man sucht nach einer neuen Identität und einem Namen, der die neuen Funktionen besser zum Ausdruck bringt. Diskutiert werden Titel wie: „New Value Creator“, „Multifunctional Enterprise“ oder „Navigator Company“. Wenn der Umbau der Unternehmen gelingt, können sie in den künftigen *Verflechtungen* der japanischen Wirtschaft wieder eine wichtige Rolle spielen.

***M 2.81** Geschäftsentwicklung der japanischen Universalhandelshäuser zur Jahrtausendwende*

Nach Yoichi Anzai, a.a.O., S.46; Japan Foreign Trade. Council, Tokyo

Unternehmung	Umsätze (Mrd. Yen)			Umsatzveränderungen (%)	
	1988	1999	2000	1988 auf 1999	1999 auf 2000
Mitsubishi Corporation	13831	13113	13995	– 5,2	6,7
Mitsui & Co., Ltd.	14828	13201	13048	– 11,0	– 1,2
Itochu Corporation	15556	12144	12135	– 21,9	– 0,1
Sumitomo Corporation	14571	10656	10080	– 26,9	– 5,4
Marubeni Corporation	14189	10222	9437	– 28,0	– 7,7
Nissho Iwai Corporation	11016	7281	6474	– 33,9	– 11,1
Toman Corporation	5232	2867	2517	– 45,2	– 12,2
Nichimen Corporation	4721	2862	2419	– 39,4	– 15,5
Insgesamt	93944	72346	70105	– 23,0	– 3,1

M 2.82 Strukturelle Entwicklung der acht Sogo Sosha

Nach: Japan Foreign Trade Association

Fiskaljahre	Umsätze insgesamt (Mrd. Yen)	Anteil (%) an Japans Exporten	Importen	Drittlandshandel	Binnenhandel
1980	69 628,1	47,4	53,7	12,1	43,2
1985	93 926,0	44,1	72,7	17,9	38,8
1990	120 775,8	34,7	60,0	27,9	43,1
1995	92 475,6	26,3	39,4	25,3	39,4
1999	60 527,4	19,5	32,1	17,9	47,1

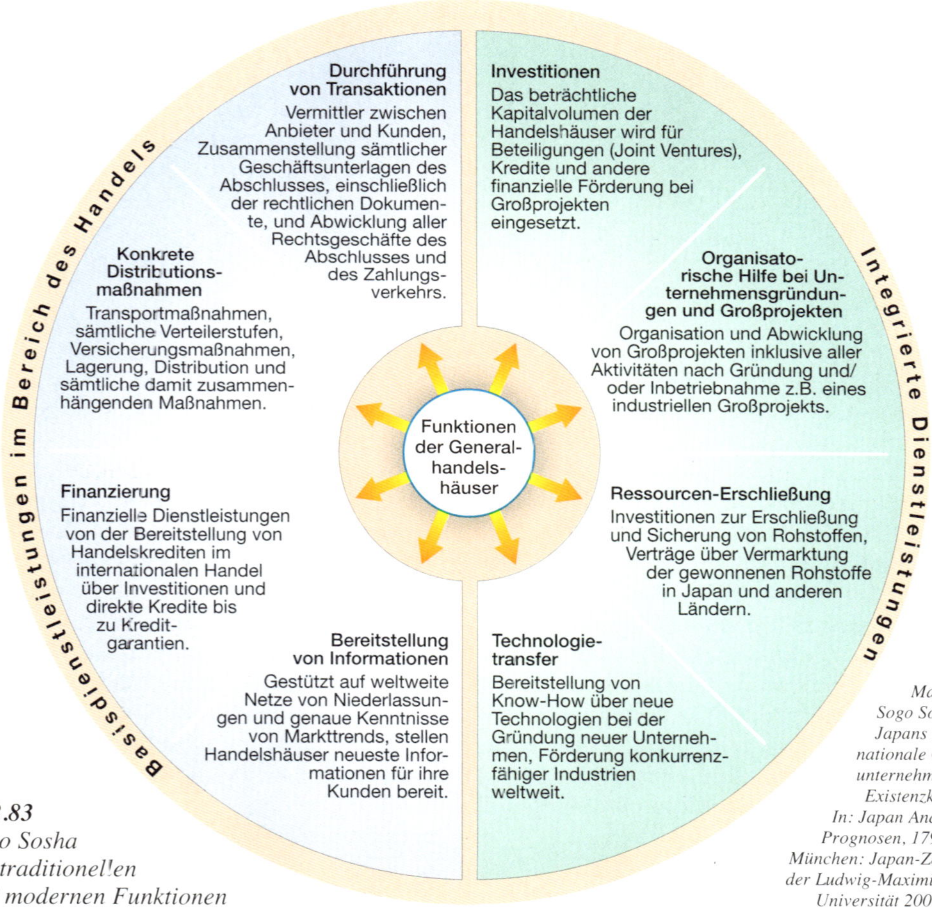

M 2.83 Sogo Sosha mit traditionellen und modernen Funktionen

Nach Max Eli: Sogo Sosha – Japans multinationale Großunternehmen im Existenzkampf. In: Japan Analysen Prognosen, 179/180. München: Japan-Zentum der Ludwig-Maximilians-Universität 2001, S. 7

2.50 *Erläutern Sie die Entstehung von Industrieclustern und beschreiben Sie Ursachen ihrer Dynamik am Beispiel der Automobilindustrie.*

2.51 *Vergleichen und beschreiben Sie anhand von M 2.77 (Cluster der Automobilhersteller) die räumliche Verteilung von Toyota und Honda.*

2.52 *Erläutern Sie die Ursachen für den Bedeutungsverlust der Universalhandelshäuser Sogo Sosha.*

2.53 *Diskutieren Sie die Überlebenschancen der ehemaligen Sogo Sosha in ihren neuen Aufgabenfeldern.*

2.54 *Beschreiben Sie mögliche Wirkungen des „Global Sourcing" auf die räumliche Entwicklung der japanischen Industrie.*

Umweltbelastungen als hoher Preis für wirtschaftliches Wachstum – Lösungsansätze

M 2.84 *Sauerstoff tanken auf dem Schulweg – im Tokyo der 1970er Jahre Alltag*

In den erfolgreichen Nachkriegsjahrzehnten nach dem Zweiten Weltkrieg zahlte die Bevölkerung im *Wirtschaftswunderland* Japan einen hohen Preis für den wachsenden Wohlstand. Die zunehmende Konzentration der Siedlungen und der industriellen Produktion vor allem an den Küsten und eine allgemein vorherrschende politische Ignoranz gegenüber den Umweltfragen führten im räumlich stark eingeschränkten Inselreich zu hohen Belastungen für die Gesundheit der Bevölkerung. Manche Körperschäden wurden regional so häufig registriert und in ihrer Symptomatik so deutlich, dass sie als Umweltkrankheiten erkannt und beschrieben werden konnten. Dazu gehören u.a. die durch Quecksilber verseuchtes Meerwasser hervorgerufene Minamata-Krankheit oder die sehr schmerzhafte Itai-Itai (Aua-Aua!), die durch das Schwermetall Cadmium verursacht wurde, welches mit Industrieabwässern in Nassreisfelder gelangte. Mit qualvollen Asthma-Anfällen (Yokkaichi) zählten vor allem auch Kinder zu den Opfern hoher Schadstoffkonzentrationen in der Luft (M 2.84).

Wie amtliche Statistiken ausweisen, starben in den ersten Nachkriegsjahrzehnten Tausende an den direkten Folgen der Umweltverschmutzung (jap.: Kogai). Obwohl die Zahl der Kogai-Opfer von Jahr zu Jahr wuchs, verfolgte die Regierung mit Rücksicht auf das Wirtschaftswachstum zunächst eine mehr symbolische Umweltpolitik. Die so genannte *Harmonieklausel* (Umweltschutz nur in Harmonie mit wirtschaftlichem Erfolg) sorgte dafür, dass die Umweltgesetze von 1967 weitgehend wirkungslos blieben. Unternehmen leisteten relativ geringe Schadenersatzzahlungen (*Tränengeld*) und gegen Protestaktionen wurden staatliche Machtmittel eingesetzt.

Die Folge war, dass mit der Industrieexpansion auch die Umweltbelastung und die Zahl der Kogai-Opfer landesweit zunahm. Japan betrieb das, was Kritiker zum „*Sozialdumping*“ rechnen: eine mit Schäden an der Gesundheit der Bevölkerung erkaufte Drosselung der Produktionskosten. Für seine Exporterfolge auf dem Weltmarkt – so hieß es damals – betreibe Japan „ökologisches Harakiri“.

Frühere Umweltkonzepte

Ein Umdenken erfolgte durch den zunehmenden Widerstand aus der Bevölkerung. Dieser sorgte für eine öffentliche Meinung, in dem mutige Richter einige Aufsehen erregende Urteile fällen konnten. An Minamata, Itai-Itai und Yokkaichi Erkrankte wurden als Kogai-Opfer anerkannt und erhielten hohe Entschädigungssummen von den Verursachern. So musste z.B. der Chemiekonzern Chisso im Jahre 1982 umgerechnet insgesamt 282 Mio. Euro an Minamata-Kranke zahlen. Solche wahrhaft enormen Kosten erzwangen dann öffentliche und private Anstrengungen in der Umweltfrage.

In der Folge entwickelte Japan Rechtssprechungskonzepte und Programme zum Schutze der Umwelt, die auch in anderen Industrieländern Nachahmung fanden:

Statistik statt Kausalitätsnachweis. Anspruch auf Entschädigung hat ein Kogai-Kranker, wenn er sich längere Zeit an einem Ort aufgehalten hat, an dem seine Krankheit statistisch gesehen häufiger auftritt. Entschädigung müssen diejenigen Betriebe zahlen, durch deren Emissionen das Gebiet belastet wird.

M 2.85 Elektronische Anzeige für Emissionen

Zentraler und regionaler Umweltschutz. Grenzwerte für solche Schadstoffe wie Schwefeldioxid, Stickoxide oder Kohlenmonoxid wurden landesweit gesetzlich festgelegt. Einzelne Unternehmen mussten sich per Vertrag zur Einhaltung von Grenzwerten verpflichten. Bis zum Jahre 1987 wurden 28 581 derartige Verträge abgeschlossen.

***M 2.86** Entwicklung der Emissionswerte (ppm-Jahresmittel) in Japan (ca. 1 350 bis 1 500 straßenferne Messstationen)*

Nach http://www.jinjapan.org/stat/stats/19ENV11bis13.html

	Kohlenmonoxid (CO)	Stickoxide (NO_x)	Schwefeloxide (SO_x)
1987	0,7	0,016	0,006
1988	0,7	0,016	0,006
1989	0,7	0,017	0,006
1990	0,7	0,017	0,006
1991	0,7	0,018	0,006
1992	0,6	0,017	0,006
1993	0,6	0,017	0,005
1994	0,6	0,017	0,005
1995	0,6	0,017	0,005
1996	0,6	0,018	0,005
1997	0,6	0,017	0,005
1998	0,5	0,017	0,004
1999	0,5	0,016	0,004
2000	0,5	0,017	0,005

***M 2.87** Entwicklung der Recycling-Raten in Japan*

Nach http://www.jinjapan.org/stat/stats/19ENV51.html

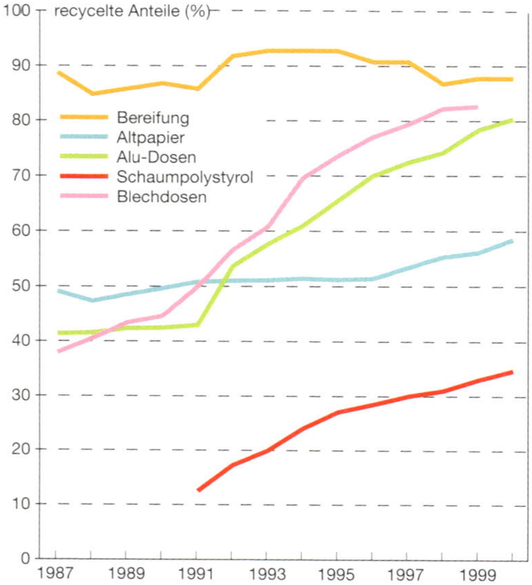

M 2.88 Japan im internationalen Vergleich beim Pro-Kopf-Ausstoß von Kohlendioxid, Schwefeloxiden, Stickoxiden, Hausmüll und Abwässern (Stand 2000 oder letztverfügbarer)

Nach Wirtschaftskammern Österreichs: Statistische Daten, auf http://portal.wko.at

	Emissionen (kg/Ew.)			Hausmüll	Anteil ungeklärter
	CO_2	SO_x	NO_x	(kg/Ew.)	Abwässer (%)
Japan	9 100	7	13	410	38
USA	20 600	63	84	760	29
EU insgesamt	8 400	18	27	542	23
Deutschland	10 100	10	20	550	9
Großbritannien	8 900	20	27	560	8
Italien	7 400	16	26	490	37
Schweden	5 900	8	30	450	7

Messen und Informieren. Seit 1972 veröffentlicht das nationale Umweltamt Daten staatlicher, kommunaler und industrieeigener Messstationen. Sie erscheinen außerdem fortlaufend auf elektronischen Schautafeln, für jedermann einsehbar (M 2.85).

Kommerzialisierung des Umweltschutzes. Die Notwendigkeit, die eigene Umwelt zu entlasten, brachte einen Innovationsschub zur Entwicklung neuer Umwelttechnologien. Japans Ingenieure brachten sie schnell zur Marktreife. Rauchgasentschwefelungsanlagen wurden Exportschlager und auf dem USA-Markt stiegen die Absatzchancen für abgasarme japanische PKW mit Katalysatortechnik.

Umweltpolitik als Krisenmanagement. Trotz Umweltgesetzgebung und sinkender Schadstoffmengen verstummte die Kritik an Japans Umweltpolitik nicht. Nach Meinung von Fachleuten betrieb Japans Regierung eine Art Krisenmanagement statt vorausschauender Umweltpolitik. Es hieß, man bekämpfe Symptome, beseitige aber nicht deren Ursachen. Trotz aller Kritik konnte Japan seit 1990 die Qualität seiner Umwelt in vielen Bereichen deutlich verbessern (M 2.87) und rangiert heute im internationalen Vergleich der Industrienationen (M 2.88) bei der Pro-Kopf-Produktion von Schadstoffen auf einem der hinteren Plätze.

Verschwendung zu Lasten des Nachbarn

Trotz des günstigen Abschneidens im internationalen Vergleich (M 2.88) sind die großen Probleme, die Japan nicht zuletzt auch wegen seiner Raumnot mit dem Schutz der Umwelt hat, nicht zu übersehen. Die Japaner selbst halten den Müll für ihr größtes Umweltproblem. Trotzdem ziehen sie z.B. jährlich für umgerechnet ca. 70 Mrd. Euro Waren aus knapp 6 Mio. Automaten, die hierfür 10 Mrd. kWh an Strom verbrauchen (etwa die Jahreserzeugung eines mittleren japanischen Kernkraftwerkes). Die Befüllung und Entsorgung der Servicemaschinen verschlingt riesige Mengen Treibstoff und erzeugt gewaltige Müllmengen. Außerdem wird Japan vorgeworfen, es würde neben solcherart Verschwendung auch noch die eigene Umwelt auf Kosten Anderer entlasten, so z.B. durch den Export schmutziger Industrien in Billiglohnländer seiner asiatischen Nachbarschaft, weil dort außer den billigen Arbeitskräften auch weniger Gesetze zum Schutze der Umwelt existierten als im eigenen Land. Japan verbrennt 75 % seines Mülls (Deutschland und die USA ca. 20 %). Trotzdem droht das Land im Abfall zu ersticken.

→ „Wegen der fehlenden Deponiefläche haben japanische Unternehmer ihren Müll in den letzten Jahren zunehmend illegal ins Ausland verfrachtet, besonders in die Nachbarländer. Vor zwei Jahren gestand der Präsident einer großen Entsorgungsfirma, über 2000 Tonnen Spritzen, Windeln und andere Abfälle in die Phillippinen exportiert zu haben. Die Container waren mit dem Schriftzug „Wertsachen" gekennzeichnet."

Greenpeace: Japan erstickt im Müll, auf www.tierenzyklopädie.de/news/200201/020130gpc.html

Weltweite Empörung erntet Japan auch für Regenwaldabholzung, Treibnetzfischerei und den Walfang aus „wissenschaftlichen Gründen", Praktiken, die erheblich zum weltweiten Artenschwund beitragen.

Globale Dimension der Umweltfrage

Vor dem Hintergrund globaler Umweltveränderungen wie Treibhauseffekt, Ozonproblem, saurer Regen oder Artenschwund, bekommt die Umweltproblematik auch für Japan eine neue Dimension. Der Zwang zu mehr ökologischer Verantwortung geht nun nicht mehr nur von der eigenen Bevölkerung aus, sondern erfolgt auch über die internationale Staatengemeinschaft und die Weltöffentlichkeit, deren Sensibilität für die Belange des Umweltschutzes spürbar zunimmt. Auf der Klimakonferenz von Kyoto (1997) und der 3. Nachfolgekonferenz der Klimarahmenkonvention von Rio (1992) wurde mit dem „Kyoto-Protokoll" eine deutliche Absenkung der Emissionen von sechs Treibhausgasen festgeschrieben. Im Zeitraum 2008–2012 sollen sie um durchschnittlich 5,6 % unter das Niveau von 1990 (Referenzbasis) abgesenkt werden. Erstmalig wurden für die Vertragsstaaten Emissionsobergrenzen festgelegt. Am 4.6. 2002 hat Japan als 73. Staat das Klimaschutzprotokoll von Kyoto ratifiziert. Das bedeutet, dass das Land bis 2012 seine Emission von Kohlendioxid, Methan, Stickstoffdioxid, Schwefelhexafluorid sowie teilhalogenierten und perfluorierten Fluorkohlenwasserstoffen um 6 % verringern muss. Das Kyoto-Protokoll tritt allerdings erst dann in Kraft, wenn mit den beigetretenen Vertragsstaaten mindestens 55 % der globalen CO_2-Emissionen erfasst sind, was den Beitritt von Russland bzw. den USA erfordert.

Umweltschutz als Chefsache

Viele japanische Unternehmen haben inzwischen den Umweltschutz zur Chefsache gemacht. Bereits Anfang der 1990er Jahre wurden in den Firmen „Umweltschutz-Management-Komitees" und „-Zentralen" eingerichtet, an deren Spitze der Firmenchef steht. Von hier aus werden nationale und internationale Aktivitäten eingeleitet und überwacht. In so genannten „Environment Protection Charters" (M 2.89) definieren die Unternehmen ihre Gesamthaltung zum Umweltschutz. An ihren Grundsätzen werden zunehmend sämtliche Vorhaben in Forschung, Entwicklung, Fertigung und Handel auf Umwelttauglichkeit geprüft.

1. Reduzierung des Industrieabfalls von 1991 = 100 % auf 20 % bis 2000 und auf 10 % bis 2010.
2. Verbesserung der Recycling-Fähigkeit der Produkte bis 2000 um mehr als 40 % und Verringerung des Demontageaufwandes auf 60 % im Vergleich zu 1992.
3. Verringerung des Einsatzes von Schaumpolystyrol um 60 % bis 2000 im Vergleich zu 1990.
4. Eliminierung des Verbrauches bleihaltigen Lotes von gegenwärtig 13 t pro Monat bis März 2002 (betroffen ist die ganze IT-Konsumgüter- und Industrieelektronik-Produktion).

***M 2.89** „Environmental Action Plan" von Hitachi*
Auszugsweise frei übersetzt aus Hitachi Today, No. 50, Nov./Dec. 1999, auf http://globalhitachi.com/sp/today/pdf/htoday50.pdf

Die Abkehr der japanischen Industrie vom giftigen Schwermetall Blei (Bleiablösung; vgl. auch M 2.28 auf S. 44), ist ein Beispiel für die langfristig vorausschauende japanische Denkweise in Wirtschaftsfragen. Man hat erkannt, dass die Zukunft dem „grünen Einkauf" gehört, dass unter dem Druck des wachsend umweltbewussten Kaufverhaltens umweltschonende Produkte *Wettbewerbsvorteile* erhalten. Die existenziellen Ansprüche der Menschheit nach einer sauberen Umwelt werden mit den konkreten Marktchancen und Finanzzielsetzungen der Firma in bester japanischer Tradition „harmonisiert" (vgl. S. 46–47).

2.55 *Verschaffen Sie sich mithilfe des Internets einen Überblick zum Kyoto-Protokoll.*
2.56 *Erläutern Sie mit naturräumlichen und wirtschaftsgeographischen Fakten, warum in Japan die Umweltproblematik extreme Formen angenommen hat.*
2.57 *Beschreiben Sie den Wandel in der Bewertung des Umweltschutzes in Japans Politik, Industrie und Bevölkerung.*
2.58 *Beurteilen Sie kritisch heutige Marktchancen von Waren, die zwar umweltverträglich, aber teurer sind als ihre schadstoffbelasteten, dafür billigeren Konkurrenten.*
2.59 *Erläutern Sie das Konzept zur Kommerzionalisierung des Umweltschutzes.*
2.60 *Warum ist die Harmonisierung von Umweltschutzidee, Technik und Gewinnstreben japantypisch?*

3. Volksrepublik China – Weltmacht des 21. Jahrhunderts?

China ist mit ca. 1,3 Mrd. Einwohnern das bevölkerungsreichste und mit ca. 9,56 Mio. km² Fläche das drittgrößte Land der Erde. Gemessen am BIP pro Kopf (vgl. M 1.7) zählt das Land nach wie vor zu den Entwicklungsländern. Wenn man aber das absolute BIP zugrunde legt, so wird China seit den 1990er Jahren zu den wichtigsten Wirtschaftsnationen gerechnet. Seit 221 v. Chr. ist China ein relativ geschlossener Staat mit einheitlicher Kultur und Sprache (M 3.2).

Die Staatsführung der kommunistischen Volksrepublik China hat sich im Jahre 1978 zu politischen und ökonomischen Reformen in kleinen Schritten entschlossen. Tatsächlich läuft die wirtschaftliche Entwicklung seit 1980 geradezu im Zeitraffertempo ab. In kaum einem anderen Land der Erde vollzieht sich der Wandel von der Agrargesellschaft über die Industrie- zur Dienstleistungsgesellschaft in solch einem rasanten Tempo. In der Volksrepublik werden seit vielen Jahren zweistellige Zuwachsraten des *Sozialprodukts* gemessen. Der Außenhandel des ursprünglich stark abgeschotteten Landes hat sich seit 1978 vervielfacht. Es zählt heute zu den wichtigen Zielgebieten des internationalen Kapitals (vgl. M 1.7). Formell wird immer noch die sozialistische *Planwirtschaft* verfolgt. Im täglichen Leben setzt sich jedoch immer mehr ein Wirtschaftsliberalismus westlicher Prägung durch.

China ist vetoberechtigtes Mitglied des Weltsicherheitsrates und ein Atomstaat. Es versteht sich im UN-Sicherheitsrat insbesondere als Vertreter der Staaten der Dritten Welt. Hohe Ausgaben für das Militär führen zu einer ständig steigenden militärischen Kapazität. Ausgetragen wurden in den vergangenen 50 Jahren eine Reihe von Konflikten mit Nachbarstaaten (Indien, ehemalige Sowjetunion, Vietnam). Besonders heikel sind die Beziehungen zur Republik China (Taiwan). Dieses Gebiet wird von der Staatsführung in Peking formell als Provinz der Volksrepublik China angesehen.

China ist ein Land mit vielen Facetten und großen Gegensätzen. Die verschiedenen Provinzen verfolgen durchaus eigene Ziele, u.a. in der Industrieansiedlungspolitik. Auch die kulturellen und ethnischen Verhältnisse sorgen für differenzierte Wertvorstellungen. Räumliche Disparitäten bestehen insbesondere im wirtschaftlichen Entwicklungsstand. So liegen Welten zwischen den hochentwickelten östlichen Küstengebieten und den traditionellen Oasenwirtschaften der westlichen Provinzen.

Extreme Gegensätze zeigt auch die naturräumliche Ausstattung des Landes. Zwischen der Nord- und Südgrenze Chinas liegen knapp 50 Breitenkreise, die West-Ost-Erstreckung umfasst über 60 Längengrade. Von Süd nach Nord und von Ost nach West beträgt die geographische Ausdehnung des Landes jeweils über 5 000 km. Dementsprechend ist China mit fast allen Klima- und Landschaftszonen der Erde ausgestattet: Es finden sich z.B. riesige Trockengebiete wie die Wüste Taklimakan, aber auch tropische Regenwälder und die Zone des borealen Nadelwaldes. Der höchste Berg der Welt erhebt sich an der nepalesisch-tibetischen Grenze und eine der tiefsten Depressionen der Erde mit 154 m unter dem Meeresspiegel hat China im Turfan-Becken aufzuweisen. Die Karstberge von Guilin sind ein Ziel des internationalen Tourismus. Eine besondere bevölkerungspolitische Situation ergibt sich dadurch, dass 55 *ethnische Minderheiten* den Eindruck eines bunten Völkergemischs erwecken, obwohl 92 % der Einwohner *Han-Chinesen* sind. Es ist damit für Spannung im Vielvölkerstaat gesorgt.

Die Chinesen, ein innovatives Volk, haben nicht nur das Schießpulver erfunden und den Kompass entwickelt. China betreibt als erstes Land auch eine Magnetschwebebahn nicht nur zu Versuchszwecken (vgl. S. 150 / 151). Gleichzeitig wird der Alltag der Menschen noch von alten Sitten und Wertvorstellungen geprägt. Von *Maos* Idee einer Gesellschaft ohne soziale Gegensätze ist wenig geblieben: Einer vermögenden Oberschicht, die viele der neuen wirtschaftlichen Freiheiten geschickt ausnutzt und einen luxuriösen westlichen Lebensstil pflegt, stehen 150 Mio. mittellose *Wanderarbeiter* gegenüber. Trotz des wirtschaftlichen Fortschritts und der Öffnung nach außen kommt der Demokratisierungsprozess nur langsam voran.

***M 3.1** China – Land der Gegensätze im Bild*

M 3.2 *Kurzchronik zur Geschichte Chinas*

von 221 v. Chr. bis 1911 n. Chr.	Relativ einheitliches Kaiserreich unter der Herrschaft verschiedener Dynastien (z. B. Qin, Ming aber auch fremder wie der Mongolen und der Mandschu). Die Kaiser waren weltliches und religiöses Oberhaupt. Sie stützten sich auf eine straff geführte Zentralregierung mit tief gestaffelter Verwaltung bis hin zu den örtlichen Grundherren, der untersten Ebene der Staatsgewalt. Einheitliche Schrift, einheitliche Maße und Gewichte sowie eine weitgehend einheitliche Religion trugen zum Zusammenwachsen des Staates über die Jahrtausende bei. Malerei, Kalligraphie, Dichtung und Philosophie erreichten schon vor über 1 000 Jahren eine Blüte, auch in Astronomie, Mathematik, Medizin u. a. hatte man früh herausragende Erfolge, z. B. die Erfindung von Kompass und Schießpulver. Bis zum 17. Jh. war China von der westlichen Welt weitgehend abgeschlossen. China sah sich selbst als geistigen und zivilisatorischen Mittelpunkt der Welt. Eine Reihe von Nachbarstaaten (Vasallenstaaten) war gegenüber China tributpflichtig.
1838–1842	Die Briten erzwingen im so genannten *Opiumkrieg* die Öffnung des Landes. Im Frieden von Nanjing (Nanking) 1842 verpflichtet sich China verschiedene Häfen für den Handel mit dem Westen zu öffnen bzw. Gebiete abzutreten, z. B. Hongkong.
1851–1864	Die letzten Mandschu-Kaiser können sich im so genannten Taiping-Aufstand, aber auch in anderen Rebellionen, nochmals durchsetzen.
1894–1895	Nach Niederlage im Chinesisch-Japanischen Krieg muss das schwache Kaiserreich über 100 Häfen für europäische Mächte öffnen, so auch für Deutschland auf der Halbinsel Shandong in Nordostchina.
1900–1901	Um die Jahrhundertwende ist China an den Küsten zur Kolonie westlicher Staaten geworden, wesentliche Teile des Territoriums sind teils im Zuge kriegerischer Auseinandersetzungen (Russisch-Japanischer Krieg) zum Interessengebiet europäischer Staaten, der USA und Japans geworden. Der Versuch, im so genannten Boxeraufstand die europäischen Mächte zu vertreiben, scheitert.

Zwischen Abschottung und Europäisierung – China und Japan zwischen 1842 und 1912

Hans Ulrich Rudolf/Vadim Oswalt: Haack TaschenAtlas Weltgeschichte, Europa und die Welt. Gotha: Perthes 2002, S. 143

1911 Der letzte Kaiser wird in einer Revolution unter Sun Yatsen gestürzt. Mit der Ausrufung der Republik endet auch die koloniale Phase, abgesehen von Hong Kong (britisch) und Macao (portugiesisch).

1912–1949 Republikanische Phase mit konkurrierenden Militärs (so genannte Warlords) und auch Auseinandersetzungen mit Truppen der 1921 gegründeten Kommunistischen Partei Chinas (KPCh) verhindern dringend notwendige Reformen und verursachen ein zeitweiliges Auseinanderfallen Chinas in verschiedene Herrschaftsgebiete. Die innerchinesischen Probleme macht sich Japan zunutze und bringt 1932 die Mandschurei (Nordostprovinz) unter seine Oberhoheit. Von 1937 bis 1945 wird ein großer Teil Chinas im Japanisch-Chinesischen Krieg von den Japanern besetzt.

1945–1949 Bürgerkrieg zwischen den Truppen der Nationalpartei unter Chiang Kaishek und der KPCh unter *Mao Zedong*. Der Verlierer Chiang zieht sich nach *Taiwan* zurück. China ist seither staatlich geteilt.

1949 Ausrufung der Volksrepublik China unter dem Vorsitzenden der KPCh *Mao Zedong*.

1950 Der frühere Vasallenstaat Tibet (seit 1911 unabhängig) wird von der Volksrepublik China besetzt und gewaltsam eingegliedert. Es gibt viele Tote, der theokratische Staat unter der Führung des *Dalai Lama* wird in den folgenden Jahrzehnten durch zuwandernde Chinesen kulturell stark überformt.

1950–1953 Beginn einer Entwicklung mit revolutionären Experimenten und gravierenden politischen Kurswechseln bei äußerst ungünstigen wirtschaftlichen Voraussetzungen nach jahrzehntelangen militärischen Auseinandersetzungen. Beseitigung von Kriegsfolgeschäden. Bodenreform: Land der Großgrundbesitzer wird an Kleinbauern, Pächter und Landarbeiter verteilt.

ab 1953 Sozialisierung bzw. Verstaatlichung von Grund und Boden, landwirtschaftlichen Betrieben, Fabriken und Handel u. a. nach sowjetischem Vorbild. Einführung der *Planwirtschaft.* Die im 1. Fünfjahresplan begonnenen ca. 700 Großprojekte in Kohleverarbeitung, Stahlerzeugung, Maschinenbau, Energiewirtschaft und Transportwesen werden zu einem Kern der chinesischen Wirtschaftsstruktur.

1958 Mit der *Politik des „Großen Sprungs"* wird nicht nur versucht ein neues Gesellschaftssystem zu schaffen, etwa durch die Errichtung von Volkskommunen, sondern es werden auch schwerwiegende ökonomische Experimente in Angriff genommen. So wird versucht das breite Land mit einfachsten Mitteln zu industrialisieren. Millionen Tote aufgrund von Hungersnöten sind die Folge.

1960 Zerwürfnis mit der Sowjetunion aus ideologischen Gründen: Tausende sowjetischer Fachleute verlassen über Nacht das Land und hinterlassen eine schwer zu schließende Lücke.

1966–1976 Zur Festigung seiner zerbröckelnden Macht proklamiert *Mao* mit seinen Anhängern die *Kulturrevolution,* d. h. die Umerziehung der Massen zu immerwährender Revolution. Zehntausende kommunistische Funktionäre werden entmachtet, Intellektuelle zu Hilfsarbeiten aufs Land oder in die Fabrik geschickt, die traditionelle Kultur und Zivilisation soll endgültig durch eine sozialistische Lebensweise ersetzt werden. Ergebnis ist ein innenpolitisches Durcheinander mit erheblichen wirtschaftlichen Problemen.

1976 *Mao Zedong* stirbt und hinterlässt ein schwieriges ökonomisches und politisches Erbe. Seine Anhänger um die Gruppe der so genannten *„Viererbande"* können sich nicht durchsetzen. Die Gruppe um Deng Xiaoping übernimmt die Staatsführung.

ab 1978 Die Nachfolger Mao Zedongs beginnen unter Deng Xiaoping mit den *vier Modernisierungen* in Landwirtschaft, Industrie, Wissenschaft/Technik und Militär. Die zentrale Planwirtschaft wird abgelöst von Formen der dezentralen, indirekten Planung, neben dem Gemeinschaftseigentum bzw. Staatseigentum besitzen auch Haushalte und Betriebe dem Privateigentum ähnliche Nutzungsrechte und können den wirtschaftlichen Profit daraus ziehen. So wird teilweise eigenverantwortliches Handeln unter marktwirtschaftlichem Vorzeichen möglich. Außerdem öffnet sich das Land nach außen. Durch Errichtung von *Wirtschaftssonderzonen* und *geöffneten Küstenstädten* wird ausländisches Kapital ins Land geholt. Durch *Joint Ventures* wird die Modernisierung des Küstenraumes vorangetrieben. China entwickelt sich in der folgenden Periode zu einer wirtschaftlichen Großmacht. Die Ein-Partei-Diktatur der KPCh bleibt aber weiterhin bestehen.

1989 Im so genannten Tiananmen-Zwischenfall (Studenten bzw. Dissidenten forderten mehr demokratische Rechte) wird die wachsende Demokratiebewegung blutig gestoppt.

ab 1992 Durchführung wichtiger Reformen wie Neuordnung des öffentlichen Finanzsystems, Teilprivatisierung kleiner und mittler Unternehmen u. a. (*Sozialistische Marktwirtschaft mit chinesischen Merkmalen*).

2001 China und die zehn südostasiatischen ASEAN-Staaten vereinbaren die Errichtung einer *Freihandelszone* innerhalb der nächsten 10 Jahre. Beitritt der VR China zur *Welthandelsorganisation (WTO).*

2002 Auf dem XVI. Parteitag der KPCh wird die Theorie der *„Drei Repräsentationen"* als Grundlage für die Weiterentwicklung des Marxismus und der Kommunistischen Partei in China verabschiedet. Die Theorie will die Partei dahingehend reformieren, dass sie nicht nur für Arbeiter und Bauern offen ist, sondern auch für Unternehmer und Intellektuelle aller Schattierungen.

2000 Jahre Bevölkerungsentwicklung in China – Wachstum und Bewegung ohne Ende?

M 3.3 Ein-Kind-Politik in der chinesischen Alltagspropaganda

→ „**Volkszählung.** Im November 2000 führte C[hina]. die bislang größte Volkszählung in der Geschichte der Menschheit durch. Rund 5 Mio. Helfer versuchten innerhalb von zehn Tagen sämtliche Einwohner des Landes zu erfassen. Es sollten Informationen über Zahl der Geburten, Wanderbewegungen, Altersstruktur und häuslichen Stand gesammelt werden. Der Zensus sollte auch diejenigen Kinder erfassen, die im Verstoß gegen die staatliche Ein-Kind-Politik geboren und meist in den Statistiken nicht erfasst worden waren."

Aktuell 2002. Dortmund: Harenberg Lexikon Verlag 2001, S. 427

China ist nicht nur eines der größten Länder der Erde, es war – soweit zurückverfolgbar – meist auch immer das bevölkerungsreichste. Die Han-Kaiser zählten um die Zeitenwende ca. 58 Mio. Untertanen, das Römische Reich hatte zum gleichen Zeitpunkt ca. 55–60 Mio. Einwohner. Die gesamte Erdbevölkerung betrug um Christi Geburt schätzungsweise ca. 160 Mio., d.h. ein Drittel waren Chinesen. Heute sind ca. ein Fünftel der Weltbevölkerung Chinesen. Damit wird deutlich: Die Entwicklung der Weltbevölkerung wurde immer von China entscheidend mitgeprägt. Damals – unter ganz anderen ökonomischen und gesellschaftlichen Bedingungen – wie heute ist ein zentrales Problem des Landes die *Ernährung* der Bevölkerung. Über die Jahrtausende hinweg war es die Pflicht der jeweils Herrschenden, die Wasserversorgung sicherzustellen, Kanäle für den Transport der Waren anzulegen und *Neuland* zu erschließen. Immer dann, wenn die Ernährung nicht sichergestellt werden konnte, kam es bis in die jüngste Zeit zu erheblichen Wanderungsbewegungen innerhalb des Staates aber auch zum Verlassen des Landes.

→ „Hinter sich eine Mauer aus Fels und den offen daliegenden Ozean vor sich, neigten die Menschen aus dem Südosten folglich dazu, bei Hungersnöten und in Zeiten politischen Aufruhrs übers Meer und nicht ins Landesinnere zu gehen. Von den schätzungsweise 20 bis 25 Millionen Chinesen, die von Singapur bis London und San Francisco verstreut sind, stammen mehr als 90 % ursprünglich aus dem Südosten."

David Pearce: Die südchinesische Küste. Sampanhäfen und die Gezeiten des Umbruchs. In: National Geographic Society: China. RV Verlag Stuttgart: 1993, S. 471 f.

Die *Entwicklung der Bevölkerung* hat seit jeher die Chinesen bewegt. In der traditionellen chinesischen Gesellschaft bestand ein Zwang zur Eheschließung und der Wunsch nach Kindern. Söhne zu haben wurde als großes Glück angesehen, aber der Wunsch nach dem Sohn wurde bekanntlich zum Vater vieler Mädchen. Auch politisch

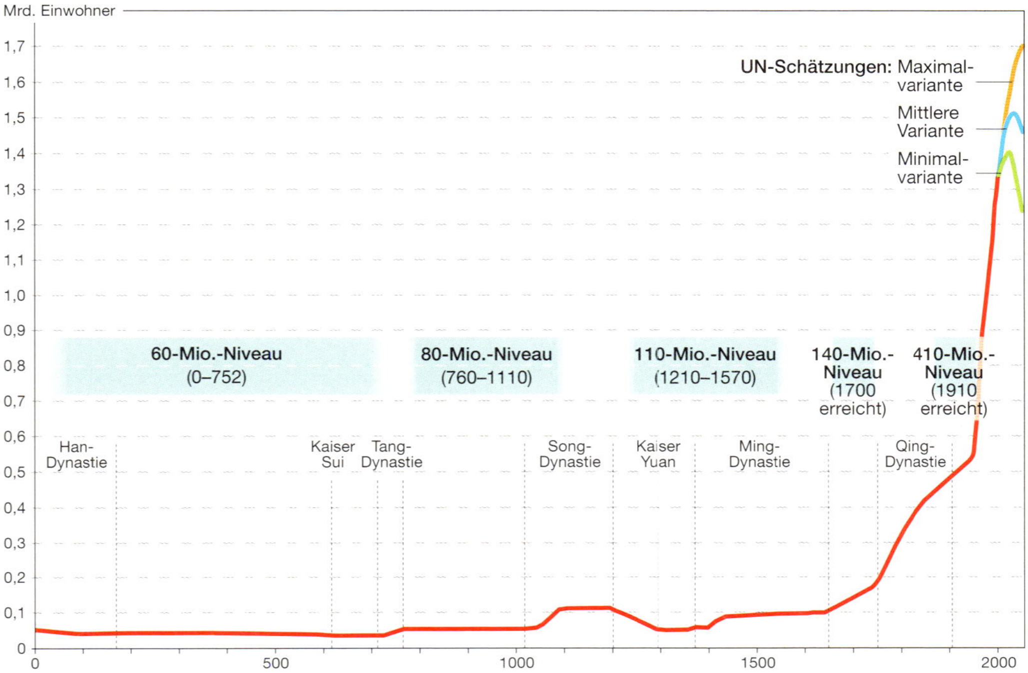

***M 3.4** Bevölkerungswachstum Chinas seit der Zeitenwende*

Verschiedene Quellen nach www.iiasa.ac.at/RESEARCH/LUC/ChinaFood/data/pop/pop_21_m.htm

wurde mit einer großen Bevölkerungszahl immer eine gewisse Machtstellung mitverknüpft. Die demographische Entwicklung war immer wieder durch hohe Bevölkerungsverluste infolge von Kriegen (auch von Bürgerkriegen) und Naturkatastrophen (*Erdbeben*, Überschwemmungen) gekennzeichnet. Deshalb wurde eine hohe Geburtenrate als Ausgleich für vorausgehende Bevölkerungsverluste angesehen (M 3.4).

→ „Lebten 1700 ca. 200 Millionen Menschen in China, waren es um 1800 schon ca. 400 Millionen! Kamen um 1740 auf den Kopf der Bevölkerung ca. 3,86 mu Land, waren es um 1840 lediglich 1,86. Irgendwann um 1750 ging das heikle Gleichgewicht zwischen Hydrographie und Demographie endgültig verloren. Die Überzähligen drängten in die Ungunstgebiete; damals wurden die süd- und südwestlichen Provinzen bis auf die Hügelkämme hinauf hanchinesisch kolonisiert ... In diesem Prozess einer zweiten Landnahme ging der zuvor noch bedeutende Waldbestand fast völlig verloren, was die ökologische Balance nachhaltig störte. China wurde das Land mit der massivsten Bodenerosion und den gewaltigsten Überschwemmungen der modernen Epoche."

Rainer Hoffmann: Geschichte. In: Brunhild Staiger (Hrsg): Länderbericht China. Darmstadt: Primus 2000, S. 55

***3.1** Erklären Sie, warum die traditionelle chinesische Gesellschaft eine hohe Kinderzahl anstrebte.*
***3.2** Überlegen Sie sich mögliche Gründe für den Anstieg der Bevölkerung im 18. Jahrhundert.*
***3.3** Informieren Sie sich mithilfe eines Geschichtslexikons über die besonderen Leistungen bzw. Erfolge der u.a. in M 3.2 erwähnten chinesischen Dynastien wie z.B. Han oder Ming.*
***3.4** Zeigen Sie mögliche Probleme auf, die mit dem derzeitigen starken Bevölkerungsanstieg in China verbunden sind. Berücksichtigen Sie dabei auch den obigen Quellentext.*
***3.5** Stellen Sie einen Zusammenhang her, zwischen der Bedeutung der Volkszählung im Jahre 2000 und den verschiedenen UN-Prognosen (M 3.4) über die Bevölkerungsentwicklung bis zum Jahre 2050.*

Bevölkerungswachstum – Wandel in der staatlichen Bewertung

→ „Es ist eine ausgezeichnete Sache, dass China eine große Bevölkerung hat. Sogar wenn sich die Bevölkerung Chinas auf ein Vielfaches erhöht, wird es trotzdem möglich sein, eine Lösung zu finden. Die Lösung heißt Produktion."

Mao Zedong. Ausgewählte Werke, Bd. IV. Beijing 1969, S. 481 ff., zitiert nach: Scharping, T.: Bevölkerungspolitik. In: Erhard Louven: Chinas Wirtschaft zu Beginn der 90er Jahre, Hamburg: Institut für Asienkunde 1989, S. 29–53

Diese Einschätzung *Mao Zedongs*, des Gründers der kommunistischen VR China, war verhängnisvoll, zielte sie doch nur auf eine zunehmende Zahl von Arbeitskräften ab, die für die Produktion von Gütern und Dienstleistungen notwendig erschien, damit durch Wachstum die wirtschaftliche Entwicklung vorankommen sollte.

Nicht vorausgesehen wurde Folgendes: Die Bevölkerung hat sich seit der Gründung der Volksrepublik 1949 bis zum Jahr 2001 von ca. 580 Mio. auf 1,27 Mrd. (M 3.5) mehr als verdoppelt. Damit wuchs sie im Durchschnitt der vergangenen 50 Jahre jährlich um mehr als 13 Mio. Menschen. Dies bedeutet eine schwer lösbare Aufgabe in Hinblick auf zusätzlich erforderliche Nahrungsmittel, Wohnungen, Arbeitsplätze und vieles mehr.

Die Folgen der „Bevölkerungsexplosion" wurden noch verstärkt durch die Auswirkungen der Umwandlung des feudalkapitalistischen Wirtschaftssystems in eine kommunistische *Planwirtschaft* und die Tatsache, dass weite Teile des Landes sich wegen der natürlichen Bedingungen nicht intensiv wirtschaftlich nutzen lassen.

In den 1950er Jahren lag die Geburtenrate zeitweise noch über 35 ‰ (M 3.5). Schon damals traten massive Versorgungsprobleme auf. Deshalb wurden in den 1960er Jahren erste Maßnahmen zur Geburtenkontrolle ergriffen. So gründete man beispielsweise Beratungsstellen für Familienplanung. Ab 1971 wurde als Idealbild die *Zwei-Kind-Familie* und die *Spätehe* propagiert, letztere um den Generationenabstand zu vergrößern.

Nach *Maos* Tod (1976) beschlossen seine Nachfolger – um die Auswirkungen des extremen Bevölkerungsanstiegs in den Griff zu bekommen – ein repressives Programm zur Eindämmung der hohen Geburtenrate. Dieses wurde nach 1979 unter dem Stichwort „*Ein-Kind-Politik*" (M 3.3) bekannt. Erst Anfang 2000 erfolgte seine Ablösung durch die Zielsetzung der „*Zwei-Kind-Familie*" (M 3.5). Das „Ein-Kind-Programm" bestand

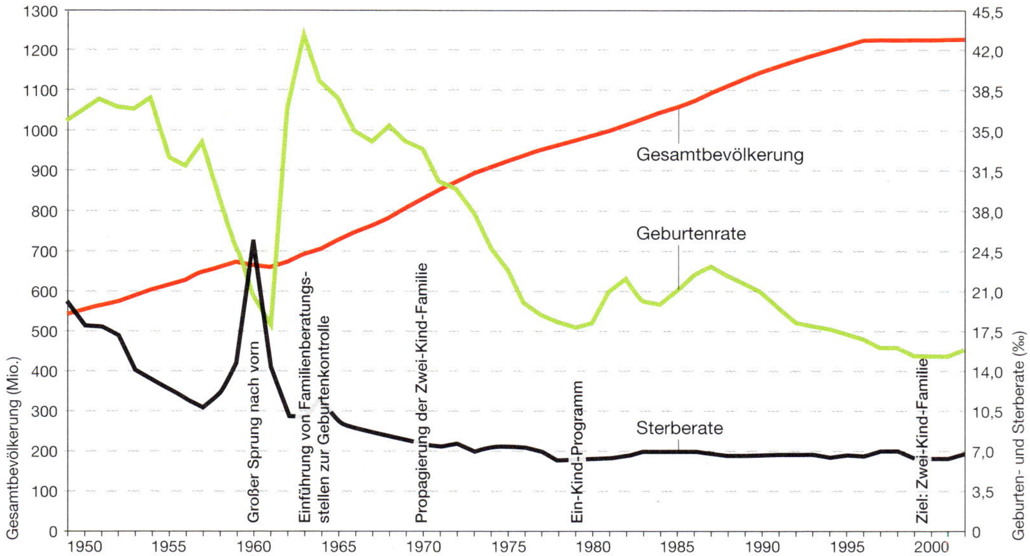

***M 3.5** Geburten- und Sterberate sowie Entwicklung der chinesischen Bevölkerung 1949–2002*

Nach www.iiasa.ac.at/RESEARCH/LUC/ChinaFood/data/pop/pop10.htm, ergänzt nach verschiedenen Quellen

einerseits aus materiellen Anreizen, sich an die staatliche Vorgabe zu halten, andererseits aus einschneidenden Sanktionen bei Nichteinhaltung.

Die Anreize für die Einhaltung beinhalteten u. a.:
- Gehaltszulagen bis zu 10 %,
- Garantie auf Bildung, Arbeitsplatz und Wohnraum für Einzelkinder,
- erhöhte Zuteilung bei subventionierten Grundnahrungsmitteln.

Dies waren die Sanktionen bei Nichteinhaltung:
- zehnprozentige Gehaltskürzung für beide Ehepartner auf die Dauer von 14 Jahren,
- Streichung zahlreicher Sozialleistungen, z. B. Wohnraumzuteilung ab dem 3. Kind,
- Sozialer Druck durch Betriebe, Wohneinheiten (*Danweis*) bis zur Zwangsabtreibung.

Etwa 90 % der jungen Familien wurden von der Ein-Kind-Politik betroffen, für den Rest gab es Ausnahmen, etwa für *nationale Minderheiten* (Mongolen, Turkvölker, Tibeter u.a.). Ab den 1990er Jahren durfte man auf dem Land zwei Kinder haben, falls das Erstgeborene ein Mädchen war.

Umgehungstaktiken.

→ „Die Taktiken, diese Politik zu umgehen, waren vielfältig. Wenn man es sich leisten konnte, nahm man die geforderte Geldstrafe einfach in Kauf, man nennt das, ‚einen Sohn zu einem ausgehandelten Preis kaufen' ... . Ein anderer Weg bestand darin, die ‚Geburtenregelungen zu umgehen' ... . Die auf dem Lande üblichen Hausgeburten waren ohnehin weniger leicht zu kontrollieren als die städtischen Krankenhausgeburten, für die eine Schwangerschaftsgenehmigung vorgelegt werden muss. War das erste Kind ein Mädchen, so wurden gelegentlich Adoptionen arrangiert oder das Kind wurde eine Zeit lang versteckt. So erklärt sich beispielsweise, dass der Zensus von 1990 mehr achtjährige Kinder auswies als 1982 geboren waren."

Bettina Gransow: Gesellschaft. In: Brunhild Staiger, a. a. O., S. 183

Die rigide *Bevölkerungspolitik* wird in ihrer Wirkung unterschiedlich beurteilt. So ist der deutliche Rückgang der Geburtenrate und die damit verbundene Verringerung des Bevölkerungsanstiegs durchaus als Erfolg zu werten. Dies insbesondere auch unter Beachtung der Tatsache, dass sich zwischen 1960 und 2000 die durchschnittliche Lebenserwartung – u. a. wegen verbesserter ärztlicher Versorgung – verdoppelte und mit der in westlichen Industrieländern vergleichbar ist (M 3.5). Die Fruchtbarkeitsrate (Geburten je Frau) lag 1970 noch bei knapp 6, 2002 betrug sie durchschnittlich nur noch 1,8. Trotzdem wächst die Bevölkerung weiter. Die Absenkung der Fruchtbarkeitsrate wirkt sich erst in Zukunft aus.

→ „ ‚Ein-Kind-Politik' aufgegeben.

... Mitte 2000 lockerte die chinesische Regierung die seit 1980 geltende Ein-Kind-Politik. Die chinesische Familienplanungskommission ordnete für über 600 Distrikte des Landes an, keine Sanktionen mehr gegen Familien mit mehr als einem Kind zu verhängen. Statt dessen sollten die Aufklärung verstärkt und mehr Verhütungsmittel verteilt werden. Ein Grund für die Lockerung ist die Vermutung chinesischer Demographen, dass spätestens ab 2040 die Bevölkerungszahl wieder sinken könnte. Außerdem führte die Ein-Kind-Politik in vielen Teilen des Landes zu einem starken Missverhältnis von Mädchen und Jungen, da schwangere Frauen häufig Fruchtwasseranalysen durchführen und das Ungeborene abtreiben ließen, wenn es ein Mädchen war. Trotz Kritik internationaler Menschenrechtsorganisationen an den scharfen Sanktionen, die bei Verstößen gegen die Ein-Kind-Politik verhängt wurden (z. B. Zwangsabtreibungen, hohe Geldstrafen), wird der Erfolg der chinesischen Familienplanung anerkannt. Ohne die Ein-Kind-Politik gäbe es nach offiziellen Schätzungen in C[hina]. 2001 rund 330 Mio. Einwohner mehr."

Aktuell 2002, ebenda

3.6 *Erstellen Sie ein Zeitdiagramm über die Phasen der Bevölkerungspolitik in der VR China.*

3.7 *Welche Anreize und Sanktionen gab es im Rahmen der chinesischen „Ein-Kind-Politik"? Warum wurde sie aufgegeben? (vgl. Quellentext oben rechts)*

3.8 *Stellen Sie Zusammenhänge zwischen den verschiedenen Phasen der Bevölkerungspolitik und M 3.5 (Geburten-, Sterberate, Gesamtbevölkerung) her.*

3.9 *Erklären Sie, warum seit Mitte der 1970er Jahre trotz tendenziell zurückgehender Geburtenrate und gleichbleibender Sterberate die Bevölkerungzahlen in China weiter anstiegen.*

Räumliche Bevölkerungsbewegung – Chinesen auf dem Weg zur Küste

Bereits Anfang der 1950er Jahre setzte in China eine bedeutende *Wanderungsbewegung der Bevölkerung* vom Land in die Städte, aus dem trockenen Westen und aus Zentralchina in den stark bevölkerten Osten ein (vgl. S. 94–95). Zur Verhinderung einer unkontrollierten Wanderung wurde 1958 das so genannte *hukou-System* eingeführt.

→ „Stadtluft macht frei – Chinas KP lockert die Kontrollen und erlaubt den Bauern den Zuzug in die Metropolen.

China wird ein Stückchen moderner. Die Regierung hat angekündigt, das ‚Hukou'-System abzuschaffen, die Regeln der Wohnortregistrierung. Was sich für einen Deutschen anhören mag wie eine harmlose bürokratische Notwendigkeit, ist eines der letzten maoistischen Kontrollinstrumente. Das System scheidet durch den Geburtsort die Glücklichen von den Pechvögeln, ... Es teilte das Volk in Städter und Bauern. Der ‚hukou' war ein Ticket fürs Leben. Wer als Shanghaier geboren wurde, blieb das bis ins Grab, wer aber als Bauer auf die Welt kam, der hat bis heute in China kaum eine Chance, zum Stadtbewohner zu werden. Das soll sich nun ändern, ...

Heute erlebt China eine regelrechte Völkerwanderung: Bis zu 150 Millionen Chinesen sollen als Wanderarbeiter unterwegs sein, Bauern vor allem, die als billige Tagelöhner in die Städte ziehen.

Die genaue Zahl kennt niemand – und das ist auch eine Folge davon, dass sich zwar die Zeiten geändert haben, nicht aber die Bestimmungen: Noch immer ist die überwältigende Mehrzahl der Zugezogenen faktisch illegal in den Städten. Sie bauen zwar die Hochhäuser des Booms und räumen den Müll der Städter weg – aber sie haben keinen Anspruch auf Sozialleistungen, die guten Jobs sind für sie unerreichbar und ihre Kinder dürfen in der Stadt nicht einmal zur Schule gehen. ...

Abgeschafft wird der Hukou noch nicht, aber innerhalb ihrer Provinz sollen Bauern in die Stadt ziehen dürfen." *Kai Strittmatter: Stadtluft macht frei. In: Süddeutsche Zeitung vom 18./19.8.2001. München, S. 4*

Seit Beginn der 1980er Jahre entstand in vielen gesellschaftlichen und wirtschaftlichen Bereichen ein zunehmender Druck. Dieser wurde hervorgerufen durch die extrem ansteigende Bevölkerungszahl bei gleichzeitig schnellem Übergang von einer Agrargesellschaft zu einer Industrie- und Dienstleistungsgesellschaft. Sie hat ihre

***M 3.6** Abwanderung in die Küstenregionen Chinas Anfang der 1990er Jahre*

Nach Mario von Baratta (Hrsg.): Der Fischer Weltalmanach 1994. Frankfurt: Fischer Taschenbuch Verlag 1993, Sp. 283

Standortschwerpunkte in der Küstenzone, weshalb es zu einer erheblichen Wanderung der Bevölkerung in diesem Raum kam. Dies geschah häufig ohne behördliche Genemigung und oft auch nur vorübergehend. Bereits seit damals wird versucht, die *Migrationsprozesse* zu steuern. So wurden beispielsweise ab 1984 die Marktstädte unterhalb der Kreisebene für Bauern, die sich dort niederlassen und Geschäfte gründen wollten, geöffnet. Damit sollte auch die Versorgung der Bevölkerung verbessert werden.

Das *hukou-System* führte gezwungenermaßen zu einer Immobilität der Bevölkerung. Es wurde damit der Effekt erzielt, dass bis zu Beginn der 1980er Jahre die Bildung von Elendsvierteln am Rande der Großstädte vermieden wurde. Die Milderung des hukou-Systems 2001 legalisierte die illegalen Wanderungsströme der Bevölkerung zumindest teilweise. Denn allein 1994 waren z. B. rund 70 Mio. Arbeiter illegal in die florierenden Küstenregionen gekommen. Sie suchten nach besser bezahlten Jobs, insbesondere im *informellen Sektor*. Auslösend wirkte, dass das ländliche Hinterland nicht in gleichem Maße vom Wirtschaftsaufschwung profitierte. Mitte der 1990er Jahre wurde die Gesamtzahl der durch das Land ziehenden Arbeitsuchenden bereits auf 100 Mio. geschätzt, um die Jahrtausendwende sollen es ca. 150 Mio. Menschen gewesen sein.

Zielgebiet der Wanderer aus den zentralchinesischen Provinzen sind die wachstumsstarken Küstenprovinzen des Ostens und Südens mit den *Wirtschaftssonderzonen*, aber auch die regierungsunmittelbaren Städte wie Beijing und Shanghai.

→ Gastarbeiter im eigenen Land.

„Der Segen der neuen Freizügigkeit bleibt allerdings zweigeteilt: Als kleine Händler und Gewerbetreibende haben die Migranten das Versorgungsangebot und den Dienstleistungssektor in den Städten deutlich belebt. Als Zeitarbeiter haben sie ein großes Reservoir an billigen Arbeitskräften geschaffen und viel zum chinesischen Wirtschaftsboom beigetragen. Ihre persönlichen Einkommen sind im Vergleich zu den früher auf dem Land erzielbaren Einkünften deutlich gestiegen. Und die Zuwanderer haben eine neue Flexibilität und Mobilität in die früher so erstarrten Strukturen der chinesischen Gesellschaft getragen. ...

Solchen Aktivposten stehen auf der anderen Seite wachsende Infrastrukturprobleme der Städte gegenüber. Vor allem aber ruft die Migration einen schweren Interessenkonflikt in der chinesischen Gesellschaft hervor: Während die städtische Bevölkerung an kontinuierlichen Einkommenssteigerungen und einer Verbesserung des Lebensstandards interessiert ist, drücken die Zuwanderer die Löhne, treiben die Preise hoch und erhöhen die Unsicherheit in den Städten. ... Die grundsätzlichen strukturellen Probleme erinnern dabei in vieler Hinsicht an aus Europa vertraute Gastarbeiterprobleme – nur kommen Chinas Gastarbeiter aus den Dörfern des eigenen Landes.“

Thomas Scharping: Bevölkerungspolitik und demographische Entwicklung in China. Auf: http://www.uni-koeln.de/organe/presse/forsch96/china/index.htm

3.10 *Finden Sie Gründe für die Notwendigkeit des „hukou-Systems“ in der kommunistischen Planwirtschaft.*

3.11 *Beurteilen Sie das „hukou-System“ unter dem Gesichtspunkt des Grundrechts der Freizügigkeit in westlichen Demokratien.*

3.12 *Vergleichen Sie die Folgen einer erzwungenen Immobilität der Bevölkerung in China im Rahmen des „hukou-Systems“ mit denen von Entwicklungsländern, in denen jederzeit ein freie Wahl des Wohnortes möglich ist.*

3.13 *Nennen Sie Möglichkeiten des Staates in einem freiheitlichen System auf die räumliche Bevölkerungsbewegung Einfluss zu nehmen.*

M 3.7 *Am Rande des Wirtschaftsbooms – Wanderarbeiter mit ihren Behausungen in Shenzhen (vgl. S. 134–135)*

Folgen der Bevölkerungsentwicklung – Die Ungleichheit nimmt zu

Das Ergebnis der staatlichen Eingriffe (*Ein-Kind-Politik* usw.) ist ein beschleunigter Ablauf des *demographischen Übergangs*. Die Annäherung der Geburtenrate an die Sterberate ist typisch für den Wandel von der Agrargesellschaft zur Industriegesellschaft. Dies schlägt sich im *Altersaufbau* der chinesischen Bevölkerung nieder (M 3.8).
Den höchsten Prozentanteil an der Gesamtbevölkerung wiesen 2000 die 20- bis 25-jährigen auf, was auch darauf zurückzuführen ist, dass um 1980 ein deutliches Ansteigen der Geburtenrate zu beobachten war. Bei den nachfolgenden Jahrgängen lassen sich bereits deutlich die Auswirkungen der *Bevölkerungspolitik* erkennen. Ohne staatliche Eingriffe hätte China in kommenden Jahrzehnten noch erheblich größere Probleme – resultierend aus dem starken Anstieg – zu bewältigen. So kommen Prognosen zu der Auffassung, dass im Jahre 2020 ohne staatliche Eingriffe die Bevölkerungszahl um ca. 250 Mio. Menschen höher liegen würde.
Allerdings ist zu berücksichtigen, dass sich der Altersaufbau in Stadt und Land unterscheidet. Aufgrund der Ausnahmeregelungen und Umgehungsmöglichkeiten der Geburtenregelungsmaßnahmen ist die *Alterspyramide* für die ländliche Bevölkerung denen von Entwicklungsländern noch deutlich ähnlicher.

***M 3.8** Alterspyramide für China 2000*

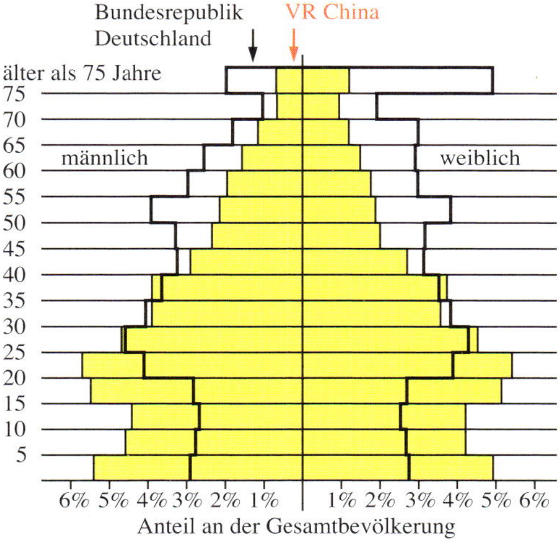

Räumliche Bevölkerungsverteilung

Die Bevölkerungsverteilung bzw. die *Bevölkerungsdichte* (2000) ist in China sehr ungleichmäßig (M 3.10). Der Durchschnittswert von 132 Ew./km² sagt nur wenig aus. So lag in der westlichen Provinz Qinghai die Einwohnerdichte im Durchschnitt bei knapp 7, in der *autonomen Region* Xizang (Tibet) bei gut 2, in der Küstenprovinz Jiangsu jedoch bei 722 Ew. und in der regierungsunmittelbaren Stadt Shanghai bei 2 790 Ew./km². Der Osten Chinas zählt mit zu den dichtest besiedelten Gebieten der Erde.
Insgesamt lässt sich ein deutliches Ost-West-Gefälle beobachten. Diese Verteilung ist eine Folge der naturräumlichen Unterschiede (vgl. S. 106 – 109 und S. 115), der historischen Entwicklung (vgl. S. 92 – 93), aber auch der jüngsten wirtschaftlichen Veränderungen seit 1980 (vgl. insbesondere S. 126 – 130). Die wachstumsstarken Küstenprovinzen im Osten und Süden wurden dabei zum Ziel der Abwanderer aus dem Westen und Zentralchina.
Auch für die VR China lässt sich insgesamt ein zunehmender *Verstädterungsprozess* feststellen, wie er typisch ist für viele Entwicklungs- und Schwellenländer. Allerdings lief dieser Prozess im Vergleich zu anderen Ländern doch relativ langsam ab. Dies ist ein Ergebnis der Eingriffe in die *natürliche* und *räumliche Bevölkerungsbewegung*.
Der Verstädterungsprozess lässt sich auch an der Zahl der Millionenstädte ablesen. Gab es 1953 nur neun, so 1985 bereits 22 und 1996 28 Städte, die die Millionengrenze überschritten. 8 Städte haben heute sogar mehr als 3 Mio. Einwohner (M 3.10).
Aktionen zur Umsiedlung städtischer Bevölkerung (nach dem Motto „Unterstützt das Binnenland, die Grenzregionen und die Bauern") aber auch das hokou-System hatten langfristig betrachtet nur bedingt Erfolg (vgl. S. 98 – 99).

***M 3.9** Stadt-/Land-Verteilung (%) der chinesischen Bevölkerung*

Jahr	Anteil Bevölkerung Land-	Stadt-
1953	87	13
1965	82	18
1982	79	21
1990	74	26
1995	70	30
1998	67	33
2002	68	32

M 3.10 *Administrative Gliederung und Bevölkerungsdichte Chinas zu Beginn des dritten Jahrtausends*

Nach China 2002. Beijing: Verlag Neuer Stern 2002, S. 22f.

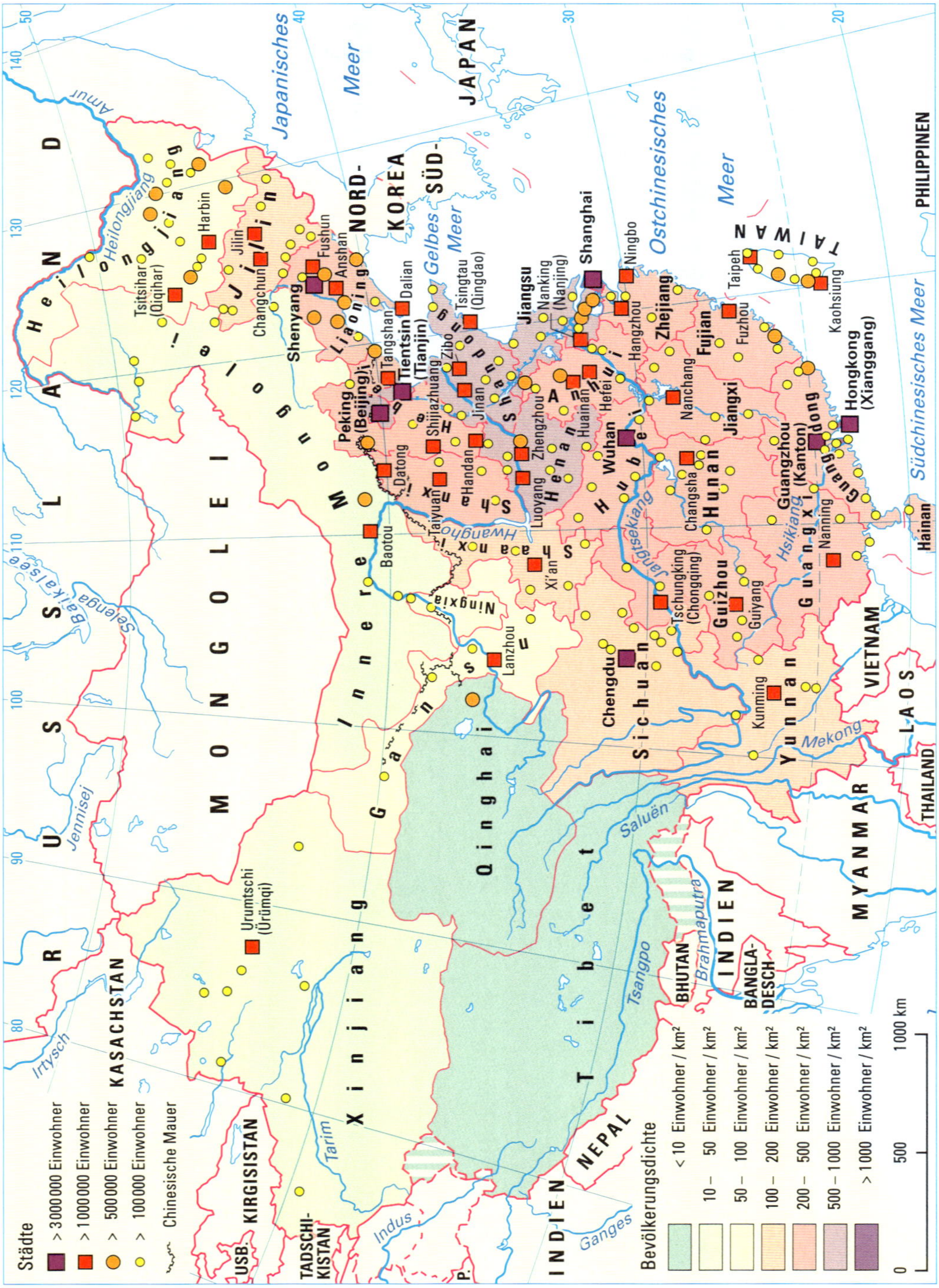

Wirtschaftliche Probleme durch den exorbitanten Bevölkerungsanstieg.

→ „Für das Jahr 2050 wird statt der 1,07 Mrd. Menschen, die in früheren Hochrechnungen projiziert wurden, eine Zahl von ca. 1,4 bis 1,5 Mrd. zugrundegelegt. Bei einem höheren Fertilitätsniveau, als dieses die niedrigen Zuwachsraten der 1990er Jahre suggerieren, kann die Gesamtbevölkerung im Jahre 2050 auch leicht auf ca. 1,6 Mrd. steigen. Dies sind erschreckende Aussichten, weil damit Chinas reale Bevölkerungszahl mehr als doppelt so hoch wie das von chinesischen Wissenschaftlern anhand ökonomischer und ökologischer Daten empfohlene Optimum von 0,7 Mrd. Menschen ausfallen wird. China wird demgemäß seine Modernisierung und Industrialisierung unter den Bedingungen eines ständigen großen Bevölkerungsüberhangs leisten müssen. Ökologische Probleme wie Landhunger und Übernutzung sowie dadurch ausgelöste Erscheinungen wie Luft- und Wasserverschmutzung, Bodenerosion, Entwaldung und Desertifikation werden unter solchen Verhältnissen mit hoher Wahrscheinlichkeit zunehmen. Schwierig stellt sich auch die Getreideversorgung der Bevölkerung dar. Sollten hier keine durchgreifenden Änderungen im Preis- und Finanzierungssystem für die Getreideproduktion erfolgen oder ein agrotechnischer Durchbruch eintreten, kann leicht eine Stagnation der Pro-Kopf-Versorgung drohen. Dem wäre nur durch eine erhöhte Importtätigkeit ... zu begegnen.
Auch die Beschäftigungssituation in China wird unter den geschilderten Rahmenbedingungen äußerst angespannt bleiben. Aus der heutigen Altersstruktur der Bevölkerung lässt sich eine Zunahme des Arbeitskräftepotenzials um netto 230 bis 250 Mio. Menschen zwischen 1990 und 2020 ableiten. Ausbildung und Arbeitsplätze für diese riesige Zahl an zusätzlichen Erwerbspersonen zu schaffen, wird ein Hauptproblem der chinesischen Wirtschaftspolitik bleiben. ... Der offene Ausbruch von Massenarbeitslosigkeit bleibt ein Damoklesschwert, das über China hängt und sowohl durch die Wirtschaftsreformen als auch durch demographische Entwicklungen bedingt ist. ...“

Thomas Scharping, ebenda, mit Aktualisierungen des Autors

Die zunehmende Kriminalität in China wird auch mit der unkontrollierten Land-Stadt-Wanderung in Verbindung gebracht. Am Rande der Städte entstehen die für Entwicklungsländer typischen *Slums*, in China als *Migrationsstädte* bezeichnet. In Shanghai wird für 2000 die Zahl der Migranten auf 6,5 Mio. geschätzt. Deshalb wird bereits seit den 1980er Jahren versucht, die *Wanderarbeiter* wieder in ihre offiziellen Wohnorte auf dem Land umzusiedeln. So begann z.B. 1998 in Beijing ein umfangreiches Programm zur Rückführung von Wanderarbeitern und Obdachlosen. Bei intensiven Kontrollen durch die Polizei wurden damals ca. 1,5 Mio. Menschen aufgegriffen, die illegal in Peking wohnten, und in ihre Heimatgebiete zurückgebracht.

M 3.11 Bodenerosion in der Inneren Mongolei

3.14 *Vergleichen Sie den Altersaufbau der Bevölkerung Chinas mit dem Indiens und der Bundesrepublik Deutschland. Welche Unterschiede lassen sich dabei feststellen? Ziehen Sie Rückschlüsse auf die Einordnung der Länder „Industrieland – Schwellenland – Entwicklungsland“.*

3.15 *Erklären Sie mithilfe von M 3.10 die Verteilung der Bevölkerung Chinas.*

3.16 *Erläutern Sie die Gründe dafür, dass China in den kommenden Jahren mit einem beschleunigt ablaufenden Verstädterungsprozess rechnet.*

3.17 *Zeigen Sie wirtschaftliche und soziale Folgen der natürlichen (Quellentext links) und räumlichen Bevölkerungsbewegung Chinas auf.*

3.18 *Begründen Sie, warum die Bevölkerungspolitik Chinas zum Entstehen von Disparitäten beigetragen hat.*

China – auch ein Land ethnischer Minderheiten

Die Volksrepublik China ist auf den ersten Blick in ethnischer Hinsicht ein relativ homogener Staat (M 3.12). Im Jahre 2000 waren knapp 92 % der Einwohner *Han-Chinesen* (benannt nach der Han-Dynastie 206 v. Chr. – 220 n. Chr.), aber immerhin gut 8 % der Bevölkerung gehörten den offiziell anerkannten 55 Minderheitennationalitäten an, was mehr als 110 Mio. Menschen ausmacht. Die bekanntesten davon sind die Tibeter, die Mongolen und die Mandschu.

M 3.12 Die Völker Ost- und Südostasiens

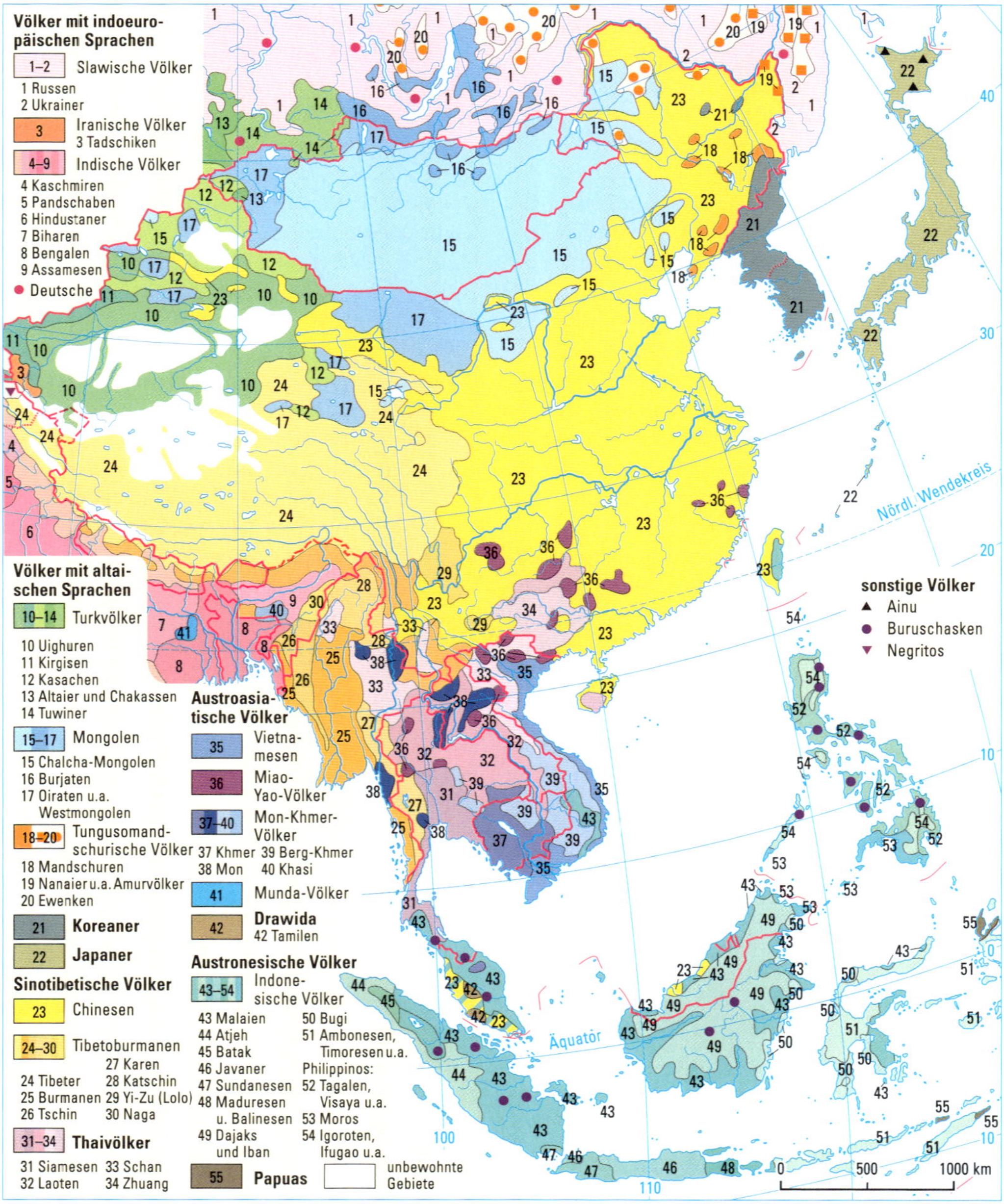

Die Übertragung bzw. Übernahme der chinesischen Kultur durch andere Völker, die *Sinisierung*, setzte bereits früh ein. Ursprünglich erfolgte sie durch die Assimilierung unterworfener Völker und die Ausstrahlungskraft von chinesischer Kultur und *Buddhismus* auf Nachbarstaaten. Die Minderheitenpolitik der Kommunistischen Partei Chinas lässt sich seit der Machtübernahme 1949 wie folgt kennzeichnen:

- Den *nationalen Minderheiten* wird über die Verfassung Autonomie gewährt, insbesondere in kulturellen Fragen, aber kein Volk hat das Recht sich aus dem chinesischen Staat zu lösen.
- Aus dem o.a. Grund werden separatistische Bewegungen unterbunden.
- Umsiedlung bzw. Umzug von *Han-Chinesen* in Minderheitengebiete, insbesondere im Zusammenhang mit Wirtschaftsfördermaßnahmen in Peripherräumen im Westen und Norden.
- *Sinisierung* der Minderheiten in kultureller, insbesondere sprachlicher Hinsicht, wenn beispielsweise das chinesische Vokabular in die Sprache der Minderheit übernommen wird.

Die Selbstanpassung von Angehörigen nationaler Minderheiten erfolgt heute vor allem, um keine Nachteile aus ihrer Nationalität zu erleiden.

→ „Nach Jahrzehnten der Unterdrückung werden den ethnischen Minderheiten seit den [19]Achtziger Jahren ... formal wieder größere Sonderrechte zugestanden. So wurde 1984 ein ‚Autonomiegesetz' verabschiedet, das in Siedlungsgebieten ethnischer Minderheiten eine weitreichende Selbstverwaltung sowie das Recht auf die Pflege der eigenen Sprache und Kultur vorsieht. In Wirklichkeit sind die Autonomiebefugnisse jedoch äußerst begrenzt: Aufgrund ihrer wirtschaftlichen Unterentwicklung sind die meisten Minderheitengebiete von Zuwendungen der chinesischen Zentralregierung abhängig; die örtlichen politischen und unternehmerischen Schlüsselpositionen werden meist durch übergeordnete Organe der Kommunistischen Partei nach politischen Loyalitätskriterien vergeben; in Polizei, Justiz und Militär dominieren landesweit die Han-Chinesen; sie gehen in den Minderheitengebieten mit besonderer Härte gegen politische ‚Abweichungen' und ‚separatistische' Bewegungen vor." *Brunhild Staiger, a.a.O., S. 97*

Die räumliche Verteilung der Minderheiten ist sehr differenziert. So werden große Teile des Westens, Nordens und auch der Gebirgsregionen als Siedlungsgebiete von Minderheiten dargestellt. Häufig sind in diesen Gebieten durch die Zuwanderung die *Han-Chinesen* aber bereits in der Mehrheit. Zum Teil leben Minderheiten mit anderen Minderheiten oder Han-Chinesen zusammen, z.T. kann auch eine kleinräumige Differenzierung beobachtet werden, d.h., die Chinesen bewohnen die Städte und fruchtbaren Ebenen, die Minderheiten eher das Land bzw. die Gebirgsregionen. Insgesamt gesehen leben die Minderheiten in den landwirtschaftlich weniger fruchtbaren Gebieten. Soweit die Minderheiten weiträumig verstreut leben, haben sie nur wenig Kontakt miteinander. Ein konzertierter Widerstand einer Minderheit gegen die Politik der Zentralregierung in Beijing ist so kaum möglich, wenn man von den Tibetern und Uiguren absieht. Insbesondere das Schicksal der tibetischen Volksgruppe erregt immer wieder die Aufmerksamkeit der Weltöffentlichkeit. Der theokratische Staat, mit dem *Dalai Lama* an der Spitze, war schon über Jahrhunderte ein Vasallenstaat Chinas. 1950 wurde Tibet von der VR China annektiert, trotz weltweiter Proteste. Als Begründung für die Einverleibung wurde die Zugehörigkeit Tibets zum chinesischen Kaiserreich bis 1911 angeführt. Insbesondere 1959 und auch noch später wurden Aufstände der Tibeter niedergeschlagen. Eine Folge davon war die Flucht ihres geistlichen Oberhaupts, des Dalai Lama, und vieler seiner Anhänger, hauptsächlich nach Indien. Die heutige Tibetische Autonome Region (TAR) umfasst nur noch einen Teil des ursprünglichen Territoriums, da ein Großteil des tibetischen Staates angrenzenden chinesischen Provinzen zugeschlagen wurde.

Buddhistische und auch andere *Religionsgemeinschaften* mussten in den vergangenen 50 Jahren – mit unterschiedlicher Intensität – Verfolgungen über sich ergehen lassen. In Tibet kamen zu den religiösen auch noch kulturelle Beeinträchtigungen. So wurden etwa Tausende von Klöstern und Tempeln zerstört. Andererseits darf nicht übersehen werden, dass durch Annexion Tibets z.B. die dort noch herrschende Leibeigenschaft abgeschafft wurde und dass die derzeitige politische

Führung Chinas versucht, durch massive Investitionen Tibet schneller zu entwickeln, um die Integration in den chinesischen Staat voranzutreiben.

→ „Zuzug von Han-Chinesen facht Nationalismus an.
Die politische Führung meint die tibetische Wirtschaft über die wirtschaftliche Öffnung und massive Investitionen schneller entwickeln zu müssen, um so die Integration der TAR ins System der VR China voranzubringen. Da dies einen beträchtlichen Zustrom an Arbeitskräften aus innerchinesischen Provinzen nach sich zieht und die orthodoxe Führung der KPCH andere wichtige Grundlagen nationaler Identität übersieht, schürt dies den eigentlich bekämpften Nationalismus gerade wieder."

Andreas Gruschke: Tibet: Drohende Arbeitslosigkeit fördert Nationalismus. In: Geographische Rundschau, H. 10. Braunschweig: Westermann 2001, S. 62

Ähnliche *Nationalitätenprobleme* treten auch in anderen Provinzen auf. So leben beispielsweise durch die Siedlungspolitik der Regierung in Xinjiang (Sinkiang, früher: Ostturkestan) bereits 40 % Han-Chinesen und nur noch 60 % Muslime, was auch hier zu *Autonomie-* und Unabhängigkeitsbestrebungen führt.

Nationalität	Bevölkerungszahl (Mio.)
Zhuang	15,5
Mandschu	9,8
Hui	8,6
Miao	7,3
Uiguren	7,2
Yi	6,5
Tujia	5,7
Mongolen	4,8
Tibeter	4,6
Bouyei	2,5

M 3.13 *Die zehn wichtigsten Minderheiten Chinas 1990*

Die wichtigste Minorität, die Zhuang, ist zwischenzeitlich auf 18 Mio. Menschen angestiegen. Neuere statistische Daten sind von der chinesischen Statisktik nicht bereitgestellt.

China Statistical Yearbook 1999. Beijing: Zhongguo Tongji Chubanshe, S. 39

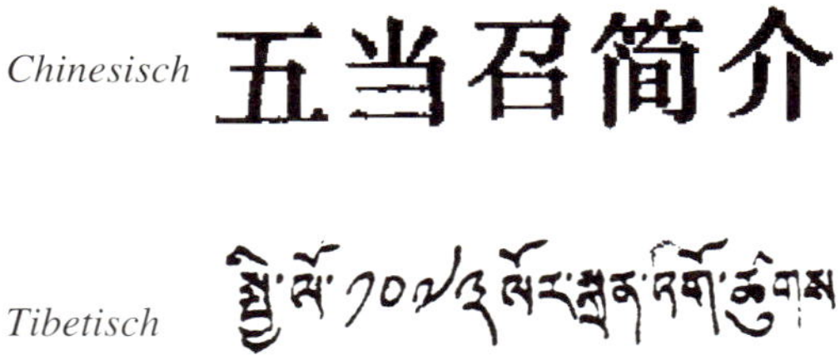

M 3.14 *Chinesisches Vokabular, immer häufiger auch in den Sprachen der Minderheiten vertreten*

Die offizielle chinesische Sichtweise der *Nationalitätenpolitik*, dargestellt auf der Homepage der Botschaft der VR China in der Bundesrepublik Deutschland:

→ „Es ist das Prinzip der chinesischen Regierung zur Regelung der Beziehungen zwischen den Nationalitäten, die nationale Gleichberechtigung, die Einheit und die gemeinsame Prosperität aller Nationalitäten zu verwirklichen. In Übereinstimmung mit diesem Prinzip praktiziert die chinesische Regierung die nationale regionale Autonomie: Unter der einheitlichen Führung des Staates werden in den von einer oder mehreren nationalen Minderheiten konzentriert bewohnten Gebieten oder Regionen autonome Organe eingerichtet, und die nationalen Minderheiten sind dort Herren über ihre Regionen und verwalten die lokalen Angelegenheiten innerhalb ihrer Nationalitäten. ...
So können sie entsprechend den politischen, wirtschaftlichen und kulturellen Gegebenheiten der jeweiligen Nationalität autonome Verordnungen und spezifische Ausführungsbestimmungen ausarbeiten; sie können selbst über die Verwendung ihrer eigenen Einnahmen entscheiden; sie können selbstständig die lokalen Angelegenheiten bezüglich des Ausbaus und der Bildung, der Wissenschaft, der Kultur und des Gesundheitswesens planen und verwalten. ..."

www.china-botschaft.de/ger/11113.html

3.19 *Erklären Sie, was unter dem Begriff der Sinisierung zu verstehen ist.*

3.20 *Informieren Sie sich mithilfe eines Atlasses und der Karte M 3.12 über die Siedlungsgebiete der in Tabelle M 3.13 aufgeführten Minderheiten.*

3.21 *Stellen Sie die Grundzüge der chinesischen Nationalitätenpolitik dar. Werten Sie dazu auch die Quellentexte auf dieser Doppelseite aus.*

3.22 *Diskutieren Sie die These, dass es in einem kommunistischen System eigentlich keine Nationalitätenprobleme geben dürfte.*

China – Agrarmodell mit begrenzter Haltbarkeit?

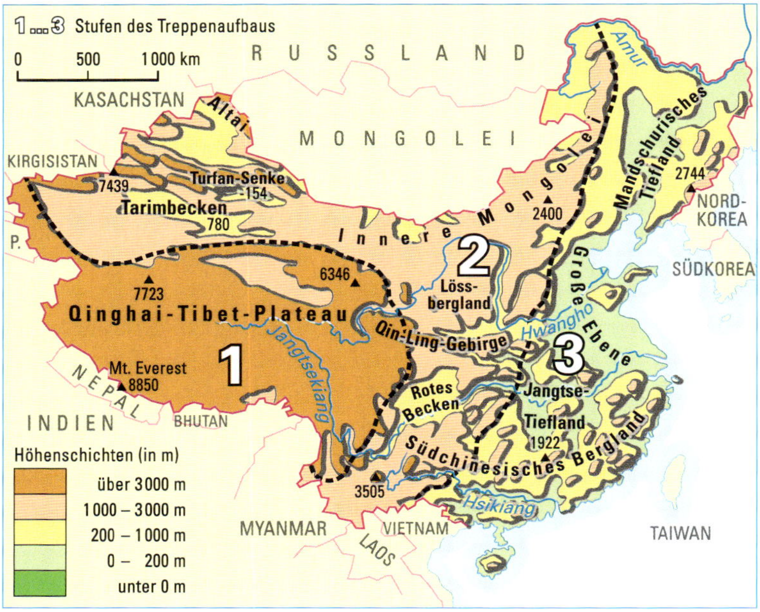

M 3.15 Landschaften und Höhengliederung Chinas

Der Naturraum Chinas – Grenzen der agrarischen Nutzung

Der Naturraum (vgl. S. 14–25) setzt dem Menschen in China enge Grenzen. Nur ca. 15 % der Fläche sind landwirtschaftlich nutzbar. Trotzdem war das Land bis vor einigen Jahrzehnten ein Agrarstaat. Aufgrund der starken Bevölkerungszunahme zwischen 1950 und 2000 hat sich die zur Ernährung der Bevölkerung zur Verfügung stehende Fläche pro Einwohner etwa halbiert (von ca. 0,2 ha auf ca. 0,1 ha). Der Intensität der Inwertsetzung des natürlichen Potenzials durch die Menschen kommt damit entscheidende Bedeutung zu. Die VR China hat durch ihre Ausdehnung über 60 Längengrade und ca. 49 Breitenkreise Anteil an Naturräumen mit äußerst unterschiedlicher Eignung für die landwirtschaftliche Nutzung.

Relief

Aus der Vogelperspektive betrachtet, sieht Chinas Landoberfläche wie eine Treppe aus, die von Westen nach Osten stufenweise abfällt (M 3.15): Zirka ein Drittel des Areals wird von steilen Hochgebirgen eingenommen, 26 % sind vegetationsarme, mit Abtragungsschutt gefüllte Hochflächen (Hochplateaus). 10 % der Fläche sind Berg- und Hügelland. Solche Gebiete sind, auch wenn sie sich in geringerer Höhe befinden, aufgrund ihres Reliefs oder ihrer Erosionsgefährdung nicht oder nur eingeschränkt landwirtschaftlich nutzbar. Hierzu gehören z.B. auch die landschaftlich sehr attraktiven Kegelkarstgebiete in Südchina um Guilin. Ähnliches gilt für das von Erosionsrinnen durchzogene *Lössbergland*. Gut geeignet für die landwirtschaftliche Nutzung sind aus orographischer Sicht die großen Schwemmlandebenen des Ostens wie z.B. die nordchinesische Tiefebene. Sie bilden deshalb Kernräume der landwirtschaftlichen Produktion in China.
Das Qin-Ling-Gebirge – auch als „Reichsteiler" bezeichnet – ist hinsichtlich Relief, Klima und damit auch für den Anbau eine wichtige landschaftstrennende Einheit in China. Es grenzt das „*Gelbe China*" (u.a. Weizenanbau) im Norden vom „*Grünen China*" (Reisanbau) im Süden ab (vgl. S. 115). Der militärisch dominante Norden Chinas bezog über Jahrhunderte hinweg aus dem abhängigen Süden notwendige Lebensmittel.

M 3.16 Anbau-relevante Klima-faktoren in China (Auswahl)

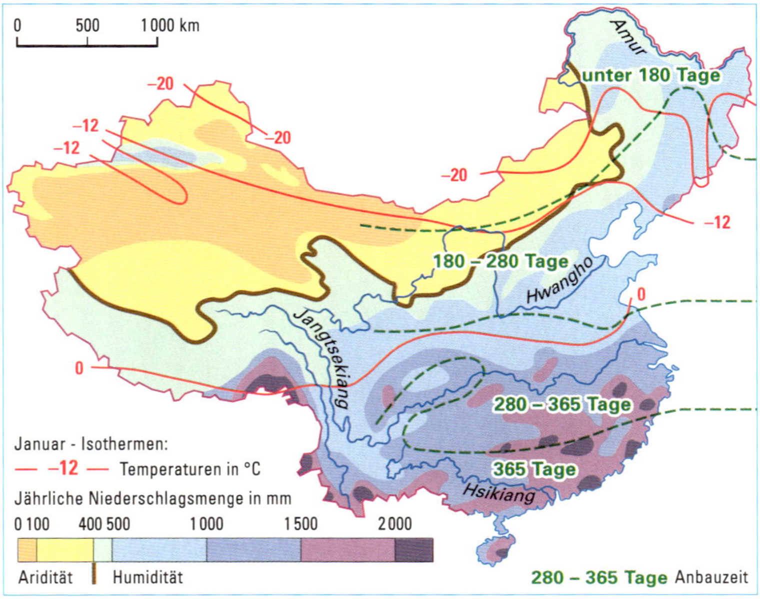

Klima

Ein wichtiger Minimumfaktor der chinesischen Landwirtschaft ist das Wasser. China lässt sich – grob gesehen – in einen trockenen Westen und einen feuchten Osten einteilen (M 3.16). Was für die Landwirtschaft der USA die 100°-Grenze ist, ist für China etwa die Verbindung Nordostgrenze Myanmar / Ostgrenze Mongolei (etwa die 500-mm-Jahresniederschlagsgrenze). Sie ist agrarische Nutzungsgrenze (östlich Ackerbau; westlich sporadische Weide- und Oasenwirtschaft) und ethnische Grenze. Im Osten leben ackerbautreibende *Han-Chinesen*, im ariden bzw. semiariden Westen eine Vielzahl von Völkern (M 3.12), die Weidewirtschaft – teilweise nomadisch – oder Oasenwirtschaft betreiben.

Relief, zunehmende Kontinentalität in Richtung Westen und monsunale Winde sind Ursachen für die klimatische Zweiteilung. Im Winter führt das Kältehoch über Zentralchina bzw. Sibiriens zu einer trockenen Luftströmung von Nordwesten nach Südosten. In den Sommermonaten bringt ein Tiefdruckgebiet über dem östlichen China in der Regel hohe Niederschläge vom Chinesischen Meer bzw. vom Pazifik in den Osten Chinas. Hinzu kommt eine von Nord nach Süd zunehmende Wärmegunst (vgl. S. 14–15 mit M 1.10).

Böden

Die agrarisch nutzbaren *Böden* Chinas (vgl. S. 20 – 21 mit M 1.23) sind sehr ungleich verteilt. Auf den Böden der west- und nordwestchinesischen Halb- und Randwüsten (wie z. B. in der Gobi) ist aufgrund des Bewuchses mit Gras und Büschen z. T. noch Weidewirtschaft möglich. Die bodenfreien Sedimentgebiete der Vollwüsten (z. B. Tarimbecken) sind dagegen fast völlig landwirtschaftsfrei. Insgesamt werden ca. 10 % des chinesischen Staatsgebietes von Wüsten eingenommen. In den dort vorhandenen Oasen erschweren Salzkrusten und Gipsanreicherungen die Nutzung.

Die humide Osthälfte Chinas bietet eine große Bodenvielfalt. Von Nord nach Süd treten Braunerden, Schwarzerden, Alluvialböden, Podsole und Laterite auf. Auch hier bildet das Qin-Ling-Gebirge wieder eine Trennungslinie zwischen den stark ausgewaschenen sauren Böden des Südens und den wegen zunehmender Trockenheit kalkhaltigeren Böden des Nordens.

Die Lössdecke des Nordens ist meist keine zusammenhängende Fläche sondern inselhaft aufgebaut. Sie besteht aus dem Flugstaub der zentralasiatischen Wüsten, der hier abgelagert wurde.

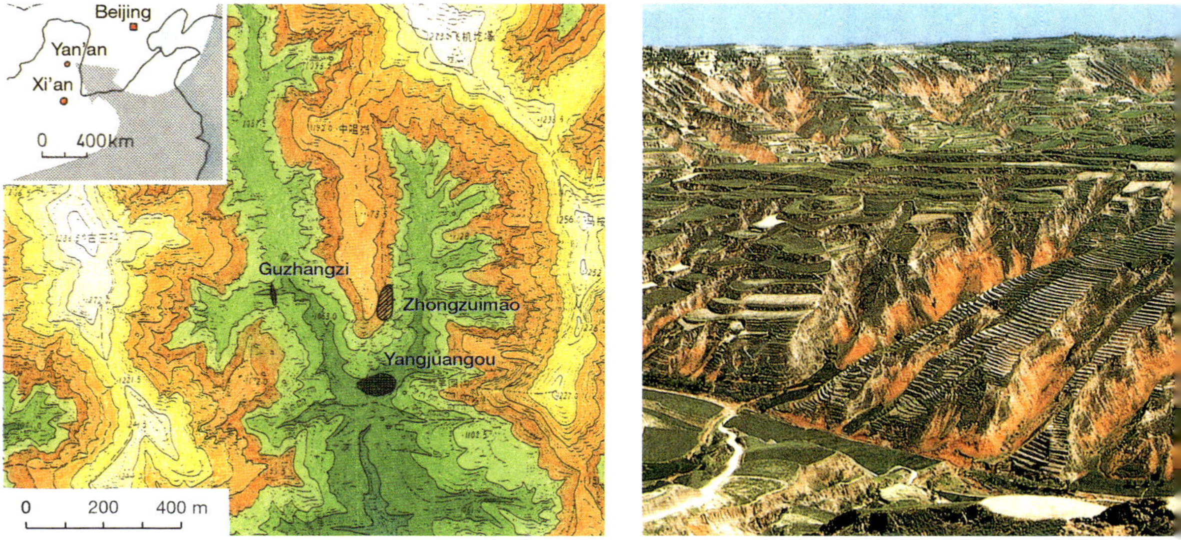

M 3.17 Das chinesische Lössbergland in Karte und Bild

Extreme Erosion trägt einerseits zur Zerklüftung des *Lössberglandes* bei, was die landwirtschaftliche Nutzung einschränkt. Andererseits sammelt sich aber das abgetragene Material in den Aufschüttungsgebieten der nordchinesischen Ebene und sorgt dort für hohe Bodenfruchtbarkeit. Wegen der relativen Trockenheit zeigt das Lössbergland von Natur aus nur spärlichen Pflanzenwuchs.

Bewässerung und Hochwässer

Seit Jahrtausenden sind Bewässerung und Hochwasserschutz zentrale Fragen in China. Die großen chinesischen Flüsse (besonders Huang He = Gelber Fluss und Jangtsekiang) bringen Segen und Fluch. Ersteres, wenn ausreichend Wasser vorhanden ist, um gute Ernten zu erzielen. Da die Flüsse dann reichhaltig Schwebmaterial mitführen, erfolgt bei Überschwemmungen regelmäßig eine Düngung der Felder. Fluch bringen die großen Flüsse dann, wenn Katastrophenhochwässer das Land verheeren (M 3.18 und 3.19). Die Dämme des Drei-Schluchten-Systems am mittleren Jangtsekiang dienen u.a. auch dem Hochwasserschutz (weiterführende Informationen und Materialien zum Drei-Schluchten-System z.B. in der Internetbegleitung dieses Schulbuches unter www.klett-verlag.de/geographie/fundamente-extra).

Auch für die Oasenkulturen des Westens (M 3.20) sind Möglichkeiten zur Bewässerung der entscheidende Faktor. Allerdings setzt z.T. die Salzhaltigkeit des Wassers Nutzungsgrenzen. Wie in allen ariden Gebieten, ist auch hier die Versalzung des Grundwassers ein Problem (vgl. M 1.23 auf S. 21).

→ „Chinas Kampf gegen das Hochwasser
Infolge der anomalen Klimaveränderungen und anderer Faktoren sind in diesem Jahr viele Regionen in China von Hochwasser heimgesucht. Insbesondere im ganzen Einzugsgebiet des Yangtses, am Songhua- und Nen-Fluss in Nordostchina waren gewaltige Überschwemmungen zu verzeichnen, die den historischen Rekord übertrafen. Sie gilt als eine der schwersten Flutkatastrophen in Chinas Geschichte.
Statistischen Angaben zufolge wurden 223 Millionen Menschen von der Flutkatastrophe direkt betroffen, 3 004 kamen ums Leben. 21,2 Millionen ha Ackerland wurden überflutet, 5 Millionen Häuser zerstört. Der direkte Sachschaden wird auf 166,6 Milliarden Yuan (umgerechnet 37 Milliarden DM) geschätzt.“ *Botschaft der Volksrepublik China in der Bundesrepublik Deutschland: http://www.china-botschaft.de/ger/11263.html vom 30.9.1998*

Auch der Ackerbau im tropischen Südchina erfährt Einschränkungen. Der Niederschlagsreichtum bewirkt eine starke Auswaschung der Böden,

M 3.18 Jangtsekiang-Hochwasser

M 3.19 Wasserregulierung und Hochwasserschutz in der Großen Ebene

durch die z.B. schwer nutzbare Laterite entstehen. Die Podsole des südchinesischen Berglandes sind wegen erhöhten Säure- und Eisengehalts weniger fruchtbar. Gut geeignet für die landwirtschaftliche Nutzung sind dagegen die Flussebenen und -deltas des Südens mit ihren Schwemmlandböden.

→ „Steppe und Wüste kriechen durch China und nehmen es immer mehr in ihren Griff. Schon sei es ein Drittel des Landes, teilte die staatliche Forstbehörde mit; jedes Jahr wachse die Wüste um weitere 10400 Quadratkilometer.
Die Bürger der Hauptstadt spüren das, sie bekommen den Sand im wahrsten Sinne des Wortes zu fressen. Sandstürme aus der Mongolei sind in jedem Frühjahr die Regel – aber in diesem Jahr war es so schlimm wie schon seit vier Jahrzehnten nicht mehr. Die Pekinger nahmen die Plastiktüten und Gaze-Masken, mit denen sie sich notdürftig gegen die apokalyptischen Winde schützen, gar nicht mehr von ihren Köpfen. ... Zwar kommt viel Sand von jenseits der Grenze, vor allem aus der Äußeren Mongolei, aber auch chinesische Experten sind sich einig, dass ein Gutteil der Umweltzerstörung hausgemacht ist: Überweidung und Abholzung sind vor allem Schuld, Folgen eines wachsenden Bevölkerungs- und Konsumdrucks.“ (vgl. M 3.33 auf S. 118)
Kai Strittmatter: Der Fluch der Himmelswüste. In: Süddeutsche Zeitung 27./28.4. 2002. München, S. 12

M 3.20 Turfan – westchinesische Oase in der Vollwüste

3.23 Geben Sie einen Überblick darüber, wie die naturräumlichen Bedingungen Chinas der landwirtschaftlichen Nutzung Grenzen setzen.
3.24 Erläutern Sie die Bedeutung des Quin Ling-Gebirges als landschaftsbildende Grenze Chinas.
3.25 Beurteilen Sie das Nutzungspotenzial des Lössberglandes für die Landwirtschaft Chinas.
3.26 Erklären Sie, warum die großen Schwemmlandebenen des Ostens die Kernräume der agrarischen Nutzung in China sind.

Chinas eigener Weg in der Landwirtschaft

Das ländliche China vor 1949

Die Situation im ländlichen China zu Beginn des 20. Jahrhunderts war geprägt von einer immer stärker zunehmenden Verelendung der Masse der bäuerlichen Bevölkerung. Eine Ursache lag in der Agrarstruktur. Der Besitz war extrem zersplittert. So betrug die Durchschnittsgröße einer Parzelle 0,198 ha und die Anzahl der Parzellen pro Bauer 11,6 (Extremwerte im Roten Becken: 0,081 ha und 23,7 Parzellen). Die vielen Miniparzellen erforderten einen sehr hohen Arbeitsaufwand für die gesamte Familie.

Eine sehr ungleiche Besitzverteilung kam erschwerend hinzu. Fast alle Bauern waren gezwungen, von Großgrundbesitzern noch Land zu pachten. Die üblichen Pachtverhältnisse waren eine große Bürde: 25–50 % der Ernte mussten abgeliefert werden. Die Pächter trugen das gesamte Ernterisiko. Naturkatastrophen führten dann in die totale Abhängigkeit der Bauern. Verarmung war die Folge. Politische Wirren und bürgerkriegsähnliche Zustände brachten die am Existenzminimum lebende große Masse der bäuerlichen Bevölkerung endgültig in Hunger und Elend.

Entwicklung der chinesischen Landwirtschaft seit der kommunistischen Revolution (1949)

1950 bis 1951	*Bodenreform*: Enteignung der Großgrundbesitzer und Verteilung des Landes an ehemalige Pächter und Landarbeiter
ab 1951	Einführung von landwirtschaftlichen Produktionsgenossenschaften
1958	Zusammenfassung der *Produktionsgenossenschaften* zu *Volkskommunen* (Großeinheiten mit ca. 5 000 Haushalten), die die gesamten Wirtschafts-, Verwaltungs- und Versorgungseinrichtungen des jeweiligen Gebietes übernehmen
1961	Volkskommunen werden verkleinert (auf ca. 2 000 Haushalte) und erhalten eine stärkere innere Strukturierung; kleine Privatparzellen zur Selbstversorung werden zugelassen.
1978	Einzelwirtschaft auf gepachtetem Land wird möglich: *„Vertragsgebundener Anbau"*. Die über dem Vertrag produzierten Mengen können auf freien Märkten verkauft werden.
ab 1979	Die Erfolge in der Landwirtschaft haben Vorbildfunktion für die weitere Liberalisierung anderer Wirtschaftsbereiche wie z. B. Industrie und Handel.
seit 1990	Der Getreidehandel wird vorübergehend völlig liberalisiert.
1992	Im *„Konzept der sozialistischen Marktwirtschaft mit chinesischen Merkmalen"* wird als langfristiges Ziel auch für die Landwirtschaft die Marktwirtschaft angestrebt.

M 3.21 *Etappen der Landwirtschaftsentwicklung in der VR China ab 1949*

Bodenreform und Einführung landwirtschaftlicher Produktionsgenossenschaften. Mitte 1950 wurde in China ein *Bodenreformgesetz* erlassen. Dessen Hauptmaßnahme war die Enteignung der alten Grundherren. Als Akteure traten so genannte „Bodenreformkomitees" und „Volkstribunale" auf. Mehrere Millionen Grundeigentümer wurden nach Schauprozessen hingerichtet.
Nach der Enteignung wurde der Boden an arme Bauern und kommunistische Kämpfer verteilt. Ungefähr 300 Mio. Familien bekamen Land und notwendige Arbeitsgeräte. Die alte Abhängigkeit vom Grundherren war aufgehoben.
Die Phase der Selbstständigkeit der Bauern war jedoch nur kurz. In Anlehnung an das sowjetische Vorbild der *Kolchosen*, die aus den bäuerlichen Einzelbetrieben gebildet worden waren, wurden bereits ab 1951 auch in China die bäuerlichen Kleinbetriebe stufenweise zu landwirtschaftlichen Produktionsgenossenschaften zusammengefügt. Die Sowchosen (*Staatsbetriebe*) in der damaligen sowjetischen Landwirtschaft sind allerdings nur bedingt mit den chinesischen Kommunen vergleichbar.

Schaffung der Volkskommunen. 1958 wurde der so genannte Große Sprung nach vorn propagiert. In Abkehr vom sowjetischen Vorbild sollte ein eigener „Chinesischer Weg" eingeschlagen werden. Dessen Ziel war, China innerhalb weniger Jahre vom Entwicklungsland zur Industrienation zu formen. Mittel für die ländliche Entwicklung waren dabei die *Volkskommunen*. Innerhalb eines Monats lösten sie die landwirtschaftlichen Produktionsgenossenschaften ab.
Ihre Aufgaben gingen weit über die ausschließliche agrarische Produktion hinaus. Sie übernahmen auch Verwaltungs- und Regierungsaufgaben auf lokaler Ebene. Gleichzeitig sollten sie die Umsetzung der staatlichen Planungsvorgaben im Agrarbereich garantieren. Die Gemeinden verloren alle administrativen Zuständigkeiten.
Die ersten Volkskommunen waren von der Vorstellung geprägt, den neuen sozialistischen Menschen heranzuziehen. Hier sollte das Modell der zukünftigen chinesischen Gesellschaft entstehen. Entsprechend der reinen kommunistischen Lehre wurde das gesamte Privateigentum in Volkseigentum überführt. Das Alltagsleben fand nur noch im gemeinschaftlichen Rahmen statt. Der Kollektivgedanke ging so weit, dass die Entlohnung nach Leistung abgeschafft und durch eine Entlohnung nach Bedürfnissen abgelöst wurde.
Nach schweren Misserfolgen bei der Versorgung mit Grundnahrungsmitteln kam es 1961 zu einer Revision der Kommunen. Sie wurden nun in *Produktionsbrigaden* (z. B. ein Dorf) aufgegliedert und hatten jeweils spezifisch festgelegte Aufgabenbereiche, z. B. die Durchführung von kleineren Bewässerungsprojekten. Die Brigaden wurden weiter in *Produktionsgruppen* aufgeteilt. Eine Gruppe war z. B. für die Organisation des Einsatzes von Arbeitskräften zuständig. Die Produktionsgruppe war jetzt jeweils Eigentümerin von Boden und Produktionsmitteln. Sie war auch Verrechnungseinheit für die Entlohnung, je nach geleisteter Arbeit. Den einzelnen Bauern wurden kleine Privatparzellen zur persönlichen Bewirtschaftung zugewiesen.
Durch die Revision der Kommunen arbeiteten diese effektiver und die Getreideproduktion stieg auf Werte, die vorher nie erreicht wurden.
Dies und eine geschickte Informationspolitik Chinas führten dazu, dass die *FAO* (Welternährungsorganisation der UNO) die Volkskommune als Modell für Entwicklungsländer darstellte.
Erst später wurde klar, unter welchen Bedingungen die „Erfolge" erkämpft wurden. „Es wurde viel herausgeholt und wenig hineingesteckt." Auf ökologische Notwendigkeiten wurde keine Rücksicht genommen. In den fruchtbaren Gebieten im Osten und im Roten Becken war man trotz der immer weiter wachsenden Bevölkerung in der Lage, die Getreideversorgung zu sichern, ohne dass sich Schäden größeren Ausmaßes durch die Übernutzung zeigten. Anders im *Lössbergland*: Mit seiner bis 200 m mächtigen, jedoch relativ lockeren Lössauflage ist der Ackerbau dort sehr problematisch (vgl. S. 107 – 108). Seit der Kulturrevolution versuchten die Volkskommunen, die für die Ernährung notwendigen Getreidemengen im Lössbergland zu erzeugen. Für den Ackerbau wurden immer weitere *Neulandflächen* erschlossen. Trotz Warnungen von ökologischer Seite wurde auch vor den von Erosion bedrohten Gebieten nicht Halt gemacht.

M 3.22 Heroisierende Parteipropaganda zur Kollektivierung der chinesischen Landwirtschaft

„Mao über Bord": Reformen seit 1978. Trotz der Anfangserfolge waren die Volkskommunen auf Dauer herber Kritik ausgesetzt: Der Getreideertrag stagnierte seit längerem, die Erträge pro Kopf sanken, die Arbeitsproduktivität war insgesamt niedrig, wegen der vom Staat festgesetzten Preise stagnierten die Einkommen der Bauern. Die Zahl der Arbeitskräfte auf dem Land war angestiegen, das *hukou-System* (vgl. S.98 – 99) hatte die Abwanderung überzähliger Arbeitskräfte verhindert. Der politische Umschwung 1978 führte zu einem radikalen Einschnitt der Verhältnisse auf dem Land. Der ultralinke Kurs der Kulturrevolution (vgl. M 3.2 auf S. 92 – 93) wurde durch eine pragmatische Politik unter Deng Xiaoping abgelöst. Die ersten Reformmaßnahmen galten der Landwirtschaft. Es wurden u.a. folgende Veränderungen beschlossen, die zu einer „Zweiten Revolution" im ländlichen China führten:

1. Einführung eines *„Vertragsgebundenen Verantwortlichkeitssystems"*: Der Einzelhaushalt ist wieder Basis der Produktion, die Entlohnung erfolgt nach dem Leistungsprinzip. Der Boden ist immer noch Kollektiveigentum, aber er kann langfristig gepachtet werden. Überschüsse über dem Vertragssoll können frei verkauft werden. Somit ist eine stärkere Motivation zur Erhöhung der Produktion gegeben.
2. Erhöhung der staatlichen Ankaufspreise als Produktionsanreiz;
3. Lockerung des staatlichen Handelsmonopols, Einrichtung freier Märkte;
4. Die ehemaligen Volkskommunen verlieren ihre administrativen Aufgaben. Einzig als Betreiber größerer Betriebe der Dorfindustrie treten sie noch in Erscheinung;
5. Rückübertragung von politischer Macht und der Verwaltung auf die Gemeinden und Kreise;
6. Ausbau von Mittelpunktstädten als Innovatoren für die dörfliche Industrialisierung;
7. Schaffung von Marktgemeinden als Handelszentren.

Das zunächst nur in zwei Bezirken als Versuch gestartete „Vertragsgebundene Verantwortungssystem" führte wegen seiner Erfolge bis zum Jahre 1984 zur vollständigen Abschaffung der Kommunen im ganzen Land. Im vertragsgebundenen Verantwortungssystem pachtet z.B. eine Familie Land und bewirtschaftet es in eigener Regie (Vertragslaufzeit bis zu 50 Jahren; pro Person maximal 1 *mu* = 666 m²). Als Gegenleistung für die Landnutzung muss ein bestimmter Prozentsatz der Ernte zu einem festgesetzten Preis an staatliche Stellen geliefert werden. Die darüber hinaus produzierte Menge kann der Bauer auf freien Märkten nach marktwirtschaftlichen Prinzipien, also nach den Regeln von Angebot und Nachfrage, verkaufen. Bei einem anderen Typ des vertragsgebundenen Ankaufs, dem so genannten spezialisierten Haushalt, muss eine bestimmte Menge einer bestimm-

M 3.23 Chinesische Bauernfamilie bei der Feldarbeit

ten Güterart an staatliche Stellen geliefert werden. Dieser Typ findet sich hauptsächlich in der Nähe von Städten, wo z.B. intensive Landwirtschaft im Bereich des Gemüseanbaus betrieben wird. Es existiert für landwirtschaftliche Produkte also ein zweigleisiges Preissystem, das einerseits aus staatlich bestimmten und andererseits aus marktbestimmten Preisen besteht. Die Erfolge bei der Steigerung der agrarischen Produktion und der Erhöhung der Einkommen aus der Landwirtschaft sind auf das Nebeneinander der verschiedenen Preise zurückzuführen. Damit besteht ein Anreiz, diejenigen Produkte außerhalb der staatlichen Vorgaben zu produzieren, bei denen auf dem Markt höhere Preise erzielt werden können. Allerdings unterliegen bis heute Agrarprodukte, die für die Versorgung der Bevölkerung von entscheidender Bedeutung sind, z.T. der staatlichen Kontrolle. Auch sind Boden und Bewässerungsanlagen bis jetzt Kollektiveigentum.

Die Einführung des vertragsgebundenen Verantwortlichkeitsprinzips führte zu einer erheblichen Produktionssteigerung für landwirtschaftliche Produkte, sodass 1990 der Getreidehandel völlig freigegeben wurde. Langfristig konnte aber eine totale Liberalisierung nicht durchgehalten werden.

→ „Vor dem Hintergrund enormer Preissteigerungen im Frühjahr 1994 erfolgte jedoch ein Rückgriff auf das System der obligatorischen Ankaufsquoten mit staatlich festgelegten und ausgehandelten Preisen und dem Verbot für private Händler, Getreide anzukaufen, bevor die staatlichen Ankaufsquoten erfüllt waren.

Staatliche Preise im Getreidesektor galten 1995 beispielsweise für 142 Millionen Tonnen, das waren 30 % der gesamten Getreideproduktion. Die staatlichen Ankaufsstationen kauften 46,2 Millionen Tonnen zu Quotenpreisen und 46,3 Millionen Tonnen zu Verhandlungspreisen an. Während die Quotenpreise ungefähr 60 % der Marktpreise entsprachen, erreichten die Verhandlungspreise ein Niveau von 90 % der Marktpreise. Der unter dem Marktpreis liegende Quotenpreis stellte 1995 eine implizite Steuer in Höhe von 40,7 Milliarden Yuan für die landwirtschaftlichen Produzenten dar."

Margot Schüller: Wirtschaft. In: Brunhild Staiger, a.a.O., S.161

Während im Jahre 1978 für 113 landwirtschaftliche Produkte staatliche Ankaufspreise festgesetzt waren, betrug die Zahl im Jahre 1993 nur noch 6. Damit war die 1992 vom Volkskongress (das chinesische Parlament) beschlossene *Sozialistische Marktwirtschaft* im Bereich der Agrarwirtschaft hinsichtlich der Preisbildung schon weitgehend realisiert.

Durch eine Verfassungsänderung im Jahre 1999 erhielten Privatunternehmer zudem einen hohen Stellenwert innerhalb der sozialisierten Marktwirtschaft. Der Privatwirtschaft wird nun laut Verfassung nicht mehr eine ergänzende, sondern eine wichtige Rolle innerhalb des chinesischen Wirtschaftssystems zugeschrieben.

Die wesentlichen Ziele der chinesischen Agrarpolitik lassen sich um die Jahrtausendwende wie folgt beschreiben:

1. Selbstversorgung der Bevölkerung des Landes mit Nahrungsmitteln, insbesondere auch Sicherung der Versorgung der städtischen Bevölkerung bei stabilen Preisen;
2. Anstieg der bäuerlichen Einkommen;
3. Schaffung von außerlandwirtschaftlichen Arbeitsplätzen auf dem Land;
4. Übernahme ökologischer Ausgleichsfunktionen.

3.27 *Informieren Sie sich im Internet, z.B. in der Begleitung Ihres Buches, über die Situation der Landwirtschaft in China vor der Revolution 1949.*

3.28 *Stellen Sie in einem Kurzreferat den Aufbau einer Volkskommune dar. Hilfe dazu finden Sie auch in der Internetbegleitung Ihres Buches.*

3.29 *Begründen Sie die Notwendigkeit der Einführung des „Vertragsgebundenen Verantwortlichkeitssystems" in der chinesischen Landwirtschaft.*

3.30 *Erklären Sie, was man unter dem Parallelsystem der chinesischen Agrarpreispolitik versteht.*

3.31 *Begründen Sie, warum das Nebeneinander von Plan- und Marktwirtschaft in der Landwirtschaft zum Vorbild für andere Wirtschaftssektoren in China wurde.*

Agrarräume in China

In einer Parallelwirtschaft, einem Nebeneinander von Plan- und *Marktwirtschaft* (vgl. S. 112 – 113), besteht die Tendenz zum so genannten *Rent-Seeking*. Damit ist die Verlagerung der Produktionsfaktoren in den nicht vom Staat beeinflussten Sektor gemeint, in dem die Verdienste/ Gewinne höher sind als in der Planwirtschaft. Dies gilt auch für die Produktion agrarischer Güter in China. Der *Bruttoproduktionswert* des Pflanzenbaus ist – relativ betrachtet – seit Beginn der Wirtschaftsreformen um ca. ein Viertel zurückgegangen. Dagegen stieg der Anteil der Viehwirtschaft und der *Fischzucht* erheblich (M 3.24). Es wird auf hochwertige Erzeugnisse umgestellt, weil sich diese mehr rentieren als der Anbau von Weizen oder Reis. Damit verbunden ist auch eine Anbaudifferenzierung nach stadtnahen und stadtfernen Gebieten. In Stadtnähe werden Gemüse, Obst und Fleisch produziert, in stadtfernen Regionen wird das nicht so gewinnträchtige Getreide angebaut. Dieses Muster erfährt jedoch eine Differenzierung durch die Verkehrsinfrastruktur. Durch die Einführung des vertragsgebundenen Anbaus und durch das Ergreifen zahlreicher anderer produktivitätsfördernder Maßnahmen stieg die Produktion von Getreide stark an. Das ursprüngliche Bild der Agrarlandschaften Chinas hat sich auffallend verändert. Die riesigen Blockfluren der Kommunen wichen den Streifenfluren des *vertragsgebundenen Anbaus* (M 3.26).

	1978	1995	1998	2001
Pflanzenbau	80,0	58,4	58,1	55,2
Forstwirtschaft	3,4	3,5	3,5	3,6
Viehzucht	15,0	29,7	28,5	30,4
Fischerei	1,6	8,4	9,9	10,8

Nach China Statistical Yearbook 1999, a.a.O. 1999, S. 29 und Berechnungen nach http://www.china.com.cn/german/shuzi-ger/jj/htm/biao/12-6.htm

***M 3.24** Veränderung der Struktur des landwirtschaftlichen Bruttoproduktionswertes in China (in %)*

Produkt	1949	1978	2001
Getreide	113	305	453
Baumwolle	0,4	2	5
Ölpflanzen	2,5	5	29
Obst	1,2	7	65
Fleischwaren	2,2	9	63
Fisch	0,4	5	44

***M 3.25** Agrarproduktion in China (gerundet auf Mio. t)*

Nach China 2002, a.a.O., S. 94

Provinz Guanxi, Mitte der 1990er Jahre

***M 3.26** Veränderung der Flurformen (Blockflur und Streifenflur) in China*

Trotz der Reformmaßnahmen seit 1978 hat sich das Grobraster der chinesischen Agrarzonen erhalten. Der humide, vom Südostmonsun beeinflusste Osten, lässt sich in ein gelbes (Weizenanbau) und grünes (Reisanbau) China gliedern. Der trockene oder gebirgige Westen wird in ein braunes China (Steppen- und Wüstengebiete mit Vieh- und Oasenwirtschaft) und ein weißes (Hochgebirge) China eingeteilt (M 3.27).
Wichtig für die Ernährung der chinesischen Bevölkerung sind die humiden östlichen Gebiete. Entsprechend den natürlichen Bedingungen – lange kalte Winter in der Mandschurei (Nord-Ost-Gebiet) bis zu tropischem Klima im Süden – steigt die Zahl der möglichen Ernten (so genannter *Cropping-Index*) von Nord nach Süd von 1 bis 4.

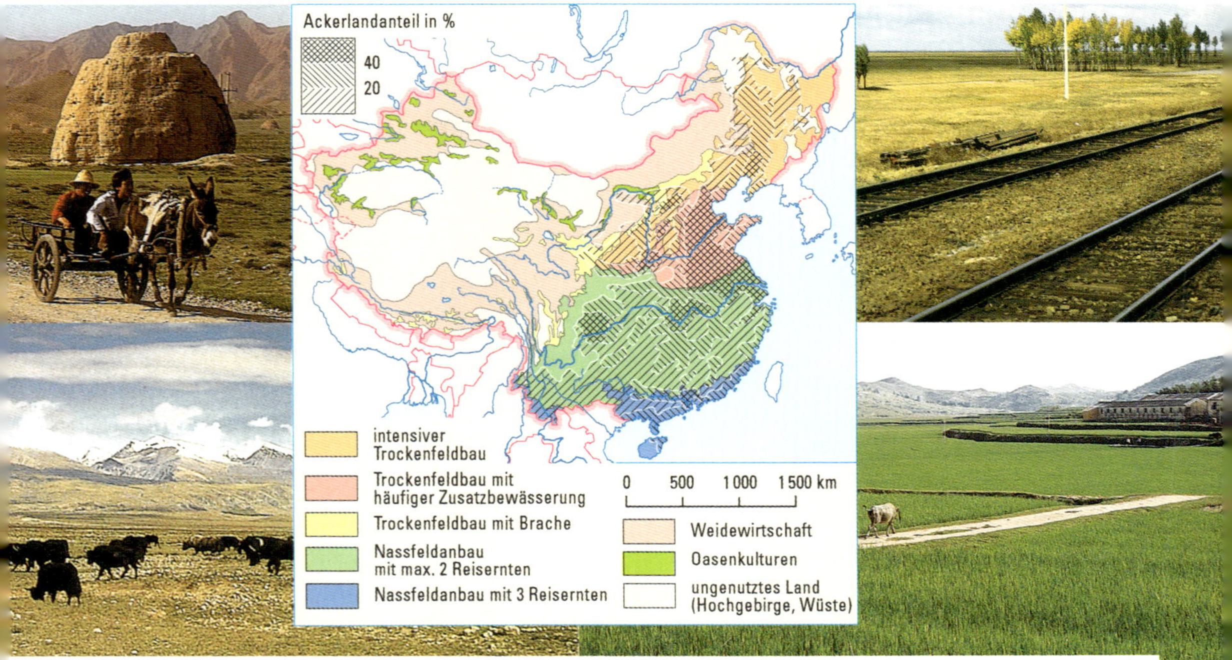

M 3.27 *Agrarzonen Chinas (Differenzierung nach Anbauprodukten in der Internetbegleitung dieses Schulbuchs)*

Braunes China: In China gibt es ca. 323 Mio. ha Weideflächen, die wichtigsten von ihnen liegen in der Inneren Mongolei, in der Dsungarei und im Tarimbecken. In extensiver Weidewirtschaft werden hauptsächlich Schafe und Ziegen, und dort wo die natürlichen Bedingungen dies erlauben (z.B. Grasland der Mongolei), auch Rinder und Pferde gehalten. Entlang von Flüssen wird auch im Braunen China Ackerbau betrieben. In Oasen baut man neben Getreide und Baumwolle auch Sonderkulturen, z.B. Südfrüchte, an. Für die gesamte Ernährungssituation Chinas spielt dieses Gebiet trotz verschiedener *Neulandprojekte* (vgl. S. 118 – 119) nur eine untergeordnete Rolle, obwohl in der nordwestlichen Provinz Xinjiang zwischen 1950 und 1980 die gesamte Ackerfläche fast verdreifacht wurde.

Weißes China: Die Hochlandgebiete der Provinzen Tibet und Quinghai sind landwirtschaftlich nur sehr eingeschränkt nutzbar. In den Tälern wird hauptsächlich Gerste angepflanzt. Für die Versorgung der Bevölkerung ist wie im Braunen China die Viehwirtschaft sehr wichtig. Ernährungsgrundlage der Bevölkerung sind u.a. Schafe, Ziegen und Yaks.

Gelbes China: Im Nord-Ost-Gebiet (Mandschurei) dominieren Sommerweizen, Mais und Hirse. Die Nordchinesische Ebene, entstanden aus den Ablagerungen verschiedener Flusssysteme, wie dem Gelben Fluss (Huang He), ist eines der wichtigsten Ackerbaugebiete Chinas und der Schwerpunkt des Gelben Chinas. Führende Anbauprodukte sind hier Winterweizen, Mais, Hirse, Erdnüsse und Sojabohnen. Die stark erodierte Lössebene kann nur in Tälern und in den Becken ackerbaulich genutzt werden. Anbauschwerpunkte sind dort ebenfalls Weizen, Mais und Hirse.

Grünes China: Das Gebiet des unteren und mittleren Jangtsekiang (Chang Jiang) ist die „Reisschüssel" Chinas. Mehr als die Hälfte der jährlichen Reisernte stammen von dort. Pro Jahr sind 2 Ernten möglich. Neben Tee, Baumwolle und Seide gewinnt auch die Fischproduktion eine immer größere Bedeutung. Im tropischen Südchina mit 12 Monaten Vegetationszeit lassen sich 3 Reisernten erzielen. Neben Reis, Zuckerrohr und Erdnüssen werden dort auch Südfrüchte und Kautschuk produziert.

3.32 Erklären Sie den Begriff des Rent-Seeking im Zusammenhang mit M 3.24 und M 3.25.

3.33 Stellen Sie einen Vergleich der Entwicklung der Agrarzonen (so genanntes Belt-Konzept) in den USA mit der Entwicklung der Anbauzonen landwirtschaftlicher Produkte in China an.

3.34 Begründen Sie die Verteilung der Agrarzonen Chinas mithilfe naturräumlicher Faktoren.

3.35 Vergleichen Sie die natürlichen Grenzen landwirtschaftlichen Anbaus in China und Russland.

Chinas Landwirtschaft im Wandel

	Beschäftigte (ca.)		Bruttosozialprodukt (ca.)	
	absolut (Mio.)	Anteil an allen Beschäftigten (%)	absolut (Mrd. Yuan)	Anteil am gesamten BSP (%)
1960	210	82	34	23
1970	277	80	79	35
1980	293	68	136	30
1990	384	60	501	27
1998	348	49	1 460	18
2000	353	50	1 464	17

M 3.28 *Zur Veränderung der Position der chinesischen Landwirtschaft*

China Statistical Yearbook, 1999, a.a.O., S. 55, und Berechnungen nach CIA – The World Factbook 2002. Washington

Relativer Bedeutungsverlust der Agrarwirtschaft

China war bis in die jüngste Zeit ein Agrarstaat. Noch um die Jahrtausendwende arbeitete knapp die Hälfte aller Erwerbstätigen in der Landwirtschaft. Bis ca. 2000 stieg die absolute Zahl der Beschäftigten in diesem Wirtschaftssektor zeitweise noch an. Allerdings lässt sich seit der Einleitung der Reformmaßnahmen (1978) ein beschleunigter Übergang zur Industrie- und Dienstleistungsgesellschaft feststellen. Dies wird durch den – relativ betrachtet – sinkenden Anteil der Landwirtschaft am Bruttosozialprodukt (BSP) deutlich. Absolut gesehen steigt jedoch die Wirtschaftsleistung des Agrarsektors stark an (M 3.28).

M 3.29 *Traktorenbesatz in Chinas Landwirtschaft* *China Statistical Yearbook, 1999, ebenda, S. 391 und http://www.china.com.cn/german/shuzi-ger/jj/htm/biao/12-1.htm*

	Traktoren über 14,7 kW = 20 PS (1 000)	Einachsige Kleintraktoren (1 000)
1965	73	4
1978	557	1 373
1990	813	6 981
1997	689	10 490
1998	725	11 220
2001	1 098	12 644

Mechanisierung

Die menschliche Arbeitskraft ist in China immer noch der wichtigste Produktionsfaktor der Landnutzung (M 3.23, M 3.31 und M 3.32). So arbeiten in den intensiv genutzten Reisanbaugebieten (mehrere Ernten pro Jahr) z.T. über 750 landwirtschaftliche Arbeitskräfte pro 100 ha Ackerfläche. Nur in extensiven Getreideanbaugebieten des Nordostens liegt der Wert unter 100 Personen. Auch der Einsatz von Arbeitstieren (z.B. Wasserbüffeln) spielt in weiten Teilen des Landes noch eine hervorgehobene Rolle.
Dagegen ist der *Maschinenbestand* insgesamt relativ gering. Der gesamte *Traktorenbestand* Chinas ist halb so groß wie der Deutschlands. Er war zeitweise sogar rückläufig (M 3.29), da auf den kleinen Parzellen mit schweren Traktoren nur bedingt gearbeitet werden kann. Deshalb kommen auch zunehmend einachsige Kleintraktoren zum Einsatz. Ähnliche Probleme wie mit größeren Schleppern treten auch mit Mähdreschern und anderem Großgerät auf. Deshalb sind auch bei diesen nur geringe Bestände zu verzeichnen.
Als Folge der zunehmenden *Mechanisierung* der Landwirtschaft treten typische Probleme auf. Es werden Arbeitskräfte freigesetzt, die von den Betrieben anderer Wirtschaftssektoren (ländliche Industriebetriebe, Unternehmen des tertiären Sektors) nur bedingt aufgenommen werden können. Zudem ist die chinesische Landwirtschaft mit Arbeitskräften stark überbesetzt. Als Ursachen sind das starke Bevölkerungswachstum und das *hukou-System* anzuführen. Um der Arbeitslosigkeit zu entgehen, drängen nun die Menschen in die Städte des Ostens, um dort – z.T. illegal – als *Wanderarbeiter* ihr Dasein zu fristen.

Düngemitteleinsatz

→ „Eine der wichtigsten Leistungen der bäuerlichen Kultur Chinas besteht in der Beherrschung des Nährstoffkreislaufs. Durch die Entwicklung entsprechender Fruchtfolgen und die Anwendung geeigneter Düngungsmethoden gelang es, die mit den Nutzpflanzen entnommenen Nährstoffe dem Boden wieder zuzuführen und den Kreislauf zu schließen. Erst dadurch konnten den vorherrschenden Bodenverhältnissen zum Trotz vergleichsweise hohe Ernten eingefahren werden, die eine seit langem hohe Bevölkerungsdichte tragen."

Johannes Müller: Kulturlandschaft China. Gotha: Perthes 1997, S. 45

Bis Mitte der 1970er Jahre kam hauptsächlich organischer Dünger zum Einsatz. Die Verwendung von Mineraldünger spielt erst ab dieser Zeit eine wesentliche Rolle. Damals begann China eine eigene Düngemittelindustrie aufzubauen. Die Ertragssteigerungen der chinesischen Landwirtschaft sind u.a. eine Folge des vermehrten Düngemitteleinsatzes (M 3.30).

Der hohe *Düngemittelverbrauch* pro ha – die Werte entsprechen denen in der Landwirtschaft moderner Industriestaaten – ist auch eine Folge des ausgeklügelten Systems des Mehrfachanbaus (vgl. S. 115 mit M 3.27), der z.B. im Süden Chinas drei und in manchen Gebieten bis zu vier Ernten pro Jahr zulässt. Zusätzlich zum steigenden Mineraldüngereinsatz wird die Anwendung von Pflanzenschutzmitteln verstärkt sowie die Saatzucht verbessert, um höhere Erträge zu erzielen.

***M 3.30** Düngemitteleinsatz in China (Werte gerundet)*

	Gesamtmenge (Mio. t Reinnährstoff)	Verbrauch (kg/ha Ackerfläche)
1952	0,08	0,7
1978	9	87
1990	26	270
1994	28	290
2001	42	273

Johannes Müller, ebenda und http://www.china.com.cn/german/shuzi-ger/jj/htm/biao/12-1.htm

Betriebsgrößenstruktur

Ein Charakteristikum des chinesischen Ackerbaus ist seine kleinbetriebliche Struktur. Kleine Felder und Betriebe sind die Folge der natürlichen Voraussetzungen: bezogen auf die Größe des Landes wenig Ackerland, Nährstoffknappheit, Reliefgegensätze auf engstem Raum, gravierende *Bodenerosion* und notwendige Wasserregulierung. Die Nahrungsmittelversorgung lässt sich angesichts dieser Ausgangslage nur bei hoher Arbeitsintensität auf kleinen Feldern, wie z.B. durch notwendige Terrassierung oder Bewässerung, lösen. Die Kollektivierung der Landwirtschaft bzw. die Schaffung von Kommunen mit großen Betriebseinheiten (vgl. S. 111 und M 3.26) musste angesichts dessen zu Schwierigkeiten in der Agrarwirtschaft führen. Die Auflösung der Kommunen ab 1978 bis 1984 hat dann letzten Endes wieder zu den traditionellen kleinbetrieblichen Strukturen geführt. Pro Haushaltsmitglied kann 1 mu (= 1/15 ha) Ackerland vom Staat gepachtet werden. Zupacht ist bis heute nicht möglich. Eine Existenzgrundlage bieten diese Betriebe nur dann, wenn sich durch extremen Arbeitseinsatz entsprechende Erträge erzielen lassen.

***M 3.31** Handtraktor im Nassreisfeld*

***3.36** Nennen Sie Gründe dafür, weshalb der Übergang von der Agrargesellschaft zur Industrie- und Dienstleistungsgesellschaft in China relativ spät eingesetzt hat.*

***3.37** Zeigen Sie wesentliche Ursachen für den geringen Mechanisierungsgrad der chinesischen Agrarwirtschaft auf.*

***3.38** Erklären Sie das Zustandekommen von extrem kleinbetrieblichen Strukturen in der chinesischen Landwirtschaft.*

***3.39** Die Zahl der Arbeitskräfte pro 100 ha Ackerfläche liegt in Deutschland bei ca. 5 Personen. Erläutern Sie die Gründe dafür, dass ein Vergleich der deutschen Zahlen mit den chinesischen Zahlen (vgl. S. 116) nur bedingt möglich ist. Warum hinkt ein solcher Vergleich auch hinsichtlich des Traktorenbestandes (M 3.29)?*

M 3.32 Brigade bei Arbeiten zur Neulanderschließung durch Terrassierung

Dynamik der Flächennutzung

Zur *Ernährungssicherung* wurden von den 1950er bis -70er Jahren nach sowjetischem Vorbild auch in China umfangreiche *Neulandprojekte* durchgeführt. Schwerpunkte war die Erschließung neuer Ackerbauflächen im Norden und Westen (Mandschurei, Xinjiang, Innere Mongolei) sowie im *Lössbergland*. Alle chinesischen Regionen sollten Getreideselbstversorger werden. Mehr als 20 Mio. ha Ackerland wurden neu gewonnen, aufgrund unterschiedlicher Ursachen gingen aber gleichzeitig über 30 Mio. ha verloren. Mit den Neulanderschließungsprojekten gingen auch umfangreiche Umsiedlungsaktionen der Bevölkerung – insbesondere aus den dichtbesiedelten Ostgebieten – einher. So wurden die in Xinjiang ansässigen Turkvölker wegen der Ansiedlung von *Han-Chinesen* zur Minderheit im eigenen Siedlungsgebiet.

Bei der Erschließung der neuen Ackerbauflächen wurden z.T. die Grenzen der *Ökumene* überschritten. Besonders bisher nicht durch Ackerbau genutzte Steppen kamen unter den Pflug, Waldsteppen wurden abgeholzt. Dazu kommt eine Überweidung der verbliebenen Steppengebiete durch vergrößerte Schaf- und Ziegenherden. Folge ist in beiden Fällen eine stärkere Austrocknung des Bodens, häufiger Windabtrag und Erosion, insbesondere bei den seltenen, aber heftigen Regenfällen. Die *Neulanderschließung* in semiariden und ariden Gebieten stößt auch durch zunehmende Bodenversalzung und absinkenden Grundwasserspiegel an ihre Grenzen. Durch die notwendige Bewässerung der Ackerbauflächen in den Trockengebieten hat sich das Abflussverhalten der Flüsse geändert. Insgesamt ist eine anhaltende *Desertifikation* festzustellen.

Um die negativen Folgen der Erschließungsmaßnahmen zu verringern, wurden u.a. folgende Konsolidierungsmaßnahmen eingeleitet:

- Aufgabe des Ackerbaus auf besonders erosionsgefährdeten Anbauflächen und ggf. Umwandlung in Weideland;
- Verbesserung des Bewässerungssystems (z.B. durch unterirdische Kanäle, um die Verdunstung knappen Wassers zu verringern);
- Veränderung des Bodennutzungssystems, z.B. durch Feld-Wiesen-Wechselwirtschaft;
- Terrassierung von Berghängen, um die Erosionsgefahr zu verringern (M 3.32);

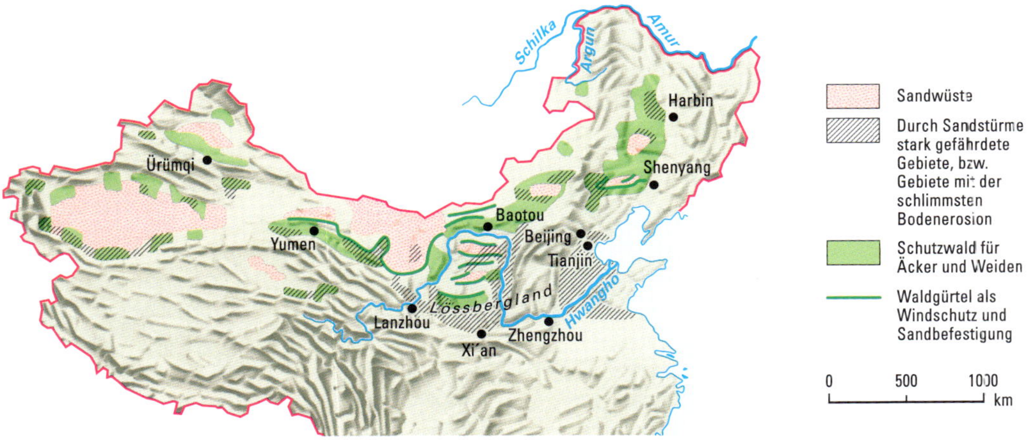

M 3.33 Die Grüne Mauer Chinas – eine Gegenmaßnahme kontra die Wüstenausbreitung

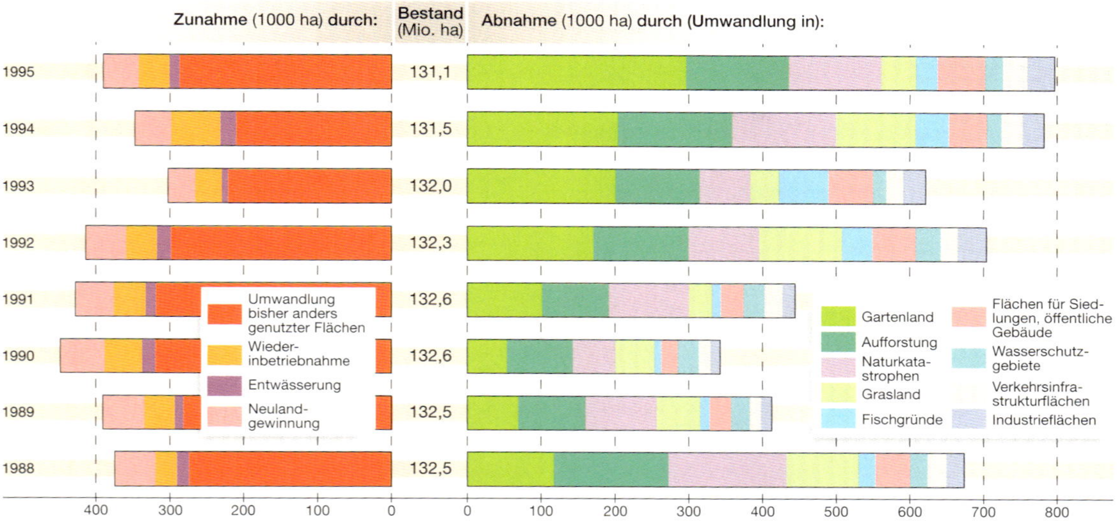

M 3.34 *Zunahme, Abnahme und Bestand von Ackerland in China 1988–1995*

Nach http://www.iiasa.ac.at/RESEARCH/LUC/ChinaFood/data/land/land_1.htm

- Aufforstung kleinerer und größerer Gebiete. Bis zum Jahr 2050 soll mit der „*Grünen Mauer*" über 7000 km hinweg ein 400–1700 km breites, schachbrettartig angelegtes Aufforstungsprojekt verwirklicht werden, um die Windabtragung einzuschränken bzw. Acker- und Weideflächen vor Flugsand zu schützen (M 3.33).

Heute liegt der Schwerpunkt der Bemühungen um Ertragssteigerungen auf bereits erschlossenen Gebieten. Trotz ihres teilweisen Misserfolgs darf aber nicht übersehen werden, dass die *Neulandprojekte* zu Ertragssteigerungen der chinesischen Agrarwirtschaft beigetragen haben und deshalb immer noch durchgeführt werden (M 3.34), allerdings in viel bescheidenerem Rahmen als früher. Die heute in China verfügbare Ackerfläche ist Ergebnis verschiedener gleichzeitiger Prozesse. Insgesamt entsteht eine negative Bilanz der vorhandenen Ackerbauflächen (M 3.34). Erhebliche Verluste entstehen durch Umwandlung von Ackerland in Gemüse- und Obstgärten bzw. Grünland. Auch Aufforstungsmaßnahmen führen zum Rückgang der Ackerbaufläche, was aus ökologischen Gründen durchaus zu begrüßen ist. Für den Verlust von Ackerflächen sind in zweiter Linie Naturkatastrophen, wie z.B. *Überschwemmungen* und Dürren, verantwortlich. Ein zusätzlicher Faktor für die negative Gesamtbilanz ist die Ausdehnung der Siedlungs- und Verkehrsflächen, insbesondere im bevölkerungsreichen Osten Chinas. Eine Umwidmung in Industrieflächen oder Flächen für die öffentliche Nutzung ist relativ einfach zu vollziehen, da der Staat formell immer noch Eigentümer der agrarisch genutzten Flächen ist. Die Bilanz wäre noch negativer, wenn nicht bisher genutztes Land neu kultiviert würde oder nicht Entwässerungs- und Eindeichungsmaßnahmen stattfänden.

3.40 *Vergleichen Sie Ursachen und Auswirkungen von Neulanderschließungsmaßnahmen in China mit denen in der früheren Sowjetunion.*

3.41 *Beurteilen Sie kritisch die Erfolge von Konsolidierungsmaßnahmen im Gefolge der Neulanderschließung. Ziehen Sie dazu auch M 3.33 und M 3.34 heran.*

3.42 *Die Ursachen der Abnahme von Ackerland in China sind im Durchschnitt nur auf 10–15 % pro Jahr auf Erschließungsmaßnahmen im Zusammenhang mit Siedlungs- bzw. Verkehrsbauten zurückzuführen. Erklären Sie, warum dieser Durchschnittswert in räumlicher Hinsicht die tatsächliche Situation der Ackerflächenverluste doch etwas verschleiert.*

Maßnahmen zur nachhaltigen Ernährungssicherung

Das Ergebnis der Agrarreformen und Strukturveränderungen seit 1978 ist sehr zwiespältig. Steigenden Produktionszahlen und anfänglichen Einkommenszuwächsen der bäuerlichen Familienbetriebe steht ein Heer von Arbeitslosen auf dem Land gegenüber. Die jungen Arbeitslosen suchen nach Beschäftigung in den Wirtschaftszentren des Ostens – häufig illegal. Zurück bleiben Alte und Frauen. Nichtsdestoweniger hat sich die durchschnittliche Menge der je Einwohner verfügbaren Nahrungsmittel trotz des Bevölkerungswachstums beachtlich erhöht (vgl. M 3.35)
Seit Beginn der Reformprozesse in der Landwirtschaft (1978) hat sich auch die Zusammensetzung der Ernährung deutlich verändert. Zwar sind Reis und Weizen weiterhin die wichtigsten Grundlagen, aber Obst und Gemüse wie auch tierische Produkte (Fleisch, Fisch) gewinnen an Bedeutung auf der chinesischen Speisekarte.
Trotz der offensichtlichen Erfolge wird die sichere Ernährung der wachsenden chinesischen Bevölkerung weiterhin ein Problem bleiben. Dies ist insbesondere auch auf die Risiken des Anbaus, hervorgerufen durch *Überschwemmungen* und katastrophale Dürren, zurückzuführen.

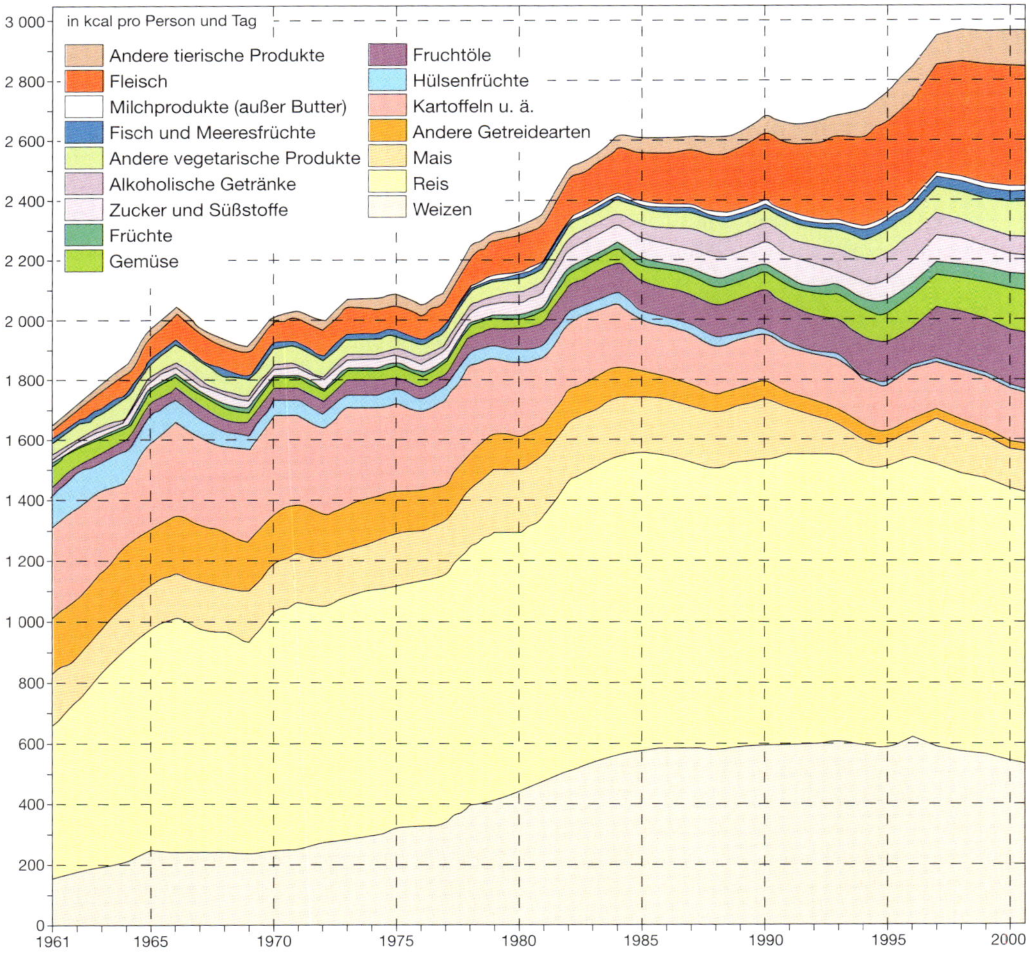

M 3.35 Veränderung der Verfügbarkeit von Nahrungsmitteln in China *http://www.iiasa.ac.at/RESEARCH/LUC/China/Food/data/diet/diet_6_m.htm, ergänzt aus FAO (FAOSTAT): Food Balance Sheets, Jahre 1997–2001*

→ „Missernte. Aufgrund einer schweren Dürre fiel die Getreideernte 2000 um 10 % geringer aus als 1999. Die chinesische Regierung fürchtete um die Lebensmittelversorgung der Milliardenbevölkerung und ordnete eine drastische Kürzung der Getreideexporte an. Nach Schätzungen der Regierung war der Getreidevorrat um ca. 35 % im Vergleich zum Vorjahr gefallen. Um zukünftige Engpässe in der Versorgung zu vermeiden, plante China Maßnahmen zur Verbesserung der Lagermöglichkeiten von Getreide.“ *Aktuell 2002, ebenda*

M 3.36 Zögernder Einzug der Moderne in die chinesische Bewässerungswirtschaft – mobile Motorpumpe

2025 müssen nach Schätzungen zur Versorgung der chinesischen Bevölkerung mindestens 650 Mio. t Getreide geerntet werden. Um langfristig die Agrarproduktion zu steigern, auch wegen immer wieder drohender Missernten, sind zusätzlichen *Reformen* in der *Agrarwirtschaft* durch die Regierung zu veranlassen:

- Verkauf des landwirtschaftlichen Bodens an die bewirtschaftenden Bauern, damit langfristige Planungssicherheit gegeben ist;
- Vergrößerung der landwirtschaftlichen Betriebe, um den Besitzern eine ausreichende Einkommensbasis zu verschaffen;
- Flurbereinigung, soweit die natürlichen Bedingungen dies zulassen. Nur so ist ein effizienter Einsatz von Maschinen möglich.
- mehr außerlandwirtschaftliche Arbeitsplätze auf dem Land, um junge Arbeitskräfte zu halten;
- verstärkte Umstellung der landwirtschaftlichen Produktion auf Veredelungswirtschaft (z.B. Vieh- und *Fischzucht*);
- zusätzliche Maßnahmen zum Bodenschutz, um u.a. die Erosion zu verringern (z.B. Terrassierung von Hängen);
- weitere Intensivierung der landwirtschaftlichen Produktion in den humiden Gebieten (gezielterer Düngemittel- und Pflanzenschutzmitteleinsatz, Entwicklung von Hochertragssorten);
- Verbesserung des traditionellen Bewässerungssystems einschließlich Deichbaumaßnahmen, um z.B. Verdunstungsverluste und Bodenversalzung einzuschränken;
- Extensivierung von Ackerbau und Viehzucht in den ariden und semiariden Gebieten, z.B. durch Verkleinerung der Viehherden, um der Überweidung vorzubeugen;
- weitere Anbaudiversifizierung, um die negativen Folgen von Monokulturen zu vermindern;
- Verbesserung des Transportwesens, um den Austausch agrarischer Produkte zwischen den verschiedenen Regionen zu erleichtern;
- Stärkung des betriebswirtschaftlichen Denkens bei Bauern und Behörden, insbesondere Abbau der verbliebenen planwirtschaftlichen Elemente um Anreize für weitere Produktionssteigerungen zu schaffen.

3.43 *Erläutern Sie die Gründe für den Zuwachs der durchschnittlichen Versorgung mit Nahrungsmitteln in China.*

3.44 *Geben Sie eine Erklärung dafür, warum China trotz knapper Nahrungsmittel offensichtlich größere Mengen von Getreide exportiert.*

3.45 *Beurteilen Sie die weiteren Reformvorhaben bzw. in Aussicht genommenen Strukturveränderungen der chinesischen Agrarwirtschaft in Hinblick auf den Gegensatz Produktionssteigerung – ökologische Wirtschaftsweise (vgl. S. 118 – 119).*

3.46 *Stellen Sie Verbindungen her zwischen den Aussagen von M 3.35 und der Kurzchronik Chinas (M 3.2 auf S. 92 – 93) für die Zeit seit 1961.*

3.47 *Zu Beginn der 1980er Jahre wurden für die Volksrepublik China große Versorgungsprobleme mit Nahrungsmitteln prognostiziert. Erklären Sie, warum diese bis heute nicht eingetreten sind.*

China auf dem Weg zum modernen Industrie- und Dienstleistungsstaat

M 3.37 Phasen der Industrieentwicklung Chinas

Zeitabschnitt	*Wirtschaftspolitische Ziele/Maßnahmen*	*Räumlich-funktionale Aspekte*
1949–1952 Wiederaufbau	im Vordergrund Beseitigung von Kriegschäden; staatliche Kontrolle der Banken; Industrie hat nur geringe volkswirtschaftliche Bedeutung	1952 entfallen 68 % der industriellen Produktion auf 7 Küstenprovinzen bzw. auf 11 % der Landesfläche
1953–1957 1. Fünfjahresplan	Einführung der Planwirtschaft nach sowjetischem Vorbild, u.a. stufenweise Verstaatlichung von Industrie-, Verkehrs- und Handelsbetrieben; vom Weltmarkt unabhängige Strategie der Entwicklung des Landes; vorrangiges Ziel ist Aufbau der Schwerindustrie (*Schlüsselindustrie*) zulasten der Leichtindustrie; finanzielle und personelle Unterstützung durch die Sowjetunion; Errichtung rohstofforientierter *Kombinate*, die häufig über Tausende von Kilometern hinweg zusammenarbeiten müssen	vorrangig Förderung der industriellen Entwicklung des Binnenlandes; schwerpunktmäßig Investitionen in 18 *„Key-point-Städte"* (12 davon außerhalb der Küstenprovinzen); die Sowjetunion propagiert eine Entwicklungsachse vom Tiefland von Turan über das Tarimbecken und die Dsungarei zum Gelben Meer; von ca. 700 neuen Projekten befinden sich zwei Drittel im Binnenland
1958–1960 „Großer Sprung nach vorn"	eigener chinesischer Weg bringt Abkehr vom sowjetischen Vorbild; weitere Forcierung der Schwerindustrie, allerdings auf kleinbetrieblicher Basis; (1958 stammen 89 % des Bruttoproduktionswertes der Industrie aus Staatsbetrieben)	Errichtung schwerindustrieller Kleinbetriebe im ganzen Land (z.B. Ministahlöfen in *Volkskommunen*), um ländliche Gebiete zu industrialisieren und z. B. abgelegene Gebiete mit einfachen Werkzeugen zu versorgen
1961–1965 Konsolidierungsphase	leichte Modifizierung des Modells der Planwirtschaft nach vorausgehenden Hungersnöten; Zulassung privaten Kleingewerbes; weiterhin Fünfjahrespläne	Einteilung Chinas in 6 Wirtschaftsgroßräume, u.a. mit dem Ziel der Autarkie bei schwerindustriellen Gütern; Zugeständnisse an die Provinzen für eigenständige Regionalentwicklung
1966–1970 Kulturrevolution	Abkopplung von der Weltwirtschaft, China setzt auf eigene Kraft; Arbeit ersetzt Kapital, Bevorzugung einfacher, angepasster Technologien zur Befriedigung der Grundbedürfnisse; Produktionsausfälle und Stagnation in der Industrie	im Binnenland weiterhin wichtige Schlüsselprojekte; Sowjetunion wird als Bedrohung angesehen, deshalb befinden sich diese Projekte hauptsächlich im *„Dritte-Front-Gebiet"*
1971–1976 China als Vorbild	Stabilisierung von Landwirtschaft, Industrie, Wissenschaft und Militär, China als Vorbild sozialistisch orientierter Entwicklungsländer; Zusammenarbeit aufeinander angewiesener Produktionsstätten über Tausende von Kilometern verursachten eklatante Transportprobleme bzw. enorme -kosten; Wirtschaftsegoismus der lokalen Entscheidungsträger	Raumordnungsfragen gewinnen an Bedeutung, die betriebliche und regionale Zusammenarbeit wird wegen Schwierigkeiten im Transportwesen neu festgelegt; Anstreben einer unabhängigen Industriestruktur auf Provinz-, Stadt- und Kreisbasis
1978–1984 Beginn des Reformkurses	Grundlegende Änderung des chinesischen Wirtschaftssystems: Die Erfolge des Reformkurses in der Landwirtschaft haben Vorbildfunktion für die Industrie. Öffnung des Landes, um das Know-how der westlichen Industriestaaten sowie der bereits stärker industrialisierten ostasiatischen Nachbarstaaten zu nutzen. Ab 1980 für ausländisches Kapital bzw. Investitionen zugelassene Wirtschaftssonderzonen, ab 1984 geöffnete Küstenstädte	regionale Disparitäten werden durch starke Einkommenszuwächse bei den Bauern zunächst etwas ausgeglichen; Ostküste Schwerpunkt ausländischer Investitionen

Zeitabschnitt	Wirtschaftspolitische Ziele/Maßnahmen	Räumlich-funktionale Aspekte
Ab 1984 Liberalisierung der Industrie	Umstrukturierung der staatseigenen Betriebe, Zulassung von nichtstaatlichen inländischen und von Unternehmen mit ausländischem Kapital; Einführung eines *dualen Preissystems* mit staatlichen Preisen und Marktpreisen; Manager der Staatsunternehmen erhalten die Entscheidungsgewalt in den Unternehmen; Ausweitung der Konsumgüterindustrie zulasten der Grundstoffindustrien.	starker wirtschaftlicher Aufschwung im Osten (besonders Küstengebiete). Die geförderten Regionen sollen Vorbildfunktion für die wirtschaftliche Entwicklung der anderen Regionen werden. Ziel: *Sickereffekte* von den Küstenregionen in die anderen Regionen
1992 Sozialistische Marktwirtschaft mit chinesischen Merkmalen	Einführung der *Sozialistischen Marktwirtschaft* mit chinesischen Merkmalen (Wirtschaftsordnung mit dominierendem Gemeineigentum aber gleichzeitig anderen Eigentumsformen; weiterhin zentrale Rolle der 1 000 wichtigsten Staatsunternehmen u.a. in den Schlüsselsektoren Energie, Telekommunikation, Transport, Bergbau, Banken; in ganz China nun ausländische Investitionen möglich.	regionale Disparitäten sollen weiterhin reduziert werden; staatliche Großunternehmen sollen provinzüberschreitende Investitionen durchführen; Zentral- und Westchina sollen ebenfalls von den ausländischen Investitionen profitieren können, weshalb geöffnete Gebiete in ganz China möglich sind
1997 Privatisierung mittlerer und kleiner Staatsunternehmen	Privatisierung von mittleren und kleinen Staatsunternehmen; Umstrukturierung von Staatsunternehmen in Kapitalgesellschaften bzw. Fusion von Staatsunternehmen zu Unternehmensgruppen zugelassen	Schlüsselindustrien Maschinenbau, Elektrotechnik, Petrochemie, Automobilbau u.a. sollen auf ausgewählte Regionen konzentriert werden, um rentabel wirtschaften zu können
1999 Verfassungsänderung	Individual- und Privatunternehmen werden verfassungsrechtlich verankert	
2000–2005 10. Fünfjahresplan; 2001 Beitritt zur WTO;	Aufstieg der VR China ist zu den zehn wichtigsten Wirtschafts- und Handelsnationen; durch Beitritt zur *Welthandelsorganisation (WTO)* hat sich China verpflichtet, innerhalb von fünf Jahren eine weitgehende außenwirtschaftliche Liberalisierung durchzuführen;	Der 10. Fünfjahresplan (2001–2005) sieht weiterhin vor, Entwicklungsunterschiede zwischen den wohlhabenden Ostprovinzen und den armen Binnenprovinzen abzubauen; Öffnung des gesamten Landes für den Weltmarkt
2002	KPCh beschließt auf XVI. Parteitag Öffnung der Arbeiter- und Bauernpartei auch für Unternehmer	

M 3.38 *Chinas Industrie heute*

Staatliche Großindustrie (Dampflokomotivenwerk in Datong)

... und kapitalintensive Industrialisierung im ländlichen Raum in der Provinz Shandong

Ziele der Industrialisierungspolitik seit 1949: Aufbau der Schwerindustrie und Abbau von Disparitäten

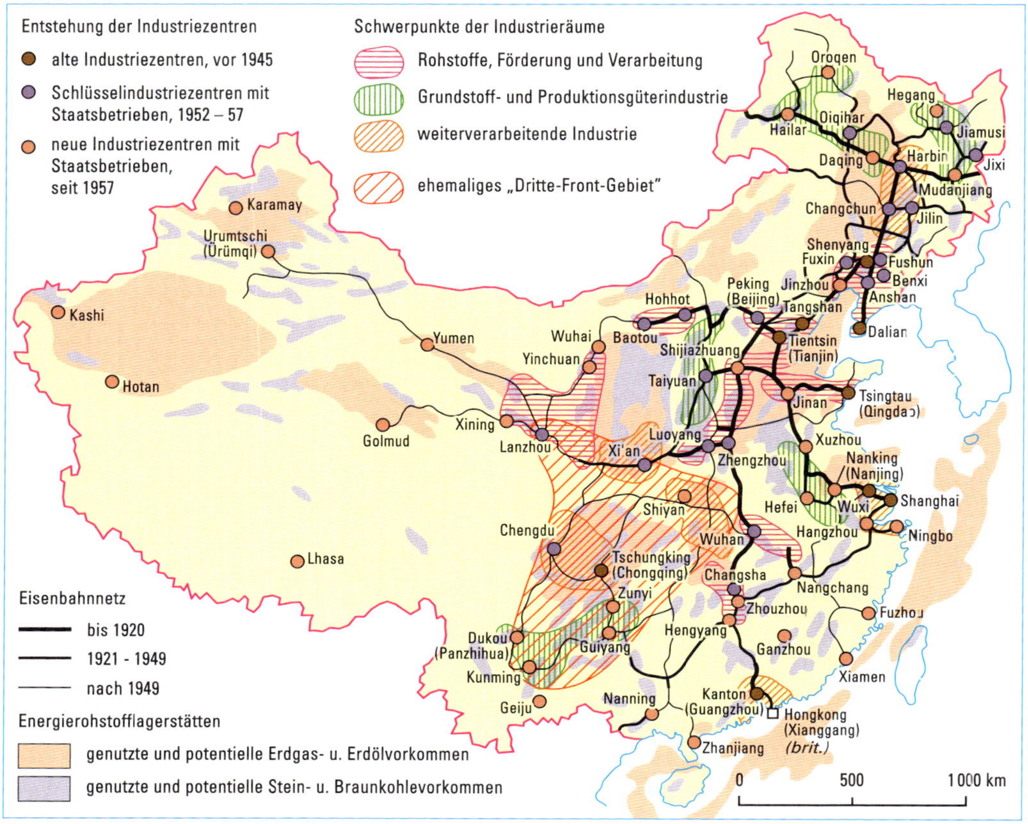

M 3.39 Räumliche Entwicklung von Industrie und Eisenbahnnetz in China bis 1980

Das Erbe der Vergangenheit

China war 1949 noch Agrarstaat. Der Anteil der Industrie an der volkswirtschaftlichen Wertschöpfung war gering. Nur einige wenige Gebiete waren industrialisiert. Dies hing nicht zuletzt mit den natürlichen Gegebenheiten des Landes zusammen. Vorzugsräume waren die Unterläufe der großen Flüsse, das östliche Rote Becken (Sichuan) und einige Gebiete an der Ostküste.
Die regionalen Unterschiede wurden durch Fremdeinfluss (vgl. M 3.2 auf S. 92 – 93) noch verstärkt. So entstand bis Mitte des 20. Jahrhunderts das *„Zweigeteilte China"*: der erweiterte Küstenraum mit Industrie und ausgebauter Infrastruktur und der (Ausnahme Rotes Becken) relativ unerschlossene und ländlich geprägte große Binnenraum.

Entwicklung nach sowjetischem Vorbild

Nach Ende des Bürgerkrieges und der Machtübernahme durch die Kommunistische Partei im Jahre 1949 stand die Wirtschaftspolitik Chinas zunächst im Zeichen des Wiederaufbaus. 1952 wurde die Vorkriegsproduktion wieder erreicht, war aber insgesamt gering. Mehr als zwei Drittel der gesamten industriellen Produktion kam dabei aus 7 Küstenprovinzen (11 % der Landesfläche). In Anlehnung an das sowjetische Vorbild wurden im ersten Fünfjahresplan (1953 – 1957) folgende Hauptziele formuliert:

1. Vorrangiger Aufbau einer Schwerindustrie als Grundlage für eine allgemeine Industrialisierung.
2. Förderung der industriellen Entwicklung des Binnenlandes.

Im Rahmen des 1. Fünfjahresplans wurden 694 neue industrielle Großprojekte in Angriff genommen. Der Schwerpunkt der Investitionen floss in 18 so genannte *Key-point-Städte*, die für weitere Industrialisierung sorgen sollten. 12 von ihnen lagen außerhalb der Küstenprovinzen.
In diesem Zeitraum wurde auch nach sowjetischem Vorbild die Planwirtschaft eingeführt und die bestehenden Betriebe verstaatlicht. Das sowjetische Vorbild führte auch zum Aufbau so genannter *Kombinate*, bei denen Betriebe oft über große Entfernungen hinweg Grundstoffe und Halbfabrikate austauschen, um sie dann weiter zu bearbeiten (eine besondere Form der Arbeitsteilung).

Chinas eigener Weg

Mitte der 1950er Jahre entstanden tiefe ideologische Differenzen mit der Sowjetunion, diese stellte ihre finanzielle und personelle Hilfe ein. Ab 1958 wurde eine Politik eingeleitet, die 20 Jahre das Wirtschaftsleben Chinas bestimmen sollte: Man wollte ohne fremde Hilfe den Weg zu einem Industriestaat schaffen. Die Grundlinien blieben jedoch die gleichen: Vorrang der Schwerindustrie und Entwicklung des Binnenlandes. Wichtige Schlüsselprojekte wurden aus militär-strategischen Gründen in das so genannte *„Dritte-Front-Gebiet“* im Landesinnern verlagert, allerdings auf kleinbetrieblicher Basis. Diese kleinen Eisen- und Stahlwerke, Chemiewerke oder Kraftwerke waren oft primitiv ausgestattet, machten aber viele Menschen auf dem Land erstmalig mit industrieller Fertigung vertraut, versorgten die ländlichen Gebiete mit einfachen Werkzeugen und boten Ansatzpunkte für eine weitere Industrialisierung. Der Binnenraum stand immer im Mittelpunkt der industriellen Standortpolitik. Entsprechend wurden die staatlichen Mittel für die *Industrieförderung* eingesetzt: zirka 90 % und mehr wurden während der Fünfjahrspläne zwischen 1963 und 1975 für die Schwerindustrie verwendet, nur knapp 10 % für die Leichtindustrie. Ein Extrembeispiel im Küstenraum ist die Stadt Shanghai: Der Anteil der von der Schwerindustrie erzeugten Güter ist dort von 14 % (1949) auf 76 % (1977) gestiegen.
Während der *Kulturrevolution* (ab 1966) kam es zu erheblichen Produktionsausfällen, da politische Kampagnen auch die wirtschaftliche Entwicklung beeinflussten. Die Planungs- und Kontrollinstitutionen wurden zeitweise entmachtet, weshalb es zu Produktionseinbußen kam. Zwischen 1971 und 1976 trat jedoch eine Stabilisierung der Verhältnisse ein. Die chinesische Bevölkerung konnte ausreichend mit Nahrungsmitteln und einfachen Konsumgütern versorgt werden.
Das Ausland beobachtete mit Bewunderung diese Erfolge des *„Chinesischen Modells“*. Während in vielen anderen Entwicklungsländern kaum Fortschritte zu verzeichnen waren, trat China sogar in einigen asiatischen und afrikanischen Ländern als „Entwicklungshelfer“ auf.

Urteil der Wirtschaftskommission des amerikanischen Kongresses 1975:
→ „Auf dem Stand vom Frühjahr 1975 hat sich die Wirtschaft der VRCh als ein leistungsfähiger Mechanismus dafür erwiesen, die Grundbedürfnisse der Bevölkerung zu befriedigen, den industriellen Sektor zu modernisieren ... Mit seiner Sicherung des Grundkonsums, seinem zielstrebigen Investitionsprogramm, seiner Kontrolle über die Migration in städtische Gebiete und seiner energischen Führung hat China andere große unterentwickelte Länder weit hinter sich gelassen. Während China die technologische Lücke zwischen sich und den führenden Industrienationen nicht schließen konnte, sind ihm auf der anderen Seite deren Probleme mit Rezession, Inflation und Energieknappheit erspart geblieben.“

Nach Jügen Osterhammel: Das moderne China. Frankfurt/Main u.a.: Diesterweg: 1979, S. 100

3.48 *Stellen Sie Gründe dafür zusammen, dass der Aufbau von Kombinaten (nach sowjetischem Vorbild) zur Unwirtschaftlichkeit der chinesischen Industrieproduktion beitrug.*
3.49 *„Das Streckennetz der chinesischen Eisenbahn ist Spiegelbild der wirtschaftlichen Entwicklung Chinas.“ Belegen Sie diese These (M 3.39).*
3.50 *Nennen Sie Gründe für die naturräumliche und wirtschaftliche Zweiteilung Chinas.*
3.51 *Was ist das Besondere am so genannten chinesischen Entwicklungsweg?*
3.52 *Zählen Sie Gründe dafür auf, warum China in den 1970er Jahren als Vorbild für Entwicklungsländer dargestellt wurde. Berücksichtigen Sie dabei auch den obigen Quellentext.*

Deng reißt das Ruder herum: Reformprozess ab 1978

Nach *Maos* Tod (1976) rückte die neue chinesische Führung unter Deng vom *chinesischen Modell der Entwicklung* ab. 1978 kritisierte das Zentralkomitees der KPCh erstmals die damaligen Verhältnisse.

→ „Zwischen 1949 und 1978 machte die industrielle Entwicklung Chinas zwar große Fortschritte und die Industrie wurde zum Motor des gesamtwirtschaftlichen Wachstums. Die extensive Wachstumsstrategie und das administrative Lenkungssystem waren jedoch mit vielfältigen negativen Folgewirkungen verbunden. Staatliche Planung und fehlender Wettbewerb waren die Ursachen für eine „Tonnenideologie", die Qualitätsaspekte vernachlässigte. Das Planungssystem hatte den Markt ersetzt, sodass nicht mehr die Marktnachfrage, sondern die Verwaltung festlegte, was die Unternehmen produzierten. Die staatlichen Unternehmen standen weder im Wettbewerb zueinander noch gerieten sie durch ausländische Konkurrenz unter Anpassungsdruck. Niedrige Rohstoff- und Energiepreise sowie geringe Löhne sicherten den staatlichen Unternehmen stets Gewinne, sodass auch aus diesen Gründen keine Anreize zur Effizienzsteigerung bestanden."

Margot Schüller: Wirtschaft. In: Brunhild Staiger, a.a.O., S. 139 f.

Als Folge der unbefriedigenden Entwicklung wurden die *„Vier Modernisierungen"* in Industrie, Landwirtschaft, Wissenschaft/Technik sowie Militär beschlossen. Für die wirtschaftliche Entwicklung bedeutete dies eine stufenweise Abkehr vom planwirtschaftlichen System verbunden mit

- einer Reformpolitik nach innen und
- einer Öffnung nach außen.

Transformation vom Plan zum Markt. Nach der offenen Kritik an der maoistischen Wirtschaftspolitik begann man ab 1978 in einigen Betrieben der Provinz Sichuan neue Formen der Bewirtschaftung auszuprobieren. Aber es dauerte sechs Jahre, ehe für eine Reform konkrete Weichen gestellt wurden. Die positiven Erfahrungen mit der Landwirtschaft standen bei den Veränderungen in der Industrie Pate. Ziel der Reformen war eine verbesserte Versorgung der Bevölkerung, Schaffung zusätzlicher Arbeitsplätze und Steigerung der Effizienz der staatlichen Unternehmen.
In der ersten Phase der Wirtschaftsreformen von 1979 bis 1984 wurde durch die teilweise Zulassung der Preisbildung auf Märkten für die Betriebe ein Anreiz geschaffen, effektiver zu arbeiten.
Die Wirtschaftspolitik lässt sich seit diesem Zeitpunkt als zweigleisig charakterisieren, da sie sowohl Markt- als auch Planelemente enthält (*Parallelpolitik*). Neben dem bereits bestehenden System der *Planwirtschaft* wurde also die Entwicklung eines nichtstaatlichen, *marktwirtschaftlichen Sektors* erlaubt. Das zentrale Planungssystem hat im Laufe der Zeit immer mehr an Bedeutung verloren. Auch staatliche Preiskontrollen wurden zwischenzeitlich weitgehend abgeschafft. Die Verantwortung für die wirtschaftliche Entwicklung der Staatsunternehmen wurde Mitte der 1980er Jahre auf die Manager übertragen. Die Zweigleisigkeit besteht ebenso bei den Eigentumsformen, wo neben dem weiter bestehenden Staatseigentum verschiedene Formen des Kollektiv- und Privateigentums existieren.
Der Wandel zeigt sich auch in der offiziellen Sichtweise der Wirtschaftspolitik des Landes:

- Auf dem XIV. Parteitag der KPCH wurde 1992 das Konzept einer *Sozialistischen Marktwirtschaft mit chinesischen Merkmalen* als Ziel des Transformationsprozesses verabschiedet.
- Eine Verfassungsänderung 1999 trägt der neuen Rolle der Privatwirtschaft Rechnung:
  → „Der Staat schützt die gesetzmäßigen Rechte und Interessen der Individual- und Privatwirtschaft. Der Staat praktiziert gegenüber der Individual- und Privatwirtschaft Anleitung, Aufsicht und Regulierung."
  Zitiert nach Sebastian Heilmann: Änderungen der Verfassung der Volksrepublik China. In: China aktuell, Bd. 29, H. 3. Hamburg: Institut für Asienkunde 1999
- Die andere Bedeutung privaten Unternehmertums zeigt sich seit dem XVI. Parteitag der KPCH 2002: Nach der seither geltenden Theorie der *drei Repräsentationen* können nicht nur Arbeiter und Bauern Mitglied der Partei werden, sondern auch Privatunternehmer.

Das Spektrum dessen, was Privatunternehmertum in China umfasst, ist sehr weit (M 3.40): Gründeten Anfang der 1980er Jahre hauptsächlich

Arbeitslose oder Rentner kleine Privatunternehmen, so wenden sich seit Anfang der 1990er Jahre immer häufiger Regierungs- und Verwaltungsangestellte der Privatwirtschaft zu. Auf dem Parteitag der KPCh 1997 wurde u.a. deshalb als weitere Reform die allgemeine Privatisierung von mittleren und kleineren *Staatsbetrieben* beschlossen. Außerdem können seither größere Unternehmen als Kapitalgesellschaften firmieren und auch eine Fusion zu Unternehmensgruppen bzw. eine Ausgliederung von Unternehmensteilen (*Outsourcing*) ist zulässig.

***M 3.40** Veränderung der chinesischen Unternehmensstruktur*

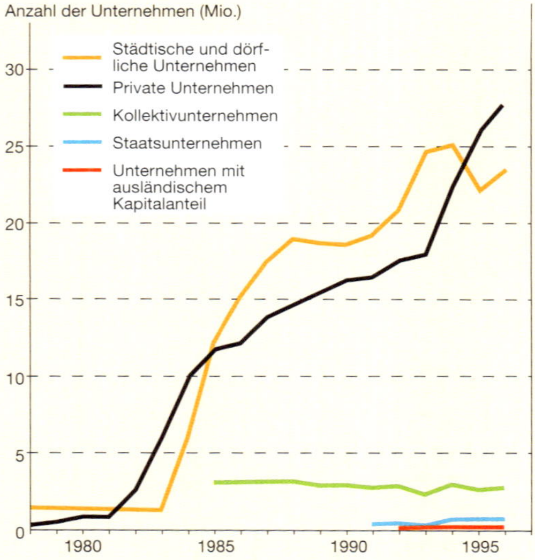

Entwicklung der wichtigsten Unternehmensformen in China

Stefanie Schmitt: Private Unternehmen im Transformationsland China. Frankfurt/Main u.a.: Peter Lang, 1999, S. 62

Frisörbetrieb auf der Straße

Quelle für nebenstehenden Text: Georg Blume: Chinas Bürgerkönig. Unter Parteichef Jiang Zemin entstanden in der Volksrepublik 25 Millionen Privatunternehmen. In: Die Zeit, 2002, Nr. 44 vom 24.10.2002. Hamburg: Zeitverlag, S. 10

→ „Wer es in Shanghai zu etwas gebracht hat, kauft sein neues Sofa im Möbelhaus Golden Magnolia für ein paar tausend Dollar. Durch sechs Etagen mit europäischen Luxuswaren führt der Weg zu Zou Wenlong, Chinas erfolgreichstem Importeur von Möbeln. Der 40-jährige Jungmagnat hat im obersten Stockwerk sein Büro als Oval Office einrichten lassen wie das Präsidentenbüro im Weißen Haus. Von seinem riesigen Schreibtisch, den ein goldener Globus und ein goldener US-Adler schmücken, schaut Zou auf einen japanischen Zen-Dachgarten ... Soviel Prunk ist nicht jedes Besuchers Sache, und deshalb merkt Zous amerikanische Unternehmensberaterin Catherine McCormack schnell an: 'Herr Zou lebt sehr bescheiden. Er trägt keine Rolex und fährt privat kein teures Auto.' Doch Zou, der als Kind armer Maisbauern in der rauen Mandschurei aufwuchs und nie eine Universität besuchte, hält die bescheidene Tour nicht lange durch: nach Sonnenuntergang über dem Huangpo lässt er einen Mercedes 500 der S-Klasse vorfahren und lädt großzügig zum Krabbenessen ... Zou erinnert sich: 'In der Planwirtschaft haben die Oberen alles kontrolliert und wir haben ihnen geglaubt, dass der Kapitalismus böse sei.' Bis das entscheidende Jahr 1992 kam: Der 14. Parteitag der Kommunistischen Partei (KP) bestätigte Jiang Zemin als Nachfolger Mao Tsetungs und Deng Xiaopings und gab grünes Licht für die Gründung von Privatunternehmen.

Zou verließ noch im selben Jahr die staatliche Möbelfabrik, in der er sechs Jahre lang gearbeitet hatte, und gründete eine eigene Firma. Schon vier Jahre darauf zog er aus der Mandschurei nach Shanghai um. Noch mal sechs Jahre später beschäftigt Zou 1 000 Angestellte; ihm gehören sechs große Möbelkaufhäuser in Shanghai und Umgebung ..."

Während Privatunternehmen bei Beginn der Reformmaßnahmen 1978 noch keine wesentliche Rolle spielten, sind sie inzwischen – nach der Zahl der Unternehmen – die wichtigste Form (M 3.40). Ähnlich dynamisch entwickelten sich auch die städtischen und dörflichen Unternehmen. Hierbei handelt es sich um Unternehmen, die im Rahmen der landwirtschaftlichen Reformmaßnahmen Anfang bis Mitte der 1980er Jahre in Folge der Reformmaßnahmen gegründet wurden, um in ländlichen Gebieten außerlandwirtschaftliche Produkte und Dienstleistungen zu erstellen sowie außerlandwirtschaftliche Arbeitsplätze bereitzustellen. Seit Mitte der 1990er Jahre hatten diese Betriebe jedoch mit Problemen zu kämpfen, sodass es zu einem zeitweisen Schrumpfen dieser Unternehmensform kam (M 3.40). Ein Grund dafür ist z.B. der Wandel des Konsumverhaltens in Hinblick auf höherwertige Konsumgüter.
Die Zahl von Kollektivunternehmen (Genossenschaften) und Staatsunternehmen stagniert und verliert gegenüber den anderen Unternehmensformen an Bedeutung (M 3.40).
Allerdings sind *Staatsunternehmen* weiterhin ein prägendes Element der chinesischen Wirtschaft. So hatte im Wirtschaftsbereich Industrie im Jahre 2000 der staatliche Sektor folgende Anteile:

- Bruttoproduktionswert 48,3 %
- BIP 59,2 %
- Beschäftigte 55,5 %.

Die selbstständigen bzw. privaten Unternehmen erwirtschafteten demgegenüber in der Industrie bei einer Beschäftigtenzahl von 13,2% einen Anteil von 9,4% am Bruttoproduktionswert. Die restlichen Anteile entfielen auf Kollektivunternehmen bzw. auf Unternehmen mit ausländischem Kapital (nach China 2002, a.a.O., S. 100ff.)

3.53 *Nennen Sie die Hauptkritikpunkte am planwirtschaftlichen System Chinas, die zu einem Kurswechsel in der Wirtschaftspolitik führten.*
3.54 *Beschreiben Sie das Wesen der Parallelpolitik in der chinesischen Industrieentwicklung seit 1978.*
3.55 *Stellen Sie in einer Tabelle die verschiedenen Stufen des Transformationsprozesses vom Plan zum Markt in China und ihre Merkmale zusammen.*

China öffnet sich der Welt

Auszug aus einem Interview mit Zheng Tuobin, dem vormaligen Minister für Außenwirtschaft und Außenhandel der VR China:
→ „Seit der Einführung der Reform- und Öffnungspolitik haben sich in dem Leitgedanken für Chinas Außenwirtschaft große Veränderungen vollzogen.
Erstens. Es wurde genau festgelegt, dass die Außenwirtschaft und der Außenhandel im Modernisierungsprogramm eine strategische Stellung einnehmen. Für die Entwicklung der Volkswirtschaft muss man in- und ausländische Ressourcen voll nutzen und Märkte im In- und Ausland erschließen …
Zweitens. Der Marktgedanke wurde gefördert. Vor der Reform und Öffnung haben wir … nur Waren exportiert, über die wir sowieso verfügten …
Drittens. Man rückt ab von dem Prinzip, keinesfalls Auslandsschulden zu machen …
Viertens. Was den Import von moderner Technologie betrifft, so wurde sie früher hauptsächlich in Form von kompletten Anlagen eingeführt. Heute wird die Technologie zur Herstellung von Anlagen und für die Produktion selbst im Wesentlichen über den Handel mit Lizenzen, kooperative Produktion, Beratung, technischen Dienst usw. importiert." *Beijing-Rundschau 1989, H. 40, S. 11 f. (übersetzt)*

Von 1958 bis 1978 war die chinesische Wirtschaft relativ stark gegen die Weltwirtschaft abgeschottet. Warenexporte dienten nur zur Beschaffung notwendiger Devisen, die hauptsächlich für den Getreideimport verwendet wurden. Durch die selbst gewählte *Isolations- und Autarkiepolitik* hatte die chinesische Industrie nur geringe *Wettbewerbsfähigkeit* auf den Weltmärkten erlangt, was nicht zuletzt auf einen technologischen Rückstand zurückzuführen war. Die chinesischen Machthaber hatten auch die Erfolge ihrer ostasiatischen Nachbarn vor Augen, sodass im Reformkurs unter Deng Xiaoping der Außenwirtschaft seit 1978 eine neue wichtige Rolle zufiel:
Die Öffnung der chinesischen Volkswirtschaft nach außen bedeutete:

a) die Öffnung des Landes für ausländische Investitionen in gesondert ausgewiesenen „geöffneten Gebieten" im Osten Chinas;

M 3.41 Geöffnete Städte und Wirtschaftssonderzonen im Küstenraum Chinas Anfang der 1990er Jahre

b) eine rasche Ausweitung der Außenhandelsbeziehungen mittels Importen und Exporten.

Um Kapital ins Land zu locken, wurden ab 1978 schrittweise Gebiete ausgewiesen, die bevorzugt Zielgebiet ausländischer Investitionen werden sollten. Dies sind:

- *Wirtschaftssonderzonen* in Südchina (ab 1980) = vom Binnenland abgegrenzte Zonen zur Herstellung von Exportgütern. Sie waren auch Versuchsfelder für marktwirtschaftliche Experimente, sozusagen *„Spielwiesen des Kapitalismus"*.
- *Geöffnete Küstenstädte* (seit 1984). Mit ihnen werden auch binnenwirtschaftliche Interessen wie Know-how-Transfer und die Produktion moderner Güter für den Binnenmarkt verfolgt.
- *Geöffnete Wirtschaftsgebiete* (seit 1985; in den Deltamündungen großer Flüsse gelegen). Neben der Industrie soll hier auch die Landwirtschaft mithilfe ausländischen Kapitals effizienter wirtschaften.
- *Geöffnete Städte und Kreise im Binnenland* (seit 1988). Sie sollen Bindeglieder zwischen Küste und Binnenland bilden.

Das ausländische Kapital sollte ganz gezielt in Projekte im Osten investiert werden. Schwerpunktmäßig waren dies Projekte, die

- Exportgüter herstellen (für Deviseneinnahmen),
- technisches Know-how und Managementwissen bereitstellen und für Ausbreitungs- bzw. Demonstrationseffekte für inländische Unternehmen sorgen,
- *importsubstituierende Produkte* erzeugen (Einsparen von Devisen),
- Engpässe z.B. in der Energieversorgung oder Infrastruktur beseitigen helfen.

Anreize für Unternehmensgründungen durch Ausländer waren und sind u. a. niedrige Steuern, andere staatliche Unterstützungsmaßnahmen und von Anbeginn (M 3.42) konkurrenzlos niedrige Löhne. Die Zusammenarbeit erfolgt häufig in Gemeinschaftsunternehmen chinesischer Staatsunternehmen und ausländischer Investoren (z.B. *Joint Ventures*; vgl. S. 132–133, S. 180–181, insbesondere dort M 5.2). Die chinesische Seite stellt Grund und Boden, Gebäude und Arbeitskräfte zur Verfügung, der ausländische Partner bringt hochwertige Maschinen, Ausrüstungen und technisches Know-how ein. Inzwischen gibt es viele Unternehmen, die völlig in ausländischem Eigentum sind. Niedrige Löhne sowie Steuer- und Handelserleichterungen sind weiterhin wichtige Anreize für ausländische Unternehmen, ebenso wie die großen Absatzchancen auf einem Markt mit über einer Milliarde Menschen.

Aufgrund der wirtschaftlichen Erfolge der mit den Sonderrechten ausgestatteten geöffneten Gebiete und gleichzeitig steigendem Entwicklungsgefälle zum Binnenland wurde 1994 das gesamte Außenwirtschaftssystem mit seinen Privilegien für ausländische Unternehmen auch für die Inlandsprovinzen eingeführt, d.h. es existieren kaum noch regionale Beschränkungen für aus-

M 3.42 Konkurrenz der Niedriglöhne (Stundenlöhne in DM) zur Zeit der Öffnung Chinas Anfang der 1990er Jahre

Nach Zahlenbilder 630360. Erich Schmidt Verlag Berlin

Ungarn	4,54	Singapur	9,92
Polen	3,45	Südkorea	8,51
Tschechien	3,01	Taiwan	8,48
Russland	0,92	Hongkong	7,45
Thailand	2,66	zum Vergleich	
Malaysia	2,53	Deutschland	
Indonesien	1,09	(West)	42,67
VR China	0,65		

ländische Investoren. Trotzdem konzentriert sich immer noch ein Großteil der ausländischen Direktinvestitionen auf die Ostküste und Südchina, wodurch die räumlichen Disparitäten zum restlichen China weiter wachsen. Beschränkungen gibt es in sektoraler Hinsicht, z.B. für ausländische Banken.

3.56 *Erläutern Sie die Gründe für die chinesische Staatsführung, die Volkswirtschaft nach außen zu öffnen (vgl. Quellentext auf S. 128).*
3.57 *Erläutern Sie wesentliche Gründe dafür, geöffnete Gebiete zunächst nur im Osten und Süden Chinas auszuweisen.*
3.58 *Stellen Sie die verschiedenen Zwecke dar, die mit den verschiedenen Arten von geöffneten Gebieten verfolgt wurden.*

Chinas Verflechtungen mit der Welt

	1952	1978	1988	1998	2001
Export	0,8	9,7	47,5	183,8	266,1
Import	1,1	10,9	55,2	140,2	243,6

M 3.43 *Entwicklung des chinesischen Außenhandels (in Mrd. US-$)* *Zusammenstellung nach verschiedenen Quellen, u.a. China 2002, a.a.O., S. 130*

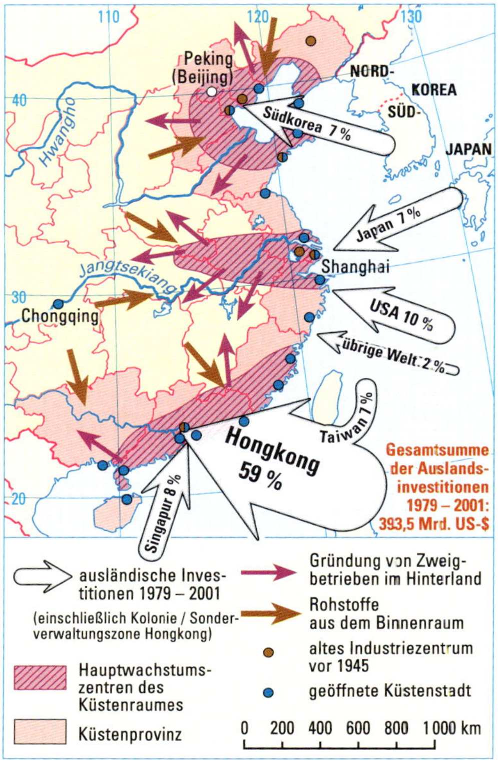

M 3.44 *Verflechtung des chinesischen Küstenraumes nach außen und innen*

China ist innerhalb von zwei Jahrzehnten von einem vom Weltmarkt isolierten Land unter die zehn wichtigsten Handelsnationen der Welt aufgestiegen. Dabei wurde mit der außenwirtschaftlichen Öffnung zunächst nur das Ziel verfolgt, das Wirtschaftswachstum und den *Strukturwandel* im Inland zu beschleunigen.
Was sind die Gründe für diese fulminante Entwicklung (M 3.43 und 3.45)? Sie sind sicherlich in der weitgehenden Liberalisierung des Außenhandels zu suchen, verbunden mit einer exportorientierten Entwicklungsstrategie und dem Zufluss ausländischer Direktinvestitionen (M 3.44), insbesondere aus Hongkong (Xianggang), den USA, Singapur und Japan. An den Exporterfolgen sind in hohem Maße Unternehmen beteiligt, die mit ausländischem Kapital in den geöffneten Gebieten an der Küste gegründet wurden. Zielgebiete ausländischen Kapitals sind insbesondere die Provinzen Guangdong und Fujian sowie Jiangsu, Shanghai, Shandong, Liaoning, Beijing und Zhejiang (vgl. Atlas oder M 3.10). Für den hohen Anteil der ostasiatischen Nachbarstaaten an den ausländischen Direktinvestitionen (*ADI*) sind verschiedene Gründe maßgebend: zum einen die räumliche Nähe, kulturelle Verbundenheit und die guten Beziehungen, die *Auslandschinesen* traditionell zu China pflegen, z.T. auch durch den Aufbau von Netzwerken, um ihre Geschäfte in einem unsicheren Markt abzusichern (vgl. S. 166 – 167, 168). Im Jahre 2002 lag China mit ca. 50 Mrd. US-$ ausländischen Direktinvestitionen an 1. Stelle in der Welt und damit weit vor Deutschland.
Chinas Aufstieg zu einer wichtigen Exportnation ist vor allem auf das Ausnützen der Kostenvorteile bei der Produktion einfacher arbeitsintensiver Industrieprodukte zurückzuführen. Zur Jahrtausendwende bestanden knapp 90 % aller chinesischen Exporte aus Industriegütern, 1981 betrug ihr Anteil erst

53 %. Im Jahre 2000 wurden für 105 Mrd. US-$ Maschinen und elektronische Geräte und für 37 Mrd. US-$ *High-Tech-Produkte* exportiert.
Ein wesentlicher Punkt für den Anstieg der Exporte ist deren Förderung durch den Staat. So darf die Exportindustrie seit 1984 Rohstoffe und Zwischenprodukte zollfrei importieren. Seit 1999 dürfen auch Privatunternehmen sich am Außenhandel beteiligen, bis dahin war dies nur staatlichen Monopolunternehmen erlaubt. Die Außenhandelsplanung sowie die Export- und Importlizenzen wurden schrittweise reduziert. Die Ausweitung der Außenhandelsbeziehungen wurde z.T. durch unfaire Handelspraktiken (*Dumping*, hohe *Importzölle*, *nichttarifäre Handelshemmnisse*) und auch urheberrechtliche Verstöße erreicht, was aber immer wieder zu Konflikten mit den USA aber auch mit der EU geführt hat. Im November 2001 trat China der WTO bei. Dadurch ist das Land verpflichtet, in den kommenden Jahren eine Reihe noch existierender Handelshemmnisse abzubauen.

→ „Schanghai am Tag danach
Der APEC-Gipfel ist vorbei und der Schwarzmarkt blüht wieder. US-Präsident Bush saß kaum im Flugzeug, als Schanghai seine polierte Fassade wieder ablegte ... und die Verkäufer gefälschter Software stolzierten wieder in typisch schwarzen Anzügen an der Huaihai-Straße inmitten der Stadt.
Dabei hatte Bürgermeister Xu Kuangdi noch am Freitag ein Abkommen mit Bill Gates von Microsoft unterschrieben und versprochen den Software-Piraten in seiner Stadt das Handwerk zu legen ... Xiao-Wang, eine quirlige Kantonesin, spaziert mit der heißesten Ware herum. Das Microsoft-Office in Englisch kostet bei ihr 15 DM und der neueste Photoshop 20 DM ... Und gleich nebenan im Kleidermarkt wird das Imitat einer Hugo Boss-Lederjacke für ein Zehntel des Preises in Europa angeboten ..."

André Kunz: Schanghai am Tag danach. In: Süddeutsche Zeitung vom 25.10.2001. München 2001, S. 7

Durch den WTO-Beitritt hat sich China zu einer weitgehenden Liberalisierung der Außenwirtschaft innerhalb von 5 Jahren verpflichtet. Damit muss z.B. ein einheitlicher Binnenmarkt, ohne unterschiedliche Vorschriften je nach Provinz, geschaffen werden. Weiter sind damit eine drastische Senkung der Importzölle, die Beseitigung von *Exportsubventionen* sowie die Aufhebung des Verbots ausländischen Eigentums in bestimmten Branchen (z.B. Niederlassungsfreiheit ausländischer Banken) verbunden. Dies wird dazu führen, dass ausländisches Eigentum an Unternehmen weiter zunehmen wird und China eine noch stärkere außenwirtschaftliche Verflechtung erlebt.

Export		Import	
USA	21	Japan	18
Hongkong	18	Taiwan	11
Japan	17	Südkorea	10
		USA	10

M 3.45 *Wichtigste Außenhandelspartner Chinas (jeweils in % des Volumens im Jahr 2000)*

CIA – The World Factbook 2002 – China; aufgerufen unter http://www.odci.gov/cia/publications/factbook/geos/ch.html

Neben den in M 3.45 aufgelisteten wichtigen Handelspartnern Chinas sind die EU, Singapur, Russland und Malaysia bedeutsam.
Im Jahr 2000 wurden 46,7 % der Exporte durch Staatsunternehmen durchgeführt, 47,9 % entfielen auf Unternehmen mit ausländischem Kapital, wobei die Zuwachsraten der Exporterlöse bei Letzteren etwa doppelt so hoch sind wie bei den Staatsunternehmen (34,8 % bzw. 18,2 %). 1980 betrug das Volumen der Exporte und Importe gerade 13 % des BIP, 1996 bereits 40 % und 47 % im Jahre 2000 . Durch den Beitritt zur *WTO* wird sich dieser Trend weiter verstärken. *Globalisierung* bedeutet auch für China einerseits eine zunehmende Verflechtung durch Kapital- und Warenströme mit anderen Ländern und damit die Chance von der internationalen Arbeitsteilung zu profitieren. Andererseits muss auch festgehalten werden, dass davon nur bestimmte Räume und Personen Vorteile haben (vgl. S. 140–141).

3.59 *Vergleichen Sie die Handelspraktiken Chinas mit denen Japans bei dessen Exportoffensive (vgl. S. 60–61).*
3.60 *Waren- und Kapitalströme von und nach China zeigen ein typisches Verteilungsgebiet in Hinblick auf Herkunfts- und Zielgebiete. Erklären Sie, warum.*
3.61 *Beurteilen Sie die wirtschaftlichen Chancen Chinas durch die zunehmende Globalisierung (vgl. S. 26–29).*

Deutsch-chinesische Wirtschaftsbeziehungen – Beispiel VW in China (Joint Venture)

1972, als Deutschland mit China diplomatische Beziehungen aufnahm, betrug das Handelsvolumen zwischen beiden Staaten nur 270 Mio. US-$, im Jahre 2000 erreichte es 19,7 Mrd. US-$.

Deutschland ist unter den europäischen Staaten das Land, das am meisten in China investiert, bis zu Beginn des Jahres 2002 in mehr als 2 500 Projekte mit einem Investitionsvolumen von 12,9 Mrd. US-$.

China räumt der *Automobilindustrie* bei der Industrialisierung eine Schlüsselfunktion ein. Ein wegweisendes Beispiel deutsch-chinesischer Kooperation ist in diesem Zusammenhang das *Joint Venture* von VW in China (vgl. M 5.2 auf S. 180).

Die Volkswagen AG war einer der ersten Automobilhersteller, der sich in China engagiert hat. Für VW hat sich das Engagement, das mit der Gründung von Shanghai Volkswagen 1985 begann, gelohnt: 2002 hat der Konzern, der in diesem Jahr in China über 16 000 Mitarbeiter beschäftigte, rund 511 000 Fahrzeuge der Marken VW und Audi verkauft und damit einen Marktanteil von ca. 50 % erreicht.

Volkswagen AG
- früher Einstieg in einen zukunftsträchtigen Markt mit langfristig bedeutenden Absatzchancen,
- stufenweiser Aufbau des Engagements (Kapazität und Produktpalette), jeweils in Anpassung an lokale Markterfordernisse und Absatzchancen,
- Schaffung eines wettbewerbsfähigen „VW-Brückenkopfes" im südostasiatischen Raum mit der Option zur Belieferung von Märkten, die noch von der japanischen Konkurrenz beherrscht werden.

chinesische Seite
- Öffnung des Landes gegenüber dem Westen und Suche nach geeigneten Partnern für die Entwicklung der Wirtschaft,
- kurzfristige Modernisierung der vorhandenen Industrien und Einführung lokal gefertigter Produkte, die technologisch internationalen Standards entsprechen,
- Einführung von westlichem Know-how in allen Bereichen industrieller Aktivitäten (Produkt- und Produktionstechnologien, Management- und Verwaltungs-Know-how, Ausbildung),
- Schaffung zusätzlicher Exportmöglichkeiten durch wettbewerbsfähige Industriegüter,
- langfristiger Aufbau Chinas als ernsthafer Konkurrent zu Japan, zumindest im südost- und ostasiatischen Raum.

M 3.46 *Warum VW und China Joint Ventures wollen – Grundsatzüberlegungen zu den Projekten*

	Shanghai Volkswagen	First Automotive Works (FAW) Volkswagen
Gründungsjahr	1985	1991
Standort	Shanghai	Changchun/Jilin Provinz
Anteilseigner	VW 50 % SAIC* 25 % Bank of China 15 % CNAIC** 10 %	VW 30 % Audi 10 % FAW 60 %
Mitarbeiter 2002	10 400	6 400
Kapazität pro Jahr	330 000 Fahrzeuge 420 000 Motoren	150 000 Fahrzeuge 230 000 Motoren
Produkte	Santana, Passat u.a.	Jetta, A 6 u.a.
Auslieferungen 2001	228 000 Fahrzeuge	128 000 Fahrzeuge
Marktanteil 2000	31,8 %	17,9 %
Auslieferungen bisher	1,8 Mio. Fahrzeuge	500 000 Fahrzeuge

M 3.47 *VW-Joint Ventures in China*

Volkswagen AG – Region Asien-Pazifik: Das Engagement des Volkswagen Konzerns in China – Presseinformation, 4.3. 2002, VW: Wolfsburg S. 5

*SAIC = First Automotive Industry Corporation (Joint Venture Partner)
**CNAIC = China National Automotive Industry Corporation (Dachorganisation der chinesischen Autoindustrie; Joint Venture Partner)

Volkswagen ist inzwischen an zwei Automobilunternehmen in Form von *Joint Ventures* beteiligt, wobei bereits vorhandene chinesische Produktionskapazitäten genutzt werden (M 3.47). VW rechnet damit, dass sich China zum größten Wachstumsmarkt des Konzerns entwickelt. Deshalb soll jedes Jahr ein neues Modell auf dem chinesischen Markt eingeführt werden. Bis zum Jahre 2010 will der Konzern in China jährlich 1 – 1,5 Mio. Autos absetzen. Dazu kann es notwendig sein, die beiden *Joint Ventures* in Hinblick auf die wirtschaftliche Effizienz zusammenzuschließen. Dies ist auch wegen des Beitritts Chinas zur WTO notwendig, da sich damit die Wettbewerbsverhältnisse sicherlich verschärfen werden.

Der VW-Konzern ist auch mit mehr als 600 Service-Stationen im ganzen Land vertreten. Werbung und Markteinführungskampagnen werden ebenfalls von den Joint Venture-Gesellschaften durchgeführt.

Das *Joint Venture* verläuft auch für China in die gewünschte Richtung. So kommt dem Aufbau der chinesischen Zulieferindustrie – bedingt durch den hohen Wertschöpfungsanteil – eine besondere Bedeutung zu. So war 1985 der nationale Fertigungsanteil (local content) 25 %, 2002 betrug dieser je nach Modell im Werk Shanghai zwischen 70 und 93 % und im Werk Changchun zwischen 43 und 87 %. Der Volkswagen-Konzern arbeitete damals mit ca. 300 Serienlieferanten (darunter auch andere deutsche Unternehmen) zusammen, die sich räumlich auf die Standorte Shanghai und Changchun sowie die benachbarten Provinzen konzentrieren (vgl. M 5.2 auf S. 180). Der Beschäftigungseffekt durch die Joint Ventures ist also damit viel höher als dies die Arbeitnehmerzahlen für die beiden Fabriken ausdrücken. Die Qualifizierung des chinesischen Personals erfolgt sowohl in den VW-Werken in Deutschland und in Übersee als auch vor Ort in China. Zu diesem Zweck wurden Bildungszentren eingerichtet, in denen die Ausbildung analog zum deutschen dualen System erfolgt. Zum Know-how-Transfer tragen auch deutsche Spezialisten bei, die vor allem in der Produktion und in der technischen Entwicklung eingesetzt werden. In Shanghai wurde auch ein Forschungs- und Entwicklungszentrum mit eigenem Testgelände errichtet. Dort werden die VW-Modelle an die chinaspezifischen Marktanforderungen angepasst.

3.62 *VW hat 2002 überlegt, sein Büro für den Asien-Pazifik-Bereich von Wolfsburg nach Beijing zu verlegen. Sammeln Sie Argumente für einen solchen Schritt.*

3.63 *Erklären Sie, warum sich die Absatzchancen für VW in China durch den Beitritt des Landes zur WTO möglicherweise verschlechtern.*

M 3.48
Produktionsband bei VW in Shanghai

Wirtschaftswunder auf chinesisch – Wirtschaftssonderzone Shenzhen

→ „Es hat einmal ein Kaff gegeben im staubigen Hügelland des südlichen China, das sich gegenüber den benachbarten Käffern eigentlich nur durch den Besitz eines Bahnhofes hervortat. Der aber war die erste Station hinter der Grenze, wenn man von der britischen Kronkolonie Hongkong im Zug die knapp 150 Kilometer zum – wie man damals sagte – „rotchinesischen" Kanton zurücklegte. Die Hühner kratzten dort vor den Hütten im Dreck wie anderswo auch. Das Kaff hieß Shenzhen. So war das bis in die späten [19-] siebziger Jahre hinein."

Nürnberger Nachrichten: Die Reform des kleinen Deng treibt seit langem ihre üppigen Blüten.
Auf http://emmy.nettec.de/mek/ek8/china/industry/reform.htm

Heute sieht die Welt dort anders aus. Es herrscht Goldgräberstimmung:

- Statt 30 000 Einwohnern wie in den 1970er Jahren leben in einer modernen Wolkenkratzer-Stadt 4,1 Mio. Menschen (2000) mit einem Durchschnittsalter von 28 Jahren.
- 1980 bis 2000 betrug das jährliche Wirtschaftswachstum im Durchschnitt über 30 %.
- Im Jahr 2000 umfasste das Exportvolumen Shenzhens 34,5 Mrd. US-$, also ein Siebtel aller chinesischen Exporte.
- 42,3 % aller in Shenzhen produzierten Güter waren 2000 der *High-Tech-Branche*, der Biotechnologie, Medizin und Pharmazie, Umwelttechnologie, Informations- und Kommunikationstechnologie, also modernsten Produkten zuzurechnen.
- Shenzhen hat darüber hinaus einen der zehn größten internationalen Containerterminals der Welt aufzuweisen (vgl. M 4.50 auf S. 172).

1980 wurde die Errichtung von *Wirtschaftssonderzonen* (auch als *Sonderwirtschaftszonen* bezeichnet) durch die chinesische Regierung beschlossen. Als Vorbild dienten die in mehreren asiatischen Entwicklungsländern existierenden *Exportverarbeitungszonen* (Export Processing Zone). Dabei handelt es sich um gesondert ausgewiesene Industriegebiete, in denen arbeitsintensive Weltmarktprodukte für den Export hergestellt werden. Hauptanreizpunkt für Investitionen sind die billigen Arbeitskräfte. Insbesondere die Verlagerung von Produktionskapazitäten aus Hongkong (Xiangang) hat für den Aufschwung Shenzhens gesorgt. Hongkong-Chinesen gründeten dort Unternehmen, liefern von Hongkong aus Rohmaterialien oder Halbfabrikate, die unter den günstigen chinesischen Produktionsbedingungen bearbeitet und dann nach Hongkong zurücktransportiert werden. Bei einzelnen Produkten erreicht der Re-Exportanteil 100 %, so z.B. bei Bekleidung, Kinderwagen, Spielzeug, Sportartikel, Schuhe. Neben den niedrigen Löhnen spielen für ausländische Investoren hauptsächlich Zoll- und Devisenvergünstigungen sowie Steuervorteile eine Rolle.

Die Ziele für die *Wirtschaftssonderzone* Shenzhen waren von Anfang an:

- Die Region soll Schrittmacherfunktion für ganz Südchina übernehmen.
- Es sollen auch Projekte außerhalb der Industrie vorangetrieben werden, in Landwirtschaft, Tourismus, Infrastruktur.
- Shenzhen soll als Pilotprojekt für die Einführung neuer Marktmechanismen und Betriebsformen dienen.
- Shenzhen soll Experimentierfeld für die friedliche Koexistenz von Kapitalismus und Sozialismus sein (*„Spielwiese des Kapitalismus"*).

Der Hauptgrund für die Pionierfunktion Shenzhens erklärt sich aus der geographischen Lage direkt an der Grenze zu Hongkong (vgl. M 3.51 auf S. 136). Von vornherein war damit gerechnet worden, insbesondere auch aus der Nachbarschaft zu Hongkong zu profitieren. Tatsächlich fließt der weitaus größte Teil des investierten Kapitals aus Unternehmen, die ihren Sitz dort haben. Hinter ihnen steht auch Kapital aus Taiwan oder von *Auslandschinesen* aus dem südostasiatischen Raum (vgl. M 3.44 auf S. 130, S. 164 – 167).

Die Prinzipien beim Wirtschaftsaufbau in Shenzhen waren:

- Finanzierung der Investitionen mit ausländischem Kapital;
- Zusammenarbeit mit ausländischen Investoren in Form von *Joint Ventures* und anderen Kooperationsformen;
- Herstellung von primär für den Export bestimmten Produkten;
- Wirtschaften nach *marktwirtschaftlichen Prinzipien*.

M 3.49 Boomtown Shenzhen

Während in den ersten Jahren nach der Errichtung der Wirtschaftssonderzone hauptsächlich die Verarbeitende Industrie unter intensivem Einsatz von Arbeitskräften gefördert wurde, vollzog sich in den 1990er Jahren ein Wandel hin zur Produktion von *High-Tech-Gütern* wie der Herstellung von Computern und anderen Geräten der Telekommunikationsindustrie.

Insbesondere seit der Rückgabe Hongkongs an China scheint die erfolgreichste der fünf *Wirtschaftssonderzonen* Chinas dem zwischenzeitlichen Konkurrenten auf der anderen Seite der nun weitgehend offenen Grenze den Rang abzulaufen. Um die Jahrtausendwende gab es in Shenzhen ca. 20 000 *Joint Ventures* bzw. andere Kooperationsformen mit ausländischen Unternehmen, aber auch ca. 6 000 Kooperationen mit Unternehmen aus anderen Teilen Chinas. Mehr als 50 ausländische Banken haben hier Niederlassungen. Der Wertpapierhandel Chinas wird zum großen Teil in Shenzhen abgewickelt (ca. 55 % Marktanteil). Die Einwohner der Wirtschaftssonderzone haben den höchsten Lebensstandard in China.

Als Folge der außergewöhnlichen Entwicklung hat sich Shenzhen flächenmäßig stark ausgedehnt und im Kern um die alte Siedlung ist ein Hochhauszentrum entstanden. Um den erwarteten weiteren wirtschaftlichen und bevölkerungsmäßigen Druck zu kanalisieren, baut die Stadt Shenzhen in den kommenden 10 Jahren sieben neue Kleinstädte außerhalb der bereits existierenden Wirtschaftssonderzone auf. Jede dieser Städte soll einen eigenen Architekturstil erhalten und mit entsprechenden Infrastruktureinrichtungen ausgestattet werden. Insgesamt sollen diese Satellitenstädte 500 000 Menschen aufnehmen.

3.64 *Zeigen Sie mithilfe eines Atlasses das geographische Lagepotenzial von Shenzhen auf.*

3.65 *Vergleichen Sie die Entwicklung von Shenzhen mit der von Hongkong. Ziehen Sie für diesen Vergleich das Kapitel zur Sonderverwaltungszone Hongkong (S. 136 – 139) heran.*

3.66 *Stellen Sie die wesentlichen Gründe für das schnelle Wachstum von Shenzhen dar. Was macht die Stadt so attraktiv für ausländische Investoren?*

3.67 *Ermitteln Sie, was man an der Grenze zwischen den USA und Mexiko unter Maquiladores versteht und stellen Sie einen Vergleich mit dem Grenzgebiet zwischen China und seiner Sonderverwaltungszone Hongkong an.*

Sonderverwaltungszone (SVZ) Hongkong (Xianggang)

Am 1.7. 1997 wurde die frühere britische Kronkolonie an China zurückgegeben. Seitdem ist Hongkong als *Sonderverwaltungszone* zwar wieder Teil der Volksrepublik, allerdings wird unter dem Schlagwort „Ein Land, zwei Systeme" dem Gebiet für 50 Jahre weitgehende *Autonomie* gewährt, abgesehen von der Außenpolitik und Verteidigungsfragen.

M 3.50 *Inhalte des Grundgesetzes für Hongkong (wirksam ab 1.7. 1997)*

- Hongkong ist unabtrennbarer Teil der VR China; allerdings bildet Hongkong eine Sonderverwaltungszone.
- Der Sozialismus wird in der Sonderverwaltungszone Hongkong nicht praktiziert.
- Regierung und Gesetzgebende Versammlung werden von den Bürgern frei gewählt. Der Regierungschef muss allerdings durch die chinesische Regierung bestätigt werden.
- Das bestehende kapitalistische System und die kapitalistische Lebensweise werden 50 Jahre unverändert bleiben:
  - Schutz des Privateigentums;
  - Beibehaltung von Freihandel (Hafen), freiem Waren- und Kapitalverkehr (Börsen, Devisenhandel);
  - freie Finanzverwaltung: eigene Währung, eigene Besteuerung.

Wirtschaftliche Entwicklung. In gut eineinhalb Jahrhunderten vollzog Hongkong einen Funktionswandel vom kleinen Fischerdorf zum Handels-, Finanz- und Dienstleistungszentrum, und zwar in folgenden Etappen:

a) Stützpunkt der Engländer und von anderen Europäern im Chinahandel (Export von *Opium* – bis 1911 – und Industriegütern nach China, Import von Tee, Seide, Porzellan und Weiterexport nach Übersee).

b) Durch Kapital- und Know-how-Transfer (Flüchtlingswelle nach der kommunistischen Machtübernahme 1949 in China – 1950 2,2 Mio. Ew.) wird die Kronkolonie wichtiges industrielles Zentrum: Billigprodukte der Textilindustrie und Metallverarbeitung, einfache Elektrogeräte und Kunststoffartikel. Sie wird Mitte der 1970er Jahre (ca. 4 Mio. Ew.) als einer der *„Vier kleinen Tiger"* zu einem der viel beachteten Wachstumsschwerpunkte Ostasiens.

c) Ab der 2. Hälfte der 1970er Jahre Wandel vom Hersteller von Billigprodukten zum Produzenten höherwertiger Artikel mit der verlängerten Werkbank Wirtschaftssonderzone Shenzhen in der Volksrepublik (vgl. S. 134 – 135). Aufgrund der *„Politik der offenen Tür"* durch die VR China gingen immer mehr ausländische Unternehmen dazu über, direkt in China zu investieren und ihre Geschäfte ohne den Umweg über Hongkong zu realisieren.

Einwohnerzahl	7,1 Mio.
Bevölkerungsdichte	6 250 Ew./km²
Zahl der Beschäftigten	3 440 000
Arbeitslosenzahl	210 000
BIP	180 Mrd. US-$
BIP je Einwohner	25 000 US-$
Containerumschlag	18,5 Mio. TEU*
Export	191 Mrd. US-$
Wichtigste Exportpartner:	
China	34 %
USA	23 %
Japan	6 %
Import in US-$	203 Mrd. US-$
Wichtigste Importpartner:	
China	43 %
Japan	12 %
Taiwan	8 %

M 3.51 *Hongkong und seine wesentlichen Daten (2001)*

* Twenty Feet Equivalent Unit (Containereinheit: Maßangaben: 20 x 8 x 8 Fuß)

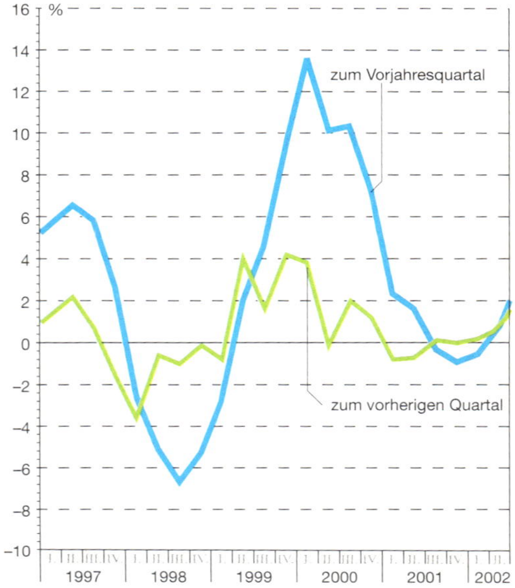

M 3.52 *Wachstumsraten des Bruttosozialprodukts von Hongkong 1997–2002 (in realen Preisen)*
Nach: http.//www.info.gov.hk/hkecon/gdp/content.htm

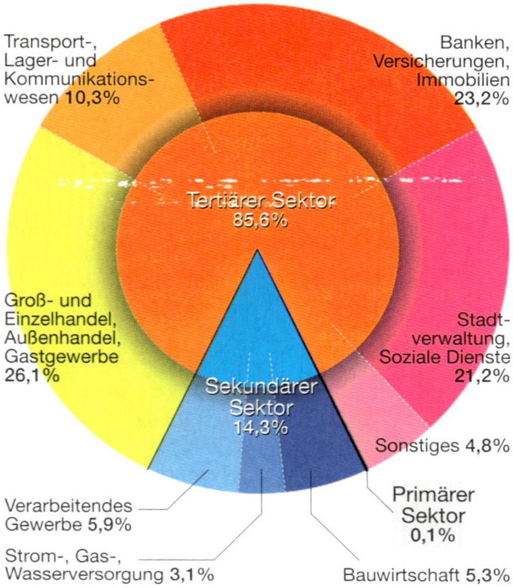

M 3.53 *Aufgliederung des BIP von Hongkong im Jahr 2000 (in %)* *Nach: http://www.info.gov.hk/censtatd/eng/hkstat/hkinf/nat_account/gdp2.htm*

d) Ab den 1990er Jahren Ausbau zu einem der führenden *Containerhäfen* der Welt, der wesentliche Logistikaufgaben im Warenumschlag Ostasiens übernimmt; Entwicklung zum bedeutenden Finanzplatz (Zentralen, Niederlassungen und Filialen von Banken, Versicherungen, *Immobilientycoons* und *Investmentgesellschaften*); Blüte des *Tourismus*, der zu einer wichtigen Einnahmequelle wird (1998: Flughafen Chep Lap Kop – mit einer Abfertigungskapazität von ca. 35 Mio. Passagieren pro Jahr einer der größten Flughäfen der Welt).

Schon nach Abschluss der Übernahmeverhandlungen mit China 1984 machte sich große Unsicherheit über die Zukunft Hongkongs breit, was zu einer Verlagerung von Firmensitzen ins Ausland, aber auch zu einer Abwanderung von jungen Managern und Hochschulabsolventen ins Ausland führte, jedoch nicht in dem befürchteten Ausmaß. Allerdings verschlechterte sich ab 1997 das Wirtschaftsklima erheblich, ausgelöst durch die Wirtschaftskrise in Asien (vgl. S. 174, 178).

→ „Fünf Jahre nach der Machtübernahme dümpelt die Börse im Dauertief, sind die Immobilienpreise um 60 % gefallen – ein schwerer Schlag für eine Stadt, deren Wirtschaft zu einem Großteil um den Immobilienmarkt kreist ... Während das neue Heimatland China Jahr für Jahr blühende Wirtschaftsdaten veröffentlicht, klettern in Hongkong nur diese Zahlen auf Rekordhöhe: die der Insolvenzen und die der Arbeitslosen, 7,4 % im Moment, unerhört für Hongkong."

Kai Strittmatter: Schwarzer Himmel über dem Perlfluss-Delta. In: Süddeutsche Zeitung 2.7. 2002, München, S. 3

3.68 *Erläutern Sie, wie die Wirtschaftssonderzone Shenzhen den Strukturwandel Hongkongs förderte.*

3.69 *Begründen Sie die hohen Anteile der VR China am Außenhandel Hongkongs.*

3.70 *Geben Sie eine Erklärung dafür, dass Export u. Import Hongkongs größer als sein BIP sind (M 3.51).*

3.71 *Stellen Sie Zusammenhänge zwischen dem Funktionswandel Hongkongs und der derzeitigen Struktur seines BIPs dar.*

3.72 *Ermitteln Sie mithilfe einer Internetrecherche (vgl S. 138–139) die sozialen Verhältnisse im Hongkonger Stadtteil Kowloon und stellen Sie die Ergebnisse in einer Wandzeitung in Ihrem Klassenzimmer dar.*

Arbeitsschritte einer Internetrecherche –

METHODE

Es existiert kein „Inhaltsverzeichnis“ für das Internet. Angesichts von Milliarden von Dokumenten, die über das Internet aufgerufen werden können, erscheint die Suche nach dem „richtigen“ Dokument zur berühmten Suche der Stecknadel im Heuhaufen zu werden. Einer effektiv gestalteten Recherche kommt damit die entscheidende Bedeutung zu. Die Suche nach bestimmten Quellen erfolgt mithilfe von Suchmaschinen, welche die auf verschiedenen Servern abgelegten Dokumente nach vorher definierten Begriffen absuchen, um dann über so genannte Links eine Verbindung zu diesen Quellen herzustellen.

Arbeitsschritte | **Beispiel bzw. Hinweise**

1. Ziel der Recherche formulieren
Aufgliederung der Gesamtaufgaben oder Gesamtfragestellung in Teilziele; Festlegung einer Gliederungsstruktur der Einzelaufgaben

Aufgliederung der Aufgabe in Teilfragen, z.B.: Die Bedeutung Hongkongs als Finanzzentrum oder als Containerhafen

2. Recherchearten und Recherchebegriffe festlegen

Vorgehensweise:

- *Suche mit vorgegebenen Adressen* (so genannte Links bzw. Bookmarks) als ein einfacher Weg um an Informationen zu gelangen; Problem: Adressen können sich schnell ändern, weshalb das Aufrufen der Seite mit „URL not found“ endet; Lösung des Problems durch sinnvolles Verkürzen und Neuaufbau der Adresse

Die nicht mehr gültige oder falsch eingegebene Internetadresse http://www.odci.gov/cia/publications/factbook/geos/in.html kann ggf. durch Verkürzen auf http://www.odci.gov./cia/publications/factbook neu aufgebaut werden, um von dort zu noch gültigen Seiten oder Verzweigungen über statistische Angaben zu Hongkong zu gelangen.

- *Suche nach dem Zufallsprinzip:* Bei vielen Begriffen und Namen lohnt sich zum Einstieg der einfache Versuch, den Suchbegriff als Internetadresse einzugeben; häufig öffnet sich eine Homepage, von der aus man intensiver forschen kann, andernfalls erhält man eine Fehlermeldung

Nach versuchsweiser Eingabe von z.B. http://www.Hongkong.com stößt man z.B. auf eine Homepage : http://www.info.gov.hk/zh_tw/index.html. Nach Aufruf der Version „English“ ist dort im Inhaltsverzeichnis auch „Government“ aufgeführt, von wo man über einen Link zu Regierung von Hongkong gelangt.
Unter http://www.info.gov.hk kann man über verschiedene Verzweigungen zahlreiche statistische Informationen über Hongkong erhalten.

- *Suche über Linksammlungen:* Diese bieten häufig einen Überblick zu weiteren Internet-Adressen; Links werden in der Regel von Firmen oder auch Verlagen kostenlos ins Netz gestellt

Mit http://www.klett-verlag.de/geographie gelangt man z.B., über das Fach Geographie (Geo im Netz, mit Suchmaschine) zu Informationen über Hongkong.

- *Suche von Homepages* (z.B. einer Universität) über Links und Hyperlinks; auch einzelne Gymnasien stellen über ihre Homepages Informationen bzw. Links her

Die Homepage des Adam-Kraft-Gymnasiums in Schwabach legt z.B. vom Fach Erdkunde aus Links zu Karten u.a. Informationen zu Hongkong: http://www.akg.softpoint.de

- für die *Suche in Datenbanken* von Zeitungen und Zeitschriften existieren eine Reihe von Möglichkeiten, die z.T. Volltext-Fachzeitschriften kostenlos zur Verfügung stellen und häufig direkte Links zu weiteren Quellen bieten

Für Erdkunde wichtige Zeitungen bzw. Zeitschriften, z.B.: http://www.zeit.de, http://www.geo.de, http://www.klett-verlag.de/ klett-perthes/pgm
Über die Adresse der Bibliothek der Universität Regensburg http://www.bibliothek.uni-regensburg.de/ezeit/fl.phtml z.B. kann auf 244 geographische Fachzeitschriften zurückgegriffen werden.

noch 2. Recherchearten und Recherchebegriffe festlegen

- *Suche mittels Suchmaschinen:* Dies sind Computerprogramme, die das Internet nach Eingabe von Suchbegriffen und deren Kombinationen auf Dokumente absuchen; neben Universal- und Spezialsuchmaschinen existieren so genannte Meta-Suchmaschinen, die gleichzeitig in anderen Suchmaschinen nach den eingegebenen Begriffen die Ergebnisse zusammenstellen

Universalsuchmaschinen, z.B.: http://www.google.com; Spezialsuchmaschinen, z.B.: http://www.schule.bayern.de; Meta-Suchmaschinen: http://meta.rrzn.uni-hannover.de

- *Festlegen Suchmaschine, der Suchbegriffe und der Operatoren:* Mittels logischer Operatoren wie „UND" („AND"), „ODER" („OR"), „NAHEBEI" („NEAR"), „NICHT" („NOT") u.a., kann die Recherche optimiert werden, wenn Begriffe entsprechend verknüpft oder ausgeschlossen werden. (Die Suchmaschinen führen genaue Anweisungen zur Handhabung der logischen Operatoren an.)

Suche mithilfe einer Meta-Suchmaschine, da diese gleichzeitig in anderen Suchmaschinen nach den eingegebenen Begriffen sucht und dann die Ergebnisse zusammenstellt.
Festlegen der Suchbegriffe „Hongkong UND Containerhafen UND Bedeutung UND *20-Fuß-Container-Einheiten*" um z.B. die Bedeutung des Containerhafens von Hongkong als Güterumschlagzentrum zu ergründen.

3. Online-Suche mit vorläufiger Bewertung und Sicherung

- *Suchmaschine* im Internet *aufrufen*

Aufrufen der Suchmaschine MetaGer der Universität Hannover unter der URL: http://meta. rrzn.uni-hannover.de

- *Suchbegriffe eingeben* unter Verwendung entsprechender Operatoren (z.B. „OR")

Eingabe der Begriffe „Hongkong" AND „*Containerhafen*"

- *Sichtung der Ergebnisse:* bei sehr hoher Trefferzahl evtl. eine erneute, verfeinerte Suche durchführen

Parallele Recherche in 10 Suchmaschinen erbrachte 43 Treffer (16.12. 02), eine Ergänzung um den Suchbegriff „Bedeutung" brachte nur noch 8. Eine weitere Eingrenzung um den Suchbegriff „Feet" führte zu einer Trefferquote von 2.

- *Aufruf* und *Sichtung* der angezeigten Dokumente und gleichzeitige Durchführung einer *ersten Bewertung* in Hinblick auf Eignung bezüglich der Lösung der Gesamtaufgabe bzw. der Teilziele; Entscheidung darüber, ob mit dem Dokument weiter gearbeitet werden soll oder nicht

Beispiel Trefferauszug: → „Ein mittlerweile wieder wichtig gewordener Punkt in der Wirtschaft der Kolonie ist die Transportkapazität. 1995 wurden im Containerterminal 12,5 Millionen Twenty-feet-Equivalent Units umgeschlagen. In den ersten sieben Monaten von 1996 war ein Anstieg von 4,3 % zu verzeichnen. Er ist heute der drittgrößte Containerhafen der Welt." *http://www.schulhilfen.com/ referate/referd/referdh001.asp vom 16.12. 02*

- Ausdrucken oder Download der verwendbaren Dokumente

4. Offline-Auswertung

- *Auswertung* der ausgedruckten oder abgespeicherten Dokumente nach formalen Kriterien, z.B.: Autor/Institution,Datum der Erstellung bzw. Überarbeitung, Zielgruppe u.a. inhaltlichen Kriterien, z.B.: Zweck des Dokuments, Sprachniveau, Plausibilität des Dargestellen

Es ergeben sich keine formalen oder inhaltlichen Kriterien, die gegen eine Verwendung des Dokuments sprechen; da es offensichtlich 1996 oder Anfang 1997 erstellt wurde, kann der Ausdruck „Kolonie" hingenommen werden, insbesondere auch dann, wenn das Dokument herangezogen werden soll, um eine Entwicklung darzustellen.

- Weiterarbeit mit den Dokumenten im Unterricht; ggf. Aufruf von Links, die auf dem Dokument angegeben sind.

Chinas Wirtschaft zur Jahrtausendwende

M 3.54 China zur Jahrtausendwende – Land mit extremen Unterschieden in der Wirtschaftskraft

[China] National Bureau of Statistics 2000; National Bureau of Statistics, Department of Comprehensive Statistics 1999 Beijing

Räumliche Disparitäten nehmen zu

25 Jahre lang hatte die von Mao Zedong praktizierte Wirtschaftspolitik in China u.a. das Ziel, *regionale wirtschaftliche Disparitäten* abzubauen, da sie mit sozialistischen Gerechtigkeitsvorstellungen als unvereinbar galten. Bei der Erstellung neuer Industrieanlagen standen ökonomische Gesichtspunkte deshalb nicht so sehr im Vordergrund. Enorme Mehrkosten für die chinesische Wirtschaft waren die Folge. Trotzdem betrug im Jahre 1978 beispielsweise das durchschnittliche Pro-Kopf-Einkommen in Shanghai das 14fache der Provinz Guizhou. Die Unterschiede sind absolut und z.T. auch relativ durch die Reformpolitik im Innern sowie durch die Öffnung nach außen noch gewachsen. Wenn das Ansteigen der Disparitäten von staatlicher Seite nicht beabsichtigt war, sind diese doch auch eine Folge der Politik. Seit den Wirtschaftsreformen von 1978 haben die Fünfjahrespläne die Regionen des Ostens gezielt gefördert, da sie eine Lokomotivfunktion für Regionen im Zentrum sowie im Westen übernehmen sollten. Man erhoffte sich *Sickereffekte* von der Küste ins Inland. Die Zentralregionen und die Regionen des Westens sollten als Zulieferer für Rohstoffe und Energien ebenfalls durch den geplanten Aufschwung im Osten profitieren. Tatsächlich war zu Beginn der Reformphase ein regionaler Ausgleich bei der Einkommensentwicklung festzustellen. Insbesondere mit der Zulassung von außenwirtschaftlichen Sonderrechten (z.B. *Wirtschaftssonderzonen*) trat endgültig eine Abkehr vom Ziel einer gleichgewichtigen Regionalentwicklung ein. Bereits Anfang der 1990er Jahre vertieften sich die Unterschiede zwischen den Ost- und Südostprovinzen einerseits und den Zentral- und Westprovinzen andererseits. Dies zeigte sich bei den durchschnittlichen Einkommen aber auch in der Infrastrukturentwicklung. Deshalb erfolgte Mitte der 1990er Jahre eine Ausweitung der außenwirtschaftlichen Privilegien

Jahr	Bauern	Städter
1978	134	343
2001	2 366	6 860

China 2002, a.a.O, S. 134

***M 3.55** Einkommensunterschiede zwischen Stadt und Land in China (in Yuan)*

Konsumgüter pro 100 Haushalte	Bauern	Städter
Farbfernseher	17	90
Fahrräder	147	194
Waschmaschinen	17	89
Kühlschränke	5	66

***M 3.56** Lebensstandardunterschiede zwischen Stadt und Land in China 1995*

China Statistical Yearbook 1996. Beijing: Zhongguo Tongji Chabanshe, S. 279ff.

auch auf die Zentral- und Westprovinzen. Auch soll durch die Finanzierung von Infrastrukturprojekten in West- und Zentralchina das Entwicklungsgefälle abgebaut werden.

→ „Weitere Maßnahmen zur Unterstützung der Inlandprovinzen wurden im 9. Fünfjahresplan (1996–2000) festgeschrieben. Dazu zählen vor allem die Schaffung eines interregionalen Finanzausgleichs mit schrittweiser Erhöhung der finanziellen Unterstützung sowie die Beschleunigung der Wirtschaftsreformen und der außenwirtschaftlichen Öffnung in Zentral- und Westchina, mit dem Ziel, mehr Auslandsinvestitionen in diese Regionen zu lenken. Weiterhin wurde beschlossen, Projekten zur Erschließung von Ressourcen und dem Bau von Infrastrukturprojekten in diesen Gebieten Priorität einzuräumen ... Weiterhin sollen durch die Umsiedlung von rohstoff- und arbeitsintensiven Industrien aus den Küstenprovinzen Beschäftigungs- und Einkommenschancen in den Inlandregionen erhöht werden."
Margot Schüller: a.a.O., S. 169f.

Auch der 10. Fünfjahresplan (2001–2005) soll die Entwicklungsunterschiede zwischen den wohlhabenden Küstenprovinzen und dem ärmeren Hinterland mindern. Wiederum wird primär über staatliche Infrastrukturprojekte versucht, die Unterschiede abzubauen. Es existieren auch Projekte, bei denen sich private Unternehmen verstärkt in weniger entwickelten Regionen mit Investitionen engagieren. In den ärmsten Provinzen sind Privatunternehmen bisher nur gering vertreten, sodass von diesen deshalb keine größeren Impulse zum Abbau eines *Entwicklungsgefälles* erwartet werden können. So haben die altindustrialisierten Gebiete im Nordosten (Mandschurei) im Vergleich zu 1978 einen relativen Bedeutungsverlust erfahren, was u.a. auf den relativ hohen Anteil der Staatsbetriebe zurückgeführt wird. Überhaupt spielen *Staatsbetriebe* in den wirtschaftlich weniger attraktiven peripheren Gebieten immer noch eine größere Rolle.
Die gegenwärtigen räumlichen Disparitäten zwischen den chinesischen Provinzen zeigt M 3.54. Ein vergleichbares Gefälle besteht auch zwischen Stadt und Land bzw. zwischen städtischer und ländlicher Bevölkerung M 3.55 und 3.56. Nach einer Erhebung der Weltbank haben sich die *Einkommensunterschiede* im Laufe des *Reformprozesses* bzw. seit der Öffnung nach außen deutlich erhöht. Es gibt eine zunehmende soziale Differenzierung zwischen Arm und Reich.
Da sich ausländische Unternehmen bevorzugt im Südosten und Osten, also entlang der Küste ansiedeln, nimmt der Wohlstand in den geöffneten Gebieten zu, während die Arbeitslosigkeit in den peripher gelegenen Gebieten auf dem Land ansteigt. Ein Folge davon ist die Abwanderung von Arbeitskräften in die küstennahen Gebiete (vgl. S. 98–99 mit M 3.6).
Die *räumlichen Disparitäten* werden auch durch höhere Bildungsinvestitionen im Osten bzw. Südosten gefördert, da mit diesen Maßnahmen ein entsprechend qualifiziertes Arbeitskräftepotenzial heranwächst. Weiter wird die Zuwanderung von Arbeitskräften in den östlichen und südöstlichen Landesteilen durch bessere Transport- und Kommunikationsmöglichkeiten gefördert. Insgesamt ist in diesen Landesteilen ein höheres Wirtschaftswachstum gegeben.

***3.73** Erarbeiten Sie die Ursachen für das Ansteigen der regionalen Disparitäten.*
***3.74** Stellen Sie einen Zusammenhang zwischen dem räumlichen Entwicklungsgefälle in China und der regionalen Verteilung von Staatsbetrieben her.*
***3.75** Zeigen Sie die Maßnahmen auf, mit denen der chinesische Staat versucht hat, das regionale Gefälle abzubauen. Beurteilen Sie auch den Erfolg dieser Maßnahmen.*

Flexible Anpassung an die Marktwirtschaft

Der schrittweise Übergang Chinas zur Marktwirtschaft setzte große Wachstumskräfte frei. Von 1980 bis 2000 stieg das Bruttoinlandsprodukt jährlich um ca. 10 %. Im Jahr 2001 war China die siebtgrößte Volkswirtschaft der Erde mit einem BIP von ca. 1 159 Mrd. US-$. Außerdem war es achtgrößte Handelsnation der Welt. Mit einem durchschnittlichen *Pro-Kopf-Einkommen* von rund 900 US-$ ist China jedoch immer noch in die Kategorie der Entwicklungsländer einzuordnen. In der gesamten Wirtschaftskraft liegt das Land noch weit hinter den USA, Japan und der EU. Bei einem Anteil an der Weltbevölkerung von 21 % werden dort nur 3,4 % des *Sozialprodukts* der Erde erwirtschaftet. Dies ist ein Hinweis darauf, dass die wirtschaftliche Produktivität der gesamten Volkswirtschaft noch relativ gering ist. Setzt man jedoch Sozialprodukt und Kaufkraft im Inland ins Verhältnis, so zählte China bereits Ende der 1990er Jahre zu den größten Wirtschaftsnationen der Welt: Gemessen an den Kaufkraftparitäten liegt China nach den USA bereits auf dem 2. Rang in der Welt.
Allerdings ist die Meinung über Chinas derzeitige und künftige Rolle in der Weltwirtschaft geteilt. Besonders ein Aufsatz von G. Segal in der Zeitschrift Foreign Affairs 78 (1999) hat heftige Kontroversen dazuausgelöst:

BIP insgesamt	1 159 Mrd. US-$
BIP pro Ew.	900 US-$
Exporte	266 Mrd. US-$
Importe	243 Mrd. US-$
Devisenreserven	212 Mrd. US-$
Ausländische Direktinvestitionen (ADI)	47 Mrd. US-$
Beschäftigung	715 Mio. Menschen
davon: Landwirtschaft	50 %
Industrie	23 %
Dienstleistungen	27 %
Anteil BIP:	
Landwirtschaft	17 %
Industrie	50 %
Dienstleistungen	33 %
ADI 1979–2001	393 Mrd. US-$

M 3.57 *Chinas Volkswirtschaftsdaten 2001 im Überblick* *Nach China 2002, a.a.O, S. 129 und CIA – The World Factbook, ebenda*

→ „MIDDLE KINGDOM, MIDDLE POWER
Does China matter? No, it is not a silly question – merely one that is not asked often enough. Odd as it may seem, the country that is home to fifth of humankind is overrated as a market, a power, and a source of ideas. At best, China is a second-rank middle power that has mastered the art of diplomatic theater: it has us willingly suspending our disbelief in its strength. In fact, China is better understood as a theoretical power – a country that has promised to deliver for much of the last 150 years but has consistently disappointed. After 50 years of *Mao's* revolution and 20 years of reform, it is time to leave the theater and see China for what it is. Only when we finally understand how little China matters will we be able do craft a sensible policy toward it."

Aus http://www.foreignaffairs.org/199990901faessy1004/gerald-segal/does-china-matter.html

Solange China ein streng an sozialistischen Prinzipien orientiertes Land war, spielten unterschiedliche Standortqualitäten keine Rolle, da im ganzen Land und für die gesamte Bevölkerung gleiche Lebensbedingungen anzustreben waren. Der Übergang von der *Planwirtschaft* zur *Marktwirtschaft* vollzieht sich – im Gegensatz zu Russland – in China schrittweise, sodass im Laufe der flexiblen Anpassung an marktwirtschaftliche Gegebenheiten das Standortpotenzial immer mehr an Bedeutung gewinnt. Während zu Beginn der Öffnung Chinas so genannte harte Standortfaktoren für ausländische Investoren maßgebend waren, gewinnen in jüngerer Zeit *weiche Standortfaktoren* eine zunehmende Bedeutung. *Harte Standortfaktoren* sind messbare Kriterien, weiche hängen eher von der subjektiven Einschätzung des jeweiligen Investors ab.

Das Standortpotenzial Chinas für Investoren stellt sich zu Beginn des 3. Jahrtausends wie folgt dar:
• **Landesfläche.** China ist das zweitgrößte Land der Erde. Zwar sind nur ca. 15 % dieser Fläche nutzbar, aber durch seine Teilhabe an allen wichtigen Klimazonen ist ein differenziertes Potenzial für die Nutzung durch Industrie, Landwirtschaft und Tourismus vorhanden. Die Spannweite von Wüsten bis zu tropischen Regenwäldern ermöglicht eine vielseitige und wachstumsfähige Inwertset-

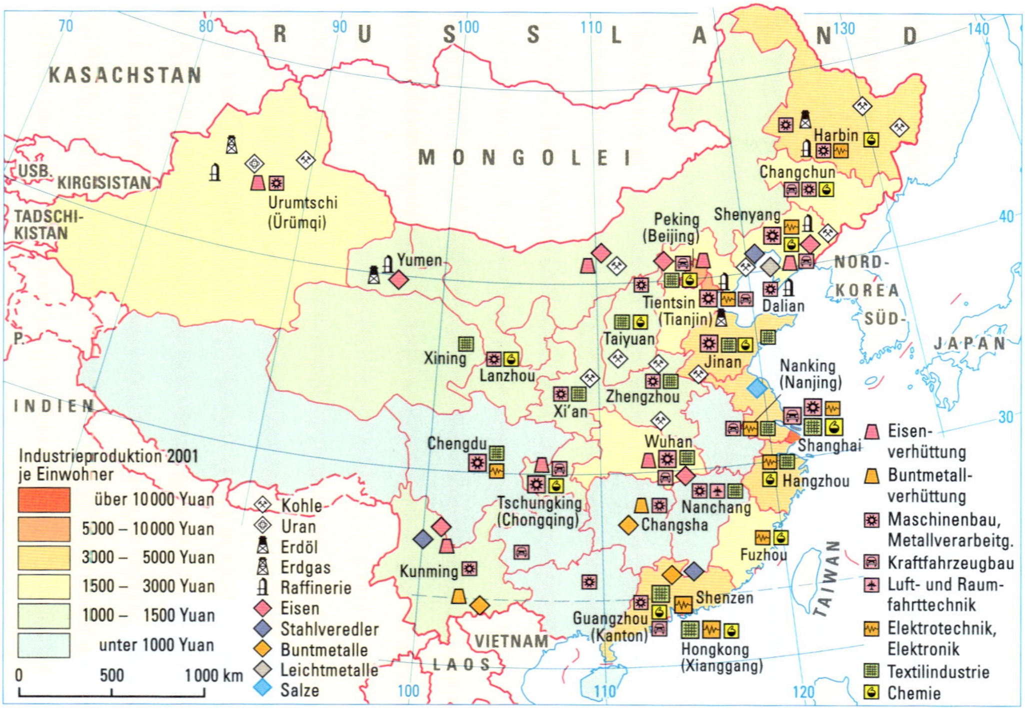

M 3.58 Industriestandorte und Pro-Kopf-Industrieproduktion nach Provinzen in China zur Jahrtausendwende

zung im Rahmen des weltweiten Fremdenverkehrs. Die lange Küstenlinie verbindet Süd- und Nordchina auf dem billigen Seeweg, die großen Ströme erlauben den kostengünstigen Schiffstransport weit ins Landesinnere (vgl. S. 106 – 109).

• **Rohstoff- und Energiereichtum.** Fast alle wichtigen Mineralien werden in China gefunden und abgebaut. Das Land ist weltweit führend in der Steinkohleförderung, ebenso in der Eisenerzförderung, auch nimmt es in der *Erdölförderung* eine Spitzenposition ein (vgl. S. 24 – 25). Energie ist in China billig und bietet damit einen wichtigen Standortvorteil für die Ansiedlung energieintensiver Produktionen. Bei manchen Rohstoffen oder Energien kann allerdings die steigende Nachfrage nicht gedeckt werden, sodass Importe notwendig sind.

Wichtigster Energieträger ist die Kohle, deren Hauptabbaugebiet der Nordosten ist. Etwa drei Viertel des Energieverbrauchs wird durch Kohlekraftwerke gedeckt. Bedeutung hat auch die Wasserkraft, deren Potenzial bei weitem noch nicht ausgeschöpft ist. Großprojekte wie das verwirklichte Drei-Schluchten-Damm-System werden bereits in wenigen Jahren zu einer notwendigen Verbesserung der Stromversorgung beitragen (umfangreiche Informationen und weiterführende Materialien zum Drei-Schluchten-System z.B. in der Internetbegleitung dieses Schulbuches unter www.klett-verlag.de/geographie/fundamente-extra).

Die Inwertsetzung des natürlichen Potenzials in China wird aber durch *Naturrisiken* z.T. eingeschränkt: Teile des Landes sind erdbebengefährdet, andere häufig von Überschwemmungen bedroht und es treten auch Risiken durch Taifune u.a. auf (vgl. S. 16 – 19).

• **Bevölkerung.** Sie ist Chinas wichtigster Standortfaktor. Rund 1,3 Mrd. Einwohner stellen für die Zukunft den größten Absatzmarkt der Welt dar. Die hohe Bevölkerungszahl beinhaltet auch ein großes Arbeitskräftepotenzial in quantitativer und qualitativer Hinsicht. 2001 waren ca. 715 Mio. Arbeitskräfte in den verschiedenen Wirtschaftssektoren beschäftigt. 9 % der 18 bis 22-jährigen besuchten 2001 eine Hochschule. Die Analphabetenquote ist verglichen mit typischen Entwicklungsländern relativ niedrig (1998: männlich 9 %, weiblich 25 %). Die Ziele der chinesischen Bildungspolitik haben seit der kommunistischen Machtübernahme von der Schaffung einer breiten Bildungsbasis zu einer verstärkten Förderung von Eliten gewechselt.

→ „Versucht man sich 50 Jahre nach Gründung der VR China ein Bild von der Bildungs- und Wissenschaftslandschaft zu machen, fällt zuallererst auf, dass dieses keine Einheitlichkeit mehr zeigt. Die Informationen, die über den Stand des Bildungswesens zu bekommen sind, vermitteln den Eindruck großer regionaler Unterschiede und einiger Sonderwege, die nicht zuletzt sehr eng mit der wirtschaftlichen Prosperität einzelner Regionen zusammenhängen." *Thomas Harnisch: Bildung und Wissenschaft. In: Brunhilde Staiger, a.a.O., S. 250*

• **Transportwesen.** Die Verkehrsinfrastruktur nimmt eine Schlüsselfunktion für die weitere Entwicklung des Landes ein. Die absoluten Zahlen sind zunächst sehr beeindruckend: Ende 2001 gab es 70 100 km Eisenbahnstrecken, eine Straßenlänge von 1,698 Mio. km (davon 19 000 km Autobahn), 640 Tiefwasser-Ankerplätze und 139 zivile Flughäfen. Diese Werte müssen jedoch aufgrund der Größe des Landes und der teilweisen Reparaturbedürftigkeit der Anlagen relativiert werden. China unternimmt große Anstrengungen (2001: 260 Mrd. Yuan Investitionen = ca. 31 Mrd. US-$), die Verkehrsinfrastruktur zu verbessern. Trotzdem treten beim Transport von Gütern immer wieder Engpässe in Form von langen Wartezeiten auf. Bevölkerung und Industrieproduktion konzentrieren sich auf den Osten bzw. Süden, wichtige Rohstoffe werden jedoch überwiegend in Nordwest- und Nordostchina gefördert, wodurch sich extreme Transportaufgaben für Schiene und Wasserwege ergeben. Mit der erwarteten Zunahme des privaten PKW-Verkehrs wird insbesondere der Bedarf an gut ausgebauten Straßen wachsen.

• **Lohnniveau.** Der Kostenfaktor Arbeit liegt in China nach wie vor konkurrenzlos niedrig (vgl. M 3.42 auf S. 129), die Arbeitsbedingungen entsprechen allerdings z.T. noch denen des *„Manchester-Kapitalismus"*.

→ „Zurzeit müssen wir bis 23 Uhr arbeiten. Wenn wir dann in die Unterkunft kommen, müssen wir Schlange stehen, um duschen zu können und die Kleider zu waschen. Dann kannst Du erst um 2 Uhr einschlafen. Um 7.30 Uhr geht die Arbeit wieder los." So lautet der Bericht einer Arbeiterin in einer chinesischen Spielzeugfabrik ... 18-Stunden-Tage, Hungerlöhne von umgerechnet nicht einmal 100 Euro im Monat, katastrophale Arbeitsbedingungen ohne Schutzvorrichtungen – solche Zustände seien in den Spielzeugfabriken Chinas und Ostasiens keine Seltenheit, so Jürgen Bergmann vom kirchlichen Entwicklungsdienst Bayern und Mitinitiator des Nürnberger Bündnisses ‚Fair Toys' ...

Stephan Maurer: Hungerlohn für 18 Stunden Arbeit. In: Donau-Kurier vom 2./3.02.2002. Ingolstadt, S. 7

Es existiert ein Überangebot an Arbeitskräften, besonders aus der Landwirtschaft. Dies ist für Unternehmen, die in China produzieren, ein Vorteil.

→ „Die Verlagerung der Produktion nach China wurde beschleunigt. Inzwischen werden mehr als 80 Prozent der Olympus-Kameras in chinesischen Werken hergestellt. Die daraus entstandenen Spareffekte, die zu Werkschließungen und Stellenabbau im Inland [gemeint ist Japan] führten, brachten dem Konzern im ersten Halbjahr bis Ende September 2002 eine solide Steigerung des Betriebsgewinnes um 73 Prozent."

André Kunz: Olympus-Chef schwört auf „kreative Zerstörung". In: Süddeutsche Zeitung vom 23.12.02. München, S. 22

Andererseits fehlt in China damit aber auch *Massenkaufkraft*. Nur eine dünne Oberschicht und eine relativ kleine Mittelschicht kann sich die in Luxusläden westlichen Zuschnitts angebotenen Waren leisten. Das Bruttoinlandsprodukt pro Einwohner mit rund 900 US-$ (2001) sagt nur wenig über die tatsächliche Einkommensverteilung aus (vgl. M 3.55).

• **Bankensystem und Kapitalmarkt.** Das Bankensystem Chinas ist halbstaatlich. Die Zentralbank ist der Regierung unterstellt und bestimmt die gesamte Geldpolitik wie Kreditpolitik, Zinssätze usw. Die vier großen Staatsbanken wurden 1994 kommerzialisiert, sind aber weiter im Eigentum des Staates. Ihre Kapitaldecke ist dünn und viele der von ihnen im Rahmen der Planwirtschaft ausgegebenen Kredite an *Staatsbetriebe* gelten als uneinbringlich. Seit 1996 ist die Gründung von privaten Banken in der Rechtsform der Aktiengesellschaft möglich. Auch ausländische Banken können in geöffneten Gebieten Filialen eröffnen, unterliegen hinsichtlich ihrer Geschäftspolitik aber noch den gleichen Einschränkungen wie chinesische Banken. Durch den Beitritt Chinas zur *WTO* muss bis 2007 ein absolut freier Kapitalmarkt errichtet sein. Diese Bedingung und die Niederlassungen ausländischer Banken sind für den Investor extrem wichtig, da er eher mit Banken zusammenarbeitet, die er aus seinem Heimatland kennt. Er will Gelder ohne Beschränkungen in alle Richtungen transferieren können.

1990 und 1991 wurden in Shanghai und Shenzhen Effektenbörsen gegründet, die heute die Zentralen für den Wertpapierhandel für ganz China sind. Der Zustrom ausländischen Kapitals wird in hohem Maße von Auslandschinesen (insbesondere aus Südostasien) getragen, eine Folge des so genannten *„Bambusnetzwerkes“*. *Auslandschinesen* haben beim Aufbau von Netzwerken zur Absicherung ihrer Geschäfte reichlich Erfahrung, die sie im Rahmen ihrer wirtschaftlichen Aktivitäten in die VR China einbringen (vgl. S. 164 – 167).

• **Chinesische Kultur.** China hat nicht nur ein Potenzial beeindruckender Landschaften, sondern es ist auch wegen seiner Sehenswürdigkeiten, seiner Kulturdenkmäler, seiner Opern, Musik und seiner Sitten und Gebräuche, gerade auch derer von nationalen Minderheiten, ein interessantes Land. Von ausländischen Experten und Geschäftsleuten, die zeitweise hier leben, werden diese Attraktivitäten gerne angenommen. Sie sind auch wichtige Voraussetzungen für den Fremdenverkehr.

2001 betrug die Zahl der eingereisten Touristen über 89 Mio., darunter über 11 Mio. Nichtchinesen; die dadurch erwirtschafteten Devisen betrugen im genannten Jahr 17,8 Mrd. US-$. Daneben sind die Einnahmen aus dem inländischen Tourismus beachtlich: sie machten 2001 ca. 352 Mrd. Yuan (= 43 Mrd. US-$) aus. Der Tourismus wächst derzeit weit schneller als andere Wirtschaftsbereiche.

Aber der Umgang mit einer anderen Kultur ist für westliche Ausländer nicht leicht. Manche der chinesischen Umgangsformen werden für den europäischen Touristen oder Geschäftsmann immer fremd bleiben.

→ „Nasen-Goreng!
Was würde ein Chinese in einem Restaurant nie tun?

A) Nach der Mahlzeit laut rülpsen.
B) Die Suppe schlürfen, wie heiß sie auch immer sein mag.
C) Sich am Tisch die Nase putzen.

Antwort C ist richtig. Die Nase putzen ist in China ... so anstößig wie bei uns das Rülpsen. Ein Chinese würde dazu immer auf die Toilette gehen. Rülpsen und Schlürfen hingegen werden als Kompliment für den Koch verstanden.“

Bayerischer Forschungsverbund Area-Studies: Xenophilia game. Erlangen 2002

• **Umweltprobleme.** Diese betreffen weite Teile Chinas, z.T. in extremer Form. Zum einen resultieren sie noch aus der Zeit als China ein reiner Agrarstaat war (Entwaldung, *Bodenerosion*, *Desertifikation* – vgl. S. 118 – 119), zum anderen sind sie eine Folge des schnellen Übergangs zur Industriegesellschaft (z.B. Schadstoffemissionen und Massenkonsum industriell gefertigter Güter). Probleme, die in den entwickelten Industriestaaten zeitlich aufeinander folgten, treten in China nebeneinander und im Zeitraffertempo auf.

Wasser, Luft und Boden weisen insbesondere in den industrialisierten Agglomerationen extreme Schadstoffbelastungen auf. In den städtischen Ballungsgebieten liegt bei 78 % des Trinkwassers die Schadstoffbelastung über den international üblichen Grenzwerten; die Luftqualität ist extrem schlecht. Abfälle werden in großen Mengen ungeregelt in die Umwelt „entsorgt“.

Das Umweltbewusstsein der Bevölkerung ist insgesamt betrachtet noch sehr gering ausgeprägt. Es zeigt die für frühe Industriegesellschaften typische *Wegwerf-Mentalität*. Niedrige Energiepreise führen zur Engergieverschwendung; mehr als 70 % des Primärenergieverbrauchs entfallen auf Kohle, was zu entsprechenden $C0_2$- und SO_2-Emissionen führt. Im Jahre 2000 entfielen ca. 15 % der $C0_2$-Emissionen der ganzen Erde auf China, bis zum Jahre 2020 wird mit knapp 20 % gerechnet.

Es mangelt in China nicht an gesetzlichen Vorschriften zum *Umweltschutz* (Ende 2000: 438) und es werden auch zahlreiche Maßnahmen zum Schutz der Umwelt getroffen:

→ „Mehr als 84 000 kleine Betriebe, die die Umwelt schwer belasten, wurden außer Betrieb gesetzt. Wegen ihrer rückständigen Techniken, Energieverschwendung, schlechten Produktqualität, Umweltschädigungen und ihrem Mangel an Produktionssicherheit wurden außerdem viele kleine Kohlenbergwerke, Eisen- und Stahlwerke, Wärmekraftwerke sowie Zement- und Glasfabriken geschlossen." *China 2002, a.a.O., S. 143*

→ „Ein Hauptproblem des chinesischen Umweltmanagements besteht in der Festlegung von Verantwortlichkeiten auf verschiedenen Regierungsebenen. Lokale Interessen scheinen im Umweltbereich nach wie vor entscheidungsrelevant zu sein." *Bettina Gransow, a.a.O., S. 217 f.*

• **Politisches System.** China weist seit Jahrzehnten ein stabiles politisches System auf. Aber China ist auch heute noch keine Demokratie, sondern eine Ein-Parteien-Diktatur, obwohl rein formal nach der Verfassung Grundrechte, Gewaltenteilung, Mehrparteiensystem usw. garantiert sind.

→ „Im politischen System der VR China nimmt die KPCh, deren politische Führungsrolle im Parteistatut und ... der Staatsverfassung festgelegt ist, eine dominierende Stellung ein ... Die staatliche Verfassungs- und Rechtsordnung ist dem Führungsanspruch der Partei untergeordnet. Personal und Organisation der Kommunistischen Partei bilden Kern und Gerüst des Herrschaftssystems der VR China ... Die Führungskader der Partei sitzen an allen wichtigen Schalthebeln der chinesischen Politik: Staatsverwaltung, Armee, Sicherheitsorgane, Justiz, Gewerkschaften und Unternehmensverbände werden gleichermaßen von Parteifunktionären kontrolliert." *Sebastian Heilmann: Politik und Staat. In: Brunhild Staiger, a.a.O., S. 81*

Ob die erfolgte Zulassung wirtschaftlicher Freiheiten auch beispielgebend für die Gewährung politischer Freiheiten werden kann, ist schwer zu sagen. Die Menschenrechte oder die Pressefreiheit sind in China nicht garantiert. In keinem Staat der Erde werden so viele Todesurteile ausgesprochen und vollzogen wie in China. Selbst das Recht auf freie Information ist nicht gegeben.

M 3.59
Korruption im Geschäftsleben weltweit

→ Chinesische Mauer im Internet.
„Nirgendwo auf der Welt wächst das Internet schneller als in China. Doch die kommunistischen Führer im Reich der Mitte haben eine elektronische Große Mauer errichtet, die den freien Informationsfluss verhindert. Am häufigsten sind Webseiten über Taiwan, Tibet, Demokratie oder Menschenrechte blockiert ... Seit Januar 2001 kann sogar die Todesstrafe für die Verbreitung von „Staatsgeheimnissen" im Internet verhängt werden."

Andreas Landwehr (dpa): Große Mauer im Internet. In: Donau-Kurier vom 6.12.02. Ingolstadt, S.3

Da manche politische Entscheidungsträger am wirtschaftlichen Aufstieg Chinas nicht teilhaben, sind sie gegen eine weitere Liberalisierung des Landes, um ihre politischen Privilegien nicht zu verlieren. Damit im Zusammenhang stehen auch die von vielen hohen Staats- und Parteirepräsentanten immer wieder beklagten Korruptionsfälle, bei denen durch entsprechende Zuwendungen an Kader oder staatliche Stellen Entscheidungen in die gewünschte Richtung gelenkt werden. Insbesondere kleinere oder mittlere ausländische Unternehmer sind Schikanen und der Korruption wehrlos ausgeliefert.

→ „Ein deutscher Unternehmer erfährt das fast täglich. Seit er sich geweigert hat, die Verwandte eines Zollbeamten einzustellen, verzögert die Behörde regelmäßig die Abfertigung der Container. Und wenn Kunden nicht zahlen, ist der Gang zum Gericht meist nutzlos. Vier Prozesse hat der Deutsche mittlerweile gewonnen: 'Aber mit den Urteilen könnte ich auch die Straße pflastern. Sie werden einfach nicht vollstreckt, ich habe bis heute mein Geld nicht gesehen.'"

Erich Follath u.a: Der Kopf des Drachen. In: Der Spiegel, H. 50/2002. Hamburg: Spiegel-Verlag, S.150

• **Staatliche Fördermaßnahmen.** Es gibt in China ein vielfältiges Instrumentarium auf allen Ebenen staatlichen Handelns, um ausländische Unternehmen bzw. ausländisches Kapital ins Land zu holen. Das reicht von Steuererleichterungen, Erschließung kostengünstiger Industriezonen bis zur Gründung gemeinschaftlicher Unternehmen (*Joint Ventures*). Auf der Ebene der einzelnen Provinzen existiert geradezu ein Wettbewerb um ausländische Investoren. Chinesische Behörden versuchen bürokratische Hemmnisse weitgehend abzubauen, helfen bei der Ansiedlung mit Know-how und der Vermittlung geeigneter Arbeitskräfte. Dieses positive Bild wird aber dadurch stark getrübt, dass einheimische Unternehmen noch stärker unterstützt bzw. deren unfaire Geschäftspraktiken nicht verfolgt werden. Um ausländische Unternehmen aus dem Markt zu drängen, werden deren Produkte in schamloser Weise kopiert und zu Dumpingpreisen auf den Markt „geworfen". 2002 gab es allein in der *APEC* (vgl. S. 6 mit M1.1) 480 Fälle von *Anti-Dumping-Klagen* gegen China.

Der Wandel der Bedeutung von harten bzw. weichen Standortfaktoren drückt sich in der Bewertung Chinas als Standort im internationalen Wettbewerb aus. Mit dem Bewusstseinswandel hin zu weichen Standortfaktoren hat China etwas von seiner *Wettbewerbsfähigkeit* eingebüßt. In den einschlägigen Einschätzungen fiel es zwischen 1998 und 2002 von Platz 21 auf Platz 31 in der Welt zurück. China weist noch viele Merkmale eines Entwicklungslandes auf: niedriger Lebensstandard, niedrige Produktivität und gering ausgeprägte demokratische Strukturen.

3.76 *Gliedern Sie die im Text dargestellten Standortfaktoren in so genannte „harte" und „weiche" Faktoren. Entwerfen Sie dazu ein Schema.*

3.77 *Wägen Sie aus der Sicht ausländischer Investoren positiv und negativ wirkende Standortfaktoren Chinas gegeneinander ab und beurteilen Sie die Chancen Chinas, in hohem Maße weitere ausländische Betriebe anzuziehen.*

3.78 *Überlegen Sie, warum die Wettbewerbsfähigkeit Chinas in jüngster Zeit eher abgenommen hat (u.a. M 3.59).*

3.79 *Ermitteln Sie mithilfe des Internet staatliche Fördermöglichkeiten, die chinesische Behörden ausländischen Unternehmen bieten.*

3.80 *Nehmen Sie Stellung zur These G. Segals (Quellentext S. 142), China wäre nur eine wirtschaftliche Mittelmacht.*

3.81 *Beurteilen Sie die Chancen der Volkswirtschaft der VR China, im Rahmen der zunehmenden Globalisierung (vgl. S. 26–29) weiter an Bedeutung zu gewinnen.*

Die Chinesische Stadt

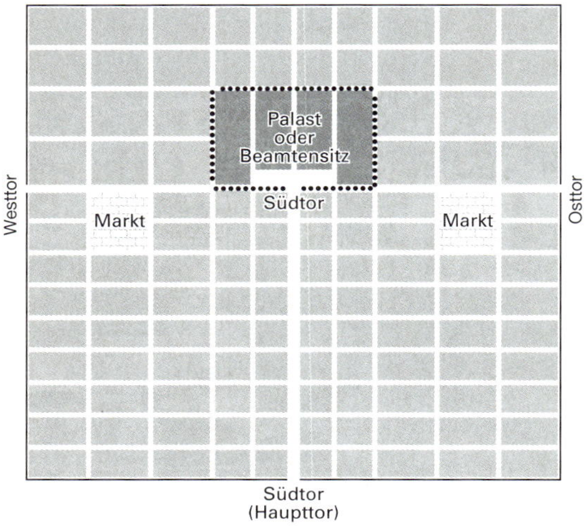

M 3.60 Die traditionelle chinesische Stadt im Strukturschema ...

→ Die traditionelle chinesische Stadt.
„Die Stadt [Peking] war von mächtigen Mauern umschlossen. Ihre viereckige Anlage entsprach nach chinesischen Vorstellungen der Gestalt der Erde und war steinerner Ausdruck der Weltordnung. ... In der Mitte lag der Kaiserpalast, die „Verbotene Stadt", mit 9 999 Räumen, die kein normaler Sterblicher je betreten durfte. Er bildete das Herz des Reiches. Kein anderes Gebäude durfte ihn oder die Stadtmauern überragen. Die wichtigste Straße der Stadt war die Nord-Süd-Achse. Sie verlief durch die Mitte des Kaiserpalastes. Auf oder unmittelbar neben ihr lagen die bedeutendsten Bauwerke. Sie galt als Symbol der Erdachse und wies in Richtung der lebensspendenden Sonne in die glückbringende Richtung. Nach Süden öffneten sich alle Gebäude der Stadt. Das übrige, streng nach den Himmelsrichtungen angelegte Stadtgebiet erstreckte sich symmetrisch zur zentralen Nord-Süd- Achse." *Lothar Rother, gekürzt*

Das Größenspektrum chinesischer Städte reicht von *Global Cities* (vgl. S. 67–69 und S. 174–175) wie Shanghai mit über 16 Mio. Einwohnern bis hin zu kleinen Landstädten mit einigen 10 000 Einwohnern. Trotz jahrzehntelanger *Bevölkerungspolitik* mit dem Ziel, die *räumliche und die natürliche Bevölkerungsbewegung* zu lenken, ist der Anteil städtischer Bevölkerung enorm gewachsen. Vor 50 Jahren lebten 80 Mio. Chinesen (ca. 13 %) in Städten, heute sind es bereits ein Drittel der Bevölkerung (430 Mio. Ew. – vgl. M 3.9. auf S. 100). Diese Zunahme ist allerdings auch das Ergebnis administrativer Veränderungen wie Stadterhebungen und Ausweitung von Stadtbezirken.
Die steigende *Urbanisierung* ist eine unmittelbare Folge der wirtschaftlichen und sozialen Veränderungen, insbesondere seit den Wirtschaftsreformen von 1978 (vgl. S. 126–128). Seither verläuft der *Verstädterungsprozess* besonders schnell.
Die Überformung der traditionellen chinesischen Stadt vollzog sich bis zur Gegenwart in folgenden Etappen:

a) Europäer, die sich während der halbkolonialen Phase ansiedelten, brachten ihren Kolonialstil in einzelne chinesische Städte ein.
b) Im Sinne der kommunistischen Ideologie sollten ab 1949 die parasitären „Konsumentenstädte" in „Produzentenstädte" umgewandelt werden. Dies bedeutete für die chinesischen Städte u.a. die Ansiedlung von *Kombinaten* am damaligen Stadtrand und den Bau von Plattensiedlungen für die Angehörigen der jeweiligen *Danweis*. Es wurde die räumliche Zuordnung der verschiedenen *Grunddaseinsfunktionen* angestrebt. Der Stadtrand war auch das Ansiedlungsgebiet großflächiger Universitäts- und Forschungsanlagen. In den Stadtzentren wurden Monumentalbauten im sowjetischen *Zuckerbäckerstil* errichtet und für Aufmärsche der kommunistischen Massenorganisationen ein großer Platz geschaffen.

→ „In Peking sind die Bagger losgelassen. Die Regierung will ein „neues Peking", sie hat dieses Versprechen tausendmal plakatiert, und seit dem Zuschlag für die Olympischen Spiele 2008 ist endgültig kein Halten mehr ... So vernarrt in die Moderne ist die Regierung, dass sie dabei ist, einen Frevel zu begehen, der nicht einmal den Invasoren der vergangenen Jahrhunderte gelang: die praktisch restlose Auslöschung des alten Peking ... Ganze Viertel verwandeln sich über Nacht in einen Haufen Schutt."

Kai Strittmatter: Chai, das Todesmal. In: Süddeutsche Zeitung vom 3.12.2001. München, S.12

M 3.61 *... und im historischen Stadtplan (Old City von Kanton = Guangzhou am Anfang des 20. Jh. – ca. 1 : 22 000)*

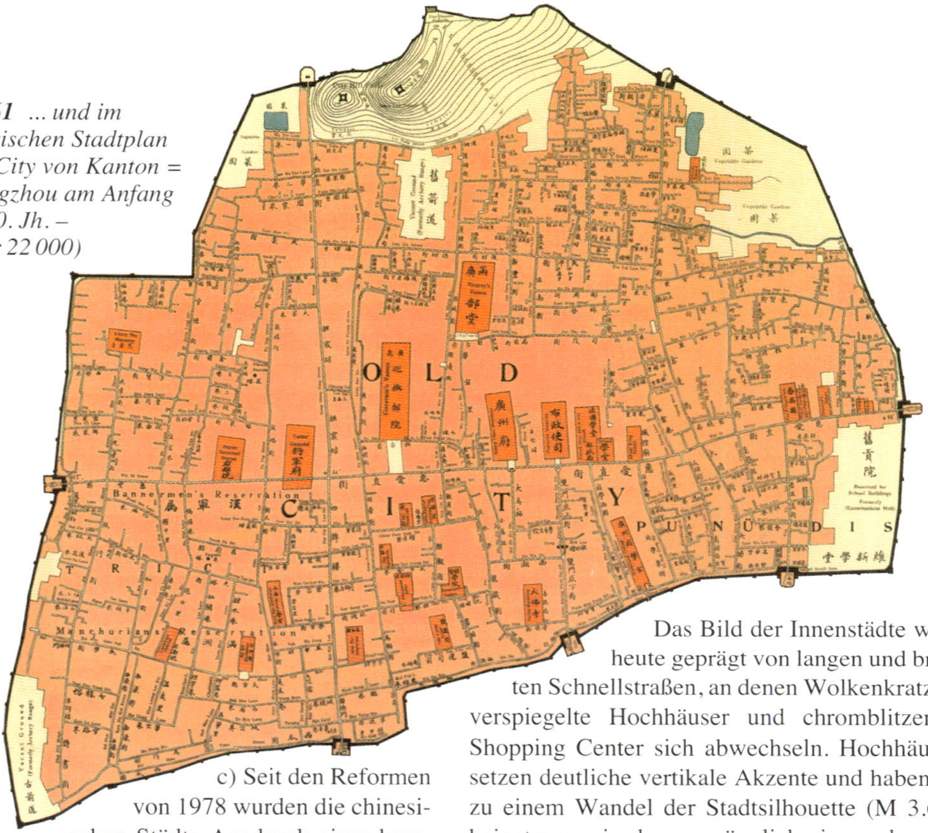

c) Seit den Reformen von 1978 wurden die chinesischen Städte Ausdruck einer hemmungslosen wirtschaftlichen Entwicklung, wobei Stadtsanierung hauptsächlich als flächenhafter Abriss und anschließender Neuaufbau ganzer Stadtviertel im westlichen Stil verstanden wird. Das führt zur totalen Überformung der boomenden chinesischen *Metropolen*.

→ Die moderne chinesische Stadt.
„Städte, noch vor zehn Jahren mit ihrem für unser westliches Auge exotischen Straßenleben, mit lebhaften Märkten, Garküchen und Eselskarren in holprigen Gassen, haben eine kurze Zeit der Metamorphose durchlebt und präsentieren sich heutzutage mit ihren schnell hochgezogenen, gleichartigen Wolkenkratzern monoton, um nicht zu sagen atmosphärisch langweilig. Shanghai dabei mal ausgenommen. Selbst in Peking sind kaum noch pittoreske Viertel zu entdecken. Monumentale Neubauten säumen achtspurige Schnellstraßen, Avenuen und Fußgängerzonen. Allerdings entschädigt die Hauptstadt mit ihren großartigen Sehenswürdigkeiten aus der Kaiserzeit ..."

Kiki Baron: Den Osten träumen, den Westen bekommen. In: Süddeutsche Zeitung vom 17.12.02. München, S.42

Das Bild der Innenstädte wird heute geprägt von langen und breiten Schnellstraßen, an denen Wolkenkratzer, verspiegelte Hochhäuser und chromblitzende Shopping Center sich abwechseln. Hochhäuser setzen deutliche vertikale Akzente und haben so zu einem Wandel der Stadtsilhouette (M 3.62) beigetragen, in der ursprünglich ein- und zweigeschossige Gebäude das Bild bestimmten. Zwar spielt die Wohnfunktion in den Innenstädten noch eine gewisse Rolle, aber es zeigt sich eine deutliche *Citybildung* im westlichen Stil.
Die moderne chinesische Stadt hat sich ringförmig um den alten Stadtkern entwickelt, eine Folge begrenzter Transportkapazitäten und der Anlage von Ringstraßen. Im weiteren Außenbereich werden seit Jahrzehnten *Satellitenstädte* (vgl. M 5.2 auf S. 180) zur Entlastung der Kernstädte errichtet. Die Satellitenstädte werden häufig in größerer Entfernung von der Kernstadt errichtet, da der unmittelbare Stadtrand für die Landwirtschaft, insbesondere auch den stadtnahen Gemüseanbau, freizuhalten ist (M 3.63).
Auf die *Entlastungsstädte* konzentrieren sich bestimmte Industriezweige, z. B. der Fahrzeugbau in Anting bei Shanghai (*Joint Venture* VW – vgl. S 132 – 133 und M 5.2 auf S. 180). Allerdings mangelt es an öffentlichen und privaten Nachfolgeinvestitionen für die Infrastruktur. Die Satelliten sind deshalb für die Innenstadtbewohner unattraktiv und eher Zielgebiet von Migranten aus dem Umland bzw. Hinterland.

M 3.62 *Schema einer chinesischen Stadtsilhouette in der Gegenwart*

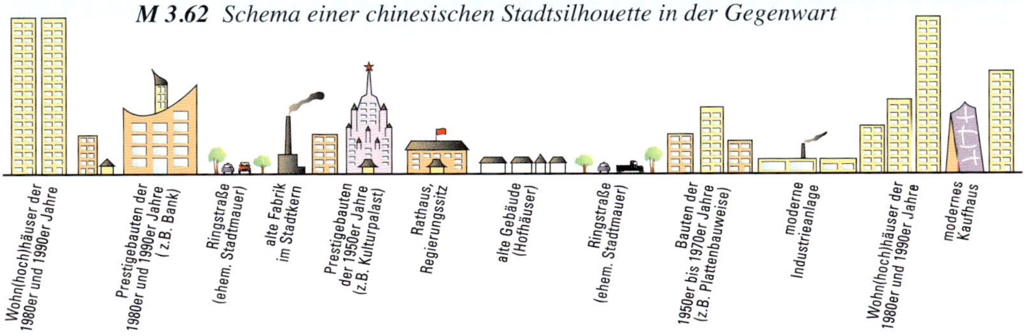

Die Ausweisung von Wirtschaftssonderzonen bzw. geöffneten Gebiete hat auch die betroffenen chinesischen Städte stark verändert. Deren Flächen sind meist ein weiteres Element einer geplanten funktionalen *Stadtentwicklung*, wie sich am Beispiel von Shanghai zeigen lässt (M 3.63): Gegenüber dem alten Stadtzentrum wurde auf der Ostseite des Huangpu die *Wirtschaftssonderzone* Pudong errichtet, die in einigen Jahrzehnten eine größere Fläche umfassen wird als die heutige Kernstadt und sich bereits jetzt zum Wachstumsmotor Shanghais entwickelt hat. Den sich dabei vollziehenden funktionalen Wandel (fünf geplante *funktionale Stadtviertel*) zeigt M 3.63.

1986 schrieb man im Generalentwicklungsplan für Shanghai fest, hier das größte Handels- und Wirtschaftszentrum Asiens aufzubauen. Shanghai wurde damit Kulminationspunkt moderner chinesischer Stadtentwicklung. Der „Kopf des Drachens“ (der Jangtsekiang erschließt von hier aus ein Gebiet bis Chongqing mit 25 % der Bevölkerung Chinas) hat ein hervorragendes Standortpotenzial: Zentrum einer fruchtbaren Ebene mit mehr als 200 Mio. Einwohnern, traditionsreicher chinesischer Industriestandort seit ca. 150 Jahren, die Kaufkraft der Bevölkerung ist mit am höchsten in ganz China, es gibt ein gut ausgebildetes Arbeitskräftepotenzial, nicht zuletzt wegen zahlreicher Hochschulen und Universitäten. Shanghai besitzt unter den chinesischen Millionenstädten die beste Verkehrsinfrastruktur. Vorläufiger Höhepunkt von deren Entwicklung war die Eröffnung der Transrapid-Magnetschwebebahn zum neuen internationalen Großflughafen im Dezember 2002 (weiterführende Informationen und Materialien dazu z.B. in der Internetbegleitung dieses Schulbuches unter www.klett-verlag.de/geographie/fundamente-extra).

Mit seinen 16,7 Mio. Einwohnern (2002) ist Shanghai auf dem Weg zur *Global City*; die „Washington Post“ ernannte die Stadt zur derzeit aufregendsten unseres Planeten.

→ „Aber wofür soll das Modell Shanghai stehen? Für eine Rückkehr des Manchester-Kapitalismus mit billigen, ausgepressten Arbeitskräften und einer superreichen Avantgarde? Für einen gemäßigten Sozialismus, der versucht, alle Bewohner einigermaßen gerecht am steigenden Lebensstandard teilhaben zu lassen? Für eine wie immer geartete maoistische Utopie vom besseren ‚neuen Menschen'?“ *Erich Follath u.a.: Der Kopf des Drachens. In: Der Spiegel, H. 50/2002. Hamburg: Spiegel-Verlag 2002, S. 136*

Tatsächlich zeigt sich eine deutliche soziale Differenzierung in der derart modernen chinesischen Stadt: Verschiedene Einkommens- und Sozialschichten führen neuerdings zu einer nicht gekannnten *sozialräumlichen Differenzierung* bzw. *Viertelsbildung*. Teuren Wolkenkratzervierteln, bewohnt von der *New Economy-Generation*, stehen Elendsquartiere an den Stadträndern und in Mischgebieten gegenüber, wo die *Wanderarbeiter* leben. Die einst herrschende Arbeiterklasse wurde zum „Strandgut der Revolution von 1978“. Sie sorgt für das Entstehen von Marginalsiedlungen.

3.82 *Vergleichen Sie anhand von M 3.60 – 3.63 und den Quellentexten auf S. 148 / 149 die traditionelle und moderne chinesische Stadt.*

3.83 *Entwickeln Sie mithilfe von M 3.63 ein Modell der funktionsräumlichen Gliederung der modernen chinesischen Stadt.*

3.84 *Informieren Sie sich im Internet, z.B. bei http://peking-hofhaus.de, über die traditionelle chinesische Architektur am Beispiel des Hofhauses.*

M 3.63 Funktionale Stadtgliederung von Shanghai mit der Wirtschaftssonderzone Pudong

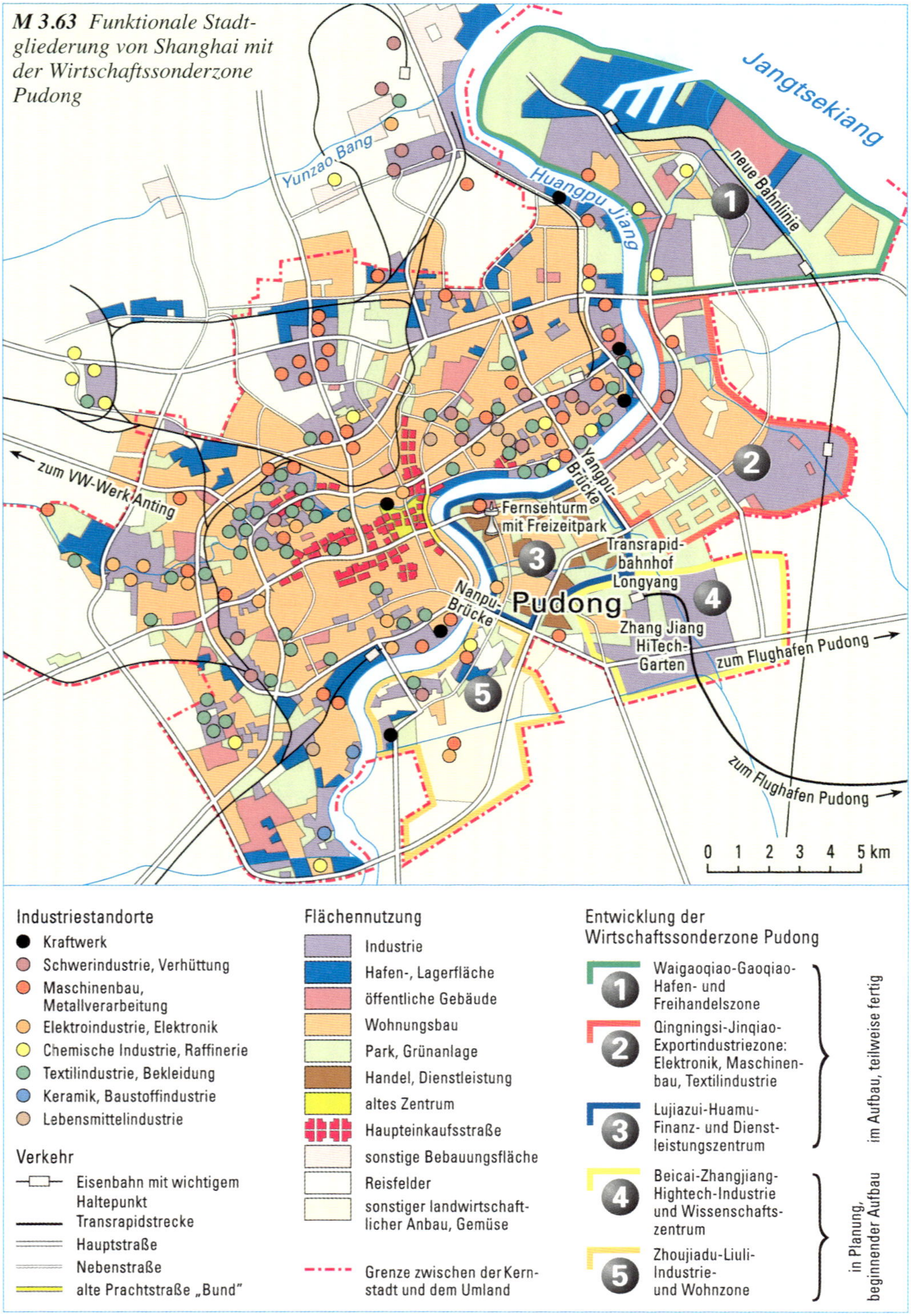

4. Asiatisch-pazifische Schwellen- und Entwicklungsländer

Im weltweiten Vergleich zeichnen sich die Schwellen- und Entwicklungsländer des asiatisch-pazifischen Raums durch ihre besondere räumliche Verteilung und die daraus resultierenden Lagebeziehungen aus. So liegen sie einerseits in Nachbarschaft zu einer der führenden Industrienationen der Welt – Japan. Andererseits grenzen sie an China, dessen 1,3 Mrd. Bewohner nicht nur einen bedeutenden Absatzmarkt darstellen, sondern gleichzeitig ein enormes Arbeitskräftereservoir.

Die Bezeichnungen „Entwicklungsland“ und „Schwellenland“ vermitteln den Eindruck eines momentanen „Durchgangsstadiums“, das eines Tages zugunsten eines den Industrieländern vergleichbaren entwickelten Zustandes überwunden sein wird. Dieser Vorstellung folgt auch das *„Fluggänsemodell“* (M 4.1). Die Formation wird von einem Leitvogel – Japan – angeführt; diesem folgen, hierarchisch je nach ihrem Entwicklungsstand abgestuft, die verschiedenen ost-/südostasiatischen Länder. Ohne den „Leitvogel“ Japan ist ein geordnetes Vorwärtskommen aller nachfolgenden Länder nicht möglich, Japan bestimmt deren wirtschaftliche Entwicklungsprozesse. So tätigt Japan z.B. auf der Suche nach industriellen Niedriglohnstandorten einen Großteil der ausländischen Investitionen in den Schwellen- und Entwicklungsländern des asiatisch-pazifischen Raums. Diese Investitionen bilden dann häufig den Impuls für einheimische Investitionen, z.B. im Zulieferbereich (vgl. S. 158). Japan kann jedoch bei steigenden Lohnkosten von einem ursprünglich gewählten Standort seine Investitionen an einen neuen Standort mit dann niedrigeren Kosten verlagern. Die einzelnen Schwellen- und Entwicklungsländer der Region geraten somit in einen *Wettbewerb* um erfolgreiche Anwerbung von Kapital. Dieser spitzt sich u.U. zu politischen Konflikten zu. Die Schaffung attraktiver Standorte für den Weltmarkt kann die heimischen Investitionen ggf. so stark auf sich ziehen, dass sie in Räumen mit Entwicklungsrückständen in demselben Land nicht mehr zur Verfügung stehen. Damit kommt es zur Verschärfung räumlicher *Disparitäten*. Hierunter leiden häufig die zahlreichen *ethnischen Minderheiten*. Gleichzeitig dient Japan als Absatzmarkt für Eigenexporte der Schwellen- und Entwicklungsländer, z.B. für Rohstoffe wie Tropenholz oder *Erdöl/Erdgas* (vgl. S. 162), für niedrig veredelte Güter oder Nahrungsmittel. *Exportorientierte Produktion* kann jedoch zulasten einer notwendigen Binnenmarktproduktion gehen. Armutserscheinungen in der Region lassen sich hiermit z.T. erklären.

In der Exportstatistik mancher Länder des asiatisch-pazifischen Raums erscheinende *High-Tech-Produkte* entstammen in der Regel japanischen Tochterunternehmen am Niedriglohnstandort. Nur z.T. gelang es Ländern wie z.B.

***M 4.1** Stark vereinfachend und deshalb umstritten – das „Entwicklungsmodell der Fluggänse“*

Singapur, der Fremdsteuerung durch den Weltmarkt bis zu einem gewissen Grad Eigenbestimmung von Wirtschaftsprozessen entgegenzusetzen und das Land auf das Niveau eines Industrielandes zu heben (vgl. M 1.7, S. 12 – 13). Länder der 1. Generation wie z.B. Taiwan oder Singapur treten ihrerseits als Investoren in nachgeordneten Ländern der Region auf. Dabei gewinnen Küstenstandorte Chinas zunehmend an Attraktivität. Die chinesische Politik der Sonderverwaltungszonen (vgl. S. 136 – 137) kommt dieser Entwicklung ebenso entgegen wie die familiären chinesischen Netzwerke, die den gesamten asiatisch-pazifischen Raum durchziehen (vgl. S. 164).

Die seit den 1990er Jahren anhaltende Wirtschaftskrise in Japan und insbesondere die *Wirtschaftskrise in Asien* 1997 (vgl. S. 34, 178 – 179) haben jedoch den bis dahin geltenden Optimismus einer erfolgreichen *„nachholenden Entwicklung“* der asiatisch-pazifischen Schwellen- und Entwicklungsländer stark eingeschränkt. Tatsächlich existieren nach wie vor ausgeprägte Entwicklungsunterschiede sowohl zwischen den Ländern als auch innerhalb eines jeweiligen Landes. Weiten Regionen lediglich landwirtschaftlicher Produktion steht eine begrenzte Anzahl von Standorten des sekundären und tertiären Sektors gegenüber, allen voran die Metropolen und Megastädte der einzelnen Länder. Räumliche *Disparitäten* können sich insbesondere in krisenhaften Zeiten verschärfen: Bisher kaum an wirtschaftliche Rückschläge gewöhnt, brechen nun spezifische kulturelle Eigenarten hervor. Beispiele dafür sind Ausschreitungen gegenüber *ethnischen Chinesen* (vgl. S. 167) oder eine religiöse Selbstbesinnung wie beim *Islam* in Malaysia (vgl. S. 156 – 157). Die Erlangung politischer und gesellschaftlicher Stabilität mit allen Mitteln war jedoch eine Voraussetzung für das bis zur Krise am Ende des 20. Jahrhunderts andauernde wirtschaftliche Wachstum. Die Prognosen für die Entwicklung im 21. Jahrhundert sind somit noch offen.

M 4.2 *Disparitäten in den asiatisch-pazifischen Schwellen- und Entwicklungsländern*

Malaysia – global orientierte Wirtschaft als Mittel „nachholender Entwicklung"

Wirtschaftliche Produktion auf Weltniveau, materieller Wohlstand und moderne Lebensformen, eine bildungsbeflissene Gesellschaft mit Zukunftsoptimismus: Merkmale eines Entwicklungsmodells, das der malaysische Ministerpräsident Mahatir in seiner Vision 2020 für die malaysische Gesellschaft des 21. Jahrhunderts entwarf. Lebens- und Arbeitswelt in der Hauptstadt Kuala Lumpur am Ende des 20. Jahrhunderts spiegeln Realisierungsversuche dieser Vision wider.

Vision 2020 – Technologische Aufrüstung und westliche Lebensformen: Malaysias Entwicklungsmodell für die Zukunft?

→ „Stromausfall im höchsten Haus der Welt. Die Rolltreppen stehen still, die Nobelboutiquen sind ohne Licht, selbst die sanitären Anlagen versagen ihren Dienst. Es ist, als habe die Zivilisation im Petronas-Hochhaus – Denkmal der Urbanität über Malaysias Dschungel – für eine kurze Weile den Atem angehalten. Die Besucher lassen sich davon wenig stören. Unverdrossen strömen sie den letzten beleuchteten Auslagen zu. ‚Shopping ist für uns Freizeitspaß', meint Melody Yeoh, eine Mittzwanzigerin im Bürokostüm. ‚Wenn wir heute nichts kaufen können, überlegen wir, was wir morgen anschaffen – so haben wir schon die Asienkrise überstanden.' Sie selbst kann diesem Hobby selten frönen. Zwischen Job und Nebenjob, Computer- und Sprachkurs bleibt der jungen Frau nur wenig Zeit."

Jutta Hoffritz: Die Rache des Marktes. In: Die Zeit, Nr. 27 vom 28. Juni 2001. Hamburg: Zeitverlag 2001

Wirtschaftliche Wachstumsraten in Malaysia vor allem in den 1990er Jahren in einer Größenordnung, die bis dahin die *„Vier Kleinen Tiger"* erzielten, verstärkten die Auffassung eines Gelingens der *„nachholenden Entwicklung"* innerhalb des asiatisch-pazifischen Raums. Von der Anlehnung an die Wirtschaftsstrategien Südkoreas, Taiwans, Hongkongs und Singapurs versprach sich die malaysische Führung ein vergleichbares wirtschaftliches Wachstum. Dabei wurde auf symbolträchtige Zeichen wirtschaftlicher Stärke wie die 1999 als höchstes Gebäude der Welt eingeweihten „Petronas-Towers" in Kuala Lumpur nicht verzichtet. Sie sind Endpunkt des *Multimedia Super Corridors* (MSC), einer 50 km langen Zone zwischen der Innenstadt und dem neuen Internationalen Flughafen Sepang. Innerhalb des MSC sollen neben dem neuen Regierungssitz Malaysias Putrajaya Standorte der Informationstechnologie auf höchstem internationalen Niveau errichtet werden. Dort zugelassene Unternehmen sollen eine optimale Forschungs-, Informations- und Verkehrsinfrastruktur vorfinden und von zahlreichen wirtschaftlichen Regulierungsvorschriften befreit sein. Das parkähnliche Arbeits- und Lebensumfeld (M 4.3) soll als weicher Standortfaktor wirksam werden.

Schon bei Fertigstellung der „Petronas-Towers" zeigte die *Wirtschaftskrise in Asien* die Anfälligkeit dieser Entwicklungsstrategie. Die mehrheitliche Zugehörigkeit der Bevölkerung Malaysias zum *Islam* stellt einen weiteren Faktor dar, der westlich orientierten Modernisierungsbestrebungen nicht nur befürwortend gegenübersteht.

M 4.3 *Petronas-Towers am Abschluss des Multimedia Super Corridors von Kuala Lumpur*

Malakka-Straße – Malaysias historische Überprägung von außen

Die Malakka-Straße erhielt ihre Funktion als eine der Hauptseefahrtsrouten zwischen Indischem und Pazifischem Ozean nicht erst durch die moderne Wirtschaftsentwicklung. Sie begünstigte Handelskontakte, durch die der *Islam* seit dem Mittelalter seinen Weg auf die Malakka-Halbinsel fand. Von der gleichnamigen Stadt aus verbreitete er sich im insulären Südostasien. Gegen Ende des 18. Jahrhunderts nutzten die Briten die verkehrsgeographische Gunstlage der Westküste zum Beginn ihrer Kolonisation Südostasiens, indem sie die *„Strait Settlements"* – u.a. Penang, Malakka und Singapur – aufbauten: Etappenstützpunkte entlang der Fernhandelsroute zwischen Ostasien, Britisch-Indien und Europa. Die Intensivierung des europäisch-asiatischen Handels durch die Fertigstellung des Suezkanals 1867 setzte im Zusammenhang mit der industriellen Revolution in Europa den Impuls für eine flächenhafte Erschließung des Westteils des malaysischen Abschnitts der Halbinsel: Plantagengebundene Kautschukproduktion und Zinnbergbau ließen den „tin and rubber belt" zwischen den neu gegründeten Städten Ipoh und Kuala Lumpur entstehen. Der Mangel an Arbeitskräften und die Bindung der einheimischen Bevölkerung an die Landwirtschaft bewirkten eine umfangreiche Zuwanderung in das Kolonisationsgebiet, insbesondere aus Indien und China. Erst seit der Unabhängigkeit 1957 konnte Malaysia seine wirtschaftlichen und politischen Außenbeziehungen selbst gestalten. Es galt vor allem, die typischen Erscheinungen von Entwicklungsländern wie z.B. Armut und vornehmlich auf Rohstoffexport ausgerichtete Außenwirtschaft zu überwinden.

Eine besondere Bedeutung hat in Malaysia das Verhältnis zu Singapur. Dort machen Chinesen 75 % der Bevölkerung aus. Die Stadt schied 1965 aus der malaiischen Föderation aus. Durch eine *exportorientierte Marktwirtschaft* und eine kontrollierte Lohnpolitik stieg der rohstoffarme Stadtstaat dann schnell zu einem der *„Vier Kleinen Tiger"* auf.

Die wirtschaftliche Entwicklung Japans und der Erfolg der *„Vier Kleinen Tiger"* beflügelten in Malaysia den Glauben, im 21. Jahrhundert den Status eines Industrielandes zu erreichen.

M 4.4 Administrative Gliederung West-Malaysias (mit Distriktnamen in der Internetbegleitung dieses Schulbuches) Nach Dietrich Kühne: Malaysia. Tropenland im Widerspiel von Mensch und Natur. Stuttgart: Klett 1980, S. 8–10

4.4 Beschaffen Sie sich geographische Grundinformationen – räumliche Lagemerkmale, naturräumliche Ausstattung, Städtesystem – über das Land Malaysia mithilfe selbst gewählter Medien. Tragen Sie Ihre Ergebnisse in Form eines Kurzreferats vor.

4.5 Vergleichen Sie Ihre persönlichen Vorstellungen von Entwicklungs- und Schwellenländern mit der Darstellung Malaysias in den Texten.

4.6 In der Zwischenzeit existieren ähnliche Projekte wie der Multimedia Super Corridor Kuala Lumpurs auch in anderen Räumen Südostasiens: Singapur One/Singapur, Gateway Business Park/Philippinen, Cyberport/Hongkong. Informieren Sie sich mithilfe des Internets über die genannten Projekte. Diskutieren Sie vor diesem Hintergrund die Erfolgsaussichten des Multimedia Super Corridors.

Bumiputras – Die „Söhne der Erde"

Die Eigenbezeichnung der Malayen als *„Bumiputras"* spiegelt eines der gesellschaftspolitischen Hauptprobleme Malaysias wider. Bumiputras sind moslemische Malayen, die ca. zwei Drittel der Gesamtbevölkerung ausmachen. Politisch haben die Bumiputras zwar die Führung inne, die wirtschaftliche Entscheidungsmacht liegt jedoch bei nicht-malaiischen Volksgruppen, vor allem bei den Chinesen. Zu den Versuchen wirtschaftlicher Gleichstellung der Bumiputras gehörten seit der Unabhängigkeit des Landes u.a. die bevorzugte Einstellung im Sekundären Sektor und im Öffentlichen Dienst; bei Unternehmensbelegschaften und der Vergabe von Studienplätzen mussten Mindestquoten zugunsten der Malayen erfüllt werden. Der Anteil der Malayen an der städtischen Bevölkerung stieg. Hierzu trug auch ein relativ stärkeres natürliches *Bevölkerungswachstum* bei den Bumiputras bei.
Gleichzeitig wurde der *Islam* als religiöse Grundlage der Bumiputras betont, um die Identifikation der Malayen mit ihrem Land zu erhöhen. Die Tatsache, dass der Islam überwiegend in seinen gemäßigten Formen auftritt, erleichtert die Bemühungen der Staatsführung um einen Modernisierungskurs, der nicht nur von der wirtschaftlichen Führungsschicht der Chinesen getragen wird. Nicht alle Malayen folgen jedoch einem solchen Kompromiss: Orthodoxe islamische Strömungen, die eine starke Ausrichtung am Koran propagieren, sind insbesondere in Bundesstaaten an der Ostküste der Malakka-Halbinsel zu finden. In Trengganu hat die seit 1999 regierende fundamentalistische Partei Islam Sa-Malaysia (PAS) u.a. den Verkauf von Alkohol untersagt und in Supermärkten getrennte Kassen für Frauen und Männer befürwortet. Getrenntgeschlechtliche Swimming-Pools sollen zur Auflage bei touristischen Neubauprojekten werden. Touristen sollen beim Baden „angemessene" Kleidung tragen: Bikinis wären demnach nicht mehr erlaubt.
Die Bumiputra-Politik löst bei den nichtmalaiischen Volksgruppen Unbehagen aus. Antichinesische Ausschreitungen können bei den Betroffenen bis zu Überlegungen führen, das Land zu verlassen (vgl. S. 167).

***M 4.5** Der Islam als verbindendes kulturelles Element der Bumiputras auf dem Weg in die Moderne – Islamisches Kulturzentrum im hauptstadtnahen Shah Alam*

***M 4.6** Logo einer der führenden Banken Malaysias*

***M 4.7** Bevölkerungsanteile und -entwicklung der Volksgruppen Malaysias 1991 und 2000 (in %); vgl. auch M 3.12 auf S. 103*
Nach www.statistics.gov.my

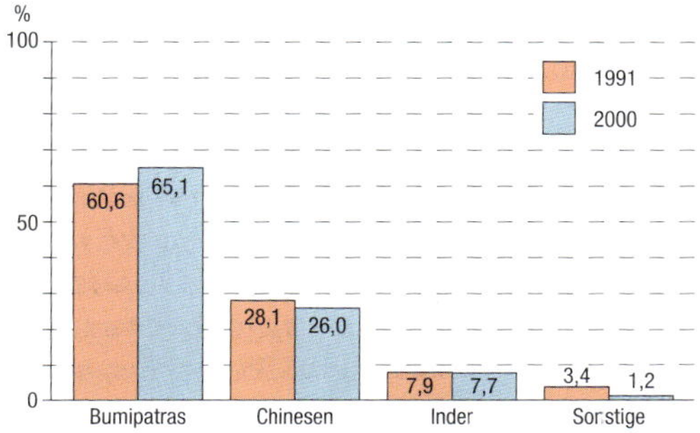

M 4.9 Berufliche Ausbildung bei Bumiputra Commerce & Industry Community

M 4.8 Bevölkerungsstrukturen und Religionszugehörigkeit in den Bundesstaaten Melaka und Kelantan im Vergleich zu Malaysia 2000 (in %)
Nach www.statistics.gov.my

	Melaka	Kelantan	Malaysia
Gesamtbevölkerung			
absolut	635 791	1 313 014	23 274 690
städtische Bevölkerung			
absolut	67,2	34,2	62,0
ethnische Zusammensetzung			
Bumiputras	63,8	95,0	65,1
Chinesen	29,1	3,8	26,0
Inder	6,5	0,3	7,7
Sonstige	0,6	0,9	1,2
Bevölkerungsanteil zwischen			
0–14 Jahren	32,0	41,5	33,3
Religion			
Moslem	64,2	94,5	60,4
Christen	3,9	0,2	9,1
Hindus	5,6	0,2	6,3
Buddhisten	24,1	4,4	19,4
Konfuzianisten, Taoisten und trad. chines. Religionen	1,5	0,1	2,6
Stammesreligionen	0,0	0,5	0,8
Sonstige	0,7	0,0	1,4

Zur Stärkung des malaiischen Unternehmertums setzt der Staat gezielte Fördermaßnahmen ein. So auch an einem der Hauptinvestitionsstandorte ausländischer *Transnationaler Konzerne (TNK)* in Malaysia, auf der Insel Penang (M 4.4 und M 4.12) u.a.:

- ein Ausbildungsprogramm für malaiische Zulieferer zur Umstellung von lokalen auf Anforderungen globaler Lieferstrukturen
- die Schaffung von Schnittstellen zur Vermittlung von Aufträgen Transnationaler Konzerne an Bumiputra-Unternehmen
- Förderprogramme für kleine und mittlere Bumiputra-Unternehmen zum Einstieg in E-Commerce
- ein Jungunternehmer-Programm an malaiischen Schulen mit Einführungskursen in Management und Marketing.

Wirtschaftsförderung erfolgt somit vor dem Hintergrund gesellschaftspolitischer Zielsetzungen. Folge der Verflechtung von *Islam* und wirtschaftlicher Modernisierung ist die allmähliche Herausbildung einer malaiischen Mittelklasse von selbstständigen Unternehmern, Wissenschaftlern und Industriearbeitern mit westlich geprägten Arbeits- und Lebensstilen. Sie können ein von den traditionellen Machteliten unabhängiges wirtschaftliches und politisches Gewicht erreichen. Seit dem 11.9.2001 stehen dem jedoch verstärkt Versuche gegenüber, Malaysia als islamischen Staat zu definieren.

4.7 *Stellen Sie Beziehungen zwischen ethnischer Struktur und wirtschaftlicher Stellung verschiedener Volksgruppen der malaysischen Gesellschaft her.*

4.8 *Nennen Sie Maßnahmen, mit deren Hilfe die Bumiputras ihre wirtschaftliche und gesellschaftliche Dominanz ausbauen.*

4.9 *Beurteilen Sie kritisch das Quotensystem als Mittel zur gesellschaftlichen Vorrangstellung der Bumiputras.*

4.10 *Fundamentalistische Strömungen des Islam zeigen sich in den Bundesstaaten Trengganu und Kelantan (M 4.4). Stellen Sie einen Zusammenhang zu ethnischen und religiösen Strukturen Kelantans her und vergleichen Sie diese mit denen Melakas (M 4.8, auch M 3.12 auf S. 103).*

Made in Malaysia

M 4.10 Tochterunternehmen westlicher Konzerne im Industriepark Bayan Lepas (Penang)

Das Ausland investiert in Wachstumsbranchen

Insbesondere standardisierte und arbeitsintensive Fertigungsschritte können von Transnationalen Konzernen (TNK) dann aus dem Stammland ausgelagert werden, wenn sich Niedriglohnstandorte in anderen Ländern anbieten. Malaysia verfolgt eine Strategie gezielter Industrieansiedlung. Seit Anfang der 1970er Jahre lenkt es die *Ausländischen Direktinvestitionen (ADI)* z.B. auf die Insel Penang (M 4.12) als Standort für derartige Produktionsverlagerungen. Dabei wird besonders die *Elektronikindustrie* gefördert. Hieraus ergeben sich weitere Entwicklungsziele für das südostasiatische Land, u.a.:

- *technologischer Know-How-Transfer*, v.a. im Multimedia- und IT-Bereich,
- Aufbau einer einheimischen Zulieferindustrie,
- Förderung der Teilhabe der *Bumiputras* (vgl. S. 157) an Wirtschaftsprozessen von globaler Bedeutung.

Anfangs kam es lediglich zur Gründung von Niederlassungen der Transnationalen Konzerne. In deren Umfeld entwickelte sich schließlich eine malaysische Zulieferindustrie. Zunehmende Spezialisierung und Flexibilisierung der globalen Produktion förderten weitere Entwicklungen in diese Richtung. Produktionsschwerpunkte im Zulieferbereich sind heute:

- Metallverarbeitung, u.a. Herstellung von Präzisionswerkzeugen,

- Bereitstellung von Produktionsflächen und -gebäuden in erschlossenen Industrieparks
- Logistikzentrum, u.a. mit Air-condition-Lagerung und Luft- und Seespedition
- Management- und Finanzdienstleistungen
- High-Tech-Forschungsstätte im Industriepark Bayan Lepas:
- Ausbildungszentrum in Anpassung an die Anforderungen an Beschäftigte bei den Transnationalen Konzernen
- Medizinische Infrastruktur, Internationale Schule und Freizeiteinrichtungen

M 4.11 Leistungsspektrum der PDC

- Kunststoffproduktion, z.B. Computergehäuse,
- Montage elektronischer Bauteile,
- Herstellung von Verpackungen.

Um den Zufluss an Ausländischen Direktinvestitionen durch Transnationale Konzerne einschließlich der damit verbundenen Effekte für die Zulieferindustrie zu sichern, ist die ständige Anpassung und Optimierung der Standortfaktoren Penangs an die globalen Nachfragebedürfnisse der potenziellen Investoren notwendig. Waren es zu Beginn lediglich niedrige Löhne und eine englischsprachige Arbeiterschaft, so bietet die staatliche Entwicklungsgesellschaft für Penang – Penang Development Corporation (PDC) – mittlerweile umfassende Serviceleistungen (M 4.11), um ein positives Investitionsklima aufrechtzuerhalten.

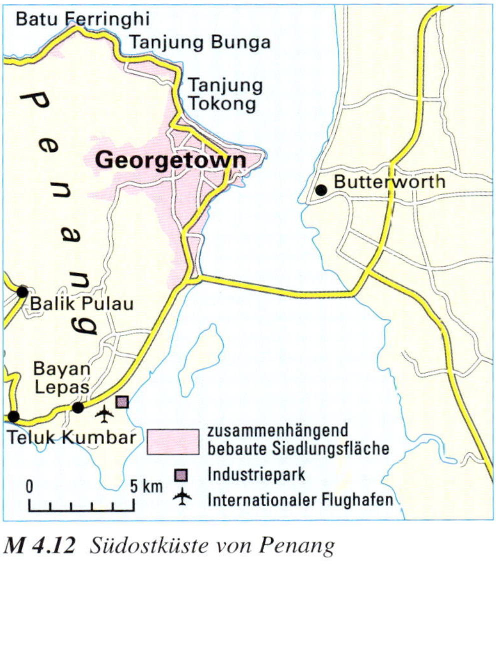

M 4.12 Südostküste von Penang

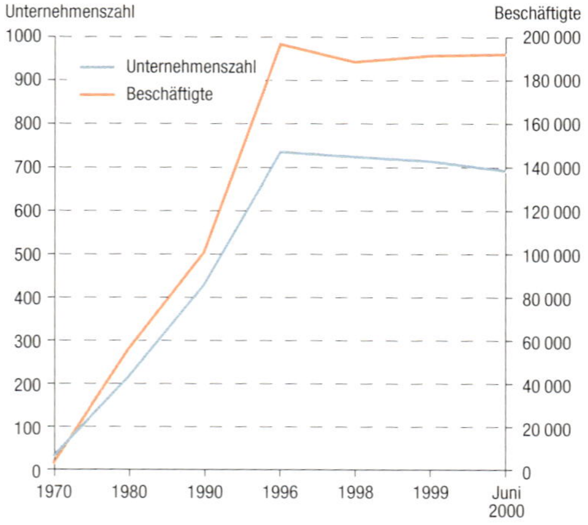

M 4.13 Entwicklung von Unternehmenszahl und Beschäftigung in den Industrieparks der PDC von 1970 bis 2000

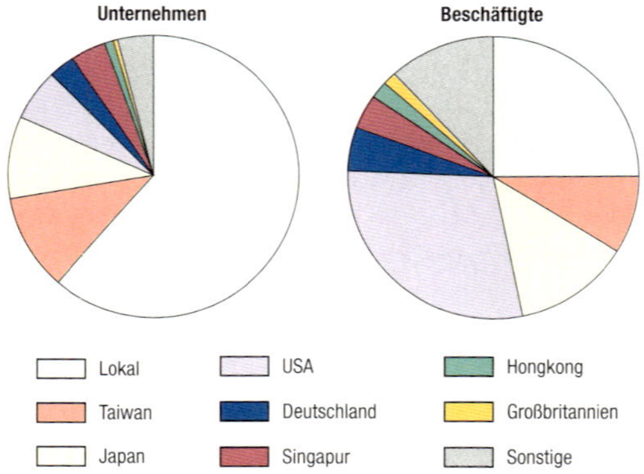

M 4.14 Herkunft von Unternehmen auf Penang und Verteilung der Beschäftigten auf diese Juni 2000

M 4.13 – M 4.15 http://www.pdc.gov.my/industrial/body_stat.htm

Branche	Anzahl der Betriebe	Beschäftigung
Elektronik	151	113 790
Metallverarbeitung	167	19 702
Kunststoff	74	9 510
Chemie/Düngemittel	53	5 204
Papier/Druck	64	5412
Textil/Bekleidung	22	12 425
Sonstige	162	26 198

M 4.15 Branchenstruktur in den Industrieparks der PDC im Juni 2000

M 4.16 Herkunftsländer von ADI in Malaysia 2000 (in Mio. US-$)

M 4.16 und 4.17 http://www.mida.gov.my/press2001/press2001.htm

ADI insgesamt	7 755,08
davon aus:	
USA	2 378,95
Niederlande	1 450,93
China und Hongkong	853,39
Japan	731,40
Singapur	727,42
Deutschland	481,15
Taiwan	290,54
Republik Korea	219,76
Großbritannien	198,48

M 4.17 Verteilung der Gesamtinvestitionen in der Elektrotechnik- und Elektronikindustrie Malaysias nach Elektrotechnik- und Elektronikbranchen 2000 (in Mio. US-$)

Gesamtinvestitionen	4 783,27
davon:	
elektronische Komponenten (u.a. Halbleitersektor)	2 991,14
Industrieelektronik (u.a. Mobiltelefone, PC)	1 383,03
elektrische Produkte	267,37
Verbraucherelektronik (u.a. DVD-Rekorder)	141,73

4.11 *Erklären Sie die Struktur der Herkunftsländer von ADI in Malaysia (M 4.16).*

4.12 *Beschreiben Sie die Entwicklung der Industrieparks der Penang Development Corporation mithilfe von M 4.13 – 4.15.*

4.13 *Beschreiben Sie den Wandel des Standortfaktorenangebots auf Penang und erklären Sie die Notwendigkeit eines solchen Wandels.*

4.14 *Beurteilen Sie die räumliche Lage Penangs als Standort für ADI innerhalb des asiatisch-pazifischen Raums und aus globaler Perspektive.*

4.15 *Beurteilen Sie die Ergebnisse der malaysischen Politik der Industrieansiedlung sowie die Produktionsziele der Industrie auf Penang im Hinblick auf globale Märkte.*

4.16 *Überlegen Sie, mit welchen wirtschaftlichen Risiken die Industrialisierung Penangs verbunden ist.*

Importsubstitution mit PROTON und PERODUA

Als einziges Schwellenland in Südostasien produziert Malaysia seit den 1980er Jahren eine eigenständige nationale Automobilmarke: PROTON, später zusätzlich PERODUA. Der Absatz beschränkt sich im Gegensatz zu den Vorbildern Südkorea und Japan jedoch im Wesentlichen auf den Binnenmarkt. Neben wirtschaftlichen Zielen besitzt die malaysische Automobilindustrie einen hohen politischen Stellenwert als nationales Prestigeobjekt, soll sie doch das technische Niveau des Landes nicht nur innerhalb des asiatisch-pazifischen Raumes demonstrieren.

M 4.18 Entwicklung der nationalen Automobilindustrie Malaysias

1985 verließ mit dem PROTON Saga das erste Automobil, das als eigenständiges malaysisches Fabrikat gilt, das Fließband in Shah Alam westlich von Kuala Lumpur. Der Beschluss der malaysischen Regierung von 1967, den Automobilimport über eine Produktion im eigenen Land zu ersetzen (Substitution), führte zur Ansiedlung von Unternehmen, in denen ausländische Marken in Lizenz montiert wurden. Zum Schutz des Absatzes auf dem Binnenmarkt wurde mithilfe von Einfuhr- und Steuerbestimmungen der Import fertig montierter Wagen fast vollständig unterbunden. Zur Umgehung derartiger Handelsbarrieren nutzten insbesondere die japanischen Hersteller die Möglichkeit zur Errichtung von Montagewerken; japanische Marken beherrschten den malaysischen Automarkt. Mit dem „National Car Programm" von 1982 sollte schließlich eine selbständige malaysische Automobilproduktion aufgebaut werden. Es kam zur Gründung von Perusahaan Otomobil Nasional (PROTON). Der japanische Automobilkonzern Mitsubishi erhielt eine dreißigprozentige Beteiligung. Ein hoher Anteil inländisch produzierter Fahrzeugteile (local content) am Endprodukt sollte die Abhänggigkeit von importierten Montagebausätzen senken und den Know-how-Transfer beschleunigen.

M 4.19
Made in Malaysia – PROTON-Wira

→ RAWANG, Samstag, 5.8.2001.
Das 500.000ste Fahrzeug der Perusahaan Otomobil Kedua Sdn Bhd (Perodua) lief in Anwesenheit von Premierminister Datuk Seri Dr. Mahatir Mohamad an seiner Produktionsstätte in Sungai Choh heute vom Band. Bei dem Auto handelt es sich um den Kelisa, der offiziell am 24. August in den Verkauf geht. Das Auto, ausgestattet mit einer 1.000 ccm-Maschine, wird wahrscheinlich zwischen RM[*] 36.000 und RM 39.000 kosten. Es basiert auf dem Daihatsu Mira mit Veränderungen an Front und den Rückteilen. ‚Der Motor entstammt vollständig malaysischer Produktion, außer dem Getriebe', sagte Dr. Mahatir. Peroduas einheimische Anteilseigner sind UMW Corp Sdn (38%), MBM Resources Bhd (20%) und PNB Resources Corp Sdn Bhd (10%), die ausländischen Eigentümer sind Mitsui Ltd (7%) und Daihatsu Motor Co (25%, einschließlich 5% Anteile der Daihatsu (M) Sdn Bhd). Manager Direktor Ab Rahman sagte, dass ca. 3.000 bis 4.000 Einheiten des Kelisa monatlich gebaut werden; er sei sicher, dass dieselbe Anzahl im gleichen Zeitraum verkauft werden kann. Er sagte, mit dem neuesten Modell erhoffe sich Perodua zumindest 30% Anteil am lokalen Automarkt verglichen mit gegenwärtig 28%.

RM = Ringgit; 1 Euro entsprach Ende 2002 3,919 RM

Übersetzt aus New Sunday Times, 05.08.2001. London : Times Newspapers Ltd.

***M 4.20** Produktpalette (Auswahl) der Marken PROTON und PERODUA nach Segmenten im Vergleich zu ausländischen Marken auf dem malaysischen Markt*

Nach Christopher Lange: Der Automobilsektor in Südostasien, Kaiserslautern 1995

Proton-/Perodua-Modell	Segment	ausländische Fabrikate
Kelisa	Kleinstwagen	
Juara	Kleinwagen	
Saga	untere Mittelklasse	
Wira	untere Mittelklasse	
	vor allem	Honda, Nissan
	Mittelklasse	Toyota
	vor allem	Toyota Lexus
	Oberklasse	BMW, Mercedes, Volvo

	Produktion		
	PROTON	PERODUA	gesamt
1994	127 200	–	127 200
1995	153 939	40 635	194 574
1997	212 941	60 000	272 941
1998	91 499	34 901	126 400
1999	164 201	86 419	250 620
2000	168 900	85 000	253 900
	Export*		
	PROTON	PERODUA	gesamt
1997	25 836	863	26 699
1998	18 431	2 575	21 006
1999 (Jan. – Sept.)	11 601	874	12 475

*Zielländer: u.a. Großbritannien, Irland, Singapur, Brunei (alle Linksverkehr), Indonesien, Deutschland

M 4.21 *Produktion und Export malaysischer Kraftfahrzeuge (PROTON und PERODUA) 1994 bis 2000* *Produktion nach http://www.geociies.com; Export nach http://vs02.tvsecure.com/~vs021b5/figures*

Staatliche Rückendeckung für PROTON und PERODUA. Der hohe Marktanteil einheimischer Pkw von ca. 80% in Malaysia basiert auf staatlichen Fördermitteln, die einen konkurrenzlos niedrigen Verkaufspreis der einheimischen Fahrzeuge möglich macht:

- niedrige Zölle für importierte Komponenten für die einheimische Produktion,
- Finanzierungshilfen für Beamte beim Erwerb eines einheimischen Wagens,
- Subvention des PROTON-Exports,
- hohe Einfuhrzölle für FBU-Importe (Fully-built-up = komplett montierte Fahrzeuge),
- Festlegung von LC-Anteilen für Montageproduktion und einheimische Produktion, (LC = *Local Content*: Umfang der von lokalen Unternehmen zu liefernden Teile oder Komponenten; in der Regel gesetzlich vorgeschrieben).

Künftige Risiken. Nach der Wirtschaftskrise in Asien im Jahre 1997 (vgl. S. 34 und S. 178 – 179); gehört Malaysia zusammen mit Thailand, Indonesien und den Philippinen, die mit ausländischer Lizenz produzieren, zu den größten Automobilproduzenten der ASEAN. PROTON besitzt mit 20 % den höchsten Marktanteil innerhalb der ASEAN, noch vor Toyota (19 %); PERODUA erreicht 10 %.

Mit dem „Local Content Program“ von 1972 wurde der LC-Anteil für die Pkw-Montage in Malaysia festgelegt. Der „2. Industrial Master Plan“ von 1992 steigerte nach dem zwischenzeitlichen Beginn einer eigenständigen malaysischen Produktion den anfänglichen Anteil von 26 % gestaffelt nach Hubraum auf 45 bzw. 60 %. Für Fahrzeuge über 3 000 cm^3 legt die „Mandatory Deletion List“ die einheimischen Zulieferteile eindeutig fest: Batterien, Teppiche, Auspuffanlagen, Kraftstofftank, Fensterglas, Wasserkühler, Sicherheitsgurte, Sitze, Reifen, Kabelbaum. Die einheimischen Zulieferer sind auf ausländische Lizenzvergabe angewiesen. So fertigt z.B. die Zahnradfabrik Friedrichshafen unter Lizenzvergabe in ihrem malaysischen Werk Lenkgetriebe für PROTON.
Für PROTON besteht ein Local Content-Anteil von 80%, PROTON selbst besitzt u.a. ein Karosseriewerk, eine Lackiererei, ein Motorenwerk und eine Gießerei.

M 4.22 *Local Contents für Malaysias PKWs*

Es besteht jedoch die Gefahr eines nur temporären Engagements der ausländischen Kapital- und Lizenzgeber. Noch ist kein internationaler Qualitäts- und Produktivitätsstandard erreicht, da die malaysischen Fabrikate dem internationalen *Wettbewerb* nicht ausgesetzt sind. Handelshemmnisse bremsen den Rationalisierungs- und Innovationsdruck auf die lokalen Produzenten. Zudem besteht auf dem Automobilsektor ein intensiver Wettbewerb zwischen einzelnen südostasiatischen Staaten (s.o.), der einen Export malaysischer Fahrzeuge innerhalb der Region erschwert. Die *WTO* hat Malaysia aufgefordert, bis 2003 den LC-Anteil von 60 % bei Wagen bis 1 850 ccm aufzuheben. Fraglich ist, ob Malaysia zu derartigen Liberalisierungen bereit ist bzw. dem weltweiten Liberalisierungsdruck standhalten kann.

4.17 *Erläutern Sie die Faktoren, die für die Existenz einer eigenständigen malaysischen Automobilproduktion notwendig sind.*

4.18 *Beurteilen Sie künftige Marktchancen der malaysischen Autoproduktion im In- und Ausland.*

4.19 *Überlegen Sie, warum sich ausländische Lizenz- und Kapitalgeber aus der malaysischen Automobilproduktion zurückziehen könnten.*

4.20 *Legen Sie dar, inwieweit es sich bei der malaysischen Automobilproduktion um ein nationales Prestigeobjekt handeln könnte.*

Erbe der Vergangenheit – Malaysia als Rohstofflieferant

Kautschuk und Zinn als Hauptexportgüter und damit wirtschaftliches Rückgrat bedeuteten für Malaysia zum Zeitpunkt seiner Unabhängigkeit 1957 typische wirtschaftliche Strukturen eines Entwicklungslandes, die einer vorangegangenen Kolonialzeit entstammten. Seit den 1970er Jahren jedoch setzte im Zusammenhang mit der beginnenden Industrialisierung auch eine Diversifizierung des Rohstoffsektors ein. Hintergrund war u. a. die steigende japanische Nachfrage insbesondere nach Energierohstoffen (M 2.28). Bis Mitte der 1980er Jahre überstiegen die Exportanteile von Palmöl, Holz und von Erdöl diejenigen der traditionellen Rohstoffe Kautschuk und Zinn.

Petronas. Dieses *Erdöl- und Erdgasunternehmen* wurde am 17.8.1974 gegründet. Es befindet sich zu 100 % in staatlichem Besitz. Seine einheimischen Rohstoffbasen liegen im Südchinesischen Meer vor der Ostküste der Malakka-Halbinsel sowie vor der Nordküste Borneos. Die Aktivitäten beschränken sich nicht nur auf Erdöl- und Erdgasförderung: Raffinerie- und petrochemische Produkte entstammen sowohl unternehmenseigenen Verarbeitungsstätten im In- und Ausland als auch *Joint Ventures*, z.B. mit BP und der BASF.

***M 4.23** Petronas-Verarbeitungsstätte*

***M 4.26** Einnahmen aus den Produktionssektoren von Petronas im Rechnungsjahr 2001**

RM = Ringgit; 1 Euro entsprach Ende 2002 3,919 RM

* für M 4.24 – 4.26 März 2000 – März 2001

Produkt	Einnahmen (Mrd. RM)
Raffinerieprodukte (einschließlich Raffinerie-Flüssiggase)	26,7
Rohöl	17,9
Verflüssigtes Erdgas	14,4
Petrochemische Produkte	ca. 3,0
Sonstige	3,3

→ BASF im Verbund mit Malaysias Petronas.
KUANTAN. Am ersten Verbundstandort der BASF in Asien wurde gestern die offizielle Inbetriebnahme gefeiert: Der Chemiekomplex im malaysischen Kuantan ist ein Joint-Venture der BASF mit dem staatlichen Öl- und Gasunternehmen Malaysias, Petronas, und firmiert unter dem Namen BASF Petronas Chemicals Sdn Bhd. ... Auf dem etwa 150 ha großen Areal des Chemiekomplexes wollen BASF und Petronas chemische Produkte aus drei Wertschöpfungsketten herstellen. Ein Großteil der dafür notwendigen zwölf Anlagen hat die Arbeit bereits aufgenommen. Die Produktionskapazität des gesamten Werks soll bei mehr als einer Million Tonnen im Jahr liegen; zu über 80% will man Kunden im asiatisch-pazifischen Raum beliefern. Die Gesamtinvestitionssumme in den malaysischen Verbundstandort wird mit 900 Millionen Euro angegeben. Strategisches Ziel der BASF: Bis Ende der laufenden Dekade soll ein Fünftel des Chemieumsatzes aus der Region Asien/Pazifik stammen.

Rhein-Neckar-Zeitung vom 05.10.2001, Heidelberg

***M 4.24** Rohölförderung und -reserven in Malaysia und bei Petronas im Rechnungsjahr 2001* (Mio. Barrel)*

**zu 80% Export auf asiatischen Markt

	Malaysia	Petronas
Rohöl- und Ölkondensate	248,8	193,6
Rohölexport	...	111,3**
Verarbeitung in Raffinerien	...	82,3
Reserven (1.1.01)	3 390	

***M 4.25** Zielländer der Flüssiggasexporte durch Petronas im Rechnungsjahr 2001* (Anteil des Gesamtflüssiggasexports in %)*

Zielland	Exportanteil	Marktanteil im Zielland
Japan	73	20
Südkorea	15	12
Taiwan	12	39

M 4.24 – 4.26

Nach: www. petronas.my

Außenhandel Malaysias

M 4.27 Die Außenhandelspartner Malaysias 2001

Nach http://www.ahk.de/bueros/m/malaysia/wirtschaftsinfos und World Bank: Countries at a glance, 2002

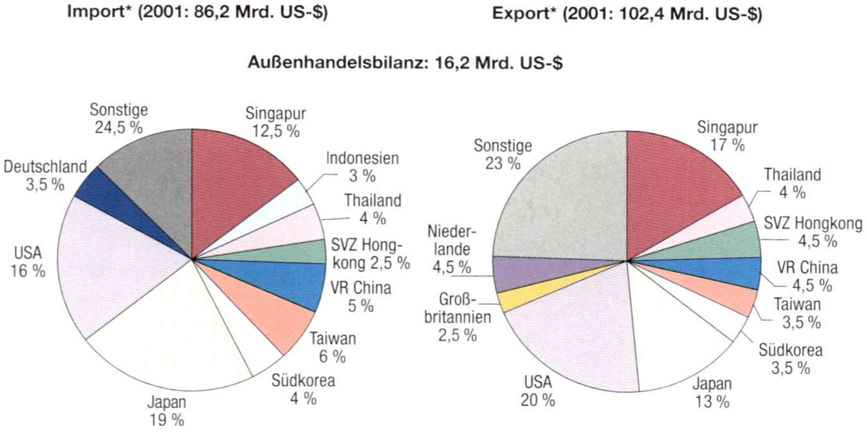

* Import bzw. Export von Waren und Dienstleistungen

Nachdem in den 1990er Jahren die jährlichen Zuwachsraten des Exports Malaysias noch zwischen 10 und 25 % lagen, betrug 2001 die Steigerung gegenüber dem Vorjahr nur noch knapp 5 %. Die *Wirtschaftskrise in Asien* (vgl. S. 34, S. 178 – 179) und der weltweite wirtschaftliche Abschwung zu Beginn des 21. Jahrhunderts werden für diese Entwicklung verantwortlich gemacht. Für den Umfang des Außenhandels ist u. a. die Ansiedlung von Unternehmen *Transnationaler Konzerne (TNK)* und deren Produktionsentwicklung mitentscheidend. Das Investitionsziel der TNK an Standorten wie z. B. Penang (vgl. S. 158 – 159) ist eine möglichst kostengünstige Produktion veredelter Güter, die auf dem Weltmarkt absetzbar sein sollen. Der globale Verkaufserfolg dieser Güter bestimmt die Menge der Produktion und somit die Höhe der Einfuhr notwendiger Zulieferteile bzw. die Ausfuhr der Endprodukte.

Gummi	672,16
Palmöl und Palmölprodukte	3 790,85
Rohöl	3 723,14
Verflüssigtes Erdgas	2 954,25
Holz	1 440,26
Elektrische und elektronische Produkte	57 400,78
Textilien	2 244,97
Holzprodukte	1 158,17
Sonstige	11177,78

M 4.28 Hauptexportgüter Malaysias 2000 (in Mio US-$) *Nach www.statistics.gov.my*

	1996	1999	2000
Import	90,2	96,6	119,4
Export	91,6	121,7	131,5

M 4.29 Malaysischer Import und Export von Gütern und Dienstleistungen (in % des BIP)
Nach World Bank Malaysia Data Profile

4.21 *Beschreiben Sie die Entwicklung der Rohstoffwirtschaft Malaysias seit der Unabhängigkeit und legen Sie die Bedeutung des Rohstoffsektors für Malaysias Außenhandel unter besonderer Berücksichtigung von Erdöl / Erdgas dar.*

4.22 *Nennen Sie Gründe aus der Perspektive von Petronas und der BASF, eine Partnerschaft einzugehen. Berücksichtigen Sie dabei auch den Quellentext auf S. 162. Überlegen Sie, inwieweit diese wirtschaftliche Risiken für die beiden Partner und die malaysische Wirtschaft birgt.*

4.23 *Vergleichen Sie die Außenhandelsstruktur Malaysias im Hinblick auf Ost- / Südostasien und westliche Industriestaaten.*

4.24 *Erklären Sie mithilfe der Auswertung von Tabelle M 4.25 und des Diagramms M 4.27 die Wirtschaftsbeziehungen zwischen Malaysia und Japan.*

4.25 *Die malaysische Wirtschaft ist extrem abhängig vom Funktionieren des Außenhandels. Erklären Sie diesen Sachverhalt mithilfe des Textes.*

Formen asiatischer Zusammenarbeit – regional und global

Ethnische Netzwerke am Beispiel der Chinesen

Land	Bevölkerung (Mio.)	Anteil Ethnischer Chinesen (%)
Indonesien*	ca. 210	1,9
Malaysia	22,2	27
Philippinen	82,8	1,5
Singapur	4,3	76,7
Thailand	61,8	14,0

***M 4.30** Ethnische Chinesen in Südostasien – Anteile an der Gesamtbevölkerung ausgewählter Staaten 2001*

*Nach CIA-The World Factbook, versch. Länder; Recherche 02.05. 2002; * nach Länder- und Reiseinformation des Auswärtigen Amts der Bundesrepublik Deutschland 2003: www.auswaertiges-amt.de*

→ Herr Lim, ein Auslandschinese in Indonesien.
„Herr Lim lebt in Semarang, einem Industriehafen an der Nordküste Javas. Seine Vorfahren, die aus Fujian stammten, waren bereits um die Jahrhundertwende nach Indonesien eingewandert und hatten bereits in den 30er Jahren den indonesischen Namen Hartono angenommen. Herrn Lims Frau stammte ebenfalls aus Fujian. Er hatte sie in Semarang in der protestantischen Kirchengemeinde kennengelernt. Herr Lim hat einen Bruder in Singapur, einen anderen in Hongkong, seine Schwester ist mit einem Ingenieur in Australien verheiratet. Er war zwar persönlich nie in China, hält aber engen Kontakt mit Freunden und Bekannten, die ebenfalls aus seiner Heimatprovinz stammen. Als Unternehmer hat er eine Fabrik aufgebaut, die Plastikgegenstände für den Haushaltsbedarf herstellt. Rohmaterialien bezieht er von einer großen multinationalen Firma, in der zwei seiner Neffen als Angestellte beschäftigt sind. Die Erzeugnisse seiner Firma gehen fast vollständig an drei Großhändler in verschiedenen Landesteilen Javas, von denen zwei Fujianesen sind, der dritte ist Kantonese. Sein Konto unterhält Herr Lim bei einer indonesischen Bank, die einem aus Fujian stammenden Auslandschinesen gehört, und bei der einer seiner Neffen sowie zwei seiner Nichten angestellt sind.
Als Nachfolger von Herrn Lim ist sein ältester Sohn vorgesehen, der am Kalifornischen Institut für Technologie studiert hat. Sein zweiter Sohn ist Rechnungsführer bei einer lokalen Consultingfirma, die wiederum einem Chinesen gehört; langfristig will er jedoch nicht Angestellter bleiben, sondern sich selbständig machen. Der dritte Sohn befindet sich gegenwärtig in Australien zu einer ärztlichen Ausbildung.
Herr Lim bekleidet eine Reihe von Ehrenämtern in der chinesischen Community von Semarang; u. a. gehört er zum Vorstand des lokalen Krankenhauses, das von chinesischen Geschäftsleuten unterhalten wird, und ist in der evangelischen Kirchengemeinde aktiv. Daneben trifft er sich regelmäßig mit einer Gruppe von Freunden, die alle Geschäftsleute sind und leidenschaftlich Mahjong spielen.
Zweimal im Jahr begibt sich Herr Lim auf Geschäftsreise, um alte Freundschaften und Bekanntschaften zu erneuern. Normalerweise übernachtet er bei Verwandten und fliegt mit der ‚Economy Class'. Bei ausgedehnten Festessen mit Geschäftsfreunden pflegt es allerdings äußerst großzügig zuzugehen. Auch ausgedehnte gesellige Gespräche über Finanzierungsmöglichkeiten, neue Produkte oder Absatzmärkte finden meist in diesem lockeren Rahmen statt. Herr Lim knüpft aber über die chinesische Community hinaus Beziehungen zu ‚Einheimischen'; so ist er an Joint Ventures mit staatlichen Unternehmen und Betrieben, die vermutlich dem Militär gehören, beteiligt."

Nach S.G. Redding zitiert nach: O. Weggel: Auslandschinesentum und Eigenblutimpfung. In: China aktuell 1/96, S.185/186

Chinesische Zuwanderung und wirtschaftliche Entfaltung im asiatisch-pazifischen Raum

Die Malakka-Halbinsel war ebenso wie andere Regionen des ost- und südostasiatischen Raums schon vor dem Eintreffen der Europäer Ziel chinesischer Zuwanderung. Die europäische Kolonisation seit dem 16. Jh. gab den Impuls für erneute umfangreiche Zuwanderung v.a. aus den südchinesischen Provinzen Fujian (Hokkien und Hakka) und Guangdong (v.a. Hakka). Die wirtschaftlichen Betätigungsfelder der zuwandernden Chinesen erweiterten die traditionelle Beschäftigung im Handel:

- Landwirtschaft in Form des Anbaus von Handelsgewächsen in der Nähe von Handelsstützpunkten seit dem 17./18. Jh.,
- Aufbau eigenständiger Kautschuk produzierender Betriebe neben den europäischen Plantagen,
- Beschäftigung im Zinnbergbau als Arbeiter oder selbstständige Minenbetreiber seit dem 19. Jh.

Das Eigentum an Grund und Boden war den Chinesen im malaiisch-indonesischen Raum im allgemeinen verwehrt. Daher konzentrierte sich die chinesische Wirtschaft zunehmend auch auf den tertiären Sektor: Neben den traditionellen Handel trat seit dem 19. Jh. die Funktion des Kreditgebers. Das Bewußtsein ihrer ursprünglichen Herkunft ist bei den Ethnischen Chinesen Außerchinas bis heute vorhanden. Die Pflege der chinesischen Gemeinschaft innerhalb eines kulturell anders geprägten Gastlandes, z.B. im *Islam* Malaysias oder Indonesiens, fördert die Abgrenzung gegenüber der einheimischen Bevölkerung. Die gemeinsame Herkunftsregion im Mutterland China ist dabei eine wichtige gemeinschaftsbildende Grundlage und prägt das gesamte soziale und wirtschaftliche Leben im Gastland. Nur selten kommt es zur Annahme der Kultur des Gastlandes wie z.B. bei den „Mestizen“ auf den Philippinen oder den „Perekanan“ in Indonesien. Das Bewußtsein als „Überseechinese“ kristallisierte sich verstärkt mit der Zuwanderung ab 1900 heraus. Städtebaulich wahrnehmbar war die innerchinesische Vernetzung von wirtschaftlichen Aktivitäten auf lokaler Ebene an der *„Chinatown“*. Diese zentral gelegenen chinesischen Wohn- und Dienstleistungsstandorte verlieren angesichts der jungen dynamischen *Stadtentwicklungsprozesse* heute allerdings zunehmend an Bedeutung.

M 4.31 Auswanderungsrouten der Chinesen in den südostasiatischen Raum

M 4.32 Blick in die Chinatown von Singapur

Chinesen als Wirtschaftselite in den asiatisch-pazifischen Schwellenländern

Charoen Pokphand Group

C.P. GROUP

Die Charoen Pokphand (CP)-Gruppe – ein transnational tätiges Unternehmen unter chinesischer Leitung.

Bangkok	CP Foods Pcl. Telecom Aisa Corp. Pcl. Siam Macro Pcl. Vinythai Pcl.	Agro-Industrie Telekommunikation Handel Petrochemie
Shanghai	Shanghai Dajiang Stock Co. Ltd.	Agro-Industrie
Hongkong	CP Pokphand Co. Ltd. Hongkong Fortune Ltd.	Agro-Industrie Immobilien
Jakarta	P.T. Central Proteina Prima P.T. CP Indonesia Supya Hidup Satwa	Agro-Industrie Agro-Industrie Agro-Industrie
Taipeh	CP Enterprise Co. Ltd.	Agro-Industrie
Nordamerika New York	Ek Chor China Motorcycle Co. Ltd.	Automobilindustrie
Europa London	CP Pokphand	

***M 4.33** Liste der zur CP-Gruppe gehörenden Unternehmen weltweit*

Die Gruppe ist hervorgegangen aus dem 1970 gegründeten Unternehmen Arbor Acres C., Ltd., einem 50 : 50 – thailändisch – US-amerikanischen *Joint-Venture*, mit dessen Hilfe amerikanische Geflügelprodukte auf den thailändischen Markt gebracht werden sollten;
der thailändische Partner fungierte als Zulieferer für ergänzende Produktionslinien: Futtermittel, Brut- und Legehennen, Masthähnchen, Eier, Enten, Schweinezucht. Chareon Pokpand, ein Ethnischer Chinese, baute den Zulieferbetrieb zu einem international agierenden, führenden Konzern aus. Kennzeichnend sind vertikale und horizontale Strukturierungen, wie z.B. die Produktions- und Verkaufspalette der 1985 als Filialbetrieb der CP-Gruppe gegründete Shanghai Dajiang Stock Co., Ltd. zeigt:
- Futtermittel und Konzentrate für Vieh und Aquakulturen,
- Kükenproduktion,
- Geflügelprodukte,
- weiterverarbeitete Geflügelprodukte wie Chicken-Burger, Geflügel-Wurst,
- Fütterungsmaschinen, Brutmaschinen,
- Fast Food,
- Getränke,
- Bio-pharmazeutische Produkte.

***M 4.34** Entwicklung des Betriebszweigs „Agro-Industrie" der CP-Gruppe* Nach www.cpthailand.com, 2001

Der Aufbau einer *marktwirtschaftlichen, exportorientierten Wirtschaft*, verbunden mit der Öffnung gegenüber dem Weltmarkt, ist kennzeichnend für viele Länder des asiatisch-pazifischen Raums seit den letzten Jahrzehnten des 20. Jh. Mit den traditionell bestehenden transnationalen Netzwerken der *Ethnischen Chinesen* bot sich diesbezüglich ein hervorragender Anknüpfungspunkt. Die ohnehin dominante Stellung der Chinesen im Sekundären und Tertiären Wirtschaftssektor erfuhr auf diese Weise eine weitere Verstärkung. Die Leitung *transnational agierender Konzerne* des asiatisch-pazifischen Raums liegt in der Regel in der Hand von Chinesen. Sie besetzen wichtige wirtschaftliche Schnittstellen in den meisten Staaten dieser Region.
Die Anteile der Kapitalströme, die chinesischer Kontrolle unterliegen, können in einzelnen Staaten des asiatisch-pazifischen Raums 60 – 90 % erreichen. Bei der Aktivierung von Kapital für den wirtschaftlichen Aufbau der weniger entwickelten Staaten, wie z.B. Kambodscha, als auch für den Fortschritt in den hochentwickelten Staaten, wie z.B. Singapur, können die Chinesen somit nicht umgangen werden.
Die Gefahr gesellschaftlicher Spannungen, die sich aus solchen Abhängigkeiten ergeben können, ist insbesondere dann gegeben, wenn der Bevölkerungsanteil der Chinesen gering ist.

- konfuzianische Prägung,
- individuelle, der wirtschaftlichen Entwicklung förderliche Eigenschaften wie Fleiß, Bildungswille und Lernbereitschaft, Sparsamkeit, Risikobereitschaft, rasches Aufgreifen von Innovationen, Aufstiegswille, Gewinnorientierung und Anstreben wirtschaftlichen Erfolgs,
- Harmoniebedürfnis und Gruppenorientierung,
- Familie als Basis v.a. für Klein- und Mittelunternehmen,
- Pflege informeller chinesischer Netzwerke als Basis wirtschaftlichen Handelns,
- Pflege überfamiliärer sozialer Organisationen.

M 4.35 *Chinesische Persönlichkeitsmerkmale und Verhaltensweisen aus westlicher Sicht*

Nach verschiedenen Quellen

Der wirtschaftliche Erfolg der Ethnischen Chinesen basiert u.a. auf typischen Persönlichkeitsmerkmalen und Verhaltensweisen, mit denen sich die Chinesen von anderen Bevölkerungsgruppen absetzen (M 4.35 und 4.36).

Land	Anteil (%)
Thailand	81
Singapur	81
Indonesien	73
Malaysia	61
Philippinen	50

Nach J. Naisbitt: Megatrends Asien. Acht Megatrends, die unsere Welt verändern. Wien 1995

M 4.37 *Anteil der Unternehmen im Eigentum von Auslandschinesen an der Gesamtzahl der börsennotierten Unternehmen*

Die besondere Rolle im Wirtschaftsleben der Gastländer war seit langem regelmäßig Anlass zu gewalttätigen Ausschreitungen gegen Ethnische Chinesen. Massenvergewaltigungen, Plünderungen und Zerstörungen von chinesischen Geschäfts- und Wohnvierteln mit schätzungsweise mehreren Tausend Getöteten kennzeichneten die Ausschreitungen in Indonesien im Zusammenhang mit der Wirtschaftskrise in Asien 1997. Die fehlende Bereitschaft Indonesiens, die Chinesen – immerhin die fünftgrößte Ethnie des Landes – als gleichwertige Bewohner anzuerkennen, lässt sich bis in die Kolonialzeit zurückverfolgen.

M 4.36 *Ressentiments gegenüber Ethnischen Chinesen*

M 4.38 *Chinesisches „Net-"Werk aus Singapur*

Eine besondere Rolle nehmen die Chinesen Taiwans ein. Ihr Staat ging aus der Flucht der Nationalchinesen vor den im Chinesischen Bürgerkrieg siegreichen Kommunisten hervor (vgl. M 3.2 auf S. 92–93). Es bestehen deshalb starke politische Spannungen zur VR China bezüglich der staatlichen Eigenständigkeit. Trotzdem zählen taiwanesische Unternehmen zu den Hauptinvestoren in der Volksrepublik (M 4.39, auch M 3.44 auf S. 130).

4.26 *Fertigen Sie ein Fließdiagramm über die familiären Beziehungen Herrn Lims (Quellentext S. 164) an, die für sein Unternehmen von Bedeutung sind und erläutern Sie mögliche Vorteile.*

4.27 *Belegen Sie am Beispiel von Herrn Lim Verhaltensweisen und Persönlichkeitsmerkmale, die aus Sicht der westlichen Industrieländer als typisch chinesisch betrachtet werden (vgl. M 4.35).*

4.28 *Informieren Sie sich in Form von Gruppenarbeit mithilfe des Internets – z.B. über www.sccci.org.sg/index_e.html – über chinesische Netzwerke im Sekundären und Tertiären Sektor.*

4.29 *Überlegen Sie, inwieweit transnationale Unternehmen Ethnischer Chinesen wie z.B. die Charoen-Pokphand-Gruppe von Globalisierungsprozessen profitieren und ihrerseits mit ihren wirtschaftlichen Aktivitäten den Globalisierungsprozess vorantreiben. Ziehen Sie hierzu auch das einleitende Kapitel zur Globalisierung heran (vgl. S. 26–29).*

4.30 *Erläutern Sie die gesellschaftliche und wirtschaftliche Problematik, die mit der Bevölkerungsgruppe der Ethnischen Chinesen in den Ländern des asiatisch-pazifischen Raums verbunden ist. Differenzieren Sie dabei länderweise (vgl. auch S. 155–157).*

Grenzüberschreitende regionale Kooperation im asiatisch-pazifischen Raum

Herkunftsregion	Zielregion: Entwicklungsländer in S-, SO-,O-Asien u. im Pazifik*	Industriestaaten	Weltweit 1996/1997	2001 z. Vgl.
Hongkong*	25,25	0,38	25,63	9
Malaysia	1,54	1,55	3,73	0,3
Philippinen	0,02	0,11	0,14	
Südkorea	1,45	1,07	3,10	2,7
Singapur*	10,69	0,58	11,26	10
Taiwan	0,79	0,68	2,89	5,5
Thailand	0,27	0,12	0,55	

M 4.39 *Räumliche Verteilung von ausländischen Direktinvestitionen (ADI) aus asiatisch-pazifischen Schwellenländern – Investitionsvolumen in Mrd. US-$ 1997 / 1996 / 2001*

* Die UN-Investitionsstatistik fasst die NICs unter die Gruppe der Entwicklungsländer

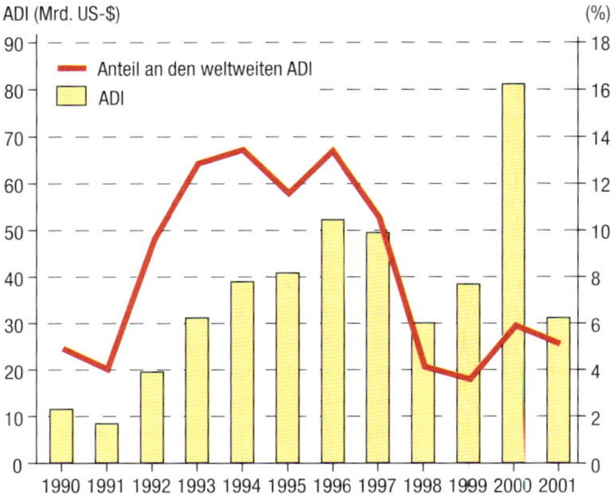

M 4.40 *Dynamik der ausländischen Direktinvestitionen (ADI) aus Asiens NICs 1990–2001*

M 4.39 und M 4.40 nach United Nations: World Investment Report(s) 1999, 2000, 2002. New York, Genf 1999, 2000, 2002 auf http://www.unctad.org

Asiatisch-pazifische Unternehmen investieren in der eigenen Region

Ausländische Direktinvestitionen (ADI) aus den asiatisch-pazifischen Schwellenländern und die damit verbundenen wirtschaftlichen Verflechtungen konzentrieren sich stark auf den asiatischen Raum selbst (M 4.39 und 4.40). Erst in jüngster Zeit werden solche Aktivitäten auf die USA und Europa ausgedehnt. Bei der Auswahl der Zielländer ihrer Investitionen stehen für asiatisch-pazifische *Transnationale Konzerne (TNC)* Faktoren wie die Sicherung von bereits erlangten Exportmärkten, das Umgehen von Handelsrestriktionen wie sie z.B. innerhalb der ASEAN bestehen oder die Existenz bestimmter ethnischer Strukturen wie z.B. Netze *Ethnischer Chinesen* (vgl. S. 164 – 167) im Vordergrund. Nur z.T. spielen Lohnkostenvorteile eine Rolle. Vor allem eine auf geringerer Veredlungsstufe basierende arbeitsintensive Massenproduktion ist Ursache für die Gründung von Filialbetrieben durch asiatisch-pazifische Transnationale Unternehmen. Der Aspekt des *Technologietransfers* ist dagegen bei Investitionen in Europa oder den USA von größerer Bedeutung. Eine besondere Stellung für Auslandsinvestitionen Ethnischer Chinesen nimmt das chinesische Mutterland selbst ein: Insbesondere die ursprünglichen Herkunftsregionen im Süden Chinas sind räumliche Investitionsziele. Allerdings müssen Taiwanesen ihre Investitionen in der VR China aufgrund der dortigen politischen Vorbehalte durch nichttaiwanesische Tochterfirmen tarnen. Bei einem beträchtlichen Teil der Investitionen aus der Sonderverwaltungszone Hongkong in die VR China handelt es sich um derartige Umwegfinanzierungen (vgl. M 3.44 auf S. 130). Die Vorbehalte gegenüber Ethnischen Chinesen in Gastländern wie z.B. Indonesien (M 4.35) verstärken den Abfluss chinesischen Kapitals ins Ausland. Als Folge der Asienkrise kam es zu einem deutlichen Rückgang der Investitionen aus der asiatisch-pazifischen Region.

4.31 *Beschreiben Sie Volumen und räumliche Verteilung der ADI asiatisch-pazifischer Transnationaler Konzerne.*

4.32 *Erklären Sie die besondere Rolle Hongkongs als Quellregion für asiatisch-pazifische ADIs. Berücksichtigen Sie dabei auch Taiwan als Investitionsquelle.*

SIJORI – grenzüberschreitendes Wachstumsdreieck

Der rapide anwachsende Umfang globaler Kapitalströme verschärft den regionalen *Wettbewerb* um ausländische Investitionen. Um als Standort bei der Anwerbung von Investitionen erfolgreich zu sein, bedarf es einer gezielten Standortpolitik.

Das Ergebnis solcher Bemühungen sind innerhalb der ASEAN-Staaten die so genannten Wachstumsdreiecke. Diese sollen wirtschaftliche Aktivitäten grenznaher Regionen von drei benachbarten Staaten so bündeln, dass sich ihre jeweiligen regionalen wirtschaftlichen Potenziale und Kostenvorteile gegenseitig ergänzen, um Wachstumsprozesse in Gang zu setzen.

Am weitesten fortgeschritten ist dieses Standortmodell zwischen Singapur, Malaysia und Indonesien, SIJORI (SI = Singapur, JO = malaysische Provinz Johor, RI = indonesische Provinz Riau; M 4.41). Im Jahre 1995 wurde SIJORI von den drei beteiligten Staaten formal eingerichtet. Geringere Fortschritte zeigen sich hingegen im „Norddreieck“ zwischen Penang (Malaysia), Medan (Indonesien) und Südthailand. Dies trifft ebenfalls für die „East ASEAN Growth Area“ (EAGA) mit Sabah/Sarawak (Malaysia), Brunei, Kalimantan (Indonesien) und Mindanao (Philippinen) zu.

→ Der Status einer Freihandelszone aller drei Teilräume (SIJORIs) soll zur Verlagerung von Produktionskapazitäten nach Johor und auf die Riau-Inseln führen. Ziel der Region ist es, günstige Standortbedingungen für die (multinationalen) Unternehmen zu schaffen, die eine ausgewogene Mischung an ausgebildeten und billigen Arbeitskräften sowie eine hoch entwickelte Infrastruktur suchen. Für Singapur und singapurische Unternehmen ist v.a. von Interesse, Produktionen, ..., an Standorte im Einzugsbereich des Stadtstaats mit günstigen Bedingungen für sachkapital- und arbeitsintensive Produktion auszulagern, um sich in Singapur selbst auf humankapital- und technologieintensive Produkte konzentrieren zu können.

Knut Koschatzky: Die ASEAN-Staaten zwischen Globalisierung und Regionalisierung. In: Geographische Rundschau 49, H. 12. Braunschweig: Westermann 1997, S. 702–707

***M 4.41** Übersichtskarte über die zum Wachstumsdreieck SIJORI gehörenden Territorien*

Nach http://matrix-batam.hypermart.net/. Recherche 08.05. 2002

Innerhalb der indonesischen Teilregion Riau entwickeln sich v.a. die südlich der Singapurstraße gelegenen Inseln zu wichtigen Investitionsstandorten. Der Energiebedarf wird u.a. durch einen Pipelineanschluss an die *Erdgasförderung* auf Sumatra sichergestellt. Während Batam v.a. ein industrielles Profil anstrebt, bildet auf Bintan insbesondere der *Tourismus* einen Schwerpunkt. Geplant ist der Einbezug von Bintan und Batam in ein *Freihandelsabkommen* zwischen Singapur und den USA. Ein zollfreier Zugang zum US-Markt wäre für Produkte, die in singapurischen Unternehmen auf diesen Inseln hergestellt werden, dann möglich.

Batam als verlängerte Werkbank Singapurs?

Batam ist mit 415 km² Fläche eine der Hauptinseln des indonesischen Riau-Archipels. Mit einer Entfernung von nur 20 km über See nach Singapur entwickelte es sich zu einem bevorzugten Investitionsstandort im SIJORI-Dreieck (M 4.41). Die mit ca. 6 000 Ew. 1970 nur dünn besiedelte Insel – heute 750 000 Ew. – bietet ausreichend Flächen für den unter Flächenmangel leidenden Stadtstaat Singapur. Mehrere Brücken zu den Nachbarinseln Rempang und Galang entwickeln diesen Standortfaktor weiter. Neben dem Hafenanschluss, u. a. mit mehrfachen internationalen Fährverbindungen, ist die Verkehrsinfrastruktur durch den 1995 eröffneten Flughafen mit Start-/Landekapazitäten für Großraumfrachtflugzeuge wie die Boeing 747 erheblich verbessert worden. Dominierende Industriebranchen sind die *Erdöl- und Erdgasverarbeitung* sowie die *Elektronikindustrie*. Letztere beschäftigt in ihren nahezu 200 Werken über 200 000 meist weibliche Arbeitskräfte. Bürokratie und komplizierte Investitionsvorschriften erschweren jedoch bis heute weitergehende ausländische Investitionen. So werden beispielsweise die niedrigen Mieten für Gewerbeflächen (M 4.42) als Gunstfaktor für den Standort Batam dadurch aufgehoben, dass sie nicht monatlich, sondern für mehrere Jahre im Voraus bezahlt werden müssen. Insbesondere für kleinere Unternehmen stellt dieser hohe Investitionsaufwand ein außerordentliches Hemmnis dar. Eine ausgewogene Betriebsgrößenstruktur kann sich vor diesem Hintergrund nur schwer entwickeln.

M 4.42 *Vergleich der Mieten (in US-$/m²) für Gewerbeflächen zwischen Batam und Singapur*

	Singapur (Jurong Marine Basis)	Batam (PT Persero)
Büroraum	12,85	10
Überdachte Lagerhalle	6,40	2–4
Freifläche	1,22	0,50

Nach http://www.matrix-batam.hypermart.net; Recherche: 11.05. 2002

M 4.43 *Durchschnittliche Monatslöhne auf Batam (in US-$)*

	Monatslohn		Monatslohn
Arbeiter		Büroangestellter	57–100
– ungelernt	50–71	Geschäftsführer	133–365
– gelernt	57–82	Vertriebsmanager	251–482

Nach http://www.batam.go.id/english/investment/cost_labour

BATAMINDO
INDUSTRIAL • PARK

Der 1991 gegründete Batamindo Industrial Park (BIP) ist Teil des wirtschaftlichen Kooperationsabkommens, das zwischen Singapur und Indonesien für die Riau-Provinz abgeschlossen wurde. Sein Branchenprofil umfasst u.a. die Produktion von Computerteilen, elektronische und elektrische Artikel, Pharmazeutika und Kunststoffformung.

- Asia Matsushita (Japan)
- Groupe Schneider (Deutschland)
- Infineon Technologies (Deutschland, USA)
- Philips Singapore Pte Ltd. (Niederlande)
- Sanyo Precision Singapore (Japan)
- Sumitomo Electric (Japan)
- Varta Batteries (Deutschland)

M 4.44 *Liste bedeutender Investoren im Batamindo Industrial Park (Auswahl)*

http://www.sembpark.com.sg/bip; Recherche: 06.05. 2002

4.33 *Nennen Sie die Vorteile, die sich für ausländische Investoren durch den Aufbau des SIJORI-Dreiecks ergeben können (Quellentext S. 169).*

4.34 *Das Management des Batamindo Industrial Parks ist ein singapurianisch-indonesisches Konsortium. Erläutern Sie das besondere Interesse Singapurs an der industriellen Entwicklung der indonesischen Riau-Provinz.*

4.35 *Indonesien befürchtet im Zusammenhang mit der wirtschaftlichen Entwicklung Batams Benachteiligungen im Vergleich zu Singapur. Erklären Sie, worin derartige Befürchtungen liegen könnten.*

4.36 *Fassen Sie mögliche Investitionshemmnisse auf Batam zusammen.*

4.37 *Überprüfen Sie mithilfe des Internets, z. B. http://www2.bps.gov.id, die wirtschaftliche Stellung der Riau-Provinz innerhalb Indonesiens.*

M 4.45 Raumstruktur und Entwicklungsstand der Bintan Resorts 1998

Nach Karl Vorlaufer: Integrierte touristische Plansiedlungen in Südostasien. In: Zeitschrift für Wirtschaftsgeographie 42, H.3–4, Frankfurt am Main 1998, S. 214–230

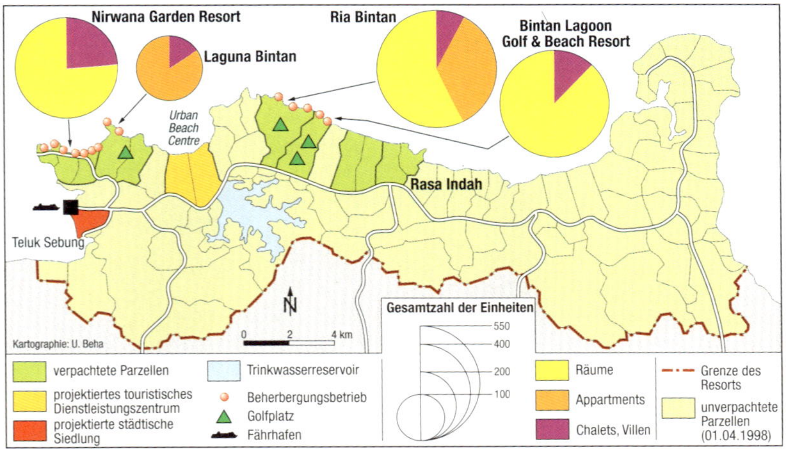

Tropenträume auf Bintan? – Das Megaprojekt Bintan Resorts

Die Bintan Resorts (M 4.45) wurden 1996 eröffnet. Die Gesamtfläche des Projektgebietes von 23 000 ha wird in einzelne Parzellen mit einer Größe von einigen hundert ha unterteilt wie z.B. das 330 ha große Nirwana Garden Resort. Der Aufbau der *touristischen Infrastruktur* erfolgt für jede Parzelle separat. Die Beherbergungsformen umfassen neben Hotels auch Ferienwohnungen und Chalets/Villen. 67 km Küste sind Strand. Die Lage der Resorts an der Nordküste Bintans ermöglicht eine nur 45 Minuten dauernde Fähranbindung direkt an den Changi International Airport in Singapur. In den ersten fünf Jahren sind ca. 3 000 ha entwickelt worden.

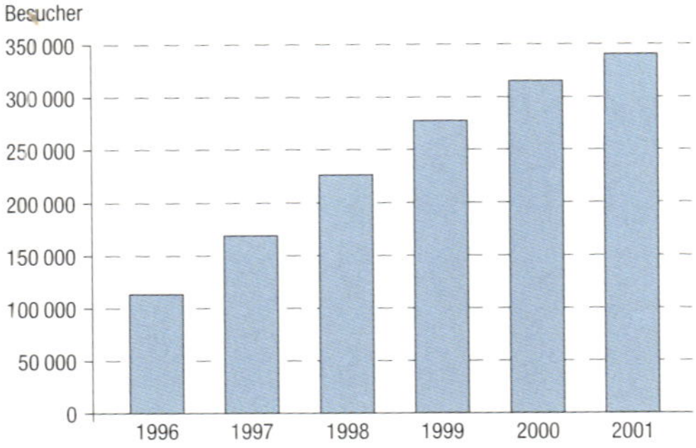

M 4.46 Entwicklung der Besucherzahlen in den Bintan Resorts 1996–2001

Herkunft	Tages-besucher	Über-nachtende	1–2 Nächte	3–5 Nächte
Singapur	12	87,1	69,9	11,2
Expats*	19,6	80,4	70	k.A.
International	14,5	84,8	k.A.	67

*Expats: Ausländische Bewohner Singapur

M 4.48 Aufenthaltsdauer der Besucher in den Bintan Resorts 2001 (in %)

M 4.47 Herkunftsländer der Besucher in den Bintan Resorts 2001

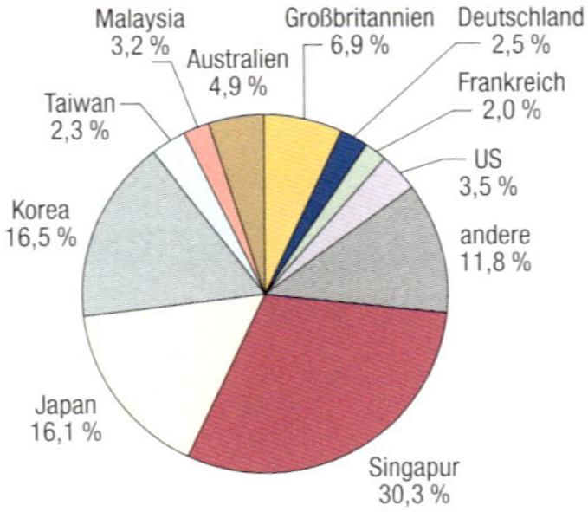

M 4.46–M 4.48 aus www.bintan-resorts.com

__4.38__ Beschreiben Sie die Entwicklung der Besucherzahlen in den Bintan Resorts (M 4.46) und die Struktur ihrer Herkunft (M 4.47).

__4.39__ Stellen Sie einen Zusammenhang zwischen Besucherherkunft und Aufenthaltsdauer her (M 4.47 und M 4.48).

__4.40__ Untersuchen Sie mithilfe eines Atlasses Singapurs touristisches Angebot im Hinblick auf mögliche ergänzende Potenziale zwischen Singapur und Bintan.

__4.41__ Nehmen Sie kritisch Stellung zur Gesamtentwicklung der Bintan Resorts.

Singapur – eine Drehscheibe des globalen Seegüterverkehrs

Hafen	Umschlag	Rang
Singapur	325,591	1
Shanghai*	186,287	4
Hongkong	174,642	5
Chiba (Japan)	169,043	6
Nagoya	153,370	8
Ulsan	151,067	9
Kwangyang (Südkorea)	139,476	10
Inchon (Südkorea)	120,398	13
Pusan	117,229	14
Yokohama	116,994	15
Kaohsiung (Taiwan)	115,287	16
Guangzhou* (VR China)	101,521	18
Qinhuangdao* (VR China)	97,430	19
Ningbo* (VR China)	96,601	20
Osaka	92,948	22
Kitakyushu (Japan)	88,000	24
zum Vergleich Hamburg	85,863	26
Rotterdam	319,969	2

M 4.49 *Güterumschlag (in Mio. t) in Häfen des asiatisch-pazifischen Raums 2000 und Rangfolge im weltweiten Vergleich* * 1999

Mario von Baratta (Hrsg.): Fischer Weltalmanach 2003. Frankfurt: Fischer Taschenbuch Verlag 2002, Sp. 1239

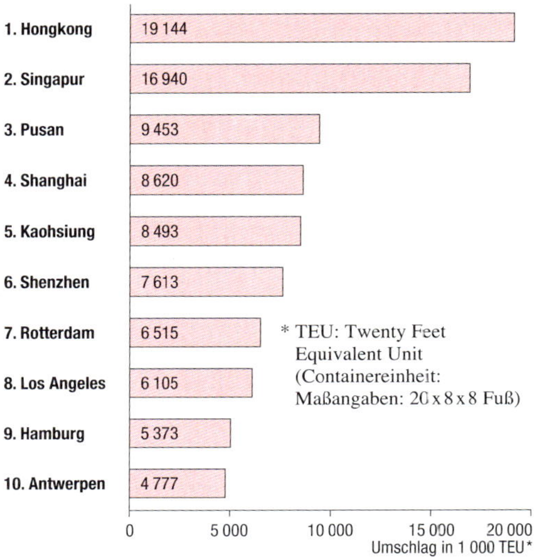

M 4.50 *Top Ten der Containerhäfen 2002*

Nach http://www.hafen-hamburg.de

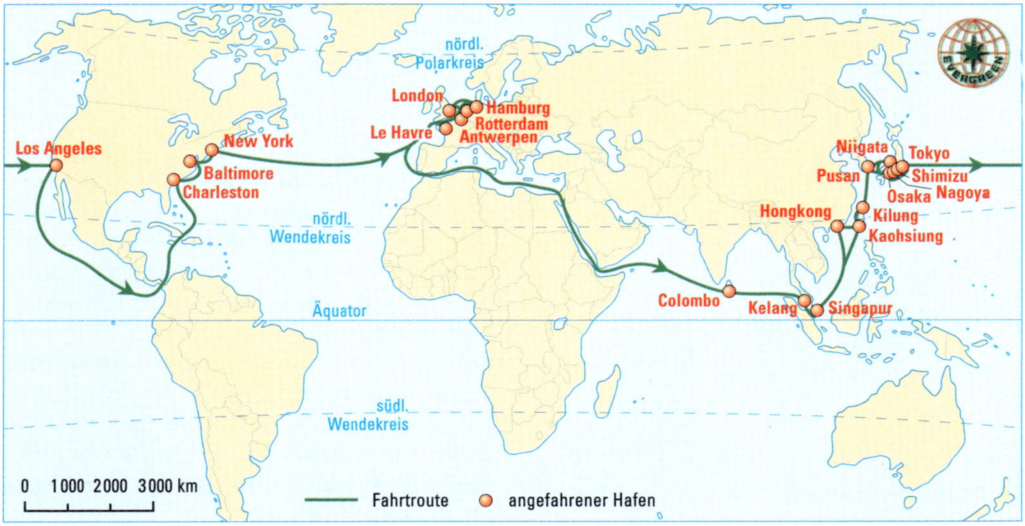

M 4.51 *Ostwärtiger Rund-um-die-Welt-Containerservice der Evergreen Line*

Nach Markus Exler: Containerverkehr – Subsystem der Weltwirtschaft. In: Geographische Rundschau 49, H. 12. Braunschweig: Westermann 1997, S. 745

Der Hafen Singapur

Die Malakka-Halbinsel bildet ein natürliches Hindernis für die Seeverbindung zwischen Pazifischem und Indischem Ozean. Die Entwicklung des Hafens Singapur an dieser Verbindung am Scheitelpunkt der Halbinsel wurde u.a. durch die

Verlandungsgefahr entlang der West- und Ostküste begünstigt. Der Warenumschlag in Singapur erhielt v.a. während der britischen Kolonialzeit entscheidende Entwicklungsimpulse, als Singapur eines der *„Strait Settlements"* bildete (vgl. S. 155). Heute konzentrieren sich die Hafenaktivitäten v.a. auf handelsstrategisch bedeutende Güter bzw. Güterarten. Bei *Rohöl/Ölprodukten* und im *Containerverkehr* gehört Singapur zu den weltweit führenden Häfen. Die geographische Lage Singapurs innerhalb Südostasiens macht den Hafen zur hochbedeutenden Warendrehscheibe sowohl für den festländischen als auch insulären Teil Südostasiens. Computergestützte Hafenlogistik und Landgewinnung gehören zu den Maßnahmen, mit denen das Flächenproblem (Liegeplätze, Lagerkapazität) und die Umschlagszeiten laufend verbessert werden. Konkurrierende Häfen in der Region entstehen in jüngster Zeit in Malaysia im Zuge der *nachholenden Wirtschaftsentwicklung*. Es handelt sich dabei v.a. (vgl. S. 169) um Penang und Johor Bahru (durch das neue Container-Terminal Port of Tanjung Pelepas). Mithilfe niedrigerer Servicegebühren und staatlicher Fördermittel sollen Singapur 30 % seines Containerverkehrs entzogen werden. Nach der Reederei Maersk verlagerte auch Taiwans größter Reeder, die Evergreen Marine Corp., sein Container-Geschäft nach Tanjung Pelepas.

M 4.52 *Herkunft und Anzahl der im Durchschnitt täglich ankommenden Containerschiffe im Hafen Singapur*

M 4.52 und M 4.53 nach www.psa.com.sg/container

Land/Region	Anzahl
USA	2
Europa	5
Südostasien	72
Südasien	7
Japan	5
SVZ Hongkong, China, Taiwan	10

Terminal	Haupt- liegeplätze	Feeder-* liegeplätze	Fläche (ha)	Tiefgang (m)
Tanjong	6	2	80	11 – 14,8
Keppel	4	10	96	9,6 – 14,6
Brani	5	4	79	12 – 15
Pasir Panjang	6	–	84	15
gesamt	21	16	339	

* Feeder: kleinere Zubringerschiffe zu Haupthäfen

M 4.53 *Technische Angaben zum Containerhafen Singapur*

M 4.54 *Containerhafen Singapur, im Hintergrund CBD*

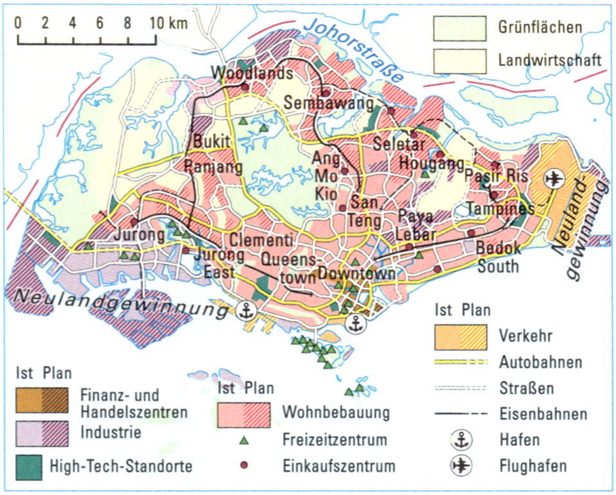

M 4.55 *Funktionale Gliederung Singapurs*

4.42 *Leiten Sie aus der Lage des Hafens Singapur dessen globale Bedeutung und Funktion im asiatisch-pazifischen Raum ab. Belegen Sie Ihre Aussagen (M 4.49 – 4.52).*

4.43 *Erläutern Sie, warum sich die malaysischen Häfen auf Penang und in Johor Bahru zu Konkurrenzhäfen für Singapur entwickeln können.*

4.44 *Vergleichen Sie per Internetrecherche die Häfen Singapurs und Hamburgs im Hinblick auf den Containerschiffsverkehr und -umschlag.*

4.45 *Bewerten Sie die globale Bedeutung der Häfen des asiatisch-pazifischen Raums. Differenzieren Sie dabei nach Ländern der Region (M 4.49–4.50).*

Global Cities im asiatisch-pazifischen Raum (vgl. S. 66–69)

→ „Singapur löst Hongkong als Top-Standort ab.
Hongkong (AP) – Singapur hat Hongkong als besten Wirtschaftsstandort in Asien abgelöst. Das geht aus einer Analyse des Forschungsinstituts Economist Intelligence Unit (EIU) hervor, die in Hongkong veröffentlicht wurde. Hongkong hatte den Spitzenplatz von 1997 bis 2001 inne. Wegen nachteiliger politischer Entwicklungen, einem großen Haushaltsdefizit, einer für hoch qualifizierte Aufgaben unzureichend ausgebildeten Arbeitnehmerschaft und zunehmender Konkurrenz Chinas habe es die Top-Position in Asien verloren. Die wichtigsten Vorteile Singapurs seien gesunde öffentliche Finanzen und eine unternehmer- und wettbewerbsfördernde Politik.“

Eine asiatische Spitzenposition (M 4.56) animiert Singapur, auch im weltweiten *Wettbewerb* eine führende Rolle einzunehmen. Es beansprucht damit wirtschaftliche Führungspositionen nicht nur für eine begrenzte Region wie z. B. für Asien, sondern sieht sich als eine der Leitzentralen und Knotenpunkte im Netzwerk einer globalisierten Wirtschaft. Solche als Global Cities bezeichneten Standorte üben Kontrolle über weltweite wirtschaftliche Abläufe aus. Entscheidend für das Erlangen einer solchen Position ist die Kombination mehrerer Faktoren: insbesondere die Konzentration von Entscheidungszentralen *Transnationaler Konzerne* und höchstrangiger Dienstleistungen v. a. der Finanzwirtschaft, die Funktion als Innovationszentrum und als globaler Handelsplatz. Die Bündelung globaler Waren-, Finanz- und Informationsströme erlaubt es der Global City mit ihren wirtschaftlichen und politischen Entscheidungsträgern, die weitere Steuerung und Verteilung dieser Ströme zu bestimmen. Singapurs industrielle Ansiedlungspolitik zielt auf ein klares industrielles Profil, gekennzeichnet durch Hochtechnologie und eine hohe Wertschöpfung: v. a. *Elektronik*, Biotechnologie, Chemie und *Mineralölverarbeitung*. Für arbeitsintensive Produktionsprozesse werden Niedriglohnstandorte in Nachbarländern genutzt. Das wirtschaftliche Profil wurde durch die erfolgreiche Anwerbung internationaler Unternehmen des Finanz- und Dienstleistungssektors und den Ausbau als Standort für *Forschung und Entwicklung (FuE)* konsequent v. a. seit den 1990er Jahren erweitert. Die Erweiterung der City Singapurs seit dem Ende des 20. Jahrhunderts erfolgte mit dem Anspruch, den Rang als Global City langfristig zu sichern. Die städtebauliche Entwicklungsplanung betont daher die Funktion als internationales Dienstleistungszentrum. Als entscheidend werden hierbei weiche Standortfaktoren erachtet, die eine hohe Arbeits- und Lebensqualität innerhalb der tropischen Metropole versprechen sollen:

***M 4.56** Rangfolge von Weltstädten gemessen nach der Zahl der Unternehmenszentralen der 100 größten Unternehmen der Welt sowie nach erstrangigen Tochterunternehmen*

nach verschiedenen Quellen aus Werner Kreisel / Stefan Melzer: Städte des Weltmarktes oder Leitzentralen des globalen Wirtschaftssystems. In: Praxis Geographie, 31, H. 5, Braunschweig: Westermann 2001, S. 38

Rang		Anzahl der Unternehmen	Metropolitane Agglomeration 1 000 Ew. 1995	2015
1	New York, USA	69	16 332	17 602
2	Tokio, Japan	66	26 959	28 887
3	London, Großbritannien	50	7 640	7 640
4	Hongkong, China	40	5 817	6 325
5	Singapur	35	3 227	4 009
6	Mailand, Italien	30	4 251	4 251
7	Paris, Frankreich	29	9 523	9 694
8	Mexiko Stadt, Mexiko	28	16 562	19 180
8	Madrid, Spanien	28	4 072	4 072
10	Seoul, Südkorea	26	11 609	12 980
11	São Paulo, Brasilien	25	16 533	20 320
11	Zürich, Schweiz	25	909	1 108
13	Osaka, Japan	24	8 800	
14	Peking, China	23	7 050	
15	Bangkok, Thailand	22	6 547	9 844
15	Brüssel, Belgien	22	1 122	1 123
15	Chicago, USA	22	8 009	
15	Frankfurt am Main, Deutschland	22	1 614	
15	Sydney, Australien	22	3 590	3 990
20	San Francisco, USA	21	1 686	

u.a. Bau der neuen City im Küstenbereich mit weitläufigen küstenorientierten Grünzonen, Wohnen in der City in unmittelbarer Nähe zum Arbeitsplatz, Bau zahlreicher kultureller Einrichtungen und Einkaufsmöglichkeiten.

→ „Siemens investiert und stellt ein in Singapur. Im Gegensatz zu vielen anderen ausländischen Unternehmen in Singapur plant Siemens, die Zahl seiner Mitarbeiter von gegenwärtig ca. 5 000 in den nächsten 2 Jahren deutlich aufzustocken und zusätzlich 50 Mio. US-$ zu investieren. Die Investitionsmittel sind für ein Bauvorhaben bestimmt, in dem Siemens zukünftig alle Geschäftsbereiche in Singapur zusammenführen will. In dem Gebäude, das 2003 fertiggestellt sein soll, sollen u.a. die technischen Laboratorien, die Forschungsabteilungen, Büros und Ausstellungsräume untergebracht werden. In den letzten 5 Jahren hat Siemens 5 000 Mio. US-$ im Stadtstaat investiert und ist damit zum größten deutschen Investor in Singapur aufgestiegen; die erste Investition wurde im Jahr 1970 getätigt, es handelte sich um ein Testlabor und eine Fertigung für Halbleiter. Vom singapurischen Zentrum aus will Siemens seine Aktivitäten in Asien so weit ausbauen, dass sie zu 20 % zum weltweiten Gesamtumsatz beitragen, bisher sind es 13 %.“

Übersetzung aus: SINGAPUR, The Strait Times online vom 3.11.2001. Manfred Pohl in: Südostasien aktuell, 19, H. 11. Hamburg: Institut für Asienkunde 2001, S. 526

Rückschläge

Das in Lausanne ansässige Institut für Managemententwicklung (IMD) stuft Singapur 2002, gemessen an seiner internationalen *Wettbewerbsfähigkeit*, nur noch auf Rang 5 ein, nachdem es in 2001 noch Rang 2 eingenommen hatte. Auch im verarbeitenden Sektor kam es gegen Ende des Jahres 2001 zu deutlichen Produktionsrückgängen, insbesondere aufgrund des starken Nachfragerückgangs nach elektronischen Erzeugnissen. Der Nationale Lohnausschuss (NWC), der sich aus Vertretern der Gewerkschaften, Arbeitgebern und der Regierung zusammensetzt und für die Festsetzung der Löhne verantwortlich ist, hat für 2002 Verzicht auf Lohnerhöhung und sogar Lohnkürzungen gefordert, um Arbeitsplätze zu erhalten.

M 4.57 Skyline Singapur

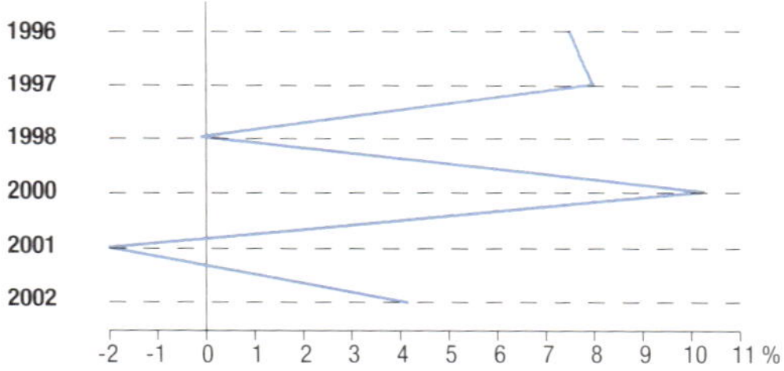

M 4.58 Veränderung des BIP Singapurs 1996 bis 2002 (in %)

Die Zeit vom 27.06.2002. Hamburg: Zeitverlag, S. 24

4.46 *Vergleichen Sie die Stellung von Global Cities des asiatisch-pazifischen Raums mit denen anderer Regionen 1995 und 2015 (M 4.56).*

4.47 *Beschreiben Sie mithilfe des Internets – z.B. www.ura.gov.sg. – die städtebauliche Entwicklung Singapurs bis 2010.*

4.48 *Erläutern Sie die Investitionsabsichten des Siemens-Konzerns (Quellentext oben) vor dem Hintergrund der Entwicklungsplanungen in Singapur.*

4.49 *Ermitteln Sie mithilfe des Internets (ebenda) die aktuelle Präsenz Transnationaler Konzerne in Singapur.*

4.50 *Die Regierung von Singapur äußerte 1991:*

→ „Wir können zum Weltzentrum für Handel, Finanzen, Luft- und Schifffahrt, Information, Gewerbe und Industrie werden.“

Erörtern Sie mögliche Risiken, die die Verwirklichung dieser Zielsetzung gefährden können. Ziehen Sie dabei auch die Seiten 172–173 und 178–179 hinzu.

Auswertung komplexer Tabellen

Die vornehmlich politische Ausrichtung der ursprünglich fünf Gründungsmitglieder der *ASEAN* – Indonesien, Malaysia, Philippinen, Singapur und Thailand (vgl. M 1.1 auf S. 6) lag v.a. darin begründet, ein Gegengewicht gegen die Staaten Südostasiens zu bilden, die kommunistischem Einfluss unterlagen, z.B. Vietnam. Die Frage nach einer Existenzberechtigung der *ASEAN* nach dem Ende des Ost-West-Konfliktes wurde seit den 1990er Jahren mit der Erweiterung der Zahl ihrer Mitgliedsstaaten und einer verstärkten wirtschaftlichen Ausrichtung beantwortet (s. u.a. Beschluss über Gründung der ASEAN Free Trade Association – *AFTA* – 1992 in Singapur). Sowohl eine stärkere Verflechtung im asiatisch-pazifischen Raum als auch der Ausbau der Beziehungen zu anderen Regionen der Welt wurde angestrebt. Die jüngsten Vorschläge sehen die Einrichtung einer gemeinsamen *Freihandelszone* der ASEAN mit China bis 2011 vor. Das Marktpotenzial Chinas verspricht dabei u.a. eine starke Ausweitung des Handels um ca. 50 % des derzeitigen Umfangs in der gesamten Region. Voraussetzung hierfür ist jedoch, dass es gelingt, bestehende Handelshemmnisse, nationale Egoismen und gegenseitiges Misstrauen abzubauen.

***M 4.59** Exportumfang ausgewählter ASEAN-Staaten untereinander und mit anderen Regionen der Welt 2001 [in Mrd. US-$ (in %)]* *Nach Andreas Ufen: Der 7. ASEAN-Gipfel und das Projekt einer ASEAN-China-Freihandelszone. In: Südostasien aktuell, 20, H. 1, Hamburg: Institut für Asienkunde 2002, S. 72–78*

Nach / Von	Asiatisch-pazifischer Raum								USA	übrige Staaten	Gesamt
	ASEAN						Japan	China			
	Indonesien	Malaysia	Philippinen	Singapur	Thailand	Vietnam					
Indonesien	–	1,76 (3,25)	1,14 (2,1)	4,00 (7,4)	1,94 (3,6)	0,43 (0,8)	13,61 (25,1)	3,43 (6,3)	7,56 (13,9)	20,40 (37,6)	54,26
Malaysia	1,26 (1,4)	–	2,34 (2,7)	17,64 (20,1)	5,17 (5,9)	0,35 (0,4)	11,33 (12,9)	5,35 (6,1)	17,24 (19,7)	27,05 (30,8)	87,72
Philippinen	0,40 (1,4)	0,64 (2,2)	–	1,33 (4,7)	2,95 (10,3)	0,13 (0,5)	4,62 (16,1)	1,54 (5,4)	8,17 (28,5)	8,87 (31,0)	28,65
Singapur	2,88 (2,3)	18,75 (14,9)	5,02 (4,0)	–	7,38 (5,9)	3,73 (3,0)	12,35 (9,8)	11,63 (9,2)	21,00 (16,7)	43,06 (34,2)	125,80
Thailand	1,20 (1,8)	2,94 (4,3)	1,48 (2,2)	6,30 (9,2)	–	1,04 (1,5)	13,40 (19,5)	4,68 (6,8)	12,21 (17,8)	25,49 (37,1)	68,74
Vietnam	0,20 (2,7)	0,87 (11,9)	0,44 (5,9)	0,47 (6,4)	0,12 (1,7)	–	1,81 (24,6)	0,48 (6,5)	0,26 (3,6)	2,71 (36,8)	7,36
Japan	9,62 (2,0)	15,66 (3,2)	6,53 (1,4)	26,89 (5,6)	18,77 (3,9)	0,71 (0,2)	–	50,60 (10,5)	132,28 (27,4)	222,54 (46,0)	483,59
China	2,65 (0,9)	2,53 (0,9)	2,00 (0,7)	8,30 (2,9)	3,12 (1,1)	0,68 (0,2)	47,16 (16,6)	30,17 (10,6)	64,44 (22,7)	123,34 (43,4)	284,39
USA	3,83 (0,5)	9,32 (1,3)	5,52 (0,8)	19,01 (2,7)	9,01 (1,3)	0,22 (0,03)	85,81 (12,0)	27,51 (3,8)	–	557,11 (77,7)	717,35
Übrige Staaten	26,99 (0,7)	27,53 (0,7)	14,97 (0,4)	48,35 (1,3)	35,03 (0,9)	2,20 (0,1)	584,92 (15,3)	224,87 (5,9)	132,50 (3,5)	2720,75 (71,3)	3818,11
Σ											5675,96

***M 4.60** Erwartetes Wachstum ausgewählter ASEAN-Exporte nach China nach Einrichtung der Freihandelszone AFTA-China bei verschiedenen Exportgütern (Mio. US-$)* *Quelle s. M 4.59*

	Landwirtschaftliche Produkte (ohne Pflanzenöl)	Textilien Bekleidung	Chemikalien	Fahrzeuge	Elektronische Güter Elektrogeräte
Indonesien	139	735	95	288	28
Malaysia	146	466	168	619	495
Philippinen	12	69	15	5	59
Singapur	73	102	369	756	1 344
Thailand	291	1 699	165	60	230
Vietnam	30	9	9	150	0

1. Tabellenaufbau

Überschrift: Inhalt, räumliche und zeitliche Einordnung, Maßeinheit

Vorspalte	Zeitpunkte, -reihen, Maßeinheiten, inhaltliche/räumliche Bezugseinheiten
Zeilenkopf Messgegenstand	Spalten (senkrecht)/Zeilen(waagrecht) Zahlen: absolute, relative, Indexwerte (Ausgangswert = 100) fehlende Werte: k.A. = keine Angabe, · = nicht vorhanden, – = nichts
Summen-zeile	kann von addierten Zahlenwerten abweichen, z.B. bei Abrundungen

Quelle: Verfasser, Titel, Erscheinungsort: Verlag, Erscheinungsjahr, Seitenangabe

2. Beschreibung
(Welche Zahlenausprägungen liegen vor?)
Beschreibungspfade: zeilen- bzw. spaltenweise; dabei Auswahl von Zahlenwerten treffen wie z.B. Extremwerte (höchste/tiefste Werte), besondere Entwicklungen (z.B. Stagnation, auffällige Veränderung); Vergleiche verschiedener Pfade bzw. besonderer Einzelwerte durchführen;
Darstellungstransfer: Umrechnung absoluter Werte in relative oder grafische Umsetzung erleichtern Vergleiche, können bestimmte Entwicklungen/ Ausprägungen verschiedener Messgegenstände sichtbarer machen; abschließend geordnete Zusammenstellung der wesentlichen Einzelaussagen.

3. Erklärung (Warum sind die Zahlenwerte wie beschrieben ausgeprägt?)
Hierfür sind Vorkenntnisse oder Zusatzmaterial notwendig; für dieses Buch z.B.: Material der Tabelle M 1.7 von S. 12 – 13 – Entwicklungsunterschiede und Investitionen im asiatisch-pazifischen Raum; oder besondere wirtschaftliche Merkmale Malaysias (z.B. M 4.16 / 4.17 auf S. 159) und Singapurs (z.B. M 4.39, S. 168; M 4.49, 4.50, 4.52 auf S. 172 – 173) oder chinesische Netzwerke (M 4.30, S. 164; M 4.37, S. 167). Angegebene Internetadressen oder weitere Fachliteratur können hinzugezogen werden. Erklärungen können getrennt von der Beschreibung oder direkt mit dieser verknüpft erfolgen; beides muss für den Leser/Zuhörer aber klar unterscheidbar sein.

4. Bezüge zu anderen Materialien
Vor allem Übereinstimmungen/Widersprüche zwischen vergleichbaren Messgegenständen der aufeinander bezogenen Materialien feststellen. Zweck: Bekräftigung bzw. Erklärung von Aussagen, die an einem Einzelmaterial gewonnen wurden.

5. Hypothesenbildung
Herstellen von Aussagen, die durch das vorliegende Material als weitergehende Problematisierung abgeleitet werden können, wie z.B. Vermutungen über Erklärungszusammenhänge, über mögliche künftige Entwicklungen (Prognose).

6. Materialkritik
Zum Beispiel Unvollständigkeit des Tabellenaufbaus, Grenzen des Aussagewertes in Bezug auf vorgegebene Fragestellung, Auswahl/Vertiefungsgrad der Messgegenstände, ungünstige Abstufung von Maßeinheiten oder Zeitreihen.

4.51 *Beschreiben Sie in Partnerarbeit mithilfe von M 4.59 den Handel innerhalb der ASEAN, indem Sie:*
a) für jedes Land den Hauptexportpartner ermitteln und
b) Handelsbilanzdefizite bzw. -überschüsse zwischen den Hauptexportpartnern herausarbeiten. Differenzieren Sie klar zwischen absoluten und relativen Zahlenwerten.
4.52 *Beschreiben Sie den Handel innerhalb des asiatisch-pazifischen Raumes, indem Sie die ASEAN-Staaten bezüglich ihres Handels mit Japan und China vergleichen.*
4.53 *Untersuchen Sie beispielhaft, welche Stellung der Handel innerhalb der ASEAN bzw. innerhalb des asiatisch-pazifischen Raumes im Vergleich zum Handel mit anderen Regionen der Welt besitzt.*
4.54 *Ziehen Sie zu Erklärungen ausgewählter Außenhandelsbeziehungen Informationen dieses Buchkapitels 4. sowie M 1.7 von S. 12 / 13 heran.*
4.55 *Vergleichen Sie die unterschiedlichen Erwartungen der ASEAN-Staaten an das Exportwachstum nach Einrichtung der ASEAN-China-Freihandelszone (M 4.60).*
4.56 *Stellen Sie Zusammenhänge zwischen dem Exportvolumen von ASEAN-Staaten nach China 2001 und dem erwarteten Wachstum her.*

Wirtschaftskrise in Asien

Noch 1993 von der Weltbank als „East Asian Miracle“ bezeichnet, zeigte sich ab Frühsommer 1997 die Kehrseite der vorangegangenen boomartigen Entwicklung verschiedener Volkswirtschaften im asiatisch-pazifischen Raum. Zur Demonstration nationaler Stärke sowohl der eigenen Bevölkerung als auch den westlichen Industriestaaten gegenüber hatten ost- und südostasiatische Staaten im Zuge der *„nachholenden Entwicklung“* in kurzer Zeit massiv in zahlreiche Großprojekte investiert. Südkoreas Großkonzerne (*Chaebols*), wie Hyundai, Samsung, Daewoo oder Lucky Goldstar, verdankten ihre konkurrenzlose Stellung im eigenen Land und auch ihre Exporterfolge auf dem Weltmarkt einer ungebremsten Kreditvergabe durch die Banken. Nationales Prestigedenken äußerte sich z.B. in Indonesien im Aufbau einer eigenen Flugzeugindustrie, in Malaysia in gigantischen Bauprojekten wie den Petronas-Towers, (vgl. S. 154). Thailands Hauptstadtregion erlebte einen Bauboom, bei dem zwischen 1988 und 1997 1,25 Mio. Wohneinheiten fertiggestellt wurden.

M 4.61 *Hochhaus-Boom in Bangkok*

Rentabilität stand bei diesen Projekten jedoch nie im Vordergrund. Statt dessen kam es zu Überkapazitäten wie z.B. in der südkoreanischen *Automobilindustrie* oder zu Leerstandsraten bis zu 50 % in Wohngebieten Bangkoks. Die besonderen politischen und wirtschaftlichen Strukturen der betreffenden Länder hatten diese am tatsächlichen Bedarf vorbeigehende Entwicklung erst möglich gemacht, u.a. durch:

- ungeprüfte Vergabe von Krediten durch die Banken,
- Verfilzung von Politik und Wirtschaft,
- politischen Einfluss auf die Banken u.a. durch Besetzung mit ehemaligen Beamten,
- massive Mängel bei der Kontrolle der Buchführung,
- Korruption.

Tatsächlich handelte es sich also um eine „Seifenblasen-Wirtschaft“ (*Bubble-Economy*): Da die Wirtschaftlichkeit der Projekte, in die investiert wurde, nur im geringen Maße den Ausschlag gegeben hatte, entsprachen die eingesetzten Finanzmittel nicht dem tatsächlichen Sachwert. Währungsverfall, Verschuldung, ausbleibende Kreditzurückzahlung, *Bankenkonkurse* und -schließungen führten schließlich Mitte 1997 zunächst in Thailand zu einer *Finanzkrise*, die sich in der Folgezeit rasch auf weite Teile der Wirtschaft im asiatisch-pazifischen Raum ausdehnte.

Für die Bevölkerung direkt spürbar wurde die Krise durch die Verteuerung zunächst von Importwaren und schließlich der gesamten Lebenshaltungskosten als Folge des Verfalls der heimischen Währungen gegenüber dem Dollar, durch zahlreiche Betriebsschließungen und millionenfache Entlassung, durch die Verarmung von Teilen der Bevölkerung und z.T. Rückwanderung städtischer Bewohner in ihre ländlichen Heimatregionen. Langjährige positive Wirtschaftsdaten kehrten sich in ihr Gegenteil um: Abstürzende Börsenkurse, Abzug ausländischen Kapitals und negatives Wirtschaftswachstum kennzeichneten nun die Situation.

M 4.62 *Veränderung des Bruttoinlandsproduktes gegenüber dem Vorjahr von 1996 bis 2002 in ausgewählten Staaten des asiatisch-pazifischen Raums (in %)* *Jutta Hoffritz: Elefant aus Glas. In: Die Zeit vom 27.Juni 2002. Hamburg: Zeitverlag, S. 24*

	1996	1997	1998	2000	2001	2002*
Taiwan	5,7	6,8	–0,1	10,3	–2,0	3,1
Malaysia	8,6	7,7	–7,4	8,4	–0,4	4,1
Thailand	5,5	–0,4	–10,8	4,0	1,8	3,7
Indonesien	8,0	3,7	–13,0	4,8	3,3	3,4

*Prognose von Anfang Juni 2002

Südkorea – früheres Erfolgsmodell ohne Fortsetzung?

42 % des südkoreanischen Großkonzerns Daewoo sind 2002 von Daimler-Chrysler übernommen worden. Tatsächlich waren bis zur Wirtschaftskrise Beteiligungen ausländischer Konzerne in Südkorea kaum möglich. Die Vergabe von 57 Mrd. US-$ Hilfe an Südkorea zur Behebung der Krise koppelte der *Internationale Währungsfond (IWF)* daher auch an strenge Auflagen. Diese sollten zu grundlegenden Strukturveränderungen in der südkoreanischen Wirtschaft führen. Zu den Reformen gehören u. a.:
- Schließung maroder Banken,
- Öffnung der Finanzmärkte für ausländische Investoren,
- Erwerb von Grund und Boden durch nichtkoreanische Investoren,
- Privatisierung von Staatsunternehmen,
- Veröffentlichung der Unternehmensbilanzen,
- Schließung unrentabler Betriebsteile,
- Begrenzung der Verschuldung auf 200 % des Eigenkapitals eines Unternehmens,
- *Chaebol*-übergreifende Verschmelzung gleicher Produktionsbereiche wie z. B. der *Automobilproduktion*, die zum Abbau von Überkapazitäten führen soll.

Die Umstrukturierung der *Chaebols* erzielte nur langsame Fortschritte. Das Streben nach persönlichem Machterhalt wirkte ebenso bremsend wie die Gefahr von Massenentlassungen aus den Großbetrieben mit der Folge sozialer Unruhen. Soziale Instabilität wiederum könnte ausländischen Investitionen hinderlich sein.

Ergebnisse. 1998 – 2002 gelang es, mit 52 Mrd. US-$ mehr ausländisches Kapital anzuwerben als in den 40 Jahren vorher. In diesem Zeitraum erreichte das BIP Südkoreas erneut positive Zuwächse, die z. T. deutlich vor denen anderer Staaten des asiatisch-pazifischen Raumes lagen. Die für Südkorea zwischenzeitlich hohe offizielle Arbeitslosigkeit von 5 % konnte auf 3 % gesenkt werden. Die frühere lebenslange Arbeitsplatzgarantie wird jedoch zunehmend aufgegeben zugunsten flexiblerer Arbeitsmarktbedingungen. Trotz Lohneinbußen konnte der Binnenkonsum wieder angekurbelt werden.

Skepsis.
→ „Nicht die Gefahr einer Verelendung der Arbeiterschaft bewegt Limb, enger Vertrauter des südkoreanischen Präsidenten Kim Dae Jung. Wohl aber die Sorge, dass sich schon bald wieder die traditionellen, undurchschaubaren Geschäftsgebaren einschleichen könnten. ‚Die alten Methoden funktionieren noch‘, warnt der Kim-Vertraute. Südkorea muss bei der Fußballweltmeisterschaft nur überraschend gut abschneiden – und schon wäre der derzeitige Präsident des südkoreanischen Fußballverbandes, Chung Mong-Joon, ein aussichtsreicher Kandidat für das höchste Amt im Staat. Chung ist Sohn des legendären Hyundai-Gründers Chung Ju-Yung und Erbe des Schiffbauers Hyundai Heavy Industries. Gewinnt der weltgewandte, gut aussehende Populist die Wahl im Dezember, wäre die südkoreanische Politik wieder fest in der Hand der Chaebols."

Georg Blume: Korea spielt Amerika. In: Die Zeit vom 06. 06. 2002. Hamburg: Zeitverlag, S. 26

M 4.63 *Veränderung des BIP Südkoreas gegenüber dem Vorjahr 1996 – 2003 (in %)*

*Prognose — *Korea Development Institut*

1996	1997	1998	1999	2000	2001	2002*	2003*
6,8	5,0	–6,7	10,9	9,3	3,0	5,8	6,1

4.57 *Vergleichen Sie Südkorea mit anderen Staaten des asiatisch-pazifischen Raums anhand ausgewählter sozialer und wirtschaftlicher Daten (M 1.7 auf S. 12 – 13).*

4.58 *Informieren Sie sich – z. B. im Internetauftritt Ihres Buches – über die koreanischen Chaebols.*

4.59 *Erklären Sie am Beispiel Südkorea den Begriff „Bubble-Economy" (vgl. S. 33).*

4.60 *Die Asienkrise erfasste weite Teile des asiatisch-pazifischen Raums. Erklären Sie diesen „Domino-Effekt" auch unter Heranziehung anderer Kapitel des Buches, z. B. S. 34, S. 58 – 59.*

4.61 *Vergleichen und beurteilen Sie mithilfe der Entwicklung des BIP die Auswirkungen der Wirtschaftskrise auf Südkorea und andere ost-/südostasiatischer Staaten (M 4.62 und 4.63).*

4.61 *Überlegen Sie, warum die Kreditvergabe des IWF mit den genannten Reformauflagen verbunden wurde.*

5. Japan und der asiatisch-pazifische Raum – Vorbild für die Welt?

M 5.1 Chinesin bei der Arbeit im Werk von Freudenberg & Vilene Nowovens in Suzhou

Rückwirkungen auf Deutschland

„Ein deutsches Unternehmen verschafft sich Zugang zu asiatischen Märkten“. 90 km westlich von Shanghai ist in Suzhou (M 5.2) das 1996 gegründete deutsch-japanische Joint Venture Freudenberg & Vilene Nowovens angesiedelt. Es produziert Einlagestoffe und Filter aus Vlies für die einheimische Bekleidungs- bzw. *Automobilindustrie* sowie die Bauwirtschaft. Es beschäftigt derzeit 150 Mitarbeiter ausschließlich chinesischer Herkunft, darunter auch die Firmenleitung. Das Joint Venture bündelt Know-how aus drei Ländern: technisches Wissen aus Deutschland, die Kenntnis des japanischen Partners vom asiatischen Markt und die Leitung durch Chinesen. Letztere dient neben der Lohnkosteneinsparung u. a. der optimalen Abstimmung von Produktionsprozess und -zielen mit den Besonderheiten der einheimischen Arbeitskräfte bzw. der Einbindung in lokale Zulieferverflechtungen. Dem *Joint Venture* ging zum einen eine jahrzehntelange Zusammenarbeit der Firma Freudenberg mit Japan Vilene in Japan voraus, zum andern werden von chinesischen Eliteuniversitäten kommende Nachwuchsmanager angeworben und in der Firmenzentrale in Weinheim weitergeschult. Der Standort liegt nahe der führenden Wirtschaftsmetropole Chinas, Shanghai (M 5.2). Eine Erweiterung des Geländes ist möglich. Freudenberg verfolgt mit seinem Engagement in China mehrere zeitlich gestaffelte Ziele: Zunächst die Belieferung chinesischer Bekleidungshersteller, die kostengünstig für westliche Märkte produzieren. Des Weiteren bedienen Filter für die einheimische Bau- und Automobilwirtschaft zwei eng mit dem wirtschaftlichen Aufschwung Chinas verbundene Branchen. Auf dieser Grundlage sollen weitere Märkte in China erschlossen werden, so etwa im Konsumgüterbereich (Vileda-Haushaltsgeräte).

M 5.2 Shanghai und sein Umland

Wandel der Wirtschaftsbeziehungen zwischen Deutschland und dem asiatisch-pazifischen Raum. Das beeindruckende Wachstum verschiedener Volkswirtschaften des asiatisch-pazifischen Raums seit den 1970er Jahren, insbesondere Japans und in dessen zeitlichem Gefolge das der *Vier Kleinen Tiger* sowie in jüngster Zeit das der VR China hat in den letzten Jahrzehnten des 20. Jahrhunderts zu einer erheblichen Erweiterung räumlicher Schwerpunkte in der Weltwirtschaft geführt. Trotz lang anhaltender *Rezession* Japans seit den 1990er Jahren und der *Wirtschaftskrise in Asien* 1997 ist es zu zunehmend komplexer werdenden Verflechtungen zwischen den aufstrebenden asiatischen Ländern untereinander und den führenden Wirtschaftsnationen der Welt gekommen. Dabei riefen zunächst die Billigproduktion vorwiegend gering veredelter Konsumgüter „Made in Hongkong" auf dem deutschen Markt und die Exportoffensive Japans, später auch Südkoreas, trotz eines mangelnden Qualitätsimages vor allem Befürchtungen hinsichtlich der Überlebensfähigkeit deutscher Produzenten hervor. Tatsächlich beschleunigte sich der Niedergang bestimmter Branchen in Deutschland infolge der asiatischen Konkurrenz, so z.B. der der Textilindustrie oder des Schiffsbaus. Auf der anderen Seite wurden Umstrukturierungen bei der Produktion (u.a. *Lean Production*, *Just-in-time-System*) und im gesamten Betriebsaufbau in Gang gesetzt, z.B. in der *Automobilindustrie*. Abbau von Hierarchien und eine höhere Arbeitsmotivation, eine Verringerung der Fertigungstiefe und die Beschleunigung des Produktionsprozesses sollten neben der *Diversifizierung* der angebotenen Produktpalette die Produktivität von Betrieben an deutschen Standorten erhöhen. Gleichzeitig stieg gegen Ende des vergangenen Jahrhunderts das Investitionsvolumen deutscher Unternehmen im asiatisch-pazifischen Raum massiv an. Von deutscher Seite politisch unterstützt, folgten die Unternehmen den verschiedenen Investitionsanreizen, wie z.B. der Schaffung von Wirtschaftssonder- und Freihandelszonen (u.a. China, Singapur), der Möglichkeit zur Beteiligung an asiatisch-pazifischen Unternehmen (*Joint Venture*) oder der Wahrnehmung niedriger Lohnkosten. Neben der Erschließung aussichtsreicher Binnenmärkte durch eine Produktion vor Ort dienen bestimmte Standorte im asiatisch-pazifischen Raum mittlerweile als Plattform für eine globale Marktbelieferung, also auch für den deutschen Markt. Hieran sind nicht nur solche bekannten *Transnationalen Konzerne* wie DaimlerChrysler, Bosch, Bayer oder BASF (vgl. S. 162) beteiligt, sondern auch eine Vielzahl kleinerer und mittlerer Unternehmen strebt in der Zwischenzeit Standorte in dieser Region an. Dabei sind die deutschen Investoren vor allem der Konkurrenz aus Japan, den USA sowie aus anderen EU-Staaten ausgesetzt. Aber auch einheimische Produzenten zeichnen sich durch zunehmende Qualität aus und haben ihr anfänglich negatives Image überwunden.

Mit der Verlagerung von Produktionsprozessen in den asiatisch-pazifischen Raum ist einerseits die Gefahr des Abbaus von Arbeitsplätzen in Deutschland verbunden. Dies hätte gleichzeitig Kaufkraftverluste zur Folge. Andererseits kann die kostengünstigere Produktion dort zum Erhalt des Unternehmens und damit zur Sicherung bestehender Arbeitsplätze am deutschen Standort beitragen. Niedrigere Produktionskosten sorgen beim Verkauf in Deutschland zudem für günstigere Verkaufspreise.

Deutschland ist für die meisten asiatisch-pazifischen Staaten der führende Handelspartner innerhalb der EU. Es rangiert beim Im- und Export aller Staaten der Region in der Regel unter den ersten zehn Handelsnationen. Investitionen aus dem asiatisch-pazifischen Raum in eigene Produktionsstätten in Deutschland konzentrieren sich jedoch noch auf die führenden Länder, insbesondere Japan.

5.1 Fassen Sie die Gründe zusammen, warum sich die Firma Freudenberg in China engagiert. Beschreiben Sie dabei die Produktions- und Führungsstruktur der Firma Freudenberg & Vilene und nennen Sie die Produktionsziele.

5.2 Beschreiben Sie die Lage des Produktionsstandorts des Unternehmens in Suzhou und beurteilen Sie vor dem Hintergrund Ihrer Kenntnisse der wirtschaftlichen Entwicklung Chinas die Wahl dieses Standorts.

5.3 Diskutieren Sie die Folgen, die der Aufbau von Produktionsstätten durch deutsche Unternehmen im asiatisch-pazifischen Raum für den Produktionsstandort Deutschland hat.

	Importe		Exporte	
	Mio. Euro	Rangplatz	Mio. Euro	Rangplatz
Deutschland insgesamt	549 598,7		635 776,7	
Japan	22 599,5	7	13 072,5	12
China	19 740,0	10	12 064,3	14
Taiwan	6 490,1	21	4 606,2	26
Südkorea	4 663,2	24	4 227,5	28
Singapur	3 864,0	27	4 190,4	29
Malaysia	3 448,6	28	4 165,8	30
Thailand	2 524,7	32	2 536,3	39
Hongkong (Xianggang)	2 393,4	34	2 195,6	42
Indonesien	2 388,4	35	1 488,1	46
Philippinen	2 007,2	38	1 092,5	51
Vietnam	1 209,1	45	428,7	72
Macao (Aomen)	266,0	77	91,5	107
Kambodscha	169,7	84	61,5	118
Laos	31,1	124	18,5	153
Nordkorea	25.2	128	9,3	172
Brunei	4,4	161	7,5	176
zum Vergleich Frankreich	51 670,6	1	70 672,2	1
Summe aller Warenbewegungen aus dem asiatisch-pazifischen Raum	71 949,3		50 281,8	

***M 5.3** Anteile asiatisch-pazifischer Länder am Import und Export Deutschlands in Mio. Euro im Jahre 2001 und Rangplatz unter allen nach Deutschland im- und exportierenden Ländern*

Statistisches Bundesamt, Wiesbaden 2002

***5.4** Berechnen Sie den Anteil der asiatisch-pazifischen Länder am Gesamtim- und Export Deutschlands.*

***5.5** Stellen Sie mithilfe von M 5.3 ausgeglichene, negative und positive Handelsbilanzen Deutschlands mit asiatisch-pazifischen Ländern beispielhaft vor. Setzen Sie Ihre Ergebnisse kartographisch um (z. B. auf der Stummen Karte M 1.1, S. 6; auch im Internetauftritt Ihres Buches).*

***5.6** Erarbeiten Sie anhand von M 5.3, welche Rolle Japan, China und die „Vier Kleinen Tiger" im Außenhandel Deutschlands spielen. Beachten Sie dabei die gesonderte Stellung von Hongkong und Macao, die heute zur VR China gehören.*

Düsseldorf – Japans Brückenkopf in Europa

Ende der 1980er Jahre konzentrierten sich zunehmend japanische Unternehmen in der nordrhein-westfälischen Hauptstadt. Das 1978 eröffnete *Deutsch-Japanische Zentrum* in der Düsseldorfer Innenstadt, ein ca. 13 500 m² großer Büro- und Geschäftskomplex, wurde Standort zahlreicher Verwaltungen japanischer Unternehmen sowie privater und öffentlicher Dienstleister z. B. der Bank of Tokyo, des Kaufhauses Mitsukoshi, des Hotels Nikko, des Generalkonsulats und der Japanischen Industrie- und Handelskammer. Zur japanbezogenen Infrastruktur Düsseldorfs zählen weiterhin u. a. japanische Geschäfte, Immobilienmakler, Reisebüros, Kindergärten und Schulen für die bis zu 10 000 japanischen Bewohner der Stadt. Tatsächlich konzentrieren sich zu Beginn des neuen Jahrtausends im Raum Düsseldorf neben London europaweit die meisten Hauptverwaltungen japanischer Unternehmen. Innerhalb Deutschlands haben sich fast 50 % der japanischen Unternehmen an diesem Standort angesiedelt.

→ „Düsseldorfs Aufstieg zu *dem* Zentrum japanischer Wirtschaftsaktivitäten in der Bundesrepublik setzte etwa Mitte der fünfziger Jahre ein … Der Zugang zu Investitionsgütern und technischem Know-how für den Ausbau und die Modernisierung der Schwer- und Petrochemischen Industrie war zu diesem Zeitpunkt ein entscheidender Faktor für die Standortwahl japanischer Unternehmen. Die Nähe … zum Ruhrgebiet, dem Herz der schwerindustriellen Fertigung in Deutschland, vor allem aber die Tatsache, dass Düsseldorf als Sitz der Hauptverwaltungen der bedeutendsten deutschen Unternehmen der Stahl- und Schwerindustrie entscheidende Fühlungsvorteile versprach, war … mit ausschlaggebend für die Ansiedlung japanischer Unternehmen in Düsseldorf. Pionierarbeit leisteten in dieser Hinsicht zunächst die großen japanischen Generalhandelshäuser, gefolgt von Handelsunternehmen, die sich auf den Ex- und Import schwerindustrieller Güter spezialisiert hatten."

Japanische Unternehmen in der Bundesrepublik Deutschland. Eine empirische Untersuchung, 3. Aufl. Düsseldorf: Gesellschaft für Wirtschaftsförderung (GfW) NRW. 2000, S. 35

Motiv für weitere Ansiedlungen japanischer Unternehmen bis zum Beginn der 1990er Jahre war vor allem die Sicherung des Marktzugangs auf dem 1992 vollendeten Europäischen Binnenmarkt. Innerhalb des Branchenspektrums nimmt bis heute die Investitionsgüterindustrie nach wie vor eine führende Stellung ein. Der Schwerpunkt der unternehmerischen Tätigkeit liegt jedoch branchenübergreifend im nichtproduzierenden Bereich, insbesondere im Vertrieb japanischer Produkte. Nur ca. 15 % der befragten Unternehmen produzieren am deutschen Standort. Im Verlauf der 1990er Jahre sind vor dem Hintergrund der japanischen Wirtschaftskrise und einer zunehmend globalen Standortkonkurrenz, vor allem durch Südostasien, China und die USA, aber auch andere europäische Länder, sinkende Investitionen japanischer Unternehmen in Deutschland zu verzeichnen.

Großbritannien	94
Deutschland	58
Niederlande	23
Belgien	12
Frankreich	6
Befragte Unternehmen	199

M 5.4 Standorte europäischer Hauptverwaltungen japanischer Unternehmen *ebenda, S. 46*

M 5.5 Zentrale des Mitsubishi International Konzerns in Düsseldorf

	Düsseldorf	München	Deutschland insgesamt
Handel/Im- u. Export	41	2	61
Verarbeitende Firmen			
Eisen/Stahl/Metall	7	1	17
Schwermaschinen	20	3	55
Leichtmaschinen inkl. Feinmechanik	38	17	115
Chemie/Pharmazie	46	8	74
Kfz und Zubehör	21	9	74
Elektrik/Elektronik	54	67	206
Textil	3	–	11
Sonstiges	18	12	68
Bau	7	1	17
Transport/Lager/ Touristik	25	10	84
Versicherungen	5	–	11
Banken	4	1	15
Wertpapiere	–	–	2
Werbung/Medien Telekommunikation	6	2	19
Einzelhandel/Gastronomie/Dienstleistungen	12	5	28
Wirtschaftsverbände	3	1	8
Sonstiges	–	–	11
Insgesamt	310	139	876

M 5.6 Branchenspektrum japanischer Unternehmen an ausgewählten Standorten in Deutschland (876 befragte Unternehmen von 1 076 in Deutschland gesamt)

Japanische Industrie- und Handelskammer Düsseldorf, 2002

5.7 Belegen Sie mithilfe von M 5.6 Düsseldorfs bevorzugte Stellung bei der Ansiedlung japanischer Unternehmen in Deutschland. Welches waren ursprünglich die Ansätze dafür, dass die Standortwahl japanischer Unternehmen auf die nordrhein-westfälische Landeshauptstadt fiel? (Quellentext auf S. 182)

5.8 Fassen Sie die Motive für die andauernde Bevorzugung Düsseldorfs bei der Standortwahl durch japanische Unternehmen zusammen.

5.9 Wiederholen Sie die Bedeutung der japanischen Handelshäuser für die japanische Exportwirtschaft (vgl. S. 84 – 85).

Von Japan lernen?

→ „Die japanische Wirtschaft ist in einer Krise. Die negativen Daten sind bedrückend: eine sinkende Industrieproduktion, Tiefstände an den Aktienmärkten, ein schrumpfendes Bruttoinlandsprodukt, anhaltende Konsumschwäche, eine wachsende Arbeitslosigkeit, eine bedrohlich anwachsende öffentliche Verschuldung und eine wieder zunehmende Instabilität des Finanzmarktes.“ *Andreas Moerke: Zukunftsfähigkeit der japanischen Wirtschaft. Deutsches Institut für Japanstudien auf http://www.dijtokyo.org./?page=project_detail.php&p_id*

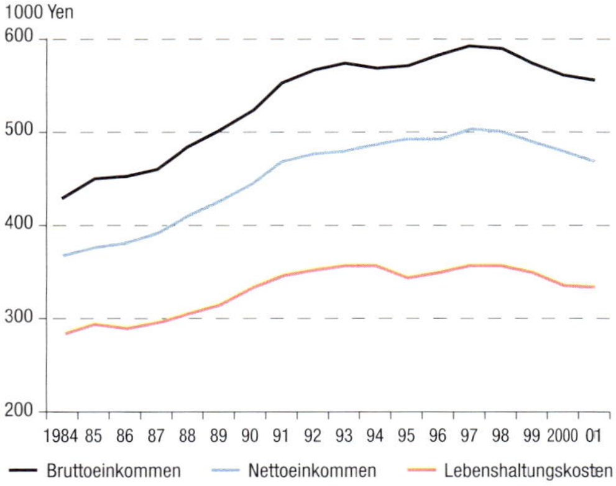

***M 5.7** Wohlstandsgesellschaft Japan – Einkommensentwicklung in Haushalten abhängig Beschäftigter (vgl. s. 30ff.)*

Nach http://jin.jcic.or.jp/stat/stats/10LIV11.html

Land	Jahr	Gini-Koeffizient[1] des Vermögens	Anteil der reichsten 5% der Bevölkerung am gesamten Vermögensbesitz (%)
Japan	1981	0,58	k.A.
	1984	0,52	25
USA	1983	0,79	56
	1988	0,761	k.A.
Frankreich	1986[2]	0,71	43
Alte Bundesrepublik	1988	0,694	42[3]
Kanada	1984	0,69	38
Australien	1986	k.A.	41

Umfragen ergeben regelmäßig, dass sich über 90 % der Befragten Japaner zur *Mittelklasse* zählen. Allgemein wird von der Bevölkerung ein hohes Maß an *Gleichverteilung von Einkommen* und Vermögen in ihrem Land vermutet, die *Ungleichverteilung* ist aber größer, als dies wahrgenommen wird (M 5.8). Im Hinblick auf die absolute wie auch die relative Zunahme der Ungleichverteilung ist Japan jedoch weder Vorreiter noch Schlusslicht der internationalen Enwicklung.

Mit einem *Pro-Kopf-Einkommen* von 34 210 US-$ (2000) gehören Japans Bürger zu den Wohlhabendsten der Welt. Die Lebensqualität in einem Land hängt allerdings nicht nur vom Geldbeutel ab. Die Entwicklungsorganisation der Vereinten Nationen *UNDP* berücksichtigt bei ihrem „Index der menschlichen Entwicklung“ auch solche Bereiche wie Gesundheitsvorsorge, Schulwesen und Lebenserwartung. Länder, wo breite Bevölkerungsschichten an der wirtschaftlichen Entwicklung teilhaben, schneiden hier günstiger ab als die, in denen der Wohlstand auf wenige Gruppen beschränkt ist.

Der Siegeszug der Japaner auf den Weltmärkten in den 1970er / 1980er Jahren brachte besonders in den USA Wissenschaftler und Manager dazu, nach den Ursachen des japanischen Erfolgs zu forschen: Qualitätszirkel, Betonung von Teamgeist, Gruppenarbeit und Verantwortlichkeit wurden als japanische Charakteristika des Personalmanagements erkannt. Trotz *Rezession* und wachsender Angst um den Arbeitsplatz seitens der Belegschaften können sich Japans Unternehmen noch immer in einem relativ soliden Arbeitsmarkt auf die neuen Herausforderungen einstellen, wie ein Studie aus dem Jahr 2000 zeigt (M 5.10).

Während Japan seit mehr als zehn Jahren die Rangliste der Geberländer für Entwicklungshilfe anführt (M 5.11), erntet es für seine „Forschungen an Walen“ weltweite Kritik (vgl. S. 88).

***M 5.8** Vermögensverteilung im Ländervergleich (Nettovermögen = nach Abzug von Schulden)*

Nach http://www.dijtokyo.org/aktuelles/einkommensverteilung.html

[1] Statistischer Indikator, in diesem Falle zur Darstellung der Einkommensdisparitäten innerhalb einer Gesellschaft verwendet. Bei völliger Gleichverteilung würde der Koeffizient den Wert Null annehmen, bei extremer einseitiger Konzentration den Wert Eins.
[2] Bruttovermögen,
[3] 1998, Anteil der reichsten 10 % der Bevölkerung

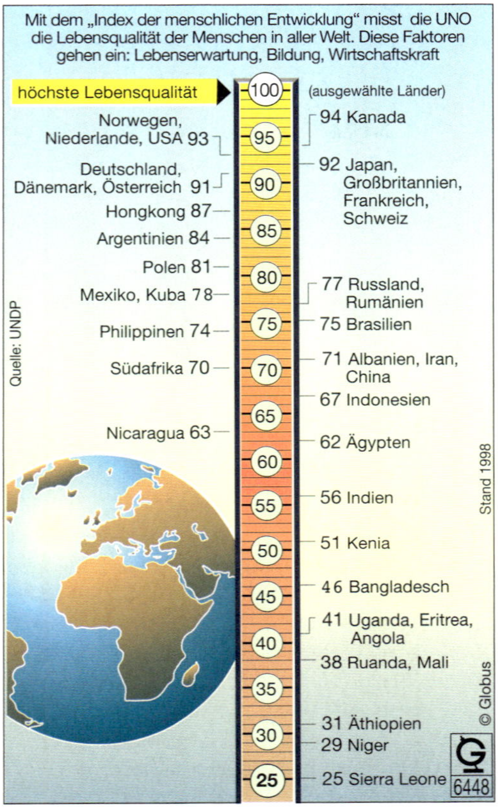

M 5.9 Lebensqualität weltweit

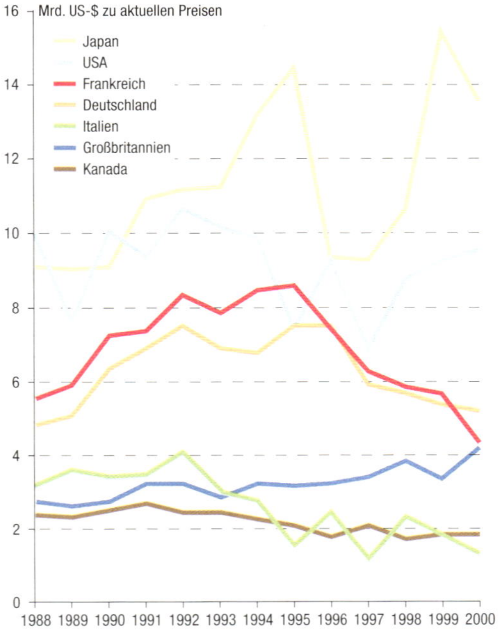

M 5.11 Öffentliche Entwicklungshilfe im internationalen Vergleich

Nach http://www.stat.go.jp/english/data/handbook/img/fig10_7.gif

M 5.10 Bewertung der Beschäftigungspolitik ausgewählter Industrieländer 1998/99 (höchster erreichbarer Wert 10 Punkte)

Nach Globus-Infografik 6 437, Bertelsmann-Stiftung

Japan	8,67	Irland	5,90
Schweiz	8,37	Kanada	5,81
Norwegen	7,94	Schweden	5,80
Niederlande	7,45	Deutschland	5,51
USA	7,44	Belgien	5,20
Österreich	7,38	Frankreich	4,91
Neuseeland	7,15	Italien	4,47
Portugal	7,01	Finnland	4,42
Australien	6,67	Griechenland	4,15
Großbritannien	6,37	Spanien	3,56
Dänemark	6,09		

5.10 *Vergleichen Sie Gini-Koeffizient (M 5.8) und Selbsteinschätzung der Japaner als Mittelstandsgesellschaft und diskutieren Sie mögliche Ursachen.*

5.11 *Diskutieren Sie mögliche Ursachen für Japans Position in der UNDP-Rangliste für Lebensqualität (M 5.9).*

5.12 *Die gegenwärtige Entwicklung der deutschen Wirtschaft zeigt Merkmale, wie sie in den Medien seit Jahren als „Japanische Krankheit“ beschrieben werden: Wachstumsrückgang, zunehmende Arbeitslosigkeit, Konsumrückgang, Firmenkonkurse. Vergleichen Sie die Entwicklung beider Länder vor dem Hintergrund der globalen Wirtschaft.*

5.13 *Diskutieren Sie kritisch mögliche Motive für Japans Leistungen als Geberland für Entwicklungshilfe.*

5.14 *Informieren Sie sich im Web über die Hintergründe des japanischen Walfangs.*

Weiterführende Literatur

Allgemein / Überblick

Asiatisch-pazifischer Wirtschaftsraum. Praxis Geographie, 28. Jg., H. 9. Braunschweig: Westermann 1998

Bundeszentrale f. pol. Bildung (Hrsg.): Globalisierung. Informationen zur politischen Bildung, H. 263, Bonn 1999

Engelhard, K.: Welt im Wandel. Köln: Omnia 2000

Flath, M. / Fuchs, G. (Hrsg): Globalisierung. Gotha: Perthes 1998

Friedman, Th. L.: Globalisierung verstehen. München: Econ 2000

Globalisierung. Wirtschaft ohne Grenzen. Praxis Geographie, 28. Jg., H. 7 / 8 . Braunschweig: Westermann 1998

Globalisierung. Praxis Geographie, 31. Jg., H. 9. Braunschweig: Westermann 2001

Globalisierung und Entwicklung. Geographische Rundschau. 31. Jg., H. 10. Braunschweig: Westermann 2002

Die Gruppe von Lissabon: Die Grenzen des Wettbewerbs. Die Globalisierung der Wirtschaft und die Zukunft der Menschheit. München: Luchterhand 1997

Informeller Sektor. Praxis Geographie, Bd. 31, H. 4. Braunschweig: Westermann 2001

Koschatzky, K.: Die ASEAN-Staaten zwischen Globalisierung und Regionalisierung. In: Geographische Rundschau, 49. Jg., H. 12 , Braunschweig: Westermann 1997, S. 702 – 707

Martin, H.-P. / Schumann, H.: Die Globalisierungsfalle, 7. Aufl. Reinbek: Rowohlt 2002

Ostasien. In: Geographische Rundschau, 48. Jg., H. 12. Braunschweig: Westermann 1996

Stadt und Globalisierung. Praxis Geographie, 31. Jg., H. 5. Braunschweig: Westermann 2001

Japan

Bundeszentrale f. pol. Bildung: Japan. Informationen zur politischen Bildung, H. 255/2, Bonn 1997

Flüchter, W.: Bedeutung und Einfluss Japans in Pohl, M. (Hrsg.): Japan. Stuttgart / Wien:Thienemann 1986

Japan. Geographische Rundschau, 54. Jg., H. 6 . Braunschweig: Westermann 2002

Neumann, Ch.: Darum nerven Japaner. Frankfurt a. M.: Eichborn, 2002

Wolferen, K. van: Vom Mythos der Unbesiegbaren. München: Droemer Knaur 1989

VR China

Bayerischer Forschungsverbund Area-Studies: Xenophilia game. Erlangen 2002

Bundeszentrale f. pol. Bildung (Hrsg.): Volksrepublik China. Informationen zur politischen Bildung, H. 198, Bonn 1997

China. Berlin u. a: RV-Verlag 1993

China. Geographische Rundschau, 53. Jg., H. 10. Braunschweig: Westermann 2001

China 2002. Beijing: Verlag Neuer Stern 2002

China im Wandel. Praxis Geographie, 18. Jg., H. 6. Braunschweig: Westermann 1988

China: Wirtschaftsmacht der Zukunft. Praxis Geographie, 26. Jg., H. 1. Braunschweig: Westermann 1996

Müller, J.: Kulturlandschaft China. Anthropogene Gestaltung der Landschaft durch Landnutzung und Siedlung. Gotha: Perthes 1997

Schmitt, St.: Private Unternehmen im Transformationsland China. Frankfurt a. M.: Peter Lang 1999

Staiger, B. (Hrsg.): Länderbericht China. Darmstadt: Primus 2000

Zentral- und Hochasien. Geographische Rundschau, 49. Jg., H. 5. Braunschweig: Westermann 1997

Schwellen- und Entwicklungsländer des asiatisch-pazifischen Raums

Asiatisch-Pazifischer Wirtschaftsraum. Praxis Geographie, 28. Jg., H. 9. Braunschweig: Westermann 1998

Dahm, B.,/Ptak, R. (Hrsg.): Südostasien-Handbuch. Geschichte, Gesellschaft, Poltik, Wirtschaft, Kultur. München: Verlag C. H. Beck 1999

Diez, J. R.: Das Wachstumsdreieck Singapur, Johor und Riau Islands zwischen Globalisierung und Regionalisierung. In: Geographie und Schule, 21. Jg., H. 12. Köln: Aulis, S. 22 – 26

Fischer, P.: Indonesien in der Krise. Cornelsen Aktuelle Landkarte 7/98. Berlin: Cornelsen 1998

Insulares Südostasien. Geographische Rundschau, 52. Jg., H. 4. Braunschweig: Westermann 2000

Kieserling, M. (Hrsg.): Singapur. Metropole im Wandel. Frankfurt a. M.: Suhrkamp 2000

Köllner, P./Pohl, M.: Singapur: Ein „Unternehmerstaat“ in Südostasien. In: Geographische Rundschau, 50. Jg., H. 6. Braunschweig: Westermann, S. 362 – 368

Kontinentales Südostasien. Geographische Rundschau, 55. Jg., H. 1. Braunschweig: Westermann 2003

Kraas, F. / Lindner, P.: Kulturerdteil Südostasien. (Folienbuch) Kulturerdteile, hrsg. von J. Newig. Gotha: Perthes 2003
Uhlig, H.: Südostasien. 2. Aufl., Frankfurt a. M.: Fischer Taschenbuch Verlag 1988
Weggel, O.: Indochina. Vietnam, Kambodscha, Laos. 2. Aufl., München: Verlag C. H. Beck 1990

Internet

Surfertipp
http://www.geo-im-netz.de – Rubrik Asien: Länderauswahl mit Themenbeiträgen, Unterrichtstipps und kommentierten Links sowie der Internetauftritt zu diesem Buch: www.klett-verlag.de/geographie/fundamente-extra

Allgemein/Überblick
http://edition.cnn.com/ASIA: Nachrichten von CNN zum asiatisch-pazifischen Raum
http://www.apecsec.org.sg: APEC mit Downloads und Datenbanken
http://www.asiaone.com: aktuellsten Meldungen Nachrichten, Lebensart, Wirtschaft und Finanzen
http://www.duei.de/ifa: mit Links zu Zeitschriften, Jahrbüchern etc. auch zu speziellen Datenbanken
http://www.erdkunde-online.de/kontinente/asien.htm: zur physische Geographie Asiens
http://www.exportimport.de/strategien/globalisierung.htm: Literatur zum Thema Globalisierung
www.allglobalbusiness.de: mit Wirtschaftsinformationen zu Asien

Japan
http://jin.jcic.or.jp und http://www.stat.go.jp/english/data/handbook: aktuelle Statistik zu Japan
http://www.chijihonbu.metro.tokyo.jp/english/index.htm: mit Informationsportal zu Tokio
http://www.cia.gov/cia/publications/factbook/geos/ja.html: CIA World Factbook – Japan
http://www.dijtokyo.org: Deutsches Institut für Japanstudien
http://www.embjapan.de: Homepage der japanischen Botschaft in Deutschland
http://www.japan-link.de: interkulturelle Verbindung zwischen Japan und Deutschland
http://www.dpc.or.jp/english/index.html: Wirtschaft, Finanzen, Wissenschaft und Technologie
http://www.jma.go.jp/JMA_HP/jma/indexe.html: Japan Meteorological Agency

VR China
http://lpb.bwue.de/aktuell/bis/2_97/bis972k.htm: Taubmann, W.: Shanghai: Geburtsstätte des modernen China)
http://www.china.org.cn/german: China Internet Information Center – CIIC
http://www.china-botschaft.de: Botschaft der Volksrepublik China in Deutschland
http://www.cia.gov/cia/publications/factbook/geos/ch.html: CIA World Factbook – China
http://www.foreignaffairs.org: Kurzfassungen verschiedener Berichte über China, insbesondere mit politischem Hintergrund
http://www.geo.de/GEO/reisen_laender/2001_09_saison_shanghai_index/index.html?SDSID=: Shanghai
http://www.geogr.uni-goettingen.de/kus/apsa/pn/pn11/schlucht.html; http://www.irn.org/programs/threeg;
http://www.g-o.de/geo-bin/frameset.pl?id=00001&frame1=titelgo.htm&frame2=menue04.htm&frame3=kap4a/40kc0111.htm: Drei-Schluchten-Projekt
http://www.iiasa.ac.at/Research/LUC/China/Food/index_m.htm: Heilig, G.: Can China Feed itself?
http://www.info.gov.hk/censtatd/home.html: Statistik zu Hongkong
http://www.stats.gov.cn/english: Statistik zu China
http://www.uni-koeln.de/organe/presse/forsch96/china/index.htm: Scharping, Th.: Bevölkerungspolitik und demographische Entwicklung in China

Schwellen- und Entwicklungsländer sowie weitere Industrieländer des asiatisch-pazifischen Raums
http://www.bps.go.id; http://www.statistics.gov.my; http://www.census.gov.ph; http://www.singstat.gov.sg: Statistische Informationen zu Indonesien, Malaysia, Philippinen und Singapur
http://www.cia.gov/cia/publications/factbook/geos/ks.html: CIA World Factbook - Südkorea
http://www.cia.gov/cia/publications/factbook/geos/rp.html: CIA World Factbook - Philippinen
http://www.cyberjaya-msc.com/index.html: Homepage des Multimedia Super Corridors in Kuala Lumpur/Malaysia
http://www.heritage.org/asiaoffice/spratly: Luftaufnahmen zum Konflikt um die Spratly-Inseln
http://www.nso.go.th: Statistik Thailand

Glossar (enthält nur Begriffe, die zusätzlichen Erklärungsbedarf erfordern)

Animismus: Vorstellung von der Beseeltheit (un)belebter Naturgegenstände

Bruttoinlandsprodukt (BIP): Gesamtwert aller produzierten Güter (Waren und Dienstleistungen) innerhalb eines Landes (Gebietes) während eines Zeitraumes (meist ein Jahr), einschließlich der von Ausländern im Inland erbrachten Leistungen
Bruttoproduktionswert: im Geschäftsjahr erbrachte Gesamtleistung eines Unternehmens, setzt sich zusammen aus dem Gesamtumsatz des Unternehmens ohne Umsatz-(Mehrwert-)steuer, plus/minus der Bestandsveränderung an unfertigen und fertigen Erzeugnissen aus eigener Produktion, plus den selbsterstellten Anlagen

Chaebol: koreanische Bezeichnung für eine Unternehmensgruppe; marktbeherrschender Mischkonzern, tätig in einer Vielzahl von Unternehmensbereichen; stark exportorientiert mit zahlreichen Auslandsniederlassungen; intensive Kapitalverflechtungen zwischen den einzelnen Teilunternehmen; vertikale Entscheidungsstrukturen, die engen verwandtschaftlichen Beziehungen / Herkunft / Bildungsweg unterliegen; bis zur Wirtschaftskrise 1997 lebenslange Beschäftigungsgarantie für die Mitarbeiter

Danwei: (chin.: Einheit): gesellschaftliche Organisationsebene, die Produktions- und Konsumtionsbereiche umfasst, d.h. Arbeits- und Lebensbereiche sind eng verbunden. Die Danwei weist nicht nur Arbeit zu, verteilt Löhne und Prämien, sondern mischt sich teilweise formell über gewählten Organe, teilweise informell, d.h. durch bloßen sozialen Druck, in allgemeine und private Belange ein. Die Danwei fühlt sich nicht nur für Produktion, Verteilung, Privatleben, Justiz (im Sinne guten Zuredens und Schlichtens), für Sicherheitsfragen und für die Berufslaufbahn ihrer Mitglieder zuständig, sondern besorgt auch die Daseinsvorsorge. Ihre Existenz hängt letztlich vom Fehlen der Freizügigkeit ab.
demographischer Übergang: Entwicklungsmodell zum Transformationsprozess von hohen Geburten- und Sterberaten zu niedrigen Geburten- und Sterberaten

Deregulierung: Abbau staatlicher Aufgaben, Vorschriften und Einschränkungen in der Wirtschaft, z. B. durch Privatisierung öffentlicher Aufgaben (Verkehr, Gesundheitswesen) oder an den Kapitalmärkten und die damit einhergehende Öffnung dieser Märkte für internationale Investoren
Disparität: Entwicklungsunterschiede zwischen Ländern bzw. Regionen hinsichtlich deren Lebensbedingungen und Entwicklungsmöglichkeiten

E-Commerce: Überbegriff für alle geschäftlichen Transaktionen in elektronischer Form wie Bestellen und Bezahlen von Waren bzw. von Dienstleistungen, Direktmarketing per e-mail, Online-Banking und die Sicherheitslösungen bei diesen

Fertilitätsniveau (Fertilitätsrate, Fruchtbarkeitsrate): demographische Kennziffer, die z. B. die Zahl der Lebendgeborenen in einem Jahr auf 1 000 Frauen im gebährfähigen Alter angibt oder die durchschnittliche Zahl der lebendgeborenen Kinder im Lebensverlauf einer Frau
Finanzkrise: Eine Unternehmung oder eine staatliche Institution kann ihren Zahlungsverpflichtungen nicht mehr nachkommen.
Freihandel: uneingeschränkter (z. B. zollfreier) Außenhandel der Länder untereinander. Eine Freihandelszone ist also ein durch Zusammenschluss mehrerer Länder geschaffener Wirtschaftsraum, in dem freier Handel herrscht.

G-8: Gruppe der 8 wichtigsten Industriestaaten, deren Staats- und Regierungschefs sich jährlich zum Weltwirtschaftsgipfel treffen. Während es zunächst um währungspolitische Zusammenarbeit ging, nahm in den 1980er Jahren die internationale Zusammenarbeit in der Umwelt-, Sicherheits- und Außenpolitik immer mehr Raum ein. Zunehmend werden die wirtschaftlichen, politischen und gesellschaftlichen Herausforderungen der Globalisierung thematisiert.

High-Tech-Industrie: Industriezweige, die mit einem hohen Forschungsaufwand hochtechnische Produkte der modernen Lebenswelt erzeugen (Computer, Mikrochips, Erzeugnisse der Unterhaltungselektronik, der Lasertechnik sowie der Bio- und Umwelttechnologie). Da diesen und anderen Hochtechnologie-Industrien die Zukunft gehört, spricht man in diesem Zusammenhang auch von Schlüsselindustrien (s. dort).

Immobilientycoon: mächtiger finanzkräftiger Eigentümer von zahlreichen Immobilien (Wohn- und Gewerbeobjekte, Grundstücke)

Importsubstitution: staatlich gesteuerte Entwicklungsstrategie um Devisen zu sparen, indem importierte Fertigwaren durch heimische Produkte ersetzt werden

informeller Sektor: allgemeine Sammelbezeichnung für die Wirtschaft armer Randgruppen, vielfältiger Bereich kleingewerblicher Tätigkeiten, der weder von der Steuer erfasst noch von anderen gesetzlichen Vorschriften geregelt wird. Als „Schattenwirtschaft" kommt der informelle Sektor besonders häufig in den Entwicklungsländern vor (Schuhputzer, Kinderarbeit in der Teppichindustrie).

intraindustrial trade: Handel zwischen den Industrieländern, die sich gegenseitig auf der Basis von Angebot und Nachfrage mit gleichwertigen Produkten beliefern, z. B. der Pkw-Handel zwischen Deutschland und Japan

Investmentgesellschaft: Kapitalanlagegesellschaften, die (Klein-) Anlegergeld sammeln und in Wertpapiere oder Immobilien investieren. Die gekauften Wertpapiere bilden den Fonds. Die Anleger erhalten über die Höhe ihrer Beteiligung Anteilscheine und sind damit Miteigentümer am Vermögen des Investment Fonds.

Joint Venture: Zusammenschluss von selbstständigen Unternehmen (häufig aus verschiedenen Staaten) zum Zweck der Durchführung gemeinsamer Projekte, die von einem Unternehmen allein in der Regel nicht realisiert werden können. Charakteristisch für ein Joint Venture ist, dass die an der Kooperation beteiligten Partner in das Unternehmen einbringen, was ihnen in besonderer Weise zur Verfügung steht, z. B. Kapital oder Know-how ...

just-in-time-Produktion: Industrielle Organisation zwischen einem großen Abnehmer (z. B. Automobilhersteller) und seinen Zulieferbetrieben, bei der die Zulieferung von Bauteilen erst exakt zum Zeitpunkt des Bedarfs erfolgt, sodass für den Abnehmer Lagerkosten entfallen.

Kaufkraftparität: herrscht, wenn identische Warenkörbe in unterschiedlichen Ländern gleich viel kosten

Kombinat: in der ehemaligen Sowjetunion (später auf andere Ostblockstaaten übertragene) Bezeichnung für den vertikalen und / oder horizontalen Zusammenschluss von verschiedenen, oft räumlich weit auseinander liegenden Produktionsstätten, häufig unter einheitlicher Leitung

Kulturrevolution: Gesellschaftskonzeption der 1960er Jahre, das die chinesischen Massen an der Theorie Maos orientierte und eine permanente kämpferische Veränderungsbewegung mit Endziel Kommunismus beinhaltete. Mao war der Auffassung, dass sich „die richtigen Ideen, wenn sie von den Menschen beherrscht werden" in eine „materielle Kraft verwandeln, welche die Gesellschaft und die Welt umgestaltet". Somit standen bei der Kulturrevolution drei Therapien im Vordergrund: intensives Mao-Studium, ständige Berichtigung von Denken und Arbeitsstil (insbesondere innerhalb der Partei) und Ausbildung revolutionärer Nachfolger durch Ermutigung zur Nachahmung.

Lean Production (schlanke Produktion): Verkürzung und Vereinfachung von Produktionsabläufen zur Kostensenkung und rascheren Reaktion auf Kundenwünsche und Marktbedürfnisse. Innerbetrieblich erfolgt dabei eine Verlagerung von Verantwortung auf untere Ebenen der Produktion, d. h. einzelne Abteilungen oder Zweigwerke übernehmen die volle Verantwortung für einen bestimmten Produktionsbereich.

Lessivierung, Tonverlagerung, Tondurchschlämmung: zonal gebundener bodenbildender Prozess bei überschüssigem Sickerwasser, das Kalkauswaschung, Eisen- und Tonverlagerung aus dem Oberboden (Al-Horizont, Fahlhorizont) in den darunter liegenden Anreicherungshorizont (Bt, Brauner Tonhäutchenhorizont) bewirkt. Es entstehen so genannte Fahlerden.

malaiisch/malaysisch: adjektivische Verwendung im Zusammenhang mit dem Volk der Malaien / mit dem Staat Malaysia

Manchester-Kapitalismus: im 19. Jahrhundert insbesondere in Großbritannien praktizierte Form des Wirtschaftsliberalismus, gekennzeichnet durch große Zurückhaltung des Staates in Wirtschaftsfragen. Eine starke Stellung der Unternehmen führte nicht selten zu einer Ausbeutung der Arbeitnehmer.

Outsourcing: Erschließung von Bezugsquellen für Waren oder Dienstleistungen bei spezialisierten Fremdfirmen um eigene aufwändige Produktionseinrichtungen einzusparen

Planwirtschaft (Zentralverwaltungswirtschaft): Wirtschaftsordnung der sozialistischen Länder, in der der Staat bzw. dessen Planungsorgane die wirtschaftlichen Aktivitäten regelt

Rezession: Konjunkturphase – wirtschaftlicher Abschwung nach einem Boom (Hochkonjunktur), zumeist einhergehend mit anhaltenden Kursverlusten auf dem Kapitalmarkt. Diese Entwicklung verläuft im Allgemeinen weniger dramatisch als in der nachfolgenden Depressionsphase. Allgemein gebräuchlich ist, dass sich eine Volkswirtschaft dann in der Rezession befindet, wenn die Wachstumsrate des Bruttoinlandsprodukt gegenüber dem Vorquartal saisonbereinigt in zwei aufeinanderfolgenden Perioden sinkt.
Risikokapital: Finanzmittel, die Unternehmen in Form von Beteiligungen zur Finanzierung ihrer Anlauf- und Entwicklungsphase benötigen

Schlüsselindustrie: Zweige der Grundstoffindustrie, deren Lieferungen die Grundlage für die weiterverarbeitenden Industrien sind. So ist die Stahlindustrie die Grundlage für Fahrzeugbau und Maschinenbau ...; s. a. High-Tech-Industrie
Shareholder-value: Unternehmensstrategie, die auf die Vermehrung des Aktienwertes eines Unternehmens zielt, um gewinnorientierte Anleger in ihrem Erwartungsdruck auf eine angemessene Rendite zu bedienen. Ergebnis des wachsenden Risikokapitalbedarfs der Unternehmen für Restrukturierungen, Wachstum und Innovationen im Rahmen von Globalisierungsprozessen, der nur noch über die Börse zu finanzieren ist. Folgen sind beschleunigter Kapitaltransfer, wachsende Flexibilität und Orientierung an kurz- und mittelfristig rentablen Kerngeschäften.
Shifting-Cultivation (Wanderfeldbau): Sammelbezeichnung für Formen des Ackerbaus vor allem in den Tropen, bei dem die Anbauflächen und Siedlungen nach Erschöpfen der Bodenfruchtbarkeit in einem gewissen zeitlichen Rhythmus verlegt werden
Shogun: Japans Heerführer, bis 1867 auch eigentlicher politischer Machthaber (Shogunat als Amt). Der Tenno übte bis dahin nur formal die Macht aus.
Stahlveredler: Stahl wird erst durch die Zulegierung geeigneter Stahlveredler zum in seinen Eigenschaften für spezielle Nutzungszwecke verbesserten Edelstahl. Zum Beispiel verbessern Cr und Wf die Härte, Ni und Vn erhöhen die Zähigkeit, Mb die Wärmefestigkeit.

Tokugawa: Japanischer feudaler Familienclan, der vor 1867 den Shogun (vgl. dort) stellte.

Register (G) – im Glossar erklärt